本书由山东大学"全面依法治国战略实施中的数据运用与数据治理"创新团队资助

山东大学数据法学丛书

美国人工智能领域基本权利保护研究

Research on
Constitutional
Rights
Protection in
American
Artificial
Intelligence
Territory

连雪晴 著

北京大学出版社
PEKING UNIVERSITY PRESS

图书在版编目(CIP)数据

美国人工智能领域基本权利保护研究 / 连雪晴著. —北京：北京大学出版社, 2024.4
ISBN 978-7-301-34806-2

Ⅰ. ①美… Ⅱ. ①连… Ⅲ. ①人工智能—权益保护—研究—美国 Ⅳ. ①D971.221.7

中国国家版本馆 CIP 数据核字(2024)第 028983 号

书　　　名	美国人工智能领域基本权利保护研究 MEIGUO RENGONG ZHINENG LINGYU JIBEN QUANLI BAOHU YANJIU
著作责任者	连雪晴　著
责任编辑	闫　淦　方尔埼
标准书号	ISBN 978-7-301-34806-2
出版发行	北京大学出版社
地　　　址	北京市海淀区成府路 205 号　100871
网　　　址	http://www.pup.cn　http://www.yandayuanzhao.com
电子邮箱	编辑部 yandayuanzhao@pup.cn　总编室 zpup@pup.cn
新浪微博	@北京大学出版社　@北大出版社燕大元照法律图书
电　　　话	邮购部 010-62752015　发行部 010-62750672　编辑部 010-62117788
印　刷　者	大厂回族自治县彩虹印刷有限公司
经　销　者	新华书店
	650 毫米×980 毫米　16 开本　25 印张　299 千字 2024 年 4 月第 1 版　2024 年 4 月第 1 次印刷
定　　　价	89.00 元

未经许可，不得以任何方式复制或抄袭本书之部分或全部内容。
版权所有，侵权必究
举报电话：010-62752024　电子邮箱：fd@pup.cn
图书如有印装质量问题，请与出版部联系，电话：010-62756370

"山东大学数据法学丛书"总序

当下中国已经处于以网络化、数字化、智能化为特征的全新法律阶段,大数据、云计算、人工智能对法学及法律实务领域的影响越来越大。作为新阶段的无形地基,"数据"被称为新时代的"石油",其既是国家治理的重要工具,又是国家治理的重要对象。如何去挖掘全新法律阶段的"石油"?这是本套数据法学丛书的作者在思考的问题,也是本套丛书力图解答的问题。

本套数据法学丛书的作者秉持这一基本共识:复杂的法学体系,往往建立在简单的逻辑起点上。基于"数据"这一逻辑起点,本丛书以全面依法治国战略作为依托,从数据运用与数据治理两大领域入手开展具体研究,构建数据法学的研究体系,以期助力推进全面依法治国。充分发掘"数据"及其相关技术在立法、执法、司法等领域中运用的可能性及路径,是本套数据法学丛书的主要目标之一。具体来说,在数据运用领域,本套丛书主要关注三个方向:其一是立法过程中的大数据运用。在这一方向,学者们将研究重点聚焦于大数据在立法调查、立法评估、公众参与等诸多领域的运用问题,旨在以山东省为评估样本,建立科学的法治评估指标体系,并进一步将大数据技术运用其中,广泛开展法治指数评估,大力推进法治治理的水平和能力。其二是执法过程中的大数据运用。这一方向的研究将关注大数据在深化综合行政执法改革与推动行政执法体制和行政执法能力建设中的作用,力图利用大数据技术,对相关的行政服务进行整合,改变原来碎片化、重复化的服务状况,提供更为便民的行政服务。其三是司法过程中的大数据运用。关注该方向的学者依托"裁判文书网大数据分析系统"等,重点分析大数据在刑事立案侦查、司法裁判和裁判结果执行全过程中的运用,从而研究大数据在刑事侦查、同案同判、裁判说理的智能司法建构、未来案件的预测、犯罪人的刑事监管等方面的重要意义和具体运用方法,进一步推动智能司法的发展。

本套数据法学丛书的另一主要目标是数据治理。大数据的普遍运用,需要相应的法律制度对之加以规制和指引。从实践中看,数据开发应用过程中产生了一系列的问题,数据过分收集、数据泄露及与之相关的网络安全、算法黑箱等突出问题亟待法律规制。本套数据法学丛书不仅要探讨与数据治理相关的基础理论,以为相关制度的建构提供宏观、总体的规划和理论支撑,更将着重研究数据运用过程中出现的具体、突出的问题,及时回应技术发展对法律的需求,提供良好的法治环境,更好地推动数据发展和应用。具体来说,在数据治理方面,丛书主要关注以下三个方向:数据治理的基本原理、网络安全的法律保障、算法的法律规制。关于数据治理的基本原理,丛书的作者从世界各国的数据治理实践和有关数据治理法治化的既有研究出发,总结数据治理的主要理论支撑,重新审视大数据时代个人的信息、隐私、数据等基本权利,进而厘清数据治理法治化的一般原理。关于网络安全的法律保障,丛书的作者们重点分析现有的网络安全法律保障体系的漏洞及滞后性,在此基础上研究如何弥补漏洞并建立具有一定预见性的网络安全法律保障体系,进而为将来网络安全立法提供一些具有可行性的建议。关于算法的法律规制,丛书的作者们重点探讨算法社会伦理危机产生的结构性因素,并在此基础上分析既有的法律治理手段存在的局限,从而为算法社会的法律治理的转型和升级探明方向。

本套数据法学丛书积数年之功,立基于对数据法学理论之阐发,探究其在中国实践之适用。"特定的时代背景对法学知识形态的形成具有决定性影响",方兴未艾的数据法学,既为法学学者们提供了丰富的议题,也给法学学者们带来了严峻的挑战。《荀子·修身》中写道:"道虽迩,不行不至;事虽小,不为不成。"本丛书作为数据法学研究中的太仓一粟,希望能在数据法学体系建构的过程中挖掘新的议题,回应新的挑战,为中国特色数据法学的理论与实践添砖加瓦。丛书中有不足、不妥、不当者,敬请方家批评指正。

周长军

2023 年 9 月 22 日

v

目 录

导 论 ··· 001
  一、美国人工智能技术的发展与应用 ························· 001
  二、美国人工智能领域的风险与挑战 ························· 009
  三、美国人工智能领域的基本权利保护问题 ················ 014
  四、本书的研究进路、方法与框架 ···························· 027
    (一)研究进路 ··· 027
    (二)研究方法 ··· 028
    (三)框架 ·· 030

第一章　美国人工智能领域的规制现状 ························ 033
  一、个人数据保护的分散模式 ·································· 033
    (一)信息性隐私权的宪法缘起 ···························· 034
    (二)健康数据保护的法律修缮 ···························· 039
    (三)金融数据保护的逐步延伸 ···························· 044
    (四)消费者数据保护的正负效果 ························· 050
    (五)个人数据保护的新兴场景 ···························· 054
  二、黑箱算法的规制困境 ·· 059
    (一)算法歧视的司法先例 ·································· 059
    (二)算法问责法案的未能通过 ···························· 067

（三）算法规制的客观阻碍 ………………………… 070
三、自动驾驶的安全设计论争 ……………………… 074
　（一）应被优先考虑的安全要素 …………………… 075
　（二）安全图景中的政府角色 ……………………… 079
　（三）悬而未决的两院法案 ………………………… 081

第二章　美国人工智能领域基本权利面临的挑战 ……… 085
一、基本权利主体的界定松动 ……………………… 085
　（一）法人基本权利的获得与异化 ………………… 086
　（二）机器人法律人格的论辩兴起 ………………… 091
　（三）机器人基本权利的赋予难题 ………………… 101
二、基本权利侵害主体的范围扩展 ………………… 106
　（一）国家行为理论的历史线索 …………………… 107
　（二）网络接入提供商的难以认定 ………………… 111
　（三）网络内容提供商的纳入研判 ………………… 119
三、基本权利价值的风险加剧 ……………………… 128
　（一）平等价值：机器算法的歧视复刻 …………… 128
　（二）公开价值：被遗忘权的美式境遇 …………… 136
　（三）尊严价值：技术研究的权利边界 …………… 140

第三章　美国人工智能领域基本权利保护的基准设定 …… 145
一、前置性风险预防的权利保护基准 ……………… 145
　（一）理论萌芽：公平信息实践原则 ……………… 146
　（二）理论演进：隐私（安全）的设计与再设计原则 ……… 150
　（三）理论应用：刚柔并济的技术设计与责任豁免 ……… 157

二、后置性结果矫正的权利保护基准 ………………… 163
  （一）理论缘起：差别性影响评估 ………………… 163
  （二）理论发展：算法与数据保护影响评估 ……… 167
  （三）实践奉行：权利与技术的协调取向 ………… 174
三、基本权利保护的三方合作需求 …………………… 178
  （一）自我监管的兴起与不足 ……………………… 179
  （二）合作规制的确立与进展 ……………………… 182

第四章　美国人工智能领域基本权利保护的国家义务 …… 189
一、动态连接式事前预防机制 ………………………… 189
  （一）信息隐私的合规标准与执法考量 …………… 190
  （二）自动驾驶安全性能的准入设定 ……………… 198
二、双向交叉式事后矫正机制 ………………………… 207
  （一）《加州消费者隐私法》的纠偏尝试 …………… 208
  （二）算法平权的肯定性行动与审查 ……………… 213
  （三）自动驾驶车辆双层保险的框架构建 ………… 218
三、国家保护义务的合比例性呈现 …………………… 221
  （一）美国语境中的国家保护义务与比例原则 …… 222
  （二）禁止过度：设定行业监管的基准与底线 …… 230
  （三）禁止不足：强制执行与违规制裁 …………… 235

第五章　美国人工智能领域基本权利保护的行业责任 …… 239
一、权利保护的技术反思性支持 ……………………… 239
  （一）自我监管正当性的逻辑演变 ………………… 240
  （二）私人公司保护基本权利的理由探寻 ………… 243

  （三）《联合国工商业与人权指导原则》的公司人权责任 … 249
二、平台公司的先导政策与保护实践 …………………… 255
  （一）《多伦多宣言》提倡的权利尽责义务 …………… 255
  （二）侧重不同的政策声明 …………………………… 259
  （三）通过设计的安全保障 …………………………… 263
三、行业组织的权利共识与标准设定 …………………… 267
  （一）电子广告联盟的隐私标准与问责 ……………… 267
  （二）电气电子工程师学会的数据保护关注 ………… 270
  （三）国际标准化组织的安全保护框架 ……………… 273
  （四）第三方认证的权利保护优先推荐 ……………… 275

第六章　美国人工智能领域基本权利保护的公众参与 …… 281
一、公众参与的理论面相 ………………………………… 281
  （一）作为主体间理性商谈的公众参与 ……………… 281
  （二）作为补充与协调的公众参与 …………………… 284
二、公众事前参与的路径分析 …………………………… 288
  （一）提高个人算法素养 ……………………………… 288
  （二）参与规则制定过程 ……………………………… 294
三、公众事后响应的形式解析 …………………………… 301
  （一）规则执行的外部监督 …………………………… 302
  （二）个人权利的行使与边界 ………………………… 306

第七章　美国人工智能领域基本权利保护的经验启示 …… 309
一、经验：隐私理论完善下的谨慎规制与实践反思 …… 309
  （一）隐私理论的演变走向 …………………………… 310

(二) 政府当局的审慎监管 ································ 314
　　(三) 数据主体的身份定位 ································ 317
二、不足：国家行为理论束缚中的软性监管与立法缺失 ··········· 321
　　(一) 国家行为理论的故步自封 ···························· 321
　　(二) 软性政府监管的微弱态势 ···························· 325
　　(三) 立法缺位导致的责任难题 ···························· 327
三、回望：人工智能的规制与权利保护参考 ····················· 329
　　(一) 国内学者观点简析 ·································· 329
　　(二) 从国家统揽走向三方合作 ···························· 334
　　(三) 全程衔接的权利保护 ································ 336

结　语 ·· 339

参考文献 ·· 343

后　记 ·· 385

导 论

一、美国人工智能技术的发展与应用

云计算、大数据、物联网、移动支付等人工智能技术[1]的日渐蓬勃,不仅重塑了物理世界中人类的交往方式,而且激励了新一轮工业革命的破茧而出。作为第三次工业革命(计算机及信息技术革命)的最大获益者,在新一轮技术革命面前,美国依旧试图捍卫其固有的科技霸主地位。

早在奥巴马执政时期,美国政府便陆续发布了《大数据:把握机遇,守护价值》(Big Data: Seizing Opportunities, Preserving Values)[2]、《为人工智能的未来做好准备》(Preparing for the Future of Artificial Intelligence)[3]、《美国国家人工智能研究和发展战略计划》(The National Artificial Intelligence Research and Development Strategic

---

[1] 为人工智能下一个准确的定义是一项困难的工作,本书无意深究人工智能的定义,但人工智能的核心是算法,也即通过有限的步骤解决问题。而算法需要大量的数据供给,方能得出输入与输出结果的计算编程。参见 Woodrow Barfield, "Towards a Law of Artificial Intelligence", in Woodrow Barfield, Vgo Pagallo (eds.), *Research Handbook on the Law of Artificial Intelligence*, Woodrow Barfield edited, Northampton: Edward Elgar Publication Inc., 2018, p. 4。

[2] See Obama White House, Big Data: Seizing Opportunities, Preserving Values, May 2014.

[3] See Obama White House, Executive Office of the President, National Science and Technology Council Committee on Technology, Preparing for the Future of Artificial Intelligence, Oct. 2016.

Plan)[1]、《人工智能、自动化和经济》(Artificial Intelligence, Automation, and the Economy)[2]等报告,旨在激发公众意识,宣示继续维护美国科技领先地位的政策与决心。

尽管特朗普上任后并没有表现出类似奥巴马的狂热,但是仍然延续了促进人工智能技术发展的方向选择。为推进技术应用的基础建设,美国联邦通信委员(Federal Communications Commission, FCC)会正在推行一项5G加速计划(5G FAST Plan)[3],以扩大美国的5G技术优势。2018年5月,白宫下设的科学技术政策办公室(Office of Science and Technology Policy, OSTP)主办了美国人工智能产业白宫峰会(White House Summit on Artificial Intelligence for American Industry),此次峰会召集了多名政府高级官员、顶级学术机构的技术专家、产业研究实验室负责人和美国商界领袖,集中讨论人工智能的发展前景,以及实现这一前景所需的政策,从而保持美国在人工智能时代的领导地位。[4] 会后,白宫组建人工智能特别委员会(Select Committee on Artificial Intelligence),以关注人工智能的研究和开发,特别是学术界和产业界的合作关系。[5] 同年9月,美国国防高级研究计划局(The Defense Advanced Research Projects Agency)宣布投资超过20

---

[1] See Obama White House, National Science and Technology Council, Networking and Information Technology Research and Development Subcommittee, The National Artificial Intelligence Research and Development Strategic Plan, Oct. 2016.

[2] See Obama White House, Executive Office of the President, Artificial Intelligence, Automation, and the Economy, Dec. 2016.

[3] 计划包括三个关键部分:(1)将更多的频谱推向市场;(2)更新基础设施政策;(3)使过时的规章制度现代化。参见 Federal Communications Commission, 5G FAST Plan, Sept. 18, 2016。

[4] See The White House Office of Science and Technology Policy, Summary of the 2018 White House Summit on Artificial Intelligence for American Industry, May 10, 2018.

[5] See Executive Office of the President, Charter of the National Science and Technology Council Select Committee on Artificial Intelligence, May 2018.

亿美元,开启下一个人工智能运动(AI Next Campaign)[1];美国众议院下设的信息技术小组委员会(Subcommittee on Information Technology Committee)发表了《机器的崛起:人工智能及其对美国政策日益增长的影响》白皮书(Rise of the Machines: Artificial Intelligence and its Growing Impact on U.S. Policy)[2],建议将人工智能的研发和技术人才的培养列为国家优先发展事项。次年2月,特朗普通过行政命令启动了"美国人工智能倡议"(The American AI Initiative),意图推动美国联邦、学术界和私营部门的人工智能研究与监管工作,维护美国在全球人工智能领域的领导地位(leadership in AI)。[3] 随后,美国国防部也发布了《2018年度人工智能战略概要:利用人工智能促进我们的安全和繁荣》(Summary of the 2018 Department of Defense, Artificial Intelligence Strategy: Harnessing AI to Advance Our Security and Prosperity)[4],重申人工智能是维护国家安全的重要技术,必须加快人工智能技术在国防部署中的应用。2019年6月,美国总统办公室公布了人工智能特别委员会(Select Committee on Artificial Intelligence)撰写的报告:《美国人工智能研究和发展战略计划:2019更新版》(The National Artificial Intelligence Research and Devel-

---

[1] See The Defense Advanced Research Projects Agency, "AI Next" Campaign, Sept. 2018.
[2] See Subcommittee on Information Technology Committee on Oversight and Government Reform, Rise of the Machines: Artificial Intelligence and its Growing Impact on U.S. Policy, Sept. 2018.
[3] 该计划主要集中于五个方面:一是扩大人工智能研究和发展的投资;二是释放人工智能资源,包括实施《开放、公开、电子和必要的政府数据法案》(Open, Public, Electronic, and Necessary, Government Data Act);三是设定人工智能监管标准;四是组建人工智能技术人才队伍;五是国际合作与保持优势地位。参见 Office of Science and Technology Policy, Accelerating America's Leadership in Artificial Intelligence, Feb. 11, 2019。
[4] See Department of Defense, Summary of the 2018 Department of Defense Artificial Intelligence Strategy: Harnessing AI to Advance Our Security and Prosperity, Feb. 12, 2019.

opment Strategic Plan: 2019 Update)[1],该报告具体提出了八项策略,以推动美国人工智能的安全良好发展。[2] 虽然美国政府的党派组成伴随着民选结果而不断更替,但美国始终未曾放弃追求成为下一次科技革命霸主的机会。

自拜登就任总统后,美国政府就人工智能制定官方政策的态度愈发积极。2021年1月1日,脱胎于2020年版人工智能倡议行动的《人工智能倡议法》(National AI Initiative Act)正式生效。该法律的使命是确保美国在人工智能研发方面的持续领导地位,在公共和私营部门开发和使用值得信赖的人工智能应用,并为经济和社会所有部门的人工智能系统汇聚世界范围的人才提供准备;5月26日,美国国防部发布了《负责任的人工智能应用》(Implementing Responsible Artificial Intelligence in the Department of Defense)备忘录,旨在通过人工智能设计开发和部署应用以增强国防军事实力,并提出负责任的人工智能道德准则,具体包括负责任的、公平的、可追踪的、可信任的、可管理的;[3]6月10日,拜登总统宣布成立国家人工智能研究资

---

[1] See Select Committee on Artificial Intelligence of the National Science and Technology Council, The National Artificial Intelligence Research and Development Strategic Plan: 2019 Update, Jun. 12, 2019.

[2] 策略一,对人工智能研究进行长期投资;策略二,开发有效的人机协作方法;策略三,理解和处理人工智能的伦理、法律和社会影响;策略四,确保人工智能系统的安全;策略五,为人工智能培训(测试开发)共享的公共数据集和环境;策略六,设定衡量和评估人工智能技术的标准;策略七,更好地了解国家人工智能研发人员的需求;策略八,扩大公私合作关系,加速人工智能的发展。参见 Select Committee on Artificial Intelligence of the National Science and Technology Council, The National Artificial Intelligence Research and Development Strategic Plan: 2019 Update, Jun. 21, 2019。

[3] See Deputy Secretary of Defense, Memorandum for Senior Pentagon Leadership, Commanders of the Combatant Commands, Defense Agency and Department of Defense Field Activity Directors, Implementing Responsible Artificial Intelligence in the Department of Defense, May 26, 2021.

源任务组(National Artificial Intelligence Research Resource Task Force),[1]以绘制通过拓宽资源和教育工具获取途径、促进人工智能创新和经济发展的规划蓝图;9月8日,美国商务部(U.S. Department of Commerce)成立国家人工智能咨询委员会(National Artificial Intelligence Advisory Committee),[2]期冀通过人工智能技术刺激经济发展;10月22日,总统科学顾问兼白宫科学技术政策办公室(OSTP)主任埃里克·兰德(Eric Lander)和白宫科学技术政策办公室下设的科学社会处(OSTP Deputy Director for Science and Society)副主任阿朗德拉·纳尔逊(Alondra Nelson)发文建议创立人工智能世界中的"权利法案",从而确保数据驱动的技术能够反映和保证个人权利与自由[3];10月28日,美国平等就业机会委员会(Equal Employment Opportunity Commission)发起一项倡议,以确保人工智能和其他用于招聘决定的算法工具符合联邦反歧视法[4];11月15日,美国国防创新部门发布了"负责任的人工智能指南"(Responsible AI Guidelines),旨在将人工智能道德原则适用于其技术模型和与之相关的商业模型。[5] 2022年4月18日,美国能源部创建人工智能促进委员会(Artificial Intelligence Advancement Council),负责协调人工智能活动,并确定能源部人工智能的优先事项,进而保障国家安全、提升经济竞争力。由上可见,美国

---

[1] See The White House, The Biden Administration Launches the National Artificial Intelligence Research Resource Task Force, Jun. 10, 2021.

[2] See U.S. Department of Commerce, Department of Commerce Establishes National Artificial Intelligence Advisory Committee, Sept. 8, 2021.

[3] See The White House, ICYMI: WIRED (Opinion): Americans Need a Bill of Rights for an AI-Powered World, Oct. 22, 2021.

[4] 该倡议具体包括:成立专门的内部工作组、启动一系列听证会、为算法决策提供技术指导等。参见 U.S. Equal Employment Opportunity Commission, EEOC Launches Initiative on Artificial Intelligence and Algorithmic Fairness, Oct. 28, 2021。

[5] See Defense Innovation Unit, Responsible AI Initiative, Nov. 15, 2021.

官方始终将维护美国在人工智能研发领域的领导地位这一目标奉为圭臬,并积极在各类行政部门中设置人工智能工作小组,有针对性地引导部署人工智能的设计和发展。

在理想维度,无处不在的高速互联网与各类智能应用将现实世界与虚拟世界连接,个人可以足不出户地享受来自世界各地的便利性技术服务,个人的社交画像、工作画像、消费画像等不同侧面集中形成了数字人格,国家的行政管理也必然走向算法化与智能化。在事实维度,人工智能的研究成果正在源源不断地被转化为惠及民众的应用技术。著名智库布鲁金斯学会(Brookings Institution)的会长约翰·R. 艾伦(John R. Allen)和副会长达雷尔·M. 韦斯特(Darrell M. West)认为,人工智能技术正在改变美国公民的生活,具体包括医疗、刑事司法、交通运输、智慧城市等方面的技术应用。[1]

在医疗方面,人工智能工具简化了复杂的医疗诊断过程,提高了诊断结果的准确性,甚至预测了未来发病的可能性。通过深度学习,计算机可以识别出正常的和不正常的淋巴结,从而提高了诊断的准确性、降低了诊断的人工成本。[2] 在对抗新冠肺炎疫情中,约翰斯·霍普金斯大学的工程师发明了COVID-19传感器,以弥补PCR测试需要准备样品和快速抗原检测结果的不准确缺陷。[3] 此外,人工智能工具也可以应用于充血性心力衰竭的预测,减少患者住院的次数。[4] 在

---

[1] See Darrell M. West and John R. Allen, "How Artificial Intelligence is Transforming the World?", *Brookings Report*, Apr. 24, 2018.

[2] See Rasmus Rothe, "Applying Deep Learning to Real-World Problems", *Medium*, May 23, 2017.

[3] See National Science Foundation, "Engineers Develop Fast and Accurate COVID-19 Sensor", May 10, 2022.

[4] See Eric Horvitz, "Reflections on the Status and Future of Artificial Intelligence", Testimony before the U.S. Senate Subcommittee on Space, Science, and Competitiveness, Nov. 30, 2016, p. 5.

未来的场景中,通过人脸扫描技术,人工智能甚至可以识别个人基因中的缺陷、预测发病的可能性与个人的寿命。[1]

在司法方面,大数据分析系统可以预测个人犯罪的可能性,脑部扫描等技术使政府公务人员的搜查(search)能力大幅提高,而量刑指南系统则为司法量刑提供了基于大数据分析的建议。具体而言,芝加哥市开发了一项由人工智能驱动的"战略主题清单"(Strategic Subject List)项目,通过收集个人的年龄、犯罪活动、毒品记录和帮派关系等数据,利用大数据分析识别出那些未来可能因犯罪被逮捕的个人。[2] 美国国土安全部(U.S. Department of Homeland Security)同样承认了运用 SteamView、SpeechView 和 Horus 等技术,将碎片化信息整合后形成指向明确的证据链,成功破获了多起跨国人口走私案件。[3] 而在一系列实验中,科学家使用脑功能磁共振成像(fMRI)以及其他的脑部扫描技术,推测受测者正在思考或者回忆的单词、图片。在不久的将来,这类技术将不可避免地用于法律的执行,司法部门甚至可能使用脑部扫描结果作为搜查证据。[4]在具体量刑场景中,对惩教人员适用选择性制裁的管理分析(COMPAS)可以为法庭提供参考性的量刑结果,[5]相较自然人主观的种族歧视,人工智能系统在量刑

---

[1] See Seema Mohapatra, "Use of Facial Recognition Technology for Medical Purposes: Balancing Privacy with Innovation", *Pepperdine Law Review*, Vol.43(2016), p. 1017.
[2] See Jeff Asher and Rob Arthur, "Inside the Algorithm That Tries to Predict Gun Violence in Chicago", *New York Times Upshot*, Jun. 13, 2017.
[3] See U.S. Department of Homeland Security, Feature Article: S&T Tech Leads to Children Rescued and Traffickers Arrested, May 9, 2022.
[4] See Marc Jonathan Blitz, *Searching Minds by Scanning Brains: Neuroscience Technology and Constitutional Privacy Protection*, Cham: Springer International Publishing AG, 2017, p. 1.
[5] COMPAS 是美国法院广泛使用的量刑裁判辅助软件,全称 Correctional Offender Management Profiling for Alternative Sanctions,以下简称 COMPAS。参见 Anupam Chander, "The Racist Algorithm", *Michigan Law Review*, Vol.115(2017), p. 1033.

时可能更为中性,但也可能复刻人类社会的固有歧视。

在交通方面,自动驾驶车辆开始成为科技公司研究的重点。对于自动驾驶车辆而言,车辆本身的物理性能已经不再是关键,车辆内置的智能技术反而成为关键。只有凭借着自动导航、自动刹车、自动换道、实时数据分析等先进技术,自动驾驶技术方能实现。[1]在更进一步的设想中,未来的交通系统将完全由人工智能系统控制,共享式自动驾驶车辆将取代私人车辆,个人可以提前预约用车的时间与地点,自动驾驶车辆将按时并自动上门提供服务,从而减少交通的拥堵与环境的污染。

在智慧城市方面,多数美国城市正在使用人工智能来改善市政服务。辛辛那提正在使用数据分析来优化医疗应急响应系统。新的系统通过分析呼叫的类型、位置、天气以及过去类似的案例等因素,可以为调度员推荐最优的处理方案[2];西雅图正在使用人工智能来促进能源与资源的可持续发展;波士顿启动了"市政厅行动计划"(City Hall To Go),以确保服务不足的社区得到充足的公共服务。此外,波士顿还部署了摄像头和感应线圈来管理交通,并安装了声波传感器以识别枪声。[3]事实上,66%的美国城市正在投资智能城市建设,其中最热门的应用包括智能电表、智能交通信号、Wi-Fi售卖亭和人行道上的传感器。[4]人工智能在改善市政服务的同时,也在维护公共安全与秩序。

---

[1] See Darrell M. West, "Moving forward: Self-driving vehicles in China, Europe, Japan, Korea, and the United States", Center for Technology Innovation at Brookings, Sept. 2016.

[2] See Kevin Desouza, Rashmi Krishnamurthy, and Gregory Dawson, "Learning from Public Sector Experimentation with Artificial Intelligence", Brookings Institution, Jun. 23, 2017.

[3] See Boyd Cohen, "The 10 Smartest Cities in North America", Fast Company, Nov. 14, 2013.

[4] See Teena Maddox, "66% of US Cities Are Investing in Smart City Technology", TechRepublic, Nov. 6, 2017.

然而,在人工智能愈走愈远的路途中,也伴随着未能预料的负面影响。某些大型公司的私人力量,甚至可以媲美国家力量。比如,社交媒体平台(如 Facebook)可以通过选择性的内容推送,影响政治竞选的结果。在更为广阔的场景中,数据与隐私似乎成为法律的单选题,黑箱操作的算法依旧难逃种族歧视的浸染,无人驾驶车辆等自动化机器的应用冲击着个体安全,甚至可能波及法律人格的定义。这使人们不禁追问,如何平衡人工智能技术的发展与个人基本权利的保护?有鉴于此,下文将梳理美国在此领域遭遇的挑战及其作出的回应,试图辨明美国科技创新与基本权利保护的平衡策略,为我国相关学术研究提供一份智识参考。

二、美国人工智能领域的风险与挑战

以数据为给养、以算法为核心、以自动驾驶为前沿运用的人工智能技术正在向法律乃至全部社会系统发起冲击。从基本权利保护的视角出发,人工智能产业的兴起导致了个人数据隐私的单薄,黑箱算法的精准造成了个人平等权的模糊,自动驾驶的应用提升了侵犯个人生命健康权的风险。而权利冲突图景所遮蔽的是人工智能对于传统法学理论的挑战。

第一,个人数据隐私的失控。保护个人数据的根本缘由在于个人隐私意识的兴起。个人的姓名、年龄、婚姻状况、家庭住址、工资收入、车辆登记等数据,正在悄无声息地被收集与被使用。电子数据记录着公民的全部足迹,[1]智能机器执行着过去无法想象的定位追踪功能。而当大型科技公司能够毫无忌惮地开启移动设备的麦克风甚

---

[1] See Brandon L. Garrett, "Big Data and Due Process", *Cornell Law Review Online*, Vol.99 (2014), p.101.

至摄像头时,个人的隐私似乎沦为空洞且无效的法律词语,"心灵的平静"(peace of mind)[1]只能是隐私权的美好设想,现实空间被云端空间监管并操控,平行世界中的《西部世界》正在日复一日地上演。有鉴于个人数据与隐私的密切联系,美国并没有选择像欧盟一样创设崭新的数据权利,反而是将个人数据的保护纳入信息性隐私权[2]的内涵。

然而,信息性隐私权是否足以妥善解决个人数据的保护问题?这一疑问值得深究:首先,信息性隐私权在美国是一个相对而言较为年轻的法律术语,并且随着社会环境的变化而不断地被重新赋予内涵。举例而言,数据泄漏通知制度在2003年才被立法确认。[3] 其次,信息性隐私权的含义必须通过具体的语境予以理解,法院的解释方式可能与最初的立法初衷并不相同,这导致信息性隐私权的内涵始终处于动态的变化之中。最后,个人数据的不当收集与使用,不仅影响着宪法隐私权,还可能影响着宪法的基本价值,[4]而如何在"智能+"时代中重新理解宪法的价值,并不是一个能够轻易回答的问题。

第二,黑箱算法的平等权隐忧。不透明的算法(也称黑箱算

---

[1] 隐私权的核心在于公民个人能够保有"心灵的平静",具体参见 Samuel D. Warren and Louis D. Brandeis, "The Right to Privacy", *Harvard Law Review*, Vol.4(1890), pp. 193-220。

[2] 尽管隐私权至今在美国并没有一个完整清晰的定义,但自1890年塞缪尔 D. 沃伦(Samuel D. Warren)与路易斯 D. 布兰代斯(Louis D. Brandeis)在《哈佛法律评论》发表《论隐私权》以来,隐私权的类型逐渐细分,已经形成自治性隐私权、空间性隐私权与信息性隐私权三大分类。参见 William L. Prosser, "Privacy", *California Law Review*, Vol.48(1960), pp. 383-423。

[3] See Daniel J. Solove and Paul M. Schwartz, *Privacy Law Fundamentals* (3rd. edition), Portsmouth: IAPP Publication, 2015, p. 39.

[4] See Jeffrey Rosen, "Introduction: Technological Change and the Constitutional Future", in Jeffrey Rosen and Benjamin Wittes (eds.), *Constitution 3.0: Freedom and Technological Change*, Washington D.C.: Brooking Institution Press, 2011, p. 3.

法)可能导致个体的平等权被抹杀。算法的不透明性一直以来深受质疑,不透明的算法使公众只能看到输入和输出结果,并不能获知输入和输出结果中的因果联系。犹如柏拉图的"洞穴比喻",公众只能看到算法所投射出的结果,并不能知悉算法的本质。黑箱算法虽然提升了社会运转的效率,但无论是在工作场所还是在日常生活中,公众都难以逃脱黑箱算法的负面影响。公司人力资源主管可能通过数据收集与黑箱算法,对个别员工的录用、升职、辞退等环节施加不公评判;[1]金融、声誉的黑箱模型同样正在危害着个人的正常生活。[2]相关规制框架的缺乏,使错误的数据、无效的假设和有缺陷的模型无法被及时更正,黑箱算法由此成为法律灰色地带中的狂欢者。

退一步而言,即使算法不像人类决策者那样容易受到偏见的影响,但是表面中立的算法也会产生歧视的结果,因为训练和操作算法的主体是充满歧视的现实世界。[3] 歧视可以通过现实世界的数据感染算法本身,导致算法复制了现实世界中的歧视与不平等。此时,平等权的困境不仅源自算法的不透明性,更源自现实世界的不平等。质言之,智能时代的算法歧视,其实可追溯至人类大脑中的歧视与不公。因此,破解平等权困境必须从算法的透明度与现实世界的平权行动双向展开。

然而,在规制算法透明度的进程中,美国遇到了抵御算法规制的一张"王牌":言论自由。在多起案件中,搜索引擎公司以《美国宪法第一修正案》的言论自由为"挡箭牌",辩称检索结果的排名是公司

---

[1] See Don Peck, "They're Watching You at Work", *The Atlantic*, Dec. 15, 2013.
[2] See Frank Pasquale, *The Black Box Society: The Secret Algorithms that Control Money and Information*, Cambridge: Harvard University Press, 2015, p. 18.
[3] See Anupam Chander, "The Racist Algorithm?", *Michigan Law Review*, Vol.115(2017), p. 1036.

的自由言论,并且获得了法院的支持。[1] 此时,界定算法是否属于发言者的自由言论,成为算法规制的前置性程序。而这一前置性程序招致了大量的批评。有评论家指出,运用《美国宪法第一修正案》限制公众对互联网的理解与管制,无疑是极具讽刺意味的。[2] 言论自由不应成为算法歧视、经济宰制等异化现象的"挡箭牌"。维护算法控制者的利益并不能忽视公众的知情权,更不能损害作为基本权利的平等权。此时,如何平衡算法控制者的正当权利与公众的知情权、平等权,如何逐层递进地揭开算法的真实面容,如何实现技术与权利的正和博弈,都成为人工智能向法律系统提出的挑战。

第三,自动驾驶车辆的安全风险。作为一项极有可能在未来被大范围推广的智能技术应用,对自动驾驶车辆的褒奖与质疑同在。自动驾驶车辆所引发的质疑主要集中在技术安全与法律责任领域。自动驾驶车辆的应用离不开技术安全的支持,美国多数州已经通过了相关立法,要求上路测试的自动车辆必须达到一定的安全性能标准。[3] 尽管如此,特斯拉的自动车辆进行道路实验时,依旧发生了多次车祸,并且造成了其他车辆上的人员的死伤。[4] 面对"电车难题"时,该如何选择自动驾驶车辆是一项争议激烈的道德伦理命题;当出现无法避免的伤亡时,如何进行责任分配进而成为讨论的焦

---

[1] See Search King, Inc. v. Google Technology, Inc. Case No. Civ-02-1457-M (W.D. Okla., Jan. 13, 2003); Christopher Langdon v. Google Inc., 2007 WL 530156, Civ. Act. No. 06-319-JJF (D. Del. Feb. 20, 2007); Jian Zhang v. Baidu.com Inc., 10 F. Supp. 3d 433, S.D.N.Y. 2014.
[2] See Mark Patterson, "Additional Online Speech Comments", *Antitrust and Competition Policy Blog*, May 23, 2012.
[3] See California Senate Bill No. 1298(2012), Colorado Senate Bill 17-213(2017) and Florida House Bill 1207(2012).
[4] See Salwan Georges, "US Safety Agencies to Investigate Fatal Tesla Crash in Florida", *Reuters*, Mar. 2, 2019.

点,传统的侵权责任体系在自动驾驶车辆面前已经黯然失色,一旦发生致命车祸,自动驾驶车辆(机器人)本身是否可以承担民事和刑事责任?如果答案是可以承担,法律上的"人"的定义将被重新改写,宪法上的"人格尊严"的涵摄范围也将出现波动。

第四,基本权利理论的重新解读。伴随着技术的不断进步,人工智能的发展与基本权利的冲突日渐显著,基本权利的理论体系出现裂痕。基本权利的侵犯主体日益转为非国家集体行动者,智能技术激化了权利冲突的表现,而基本权利主体范围能否纳入机器人主体的问题,更是向人的尊严发起根本性挑战。以国家行为理论(state action doctrine)为例,传统宪法学理论认为,基本权利的约束对象仅为国家,但当公民的基本权利遭受私人侵害且没有直接的部门法规则予以调整时,美国联邦最高法院会运用国家行为理论,将与公权力有关的私人行为解释为国家行为,从而接受宪法的调整与约束。然而,人工智能使非国家集体行动者的权力开始不断膨胀,甚至在某些领域超过国家权力。不言自明的是,无论是私人主体还是国家主体,一旦拥有巨大的权力,就必须受到制约与监管,否则,只能恶化为失控的权力。美国著名宪法学家马克·塔什内特(Mark Tushnet)认为,国家行为理论的关键并不在于判断私人行为与国家行为之间是否存在关联,真正的要点在于,国家到底应对公民履行什么义务?[1]延续这种思路,假设某一科技公司侵犯了个人的数据隐私,此时不仅需要厘清科技公司的行为与国家行为之间的关联,而且需要明确如何弥补已经发生的损害结果以及预防未来可能的损害行为。因此,为了控制非国家集体行动者力量的不断扩张,国家必须通过公权力对其进行

---

[1] See Mark Tushnet, "State Action in 2020", in Jack M. Balkin and Reva B. Siegel (eds.), *The Constitution in 2020*, New York: Oxford Press, 2009, pp. 69-78.

有效的监管。然而,如何实现有效的监管、如何打造技术权力监管机制、法律又应该扮演什么角色,都成为技术进步的不断追问。

三、美国人工智能领域的基本权利保护问题

人工智能的发展与基本权利产生了龃龉,新兴技术的发展尤其可能与美国宪法第一、第四、第五和第十四修正案所规定的权利产生冲突。而产生这些问题的原因在于,"私营公司对言论自由和隐私的权力超过了总统、国王或最高法院法官"[1]。因此,私营部门、社会公众需要更多地承担起相应的责任。当然,这并不意味着国家义务的消失,而是需要重新考虑国家监管角色的定位。以此为背景,下文将分别介绍在信息隐私[2]、黑箱算法和自动驾驶领域中,美国学界关于技术创新与权利冲突的探讨情况。

第一,信息隐私的法律保护。信息隐私,也即对个人数据保护的探讨,是美国法学界关于人工智能探讨的主要焦点,而隐私的第三方原则(third party doctrine)又是焦点中备受争议的关注点。苏珊·W. 布伦尼尔(Susan W. Brenner)认为,宪法隐私保护中最具争议的是数据隐私的保护,特别是存在于第三方的纪录。[3] 在 United

---

[1] Jeffrey Rosen, "Introduction: Technological Change and the Constitutional Future", in Jeffrey Rosen and Benjamin Wittes (eds.), *Constitution 3.0: Freedom and Technological Change*, Washington D.C.: Brooking Institution Press, 2011, p. 2.

[2] 个人数据只是个人信息的表现形式之一,但在人工智能技术的发展之下,绝大多数的个人信息以电子数据的样态存在,在此前提下,本书并未细致地区分数据与信息的使用。信息隐私等同于数据隐私,而采取信息隐私是为贴合 "information privacy" 的翻译习惯。当然,也有学者对于数据和信息的此种混用持批评态度,参见韩旭至:《信息权利范畴的模糊性使用及其后果——基于对信息、数据混用的分析》,载《华东政法大学学报》2020 年第 1 期,第 85—96 页。

[3] See Susan W. Brenner, "Constitutional Rights and New Technologies in the United States", in Ronald E. Leeness et al. (eds.), *Constitutional Rights and New Technologies: A Comparative Study*, Hague: TMC Asser Press, 2008, p. 260.

States v. Miller 案[1]中,法院裁定,在个体主动移交给第三方(在此案中是一家银行)的数据中,不存在合理的隐私预期(no reasonable expectation of privacy)。三年后的 Smith v. Maryland 案[2]再次重申了隐私的第三方原则,判定客户定期自愿提供给电话公司的电话号码不受《美国宪法第四修正案》的保护。然而,随着第三方服务平台的迅速发展,越来越多的第三方收集了个人主动提供的信息,《美国宪法第四修正案》的这一漏洞正在迅速地扩大。不少学者建议修改,甚至推翻 Miller 案中的隐私第三方原则。迪安·加兰诺(Dean Galaro)认为,Miller 案的裁决已经有 40 年没有动摇了,《美国宪法第四修正案》需要符合时代环境的重新解释。[3] 布雷恩·芒德(Brain Mund)认为,根据隐私的第三方原则,即使社交媒体用户在加密保护页面中交流他们的信息,这些社交媒体的帖子中依旧没有用户的合理的隐私预期。[4] 然而《美国宪法第四修正案》要求对个人数据进行更大限度的隐私保护,W. 费思·麦克尔罗伊(W. Faith McElroy)直接建议最高法院推翻 Miller 案。[5] 实践中,美国联邦最高法院也开始放弃隐私的第三方原则,将个人手机的定位信息纳入个人合理的隐私期待范围。[6] 有鉴于此,海伦·尼森鲍姆(Helen Nissenbaum)提

---

[1] See United States v. Miller, 425 U.S. 435 (1976).
[2] 法院认为,只有当个人认为政府侵犯了个人合理的隐私预期时,第四修正案的保护才有意义。这种合理的隐私预期并不适用于笔记簿上记录的号码,因为这些号码被用于电话公司的日常业务活动,而个人对此是知情的。参见 Smith v. Maryland, 442 U.S. 735 (1979)。
[3] See Dean Galaro, "A Reconsideration of Financial Privacy and United States v. Miller", *South Texas Law Review*, Vol.59(2017), p. 32.
[4] See Brian Mund, "Social Media Searches and the Reasonable Expectation of Privacy", *Yale Journal of Law and Technology*, Vol.19(2017), pp. 238-273.
[5] See W. Faith McElroy, "Closing the Financial Privacy Loophole: Defining Access in the Right to Financial Privacy", *Washington University Law Review*, Vol.94(2017), p. 1059.
[6] See Carpenter v. United States, 585 U.S. 4 (2018).

出了情境完整性（Contextual Integrity）理论，将对隐私的充分保护与特定的语境紧密联系在一起，要求信息的收集、传播与特定语境相适应，并遵守在特定语境中发布的支配性规范，[1]从而解决隐私第三方原则失灵的问题。

在上述原则性讨论之外，围绕信息隐私的探讨又细分为不同领域的信息隐私探讨，代表性主题有健康隐私、消费者隐私、教育隐私、雇员隐私等。由于对消费者身份主体的数据保护呈现主流态势，本部分将简要介绍消费者隐私保护的学界观点。首先，联邦贸易委员会承担了主要的保护消费者隐私的工作，但是联邦贸易委员会的表现并不是完美的。亚历克斯·博斯松（Alex Bossone）认为，联邦贸易委员会没有对公司的数据安全措施提供足够的指导，也没有充分保护直接受到数据泄露伤害的消费者。[2]由于隐私的伤害结果在多数情况下是主观的，不同消费者对待隐私的伤害结果可能态度迥异。埃琳·奥哈拉·奥康纳（Erin O'Hara O'Connor）建议，联邦贸易委员会在仲裁消费者隐私案件时，可以在机会成本和自付费用两方面设定一个有效的补救"价格"，使高隐私价值的消费者能够提出索赔，同时取消对低隐私价值消费者的索赔。[3]再者，实质损害的认定标准过于苛刻，尼古拉斯·格林（Nicholas Green）建议，法院需要引进一个灵活的损害认定标准。这种不那么严格的立场也可以适用于原告所称的非经济性和非物质性的抽象伤害。在没有最高法院明确指导的情况下，联邦地区法院应采用实质性的风险分析（substantial risk

---

[1] See Helen Nissenbaum, "Privacy as Contextual Integrity", *Washington Law Review*, Vol. 79(2004), pp. 119-157.
[2] See Alex Bossone, "The Battle against Breaches: A Call for Modernizing Federal Consumer Data Security Regulation", *Federal Communications Law Journal*, Vol.69(2018), p. 249.
[3] See Erin O'Hara O'Connor, "Protecting Consumer Data Privacy with Arbitration", *North Carolina Law Review*, Vol.96(2018), pp. 711-749.

analysis)。[1] 在联邦贸易委员会未能充分保护消费者隐私的空白之处,行业的自我监管继而"上位"以发挥功效。西诺纳·里斯托特(Sinoa Listokin)认为,行业对消费者数据隐私和安全的自我监管,被认为是对传统政府监管的一种灵活的替代和补充,但需要一个更为准确的隐私度量标准,从而评估行业监管对数据隐私的影响。[2]

在对不同领域的数据隐私的探讨之外,数据是否属于《宪法第一修正案》所保护的言论也是美国法学界的争议性问题。戴维·S.汉(David S. Han)认为,个人数据是中间价值(Middle-Value Speech)的言论。[3] 而机器所输出的数据则可能因为被"编辑"成为言论。这一问题在黑箱算法部分将得到更为详细的讨论,在此不再多议。总而言之,信息隐私因为领域的不同而呈现出需求和保护的差异,但是其基础理论具有共通性。隐私第三方原则所展现出的不适应时代的特性,转而促成了情境脉络完整性理论适时而出。不同于欧盟数据保护机制的独立创设,美国以消费者为身份主体的数据保护延伸了联邦贸易委员会的监管与执行权能,以更为柔和与顺畅的方式开展数据保护的时代任务。而言论自由的辐射范围也拓展到数据属性,成为数据保护的波折曲目。

第二,黑箱算法的破题之法。我们正生活在一个由黑箱算法所创造的社会之中。正如阿齐兹·Z.赫克(Aziz Z. Huq)所言,美国正

---

[1] See Nicholas Green, "Standing in the Future: The Case for a Substantial Risk Theory of 'Injury in Fact' in Consumer Data Breach Class Actions", *Boston College Law Review*, Vol.58(2017), p. 316.

[2] See Siona Listokin, "Industry Self-Regulation of Consumer Data Privacy and Security", *John Marshall Journal of Information Technology and Privacy Law*, Vol.32(2016), p. 15.

[3] See David S. Han, "Middle-Value Speech", *Southern California Law Review*, Vol.91 (2017), pp. 65-131.

在通过算法不断优化其刑事司法的效率,预测暴力和犯罪的算法工具被越来越多地应用于警务、保释和量刑。[1] 安妮·L. 华盛顿(Anne L. Washington)认为,接受风险评估的个人无法推测算法如何对他们进行排名,因为他们不知道自己为什么被归类到某一组,也不知道控制排名的标准是什么。围绕风险评估算法的争议,暗示了正当程序可能是刑事司法系统自动化的成本。[2] 理查德·沃纳(Richard Warner)认为,在算法预测一切的大数据时代中,谁控制了我们的数据,谁就控制了我们的生活。[3] 如何保障算法以中立和非歧视的方式行事,避免算法独裁的出现,进而成为学界讨论的焦点。

算法问题出现的原因,一方面在于算法复刻了现实世界的偏见和歧视。数据本身不是中性的,当算法依赖历史数据时,可能将历史数据的偏见导入算法的过程,爱德华·桑托(Edward Santow)认为,人类偏见导致了算法歧视的持续存在。[4] 另一方面在于算法透明度和问责制的缺失。詹姆斯·A. 艾伦(James A. Allen)认为,现代算法的设计过程往往是由一个同构的群体来完成的,因而缺乏透明度、审计或监督。[5] 由于上述双重原因,处理黑箱算法造成的平等权危机需要多维共进。

首先,纠正现实世界的歧视需要平权行动的继续展开,而差别性

---

[1] See Aziz Z. Huq, "Racial Equity in Algorithmic Criminal Justice", *Duke Law Journal*, Vol.68(2019), p. 1043.
[2] See Anne L. Washington, "How to Argue with an Algorithm: Lessons from the COMPAS-ProPublica Debate", *Colorado Technology Law Journal*, Vol.17(2018), p. 132.
[3] See Richard Warner and Robert H. Sloans, "The Ethics of the Algorithm: Autonomous Systems and the Wrapper of Human Control", *Cumberland Law Review*, Vol.48(2017), p. 37.
[4] See Edward Santow, "Putting Human Values into the Machine", *Human Rights Defender*, Vol.27(2018), p. 13.
[5] See James A. Allen, "The Color of Algorithms: An Analysis and Proposed Research Agenda for Deterring Algorithmic Redlining", *Fordham Urban Law Journal*, Vol.46(2019), p. 219.

影响(disparate impact)理论[1]也可以被纳入算法纠偏机制。马克·麦卡锡(Mark MacCarthy)认为,研发者需要在开发阶段测试算法,并在使用算法时考虑潜在的偏差。这些不同的影响分析将被用于受监管的行业,以满足法律上的非歧视要求。[2] 波林·T. 金(Pauline T. Kim)认为,差别性影响理论需要进行适当的调整,从而应对数据市场中的分类歧视。[3]

其次,算法的透明模型是解决黑箱算法问题的重要方式。弗兰克·帕斯奎尔(Frank Pasquale)认为,透明度本身不仅是一个目的,而且是通往可理解性道路上的一个过渡步骤。[4] 什洛米特·亚尼斯基-拉韦德(Shlomit Yanisky-Ravid)提出了一种新的人工智能数据透明模型,该模型侧重数据的公开,而不是初始的软件程序和程序员。该模式包括一个审计制度和一个认证方案,由政府机构或在没有政府的情况下的私人机构执行。该模式还包括建立公司责任的安全港,鼓励公司在没有大规模监管的情况下实施透

---

[1] 差别性影响指的是对具有受保护特性(种族、肤色、宗教、性别等)的人群产生的不利影响比对另一人群产生的不利影响更大,尽管所适用的规则在形式上是中立的。参见 Texas Department of Housing and Community Affairs v. Inclusive Communities Project, Inc., 576 U.S. 519 (2015)。

[2] See Mark MacCarthy, "Standards of Fairness for Disparate Impact Assessment of Big Data Algorithms", *Cumberland Law Review*, Vol.48(2017), p. 70.

[3] 以就业歧视为例,第一,法律不应该要求雇主在数据集中清除敏感信息,比如种族和性别;相反,保存这些数据对于避免偏见很重要。第二,确定相关的劳动力市场,进行统计比较。第三,雇主对有歧视结果的算法的辩护,不应依赖与工作相关的声明,而应依赖雇主的证明,证明基础模型在统计上是有效的、在实质上是有意义的。第四,与传统的差别影响原则不同,雇主应该能够依靠"底线"(bottom-line)防御。如果算法的操作没有不成比例地排除受保护群体的成员,那么就不存在歧视性伤害。参见 Pauline T. Kim, "Data-Driven Discrimination at Work", *William and Mary Law Review*, Vol.58(2017), pp. 857-936。

[4] See Frank Pasquale, *The Black Box Society: The Secret Algorithms That Control Money and Information*, Cambridge: Harvard University Press, 2015, p. 8.

明度自我管理。[1]

最后,综合性的管理框架对于提升算法透明度与问责而言不可或缺,算法公平的实现需要跨专业、跨领域的合作。以《多伦多宣言:保护机器学习系统中平等和非歧视的权利》(The Toronto Declaration: Protecting the right to equality and non-discrimination in machine learning systems)(以下简称《多伦多宣言》)[2]为基础,劳拉·斯坦尼拉(Laura Stanila)认为,要想减轻黑箱算法对个人权利的侵害,需要对政府使用人工智能制定更高的标准,包括公开采购标准、权利影响评估;在公司内部建立道德政策,并提升透明度、可解释性和建立问责制。[3] 乔瓦尼·科曼德(Giovanni Comande)则认为,可以在算法生成过程中及时插入伦理原则,以减轻算法对于个人权利的负面影响。[4] 此时,行政监管依然必不可少。安德鲁·塔特(Andrew Tutt)总结了美国食品药品监督管理局(Food and Drug Administration, FDA)过去管理新型药品的经验,认为应当由专业的行政管理机构承担起批准和监管算法的任务,某些类别的新型算法在没有专业的行政管理机构批准的情况下不得发布或销售。[5]

---

[1] See Shlomit Yanisky-Ravid and Sean K. Hallisey, "Equality and Privacy by Design: A New Model of Artificial Intelligence Data Transparency via Auditing, Certification, and Safe Harbor Regimes", *Fordham Urbam Law Journal*, Vol.46(2019), p. 429.

[2] 2018年5月16日,几家著名的非政府机构(包括 Human Rights Watch, Accessnow, Amenesty International, Wikimedia Foundation 等NGOs)联合发表了《多伦多宣言:保护机器学习系统中平等和非歧视的权利》(The Toronto Declaration: Protecting the right to equality and non-discrimination in machine learning systems),旨在呼吁政府和私营部门行动者(Private Sector Actors)在应用机器学习时,尊重平等权,并践行反歧视原则。

[3] See Laura Stanila, "Artificial Intelligence and Human Rights: A Challenging Approach on the Issue of Equality", *Journal of Eastern-European Criminal Law*, Issue 2(2018), p. 27.

[4] See Giovanni Comande, "Regulating Algorithms' Regulation? First Ethico-Legal Principles, Problems, and Opportunities of Algorithms", in Tania Cerquitelli et al., (eds.), Transparent Data Mining for Big and Small Data, Cham: Springer, 2017, pp. 169-206.

[5] See Andrew Tutt, "An FDA for Algorithms", *Administrative Law Review*, Vol.69(2017), pp. 83-123.

然而,算法规制遇到了言论自由这一"挡箭牌",许多大型公司援引算法输出是言论自由作为依据,拒绝接受对算法的监管。以谷歌的搜索引擎排名结果为例,尤金·沃洛克(Eugene Volokn)和唐纳德·M. 福尔克(Donald M. Falk)等学者认为,搜索引擎的编辑判断与报纸、指南做出的编辑判断非常相似,这些判断都是对用户可能感兴趣和有价值的内容的判断。所有这些编辑判断(editorial judgment)的实践都受到《美国宪法第一修正案》的充分保护。《美国宪法第一修正案》完全保护网络言论、完全保护编辑判断(纳入或排除哪些内容的选择)、完全保护关于非政治议题的事实和意见。虽然搜索引擎的结果是在计算机算法的帮助下创建的,但这并不会剥夺它们受《美国宪法第一修正案》保护的权利。因此,搜索引擎的结果是受到《美国宪法第一修正案》保护的。[1]

然而这一观点备受争议。温和派的斯图尔特·迈纳·本杰明(Stuart Minor Benjamin)认为,在言论自由条款的范围内,纳入基于算法的决策是一个自然而温和的步骤。[2] 算法的出现可能会改变社会经济模式,也可能会改变法律解释的方式,但这一过程必然是循序渐进的。詹姆斯·格林梅尔曼(James Grimmelmann)认为,搜索引擎既不是被动、中立的网站言论渠道,也不是凭借自身能力说话的编辑,而是顾问(advisor)。[3]

反对派的声音更为尖锐。安德鲁·塔特认为,考虑的关键问题不是软件是什么,甚至不是它说了什么,而是它对社会意味着什么,以至

---

[1] See Google, Eugene Volokh, Donald M. Falk, "First Amendment Protection for Search Engine Search Results: White Paper Commissioned by Google", *Journal of Law, Economics and Policy*, Vol.8(2012), pp. 883-900.

[2] See Stuart Minor Benjamin, "Algorithms and Speech", *University of Pennsylvania Law Review*, Vol.161(2013), p. 1494.

[3] See James Grimmelmann, "Speech Engines", *Minnesota Law Review*, Vol.98(2014), pp. 868-952.

于把它当作言论来对待。操作系统、搜索引擎和文字处理程序是否属于"言论",取决于它们在我们的民主制度中所处的地位。因此,电子游戏受到言论自由的保护,不是因为它们传达信息,也不是因为它们像文学一样,而是因为它们是一种被社会文化认可的表达媒介。然而操作系统、文字处理程序,甚至搜索引擎,并没有被认为占据了类似的表达位置,至少现在还没有。[1] 吴修铭(Tim Wu)则认为,一般来说,人们可以区分作为"言论产品"(speech product)的软件和作为"沟通工具"(communication tool)的软件。两者之间的界限也许并不完美,但如果要实现《美国宪法第一修正案》保护思想表达的主要目标,同时防止这一修正案被滥用,就必须在某处划定界限。而谷歌的搜索引擎与传统的新闻报社并不相同,谷歌的搜索引擎只是为个人提供了网站的链接,并没有资助或者出版网站的内容。[2] 因此,谷歌的搜索引擎是沟通工具,谷歌并不能直接援引言论自由以保护搜索结果。

总而言之,黑箱算法的破题之路要从现实世界的平权行动与技术维度的透明问责双向展开。双向路径中的事前与事后规制方案都需要国家、行业与公众三方的参与。而言论自由的权利惯性庇护了黑箱算法的肆意独裁,成为美国当前实施算法规制的迫在眉睫的阻碍。

第三,自动驾驶的风险回应。自动机器的应用可能为社会带来可持续的积极影响,也会对社会产生强烈的负向冲击。作为自动机器中具有代表性的应用,自动驾驶车辆当前最大的争议点是事故责任的分配问题。2017 年,欧盟《机器人民事法律规则》[3]建议为机

---

[1] See Andrew Tutt, "Software Speech", *Stanford Law Review Online*, Vol.65(2012-2013), p. 77.

[2] See Tim Wu, "Machine Speech", *University of Pennsylvania Law Review*, Vol.161(2013), pp. 1496-1533.

[3] See European Parliament, Civil Law Rules on Robotics, European Parliament resolution of 16 February 2017 with recommendations to the Commission on Civil Law Rules on Robotics (2015/2103(INL)), P8_TA(2017)0051.

器人创建一个特定的法律地位,也即赋予他们"电子人格",从而为自我行为的后果负责。支持派的学者认为,这将推动合理化判定人工智能的创造者和使用者的责任,[1]维护社会共同体的稳定,[2]并且促进社会的良善价值;[3]反对派的学者则认为,如果这一走向得到普遍性的承认,可能会模糊人类与机器的界限,[4]减弱自然人的权利保护水平,[5]甚至会伤害全体人类的尊严。[6] 这一争论短期内无法达成统一的意见,因为其背后涉及人的尊严这一根本性命题。如何在当前的法律框架内处理自动驾驶车辆所产生的责任分配难题,是更为迫切而实际的问题。

在技术层面,"黑匣子"的设置可能是确定事故责任的有效手段。优禅尼·博斯(Ujjayini Bose)认为,在自动驾驶车辆上安装一种监测和记录车辆运行数据的机器,即事件数据记录器(Event Data Recorder),是解决责任分配的技术性方案。这种技术类似飞机上的飞行数据记录器(Flight Data Recorder),俗称"黑匣子"。"黑匣子"可以记录和传输有关飞机功能和飞行员操作的信息。通过分析这些信息,调查人员可以确定飞机坠毁的原因是人为失误还是机械故障。

---

[1] See S. M. Solaiman, "Legal Personality of Robots, Corporations, Idols and Chimpanzees: A Quest for Legitimacy", *Artificial Intelligence and Law*, Vol.25(2017), p. 155.

[2] See F. Patrick Hubbard, "Do Androids Dream: Personhood and Intelligent Artifacts", *Temple Law Review*, Vol.83 (2011), p. 431.

[3] See Kate Darling, "Extending Legal Rights to Social Robots", Calo, Froomkin and Kerr (eds.), reported in We Robot Conference 2012, p. 13.

[4] See Ryan Calo, "Robotics and the Lessons of Cyberlaw", *California Law Review*, Vol. 103(2015), pp. 513-564.

[5] See Rob Sparrow, "Can Machines Be People? Reflections on the Turing Triage Test", in Patrick Lin et al. (eds.), *Robot Ethics: The Ethical and Social Implications of Robotics*, Cambridge: The MIT Press, 2012, pp. 302-303.

[6] See Joelle Renstrom, "Should Robots Have Rights?", *Daily Beast*, May 5, 2017.

自动驾驶车辆亦是如此。[1] 2017年6月,德国《道路交通法》修正案生效。该修正案要求所有拥有自动驾驶系统的车辆必须配备一个"黑匣子",以便在发生事故时帮助明确故障和分配责任。[2]

然而,"黑匣子"只能辅助确定事故责任的归属,并无法完全解决问题。自动驾驶车辆引发的责任包括法律和道德责任。道德问题的答案隐藏于无止境的讨论之中,杰弗里·K. 格尼(Jeffrey K. Gurney)认为,当面对不可避免的事故时,自动驾驶技术不会自动关闭,公众会希望自动驾驶车辆将这种事故造成的伤害降到最低,而不论罪魁祸首是谁。算法编写者可以通过使用"碰撞优化算法"(crash-optimization algorithm)将事故造成的伤害降到最低。"碰撞优化算法"是一种决定自动驾驶车辆撞向自然人还是撞向物体的方法。然而就像经典的电车问题一样,如何将自动驾驶的损害降至最小,什么才是最小伤害的定义,仍需要机器道德的持续探讨。[3]

就自动驾驶车辆可能引发的民事责任而言,其包括所有人(控制人)责任、制造商责任和第三方责任。达米安·A. 里尔(Damien A. Riehl)认为,自动驾驶车辆的出现,标志着车辆碰撞事故的历史标准似乎不可避免地发生了转变——从驾驶员/车主责任转向产品责任制度。[4] 林叶芬(Hannah YeeFen Lim)认为,产品的严格责任是保证公共安全的唯一途径。它将遏制自动驾驶车辆制造商的任何误导

---

[1] See Ujjayini Bose, "The Black Box Solution to Autonomous Liability", *Washington University Law Review*, Vol.92(2015), pp. 1325-1351.

[2] See Hannah YeeFen Lim, Autonomous Vehicles and the Law: Technology, Algorithms and Ethics, Northampton: Edward Elgar Publishing, 2018, pp. 109-110.

[3] See Jeffrey K. Gurney, "Crashing into the Unknown: An Examination of Crash-Optimization Algorithms through the Two Lanes of Ethics and Law", *Albany Law Review*, Vol.79 (2015), pp. 183-267.

[4] See Damien A. Riehl, "Car minus Driver: Autonomous Vehicle Regulation, Liability, and Policy: Part Ⅱ", *Bench and Bar of Minnesota*, Vol.73(2016), p. 25.

或欺骗行为,并将在自动驾驶车辆的发展中形成一种负责任的文化,而不是由利润和虚荣驱动的文化。[1] 也有学者秉持不同的观点,凯尔·科隆(Kyle Colonne)认为,为了确保自动驾驶车辆技术及时进入市场,需要减轻自动驾驶车辆和技术制造商的责任。自动驾驶车辆行业应该采用类似核电行业的双层保险框架,为损害赔偿设定上限。[2] 杰弗里·K.格尼认为,在自动驾驶车辆问题中,将侵权责任强加给车辆制造商的推论是,制造商很可能会受到"激励",去撞修理成本最低的车辆,而将这一推论推演到极致,自动驾驶车辆的编程原则将围绕着保护"富人"展开。[3]

与责任分配密切相关的话题是,如何塑造自动驾驶车辆的监管体系。监管的根本原则是在鼓励技术创新的同时,避免个人权益的减损。美国不少州已经开始制定自动驾驶法案,但是联邦层面的《在未来车辆更新中安全保障生命的研发部署法案》(Safely Ensuring Lives Future Deployment and Research In Vehicle Evolution Act, SELF DRIVE Act)(以下简称《自动驾驶法案》)至今仍未获得参议院支持。安德鲁·R.斯旺森(Andrew R. Swanson)建议,国家公路交通安全管理局(National Highway Traffic Safety Administration, NHTSA)应该行使其监管权力,为自动驾驶车辆提供一个全国性的监管制度。[4] 统

---

[1] See Hannah YeeFen Lim, *Autonomous Vehicles and the Law: Technology, Algorithms and Ethics*, Northampton: Edward Elgar Publishing, 2018, p. 105.
[2] See Kyle Colonna, "Autonomous Cars and Tort Liability: why the Market will Drive Autonomous Cars out of the Marketplace", *Journal of Law, Technology and the Internet*, Vol. 4(2012), p. 130.
[3] See Jeffery K. Gurney, "Crashing into the Unknown: An Examination of Crash-Optimization Algorithms through the Two Lanes of Ethics and Law", *Albany Law Review*, Vol.79 (2015), pp. 238-239.
[4] See Andrew R. Swanson, "Somebody Grab the Wheel: State Autonomous Vehicle Legislation and the Road to a National Regime", *Marquette Law Review*, Vol.97(2014), p. 1087.

一性的联邦法律依然必不可少,杰西卡·S. 布罗茨基(Jessica S. Brodsky)认为,国会应该考虑为自动驾驶车辆制定一套统一的、全国性的车辆法律,各自为政的州法律可能为自动驾驶车辆的设计和发布制造障碍。[1] 朱莉·古德里奇(Julie Goodrich)认为,立法机构必须致力于制定法规、预测并试图解决责任的灰色地带问题,为自动驾驶车辆制定统一的标准。[2] 马克·A. 普斯特菲尔德(Mark A. Geistfeld)同样认为,尽管还没有管理自动驾驶车辆技术的联邦法律,但事态的发展强有力地表明,国会最终将确立一个自动驾驶车辆的联邦性监管框架。[3]

以良性发展为目标,自动驾驶车辆的监管需要各方的协调考量。塞文·A. 贝克尔(Seven A. Beiker)认为,单一的组织或机构无法应对自动驾驶车辆的挑战。自动驾驶技术需要工程、法律、经济、人文等学科的交叉研究,从而识别和应对挑战。[4] 杰克·伯格林(Jack Boeglin)认为,监管机构应该把自由、隐私和责任视为相互关联的部分,而不是自动驾驶车辆监管的独立元素。用户越想保护自己的自由和隐私,越可能会为自动驾驶车辆的行为承担更多的责任。杰克·伯格林同时向监管机构呼吁,只允许自动驾驶车辆在以下情况下削减用户的自由和隐私:(1)自由和隐私的减少导致自动驾驶车辆用户的责任相应减少;(2)丧失这些价值所产生的社会代价将被行政

---

[1] See Jessica S. Brodsky, "Autonomous Vehicle Regulation: How an Uncertain Legal Landscape May Hit the Brakes on Self-Driving Cars", *Berkeley Technology Law Journal*, Vol. 31(2016), pp. 851-877.

[2] See Julie Goodrich, "Driving Miss Daisy: An Autonomous Chauffeur System", *Houston Law Review*, Vol.51(2013), pp. 265-296.

[3] See Mark A. Geistfeld, "The Regulatory Sweet Spot for Autonomous Vehicles", *Wake Forest Law Review*, Vol.53(2018), p. 337.

[4] See Sven A. Beiker, "Legal Aspects of Autonomous Driving", *Santa Clara Law Review*, Vol.52(2012), pp. 1145-1156.

效率或其他可确认的社会利益抵消。[1] 迈克尔·马蒂奥利(Michael Mattioli)认为,当我们享受自动驾驶车辆的便利时,我们不得不放弃对自己的隐私和安全的部分控制。同样,为了最大限度地提高安全性,车辆制造商将放弃多少利润追求?这些问题不能被孤立地研究。[2]

概括而言,自动机器为人工智能的前沿应用,而对自动机器的讨论围绕着自动驾驶车辆展开。自动驾驶车辆的事故真相可以通过"黑匣子"的技术辅助重现,但车辆所有者、控制者、制造商、经销商的责任认定仍然有待进一步探讨。为消弭技术规制的负面影响,自动驾驶的技术规制需要多方的合作探讨,力图达成技术无碍的规制框架。

四、本书的研究进路、方法与框架

(一)研究进路

数据是人工智能技术的给养,算法是人工智能技术的核心,而自动驾驶车辆是人工智能技术的前沿应用。就研究范围而言,本书以数据、算法和自动驾驶车辆为切入点,三者虽然看似"各自为政",却在内核之中紧密缠绕。自动驾驶技术的实践应用得益于受训数据集的真实有效与体量充足,而数据集的训练与反馈过程成就了算法的不断优化,直至达成保护隐私与安全的自动驾驶系统。数据夯实了人工智能的基石底座,算法构建出人工智能的钢筋脉络,而自动驾驶

---

[1] See Jack Boeglin, "The Costs of Self-Driving Cars: Reconciling Freedom and Privacy with Tort Liability in Autonomous Vehicle Regulation", *Yale Journal of Law and Technology*, Vol.17(2015), pp. 171-203.

[2] See Michael Mattioli, "Autonomy in the Age of Autonomous Vehicles", *Boston University Journal of Science and Technology Law*, Vol.24(2018), pp. 277-298.

则是人工智能的楼宇展示。毋庸置疑,人工智能的代表性应用繁多,其共同特征在于类人的智慧模拟。智慧模拟的核心便在于算法,算法愈是精密完美,智慧模拟便愈是难以被识破。而算法的精密完美依赖算法所认知的真实世界,也即受训数据集。伴随着人工智能应用的快速发展,受训数据集也在不断地改变革新。可以说,数据、算法与智能应用三者相互影响、循环往复,以人工智能规制为论题,便必须考量这三者的互动关系。选择自动驾驶技术而非其他智能应用的原因在于,自动驾驶与个人的生命安全深深交织,而生命安全也是人之为人的基本要素。

(二)研究方法

本书以人工智能时代中具有代表性的三项挑战(个人数据、黑箱算法、自动车辆)为切入点,探讨了美国在人工智能领域中平衡科技创新与基本权利保护的方式,试图为中国提供一份可能的域外智识参照。而智识参照的背后是对美国当前规制图景的理论梳理与实践整合,必然需要运用文献整理法、判例分析法和比较分析法等研究方法。

第一,文献整理法。作为以美国人工智能规制实践为研究内容的学术论文,本书的研究必然需要借助以往学术文献的知识积淀。伴随着电子网络数据库的发展,学术文献的体量日渐庞大,而辨析其中学术涵养较高的文献,则成为论文研究的第一步。以重要英文数据库 HeinOnline、Westlaw、JSTOR 为主导,以中国知网、万方等数据库为补充,笔者尽最大努力收集了 2010—2022 年美国学术界在上述三项研究主题中的学术论文(其中也不乏 2010 年之前的重要学术论文),而通过北美规模前五的加州大学伯克利分校的图书馆以及国内诸多图书收集渠道,笔者挑选了众多具有代表性的英文著作;同时,也收集了美国白宫、美国国会、美国联邦贸易委员会、美国交通部等美国重要政府官方网站的公开文件,以上述资料作为学术文献的支撑。文献收集仅是论文写作的第一步,大量的文献整合并不意味着文献堆砌,将浩如烟海的文献按照逻辑框架、研究对象进行分类整合与公因式提炼,则是写作的下一步。

第二,判例分析法。美国的法律历史以判例为展现形式,众多法律的出台得益于关键性案件的推动。以 2018 年《明确数据在海外的合法使用》(Clarifying Lawful Overseas Use of Data Act, CLOUD Act)为例,该法案便是 Microsoft Corp. v. United States 案[1]的直接催化产物。梳理美国重要判例的发展史,也是对美国人工智能领域规制历史的描绘。通过 Westlaw 等网站进行案例检索,笔者以不同时期的典范案例为分析对象,尝试勾勒技术发展与规制回应的大致轮廓。通过对联邦贸易委员会等网站的执法案例进行检索,笔者以近年来联邦贸易委员会的和解协议或处罚结果为分析对象,试图探讨美国政府的实践偏好与态度转向。如若将海量文献比作论文的基石,那么判例分析便是搭建起本书的坚实框架。

第三,比较分析法。人工智能技术的发展使社会生活更为扁平化,没有任何一个国家可以完全剥离出全球的发展脉络。正如欧盟曾根据《通用数据保护条例》(General Data Protection Regulation, GDPR),对谷歌、Facebook 等美国科技公司开出巨额罚单。美国联邦层面虽然拒绝承认被遗忘权概念,但这并不妨碍美国加州部分地承认未成年人被遗忘权。[2] 欧盟等区域的规制形态同样也是美国研究不可忽

---

[1] See Microsoft Corp. v. United States, 584 U.S. 1 (2018).
[2] 2015 年 1 月 1 日生效的《加州未成年人在数字世界的隐私权》(也称《橡皮擦法案》)允许未成年人有效地删除他们在社交媒体上发布的信息和内容,从而限制了社交媒体信息的永久性。参见 Privacy Rights for California Minors in the Digital World, SB-568 Privacy: Internet: minors(2013-2014).

视的参照对象。因而,本书虽然以美国的规制现状为研究对象,却依然比较性地探讨了欧盟等其他区域的理论与实践。更为关键的是,本书立足我国人工智能技术高速发展的现状,通过对美国规制的整合与分析,辩证地看待美国的经验与不足,从而为我国的技术发展与权利保护提供一份反思性参考资料。

(三)框架

具体而言,本书除导论、结语外共分为七章。

第一章主要描述了美国人工智能领域的规制现状。就个人数据而言,信息性隐私权仍然是宪法上一个动态的概念,个人数据的保护被划分为健康数据、金融数据、消费者数据、教育数据和雇员数据等具体领域的保护,其中消费者数据的保护最为突出。对于黑箱算法而言,虽然联邦性算法问责法案仍未能获得两院的一致认可,但算法歧视的加重以及公司言论自由挡箭牌的出现,使联邦层面的算法规制法案迫在眉睫。对于自动驾驶车辆而言,众议院和参议院分别提出了规制自动驾驶车辆的法案,但均未能获得通过,当前确保自动驾驶车辆安全性的任务,主要交由美国国家公路交通安全管理局负责。

第二章分析了技术发展对基本权利体系理论的冲击,主要表现为基本权利主体的界定松动、基本权利侵害主体的范围扩展和基本权利的价值风险加剧。在对基本权利主体范围的讨论中,本章以自动机器为主要讨论对象,分析了其获得法律人格的可能性以及成为基本权利主体的不可能性;在对基本权利侵害主体的探讨中,本章分析了代表性科技公司(Facebook、谷歌和苹果等)的行为被认定为"国家行为"的困难性;在对基本权利价值风险的讨论中,本章剖析了机器算法造成的平等价值风险、被遗忘权造成的公开价值风险以及深度造假技术造成的尊严风险。尽管法律变革并非一蹴而就,但其需要革新的态势已然浮现。

第三章总结了美国在人工智能领域设定的基本权利保护基准,分别是前置性风险预防的权利保护基准、后置性结果矫正的权利保护基准和国家、行业与公众的三方合作需求。前置性风险预防基准主要通过公平信息实践原则和隐私的设计与再设计原则嵌入,后置性结果矫正基准主要通过算法影响评估和数据保护影响评估展现。本章继而论述了上述基准的实践展开脉络、自我监管的兴起与不足,以及政府监管的技术困境,为孵化国家、行业和公众的合作规制提供了温床。

第四章介绍了美国(联邦或各州)政府在人工智能领域保护基本权利的具体履职。前置性风险预防基准主要体现为联邦贸易委员会的合规标准与执法考量、美国交通部与各州准入规则的设定;后置性结果矫正基准主要体现为《加州消费者隐私法》的纠偏尝试、算法的肯定性行动以及双层保险框架的构建。美国政府谨慎的监管态度为行业自我监管的茁壮成长提供了空间,同时也对行业监管提出了基础性要求,并在行业监管失效时进行强力的外部干预,从而体现出权利保护的合比例性。

第五章阐述了平台行业的基本权利保护责任。从压制型、自治型到回应型监管的演化路径,最终催生了元监管模式下的行业自我监管。行业自我监管主要包括私人公司的内部约束和行业组织的反身监管,其中权利尽责制度尤为瞩目。私人公司通过内部规范与技术设计及时防范了越轨行为,而行业监管包括行业组织的标准划定以及第三方机构的认证监督,二者共同构成了行业监管的组织性样态。尽管行业监管存在着反应迅速、技术无阻的天然优势,但是也存在着自我规制的权力悖论,因而需要外部力量的反思性支持,这主要表现为国家干预以及公众参与。

第六章剖析了个人在人工智能领域中保护基本权利的角色和作用。目前个人主要通过消费者组织的形式(公众参与)呈现在社会之中。无论是作为主体间理性商谈的公众参与,还是作为三方监管补充与协调的公众参与,都需要个人算法素养的智识支撑。从参与规则制定过程到监督规则执行效果,全景参与下的公众角色需要充分地表达自己的真实意愿,才有可能达成形式与实质的规范有效性。而个人的权利行使也应受到边界限制,为技术发展留下足额空间,彰显三方合作的理论魅力。

第七章凝练了当前美国叙事中的优势与缺陷,并为我国的实践发展提供了参考。无论是国家义务、行业责任还是公众参与,都存在着一定的局限性,如何整合三方角色,使三方都发挥最大的优势,避免相互制约和掣肘,成为人工智能时代人类命运共同体面对的技术发问。美国式监管图景偏向技术的自我纠错功能,国家与公众参与的外部纠偏机制倾向引导信号功能。选择性借鉴美国的监管经验,为探索出我国智能技术发展与基本权利保护的平衡路径提供智识支持,正是本书的目的。

第一章
美国人工智能领域的规制现状

以数据抓取、机器算法和自动驾驶为研究对象,美国在人工智能领域的规制现状呈现出分散条块样态。对于个人数据而言,信息性隐私权仍然是一个宪法上的动态的概念,个人数据的保护被划分为健康数据、金融数据、消费者数据、教育数据和雇员数据等具体领域的数据保护,其中对消费者数据的保护最为吸睛。对于黑箱算法而言,虽然联邦性算法问责法案仍未能获得两院的一致认可,但算法歧视的加重以及公司言论自由挡箭牌的出现,使出台统一的国家算法问责法案迫在眉睫。对于自动驾驶车辆而言,众议院和参议院分别提出了规制自动驾驶车辆的法案,但均未能获得通过,当前确保自动驾驶车辆安全性的任务,主要交由美国国家公路交通安全管理局负责。

一、个人数据保护的分散模式

与欧盟统一的数据立法模式不同,美国目前仍未有一部联邦性数据保护法典。尽管近年来,美国参议院与众议院分别收到了涉及数据保护的多份提案,但这些提案至今仍处于讨论阶段。[1] 因

---

[1] 2019年2月,参议员凯瑟琳·科尔特斯·马斯托(Catherine Cortez Masto)提出了《通过数据问责和透明度提高隐私法案(数据隐私法案)》(Digital Accountability (转下页)

而,美国目前的个人数据保护法散见于不同行业的单独立法中,主要包括健康、金融、消费者、教育、就业等方面。而在分别论述具体领域的数据保护之前,有必要分析个人数据保护(信息性隐私权)[1]在美国宪法领域的进展,以其作为具体论述的逻辑起点。

(一)信息性隐私权的宪法缘起

美国宪法正文以及修正案文本并没有直接规定个人的隐私权,但最高法院通过一系列判例在宪法修正案中找到了"宪法隐私权"的身影。早在1891年,在Union Pacific Railway Company v. Botsford案[2]中,法院认为,不能强迫原告在民事诉讼中接受外科检查,原因在于,没有一项权利比个人拥有和控制自己的权利更神圣,该项权利不受他人的任何限制或干涉。1965年,在Griswold v. Connecticut案[3]中,法院多数意见认为,宪法实际上保护了婚姻中的隐私权,康涅狄格州限制已婚夫妻使用节育工具的法律违反了宪法。多数意见解释道,虽然宪法没有明确保护一般的隐私权,但权利法案中的各种保障创造了半影(penumbras),建立了隐私权的区域

(接上页)and Transparency to Advance Privacy Act or the DATA Privacy Act),主要关注消费者的数据隐私保护,为公司设定了保护行为的底线。2019年3月,参议员布瑞恩·沙茨(Brian Schatz)和罗伊·布任特(Roy Blunt)提出了《商业面部识别隐私法案》(Commercial Facial Recognition Privacy Act),以规范公司对人脸识别技术的使用,法案要求,未经个人的同意,公司不得擅自使用人脸识别技术,不得将用户数据与第三方共享;4月,众议员代表博比·L.鲁什(Bobby L. Rush)提出了《遗传信息隐私法》(Genetic Information Privacy Act),禁止了未经个人同意,检测或分享个人基因信息的行为;参议员爱德华·J.马基(Edward J. Markey)提出了《隐私权利法案》(Privacy Bill of Rights Act),再次明确了个人的数据权利,以及联邦贸易委员会应当承担的责任。

[1] 鉴于个人数据的保护在美国被划归为信息性隐私权的保护,且数据与信息的区分并不是本书讨论的重点,故无特殊说明时,下文中的"数据"与"信息"的内涵保持一致。

[2] See Union Pacific Railway Company v. Botsford, 141 U.S. 250 (1891).

[3] See Griswold v. Connecticut, 381 U.S. 479 (1965).

(zone),宪法第一、第三、第四和第九修正案共同创造了婚姻关系中的隐私权。1973年,在 Roe v. Wade 案[1]中,联邦最高法院裁定,得克萨斯州禁止堕胎的法律限制了孕妇在妊娠过程中的自由选择权,侵犯了《美国宪法第十四修正案》所保护的个人自由,构成违宪。多数意见认为,宪法保护公民的隐私权,而隐私权包含妇女自主决定是否终止妊娠的权利。[2]

在1977年的 Whalen v. Roe 案[3]中,信息性隐私权第一次在最高法院的判例中"登场"。为应对药物滥用的加重,纽约州议会通过了《纽约州管制药物法》(New York State Controlled Substances Act),要求医生在开具可能有害的处方药时必须填写一份正式的处方表格,内容包括医生姓名、配药房、药物名称、剂量以及患者姓名、地址和年龄等信息,该表格的副本将被送往纽约州医疗部门进行统一的电子化存储,期限为5年。然而,政府强制性的报告和存储要求,是否侵犯了病人的隐私权?地区法院判定该法案违宪,不得实施,纽约州医疗局不服并随即上诉。最高法院认为,地区法院的裁判依据不够充分,议会有权制定管制药物滥用的法律。尽管史蒂文斯(Stevens)法官在多数意见中将隐私权的范围(zone of privacy)具体到两个方面:一是个人信息的不公开;二是不受政府控制地作出某些私人决定。但多数意见认为,公开处方信息的风险远小于缺少法律规制带来的犯罪风险,收集处方信息的行为是国家警察权的表现,并没有违反宪法。虽然在该案中最高法院最终并没有判定纽约州的法律违宪,但该案细分隐私权的范围,也为

---

[1] See Roe v. Wade, 410 U.S. 113 (1973).
[2] 尽管2022年的 Dobbs v. Jackson Women's Health Organization 案推翻了著名的 Roe v. Wade 案,但 Roe v. Wade 案曾对信息性隐私权的发展意义深远。
[3] See Whalen v. Roe, 429 U.S. 589 (1977).

后续信息隐私的宪法保护奠定了基础。[1]

信息性隐私权不仅局限于个人的医疗健康数据,大部分与个人相关的数据都可以被归入信息性隐私权的范围。1886年,Boyd v. United States案[2]的判决确认,未能得到搜查令(warrant)许可,公务人员搜查私人纸张的行为,违反了《美国宪法第四修正案》。1966年,Schmerber v. California案[3]的判决确认,公务人员收集个人的血液、头发、唾液等数据,需要获得《美国宪法第四修正案》所要求的搜查令。1967年,Katz v. United States案[4]的判决,明确了国家监听私人电话的行为违反了《美国宪法第四修正案》,并促成了《电子通信隐私保护法》(Electronic Communications Privacy Act)的出台。1985年,Winston v. Lee案[5]的裁决明确了,强迫嫌疑人接受手术以获得证据(身体里的子弹)的行为,违反了《美国宪法第四修正案》,属于不合理的搜查。2001年,Ohio v. Reiner案[6]的判决确认,根据《美国宪法第五修正案》,证人无须将自己的隐私数据提供给政府。2004年,Freedman v. America Online, Inc.案[7]的裁判确认,在没有搜查令

---

[1] 随后的一系列案件中,未经病人同意而披露或公开健康数据的国家行为,均被判为违宪行为。例如,在Carter v. Broadlawns Medical Center案中,法院认为,公立医院允许牧师查阅病人病历的政策,侵犯了病人的隐私权。在Doe v. Borough of Barrington案中,法院认为,警察对外披露某个公民感染艾滋病的经历,侵犯了病人的隐私权。在Ferguson v. City of Charleston案中,法院认为,如果没有获得病人同意,公立医院以获取病人吸毒证据为目的进行的尿检,违反了宪法修正案第4条,属于不合理的搜查。参见Carter v. Broadlawns Medical Center, 667 F. Supp.1269 (S.D.Iowa 1987); Doe v. Borough of Barrington, 729 F. Supp. 376 (D.N.J. 1990); Ferguson v. City of Charleston, 532 U.S. 67 (2001)。

[2] See Boyd v. United States, 116 U.S. 616 (1886).

[3] See Schmerber v. California, 384 U.S. 757 (1966).

[4] See Katz v. United States, 389 U.S. 347 (1967).

[5] See Winston v. Lee, 470 U.S. 753 (1985).

[6] See Ohio v. Reiner, 532 U.S. 17 (2001).

[7] See Freedman v. America Online, Inc., 303 F. Supp. 2d 121 (D. Conn, 2004).

时,政府要求网络服务提供商(Internet Service Provider)提供用户的真实身份信息,是违宪行为。2010 年,United States v. Warshak 案[1]的判决认定,用户对于自己在互联网服务提供商中存储、发送或接收的电子邮件的内容,享有合理的隐私预期。公务人员在没有搜查令的时候,强迫互联网服务提供商提供用户的电子邮件内容,属于违宪行为。[2]

在判断某项数据是否属于宪法保护的信息隐私时,隐私的合理期待(reasonable expectation of privacy)理论至关重要。宪法保护隐私权的基本要求,在于隐私必须具备合理期待的可能性。例如,个人丢弃在屋外的垃圾,由于可能被儿童、拾荒者、窥探者和其他群体接触,便不具备这种期待。[3] 个人自愿暴露给第三方的信息,同样不具备合理期待,而此项理论也正是前文所提到的隐私的第三方原则。[4] 因此,如果未能满足隐私的合理期待性,个人的信息性隐私权将无从谈起。例如,"水门事件"之后,尼克松辞去总统职务,并且执行其与美国联邦总务署(General Services Administration)签订的协议,将其在任期间的文件与录音资料保管于加州靠近其住宅的位置,联邦总务署与尼克松均不得单方面接近该资料。不久之后,国会通过了一项法案(Presidential Recordings and Materials Preservation Act),废除了该协议,要求尼克松上交在任期间的全部资料以便公众

---

[1] See United States v. Warshak, 631 F. 3d 266 (6th Cir. 2010).
[2] 由此也从侧面证明,在没有搜查令的时候,互联网提供商无须被迫交出加密文件的解码钥匙。如果政府强迫网络服务提供商交出解码钥匙,可能会引发第五修正案的自证其罪。参见 Susan W. Brenner, "Constitutional Rights and New Technologies in the United States", in Ronald E. Leenes et al. (eds.), *Constitutional Rights and New Technologies: A Comparative Study*, Hague: TMC Asser Press, 2008, p. 254。
[3] See California v. Greenwood, 486 U.S. 35 (1988).
[4] 比如客户定期自愿提供给电话公司的电话号码,便不具备隐私的合理期待性。参见 Smith v. Maryland, 442 U.S. 735 (1979)。

审查。尼克松认为该法案违反了三权分立与总统特权原则,侵犯了个人隐私权以及《美国宪法第一修正案》的权利。而最高法院驳回了尼克松的诉求,并论述道,"法案并没有侵犯上诉人的隐私权。作为公众人物,上诉人对隐私的合理期待十分有限。而从大量的总统文件中挑选出少量的私人文件是一件不可能完成的任务,除非经过复杂的审阅。然而,经过大量而复杂的审阅之后,上诉人的隐私也将无存在的意义"[1]。因此,该案虽然是围绕信息隐私(information privacy)的探讨,但鉴于政治人物的特殊身份,隐私的合理期待可能性大为减少,受保护的程度也受到相应的折损。

此外,公平信息实践法则(Code of Fair Information Practice)[2]是美国隐私权制度的发展中不可忽略的重要原则。面对着数据的电子化趋势与个人数据总量的极速增长,1973年,联邦健康教育福利部(Department of Health Education and Welfare)发表《记录、电脑与公民权利:个人数据自动系统的咨询委员会秘书处报告》(Records, Computers, and the Rights of Citizens: Report of the Secretary's Advisory Committee on Automated Personal Data Systems),首次提出了适用于所有个人数据系统的公平信息实践法则,这一法则的主要内容包括五个方面:一是记录并保存个人数据的系统必须被明示;二是个人有权被告知,何种个人数据被记录以及将如何被使用;三是同意使用原则仅能使用一次,二次使用数据时必须再次征求个人的同意;四是保障个人随时改正、补充个人数据的权利;五是个人可识别数据(identifiable personal data)的创建、存储、使用和传播,必须确保数据的可靠性,并采取措施防止数据的误用。虽然美国并没有联邦层面的

---

[1] See Nixon v. Administrator of General Services, 433 U.S. 425 (1977).
[2] 公平信息实践法之后演化为公平信息实践原则,本书第三章将对其进行详细论述,此处不再多着笔墨。

统一的消费者数据保护法案,但该报告提出的公平信息实践法则却成为后续美国部门法规甚至区域性法规的基础性原则。[1]

公平信息实践法则尤其体现于 1974 年《隐私权法》(The Privacy Act of 1974)中。《隐私权法》的主要立法目的是平衡政府机构对个人数据的需求与个人数据不受政府机构不当收集、使用、存储和公开的权利需求。具体而言,《隐私权法》限制了对政府机构保存的个人身份数据的公开;赋予了个人查询政府机构保存的与自身相关的数据的权利;赋予了个人在发现政府机构保存的数据不准确、不相关、不及时和不完整时,要求政府机构修改记录的权利;《隐私权法》要求政府机构遵循公平信息实践法则。[2] 由此,以信息性隐私权的宪法历程为背景,以公平信息实践法则为基准,以隐私的合理期待性为纽带,下文将逐一分析不同类型的个人数据的保护现状。

(二)健康数据保护的法律修缮

健康数据的传统问题主要集中于病人向医护人员、医保公司披露的关于个人健康状况的信息,将被谁知悉、利用与处理。出于鼓励患者向医生袒露病情以获得完善治疗的目的,通常认为,医生与患者之间的关系属于一种特权关系,类似于律师与客户之间的关系,[3] 医生不能被强迫要求作证。然而,这种观点并没有被美国的法律承

---

[1] 1980 年经济合作与发展组织的《关于隐私保护和个人数据跨境流动的准则》(OECD Guidelines on the Protection of Privacy and Transborder Flows of Personal Data)、1990 年联合国的《电子化个人数据档案的管理指南》(Guidelines for the Regulation of Computerized Personal Data Files)、1995 年欧盟的《数据保护指令》(Data Protection Directive)以及 2005 年亚太经合组织的《隐私保护框架》(APEC Privacy Framework)均是以公平信息实践法则为参照,搭建起个人数据保护的具体框架。
[2] See Department of Justice, Overview of the Privacy Act of 1974, 2015 Edition.
[3] 关于律师与客户之间秘密信息的保护,参见 Anton L. Janik, "The Lawyer's Duty When Client Confidential Information is Hacked from the Law Firm", *The Arkansas Lawyer*, Vol.54(2019), pp. 18-21。

认,出于对公共健康安全的考量,医生与保险公司可以被强迫公开患者的健康数据。有鉴于此,为平衡个人隐私与公共利益的龃龉,1996年,美国国会通过了《医疗保险可携带性与责任法案》(Health Insurance Portability and Accountability Act, HIPAA),明确了相关实体的隐私、安全义务,从而规范了健康信息的流通,增强了对个人隐私的保护。具体而言,《医疗保险可携带性与责任法案》有5项需要特别说明之处:[1]

第一,该法案只适用于"医疗保险、医疗保健结算所和医疗保健提供者"(health plans, health care clearinghouses, and health care providers)三类主体,在法案中被称为被覆盖实体(covered entities)。因此,1996年版的《医疗保险可携带性与责任法案》并不能调整所有的个人或商业实体。

第二,受保护的健康信息(Protected Health Information, PHI),必须满足可识别出具体个人的要求,一旦健康数据不具备可识别性,便脱离该法案的保护范围。可识别性不仅是个人健康信息的保护起点,更是个人信息的"实质要素"。[2] 可识别性的核心要义在于从该信息出发可以精准对应出特定个体,一旦信息不再满足可识别性要求便落入匿名信息的范畴,从该信息出发不再能够精准地对应特定个人,该信息便失去了可被法律保护的逻辑基点。个人信息的可识别性原则后续得到了欧盟《通用数据保护条例》[3]以及我国《民法

---

[1] 本书只介绍与讨论《医疗保险可携带性与责任法案》中最为重点内容,关于法案更多的介绍,参见 Katie Dillon Kenney, *HIPAA: A Guide to Health Care Privacy and Security Law*, New York: Wolters Kluwer, 2018。
[2] 参见韩旭至:《个人信息概念的法教义学分析——以〈网络安全法〉第76条第5款为中心》,载《重庆大学学报(社会科学版)》2018年第2期,第154—165页。
[3] 《通用数据保护条例》第4条第1款规定,个人数据指的是任何已识别或可识别的自然人数据。

典》《个人信息保护法》[1]等多国法律的普遍承认,成为个人信息受到法律保护的权益基准。

第三,隐私规则是该法案的一大亮点。其一,被覆盖实体必须设立专门的隐私官员与联络员,以负责实体内部的隐私政策与具体执行。其二,未经个人书面授权,被覆盖实体不得使用或披露受保护的健康信息。其三,获得个人授权后,被覆盖实体使用健康信息时,必须遵循最小必要原则(The Minimum Necessary Rule),将数据的使用控制在最低限度。其四,当被覆盖实体使用受保护的健康信息时,必须向个人发出通知,也即隐私使用通知(Notice of Privacy Practices)制度,个人享有访问权、修正权、投诉权、限制权等权利。其五,如果被覆盖实体想要将患者的健康信息提供给欲使用该信息进行二次营销的第三方,则必须首先获得患者的授权。

第四,安全规则也是该法案的重要内容之一。其一,法案的隐私规则适用于全部形式的受保护的健康信息,而安全规则仅适用于电子化的受保护的健康信息(e-PHI)。其二,安全规则要求为 e-PHI 设置行政、物理和技术保护措施。行政保护措施包括风险预测、授权访问、安全培训以及处理安全事件的程序等;物理保护措施包括设备安全计划、记录访问限制、安全处理记录以及数据备份等;技术保护措施包括登录身份验证、加密控制等。其三,安全规则的保护措施要么是法案所规定的,要么是"可寻址的"(Addressable),也即实体可以采取合理的替代性措施。

---

[1] 我国《民法典》第 1034 条第 2 款规定:个人信息是以电子或者其他方式记录的能够单独或者与其他信息结合识别特定自然人的各种信息,包括自然人的姓名、出生日期、身份证件号码、生物识别信息、住址、电话号码、电子邮箱、健康信息、行踪信息等。《个人信息保护法》第 4 条第 1 款规定:个人信息是以电子或者其他方式记录的与已识别或者可识别的自然人有关的各种信息,不包括匿名化处理后的信息。

第五,该法案并没有将行动权赋予个人。违反《医疗保险可携带性与责任法案》的民事行为由美国健康与公共服务部(United States Department of Health and Human Services, HHS)的民权办公室(Office for Civil Rights, OCR)负责采取行动。违反《医疗保险可携带性与责任法案》的犯罪行为将由美国司法部负责采取行动。此外,各州检察长也可以参与执行《医疗保险可携带性与责任法案》。

伴随着技术背景的不断变化,《医疗保险可携带性与责任法案》也发生了一定的改变。2009年,国会通过了《健康信息技术促进经济和临床健康法案》(The Health Information Technology for Economic and Clinical Health Act, HITECH Act)。该法案作为《医疗保险可携带性与责任法案》的增强版本,进一步加强了隐私规则(比如违规的高额处罚),并提出了违规通知制度(The Breach Notification Rule)。违规通知制度要求,如果被覆盖所持有的受保护的健康信息存在安全漏洞或处于类似的不安全的状况,必须及时通知个人,通知最迟不得超过危险发生之日起的第60天。2013年,美国健康与公众服务部发布了《综合最终规则》(Omnibus Final Rule),对《健康信息技术促进经济和临床健康法案》的安全规则与违规通知制度进行了部分修改,包括将被覆盖实体的范围扩大到商业伙伴(business associates),将数据保护时间从"无期限"改为"死后50年"等。通过两次更新,虽然《医疗保险可携带性与责任法案》可以更好地应对医疗行业中的违规事件,但仍然不能解决所有问题。其重要原因在于,现代社会是根据与健康相关的数据实现对奖励和机会的分配,法律与技术可以使个人更好地控制健康数据,但无法解决根本的社会分配问题。[1]

当新冠肺炎疫情席卷全球之时,美国健康与公共服务部(HHS)下设的民权办公室(OCR)于 2020 年 2 月发布《HIPAA 隐私与新型冠状病毒》(HIPAA Privacy and Novel Coronavirus)。该公告明确指出,在突发疫情事件中,受到《医疗保险可携带性与责任法案》保护的个人健康数据可能因国家公共卫生安全目的而被公开。同年 3 月,民权办公室发布一份实践指南,详细说明被覆盖实体应当如何根据 1996 年《医疗保险可携带性与责任法案》的隐私规则,向执法部门、护理人员、其他急救人员和公共卫生当局披露有关感染或接触过新冠病毒的个人受保护的健康数据。该指南列举了被覆盖实体在没有《医疗保险可携带性与责任法案》允许的情况下,可以合理披露个人受保护的健康数据(如个人姓名)情景,包括在必须提供治疗时、其他法律要求时、急救人员可能有感染风险时和披露有助于防止或减少传染危险时。[2]

处于新冠肺炎疫情暴发的特殊时期,世界各国基于公共卫生安全考量,均采取新型技术抓取并分析处理个人健康数据,从而绘制疫情防控风险地图。不限于公共部门,私营企业(例如谷歌)也开始通过收集个人健康数据,制成疫情移动报告图供用户使用。[3] 紧急状态下,个人健康数据的隐私保护力度可以被削减。《公民权利和政治权利国际公约》(International Covenant on Civil and Political Rights,

---

[1] See Frank Pasquale, "Redescribing Health Privacy: The Importance of Information Policy", *Houston Journal of Health Law and Policy*, Vol.14(2014), p. 128.

[2] See Office for Civil Rights, COVID-19 and HIPAA: Disclosures to Law Enforcement, Paramedics, other First Responders and Public Health Authorities, Mar. 24, 2020.

[3] See Andrej Zwitter and Oskar J. Gstrein, "Big Data, Privacy and COVID-19-Learning from Humanitarian Expertise in Data Protection", *Journal of International Humanitarian Action*, Vol.5(2020), p. 4.

ICCPR)第4条第1款明确规定,在社会紧急状态威胁到国家的生命并经正式宣布时,本公约缔约国得采取措施克减其在本公约下所承担的义务,但克减的程度以紧急情势所严格需要者为限,此等措施并不得与它根据国际法所负有的其他义务相矛盾,且不得包含纯粹基于种族、肤色、性别、语言、宗教或社会出身的理由的歧视。《欧洲人权公约》(European Convention on Human Rights, ECHR)采取了类似的措辞,其第15条关于紧急情况下的人权克减要求为:其一,爆发战争或其他威胁国家存亡的突发公共事件;其二,需要采取严格的措施;其三,这些措施不与国际法规定的其他义务相抵触。因此,在疫情肆虐的国家紧急状态下,包括个人健康隐私在内的数据隐私权可以受到克减,但克减的状态应当是暂时且符合比例原则的。正如2020年欧盟数据保护委员会主任安德烈亚·杰利内克(Andrea Jelinek)所重申的那样,即使在特殊时期,数据控制者仍然肩负着保护个人数据的义务。[1]

(三)金融数据保护的逐步延伸

对于多数美国公民而言,金融数据的主要表现形式是消费者信用报告(信用分数)。在美国的商业社会中,由于信用卡行业的快速发展,几乎所有的交易活动都依赖个人的信用分数。一旦个人的信用分数过低,那么在日常生活的交易中,都会遭遇到困难与不便。信用分数主要源于大型信用公司(如Transunion, Experian, Equifax)提供的消费者信用报告(consumer credit report),而信用报告主要的分析对象是个人的金融数据。由于大型信用公司几乎掌握着全部美国公民的金融数据,一旦发生数据泄露事件,将造成严重的隐私危机。

---

[1] See European Data Protection Board, Statement by the EDPB chair on the processing of personal data in the context of the COVID-19 outbreak, Mar. 16, 2020.

为更好地保护个人的金融数据,美国国会通过了一系列法案以监管金融机构所掌握的个人信息。

第一,1970年《公平信用报告法》和2003年《公平和准确的信用交易法》。1970年,美国国会通过了《公平信用报告法》(Fair Credit Reporting Act, FCRA)。后于2003年,国会通过了《公平和准确的信用交易法》(Fair and Accurate Credit Transactions Act, FACTA),部分修订了《公平信用报告法》。两份法案的预期目标在于管理信用报告机构,保护公民的金融隐私。

首先,在《公平信用报告法》通过后的40年间,联邦贸易委员会主要负责《公平信用报告法》的规则解释和执行。虽然在2010年,《多德—弗兰克法案》(Dodd-Frank Act)[1]宣布成立一个新的联邦机构消费者金融保护局(Consumer Financial Protection Bureau, CFPB)负责《公平信用报告法》的执法和规则解释,但是联邦贸易委员会仍然保留了部分《公平信用报告法》的执法权,并与消费者金融保护局共享这一权力。后于2012年,联邦贸易委员会和消费者金融保护局签署了一份关于协调执行《公平信用报告法》的谅解备忘录。[2]

其次,消费者报告被允许公开的主要目的包括:其一,法庭命令;其二,本人的私人目的;其三,合理相关的就业、承保、交易目的;其四,确认支付儿童抚养费;其五,为了抚养儿童的国家计划;其六,《联邦存款保险法》(Federal Deposit Insurance Act)及其他法律的特殊规

---

[1] 《多德-弗兰克法案》全称为《多德-弗兰克华尔街改革和消费者保护法》(Dodd-Frank Wall Street Reform and Consumer Protection Act),于2010年获得美国众议院和参议院的通过,并于同年7月生效,旨在改善美国金融问责体系和透明度,从而促进美国的金融业稳定发展以及消费者权益的保护。

[2] See Daniel J. Solove, Paul M. Schwartz, *Information Privacy Law (sixth edition)*, New York: Wolters Kluwer, 2018, p. 996.

定。[1] 其中需要说明的是,信用卡公司的"预筛选"[2](Prescreening)行为,无须获得消费者的提前授权。

最后,《公平信用报告法》将行动权赋予个人。个人可以要求信用公司公布关于消费者信用报告的信息,包括报告所依赖的全部信息的来源、种类等。《公平和准确的信用交易法》则更进一步,要求信用公司向个人免费披露他的信用分数。对于未经个人同意而公开信用报告的行为,个人可以对其提起诉讼,但涉及反恐与国家安全的行为除外。

然而,实践中的金融隐私保护并未达到预期,如 Saver v. Experian Information Solutions 案[3]中,未能成功申请信用卡的原告,根据《公平信用报告法》起诉信用报告机构,理由是信用报告中包含虚假信息。法院最终的判决结果显示,原告并未能证明因为信用报告信息不准确而遭受《公平信用报告法》所列举的损失,且《公平信用报告法》不要求信用机构检查每一份计算机生成的信用报告并从中找出异常信息。法院肯定了信用机构形式审查的合理性,这进一步导致了身份盗窃行为的泛滥,反而为个人隐私的保护设置了阻碍。

第二,1970 年《银行秘密法案》。1970 年,美国国会通过了《银行秘密法案》(Bank Secrecy Act),要求金融机构配合联邦调查部门侦查洗钱活动。具体规则包括:在美国境内,一天之内超出 1 万美元的交易行为必须向政府汇报,在美国境外,一天之内超过 5000 美元的交易行为必须向政府报告。由于该法案可能导致个人隐私的泄漏,因此被广泛质疑是否符合宪法。而在 California Bankers Assn. v.

---

[1] See 15 U.S.C § 1681b(a).
[2] 预筛选行为最为常见的例子是精准广告营销,尤其表现为美国公民每年都会收到的针对性的信用卡优惠券。
[3] See Saver v. Experian Information Solutions, 390 F. 3d 969 (7th Cir. 2004).

Shultz 案[1]中,最高法院依旧延续了隐私合理期待的第三方原则(third party doctrine),认为当个人数据自愿交由第三方存储时,个人便丧失了隐私的合理期待,继而判定该法案合宪。

第三,Miller 案与 1978 年《金融隐私权法案》。在 1976 年的 United States v. Miller 案[2]中,美国最高法院认为个人对于本人的银行记录缺乏隐私的合理期待,因为它们仅包含用户自愿传达给银行的信息,并且该信息在银行日常工作中暴露给员工。为了更好地保护金融机构持有的个人数据,消除 Miller 案的不良影响,国会于 1978 年通过了《金融隐私权法案》(Right to Financial Privacy Act, RFPA)。该法案规定,未经个人同意,银行和其他金融机构不得向政府披露个人的金融信息,除非政府获得传票或搜查令的许可。但 2001 年《爱国者法案》(USA Patriot Act)修订了该法案,要求银行和其他金融机构向调查恐怖主义的机构披露相关金融信息。

第四,1998 年《身份盗窃认定和威慑法案》。为应对日益增长的身份盗窃[3]现象,1998 年,国会通过了《身份盗窃认定和威慑法案》(Identity Theft Assumption and Deterrence Act),将身份盗窃列为一项联邦刑事罪名,并且可以判处罚金。此外,《公平和准确的信用交易法》也提出了新的办法以降低身份盗窃的危害。例如,消费者仅需要向一个消费者信用机构发出欺诈提醒(One-Call Fraud Alerts),由该机构通知其他机构,并在 4 个工作日内锁定(block)有关的信用信息。除非个人提出要求,否则信用机构不得公开个人社会安全码的

---

[1] See California Bankers Assn. v. Shultz, 416 U.S. 21 (1974).
[2] See United States v. Miller, 425 U.S. 435 (1976).
[3] 身份盗窃是指,通过获取他人的信用信息、利用这些信息开设新的银行账户,或以他人名义申请信用卡的方式获得贷款。参见 Daniel J. Solove, Paul M. Schwartz, *Information Privacy Law (sixth edition)*, New York: Wolters Kluwer, 2018, p. 1026。

前五位数字。一旦发生身份盗窃,消费者有权要求信用公司公开相关的交易。即便如此,身份盗窃类犯罪依旧层出不止,有限的刑事处罚并没有从根源上解决这一问题。在多数案件中,[1]法院认为,银行对信用卡申请人信息的审核只是简单的形式审查,一旦发生身份盗窃,银行并不需要承担责任。而且,身份盗窃的法规将重点放在刑事处罚上,忽视了如何避免身份盗窃这一根源性问题。[2]

第五,1999 年《金融服务现代化法案》(Gramm-Leach-Bliley Act,又称 Gramm-Leach-Bliley 法案)。为了加强金融市场各个机构的联系,提高金融机构的服务水平,《金融服务现代化法案》(Financial Services Modernization Act)允许金融机构共享每个附属机构(Affiliated Companies)拥有的"非公开个人信息",个人无法阻止这种信息共享。附属关系的判定主要依赖是否存在一个公司对另一个公司的控制,或"共同控制"的情况。[3] 如果金融机构与非附属机构的第三方分享个人的金融信息,那么金融机构需要提供个人选择退出(opt-out)的权利。[4]

由于此种信息分享存在着隐私担忧,该法案也为个人的隐私设置了保护条款。首先,金融机构不能为了直接的营销目的而透露个人的银行账号或信用卡号码,但向信用报告机构透露除外。[5] 其次,该法案要求金融机构将其隐私政策告知个人。[6] 再次,该法案

---

[1] See Huggins v. Citibank, N.A., 585 S.E. 2d 275 (S.C. 2003), Wolfe v. MBNA America Bank, 485 F. Supp. 2d 874 (W.D. Tenn. 2007).
[2] See Daniel J. Solove, "Identity, Theft, Privacy, and the Architecture of Vulnerability", *Hastings Law Journal*, Vol.54(2003), p. 1227.
[3] See Daniel J. Solove, Paul M. Schwartz, *Information Privacy Law (sixth edition)*, New York: Wolters Kluwer, 2018, p. 1039.
[4] See 15 U.S.C. § 6802(b).
[5] See 15 U.S.C. § 6802(d).
[6] See 15 U.S.C. § 6803(a).

要求联邦贸易委员会等机构建立安全规则。联邦贸易委员会于2002年制定了详细的规则,要求金融机构制定、实施和维护一个全面的信息安全计划,该计划应与机构的规模和复杂性、机构活动的性质和范围以及个人信息的敏感性相适应。[1]最后,该法案并不优先于各州更大范围地保护个人的金融隐私的法案。由于《金融服务现代化法案》的选择退出设定通常导致消费者的不作为,并没有真正保护金融机构与第三方共享的个人金融信息。[2] 许多州都没有沿用这一设定,如加利福尼亚州的《金融信息隐私法》(Financial Information Privacy Act)便为个人提供了选择加入(opt-in)的条款。根据该条款,未经本人的事先明确同意,金融机构不得出售、分享、转让或者以其他方式向非关联的第三方披露非公开的个人信息。

第六,2010年《美国海外账户税收合规法》。为进一步打击逃税与恐怖主义融资行为,2010年,国会出台了《美国海外账户税收合规法》(Foreign Account Tax Compliance Act)。该法案要求全部的非美国金融机构向美国财政部报告其所拥有的美国公民的财务信息。同时,该法案也要求美国公民主动向财政部汇报自己在海外账户中的财务状况。在 Crawford v. U.S. Department of the Treasury 案[3]中,原告质疑该法案的合宪性,认为联邦政府的强制报告要求违反了《美国宪法第四修正案》。但最终法院判定原告不具备充分的资格(standing)向该法案的合宪性发出挑战。毋庸置疑,《美国海外账户税收合规法》减损了美国宪法所保护的公民的金融隐私,而且"许多外国国家都有自己的隐私法,通常不允许金融机构为美国政府收集

---

[1] See 16 C.F.R. § 314.3(a).
[2] See Edward J. Janger, Paul M. Schwartz, "The Gramm-Leach-Bliley Act, Information Privacy, and the Limits of Default Rules", *Minnesota Law Review*, Vol.86(2002), p. 1219.
[3] See Crawford v. U.S. Department of the Treasury, 868 F. 3d 438 (6th Cir. 2017).

和报告个人的财务信息,美国试图向其他国家强加国内法,只能造成国际法的困境"[1]。由此可见,该法案充分反映出美国司法的长臂管辖权,[2]未来走向不容乐观。

(四)消费者数据保护的正负效果

消费者数据具有隐私和财产的双重价值属性。[3] 平台公司不断收集消费者数据的重要动力在于挖掘个人数据将有效提高其定向推荐能力,进而获得经济利益的反馈与激励。消费者数据也可以被平台公司用于其他目的,如其可以被用于预测个人的可信度与工作能力,也可以被用于背景调查或确定某人是亲和的还是难缠的客户。政府也可以利用消费者数据,进行刑事调查或者侧写分析。[4] 有鉴于此,以公平信息实践法则为立法基准,国会通过了一系列法案,以规范对消费者数据的收集与利用。但在实践中,平台公司往往会援引"商业言论自由"以对抗法律规制,进而导致规制法案未能完全取得积极效果。

第一,1984年《有线通信政策法案》(The Cable Communications Policy Act)。该法案要求有线电视服务商以书面隐私政策的形式通

---

[1] John S. Wisiackas, "Foreign Account Tax Compliance Act: What It Could Mean for the Future of Financial Privacy and International Law", *Emory International Law Review*, Vol.31(2017), p. 585.
[2] 长臂管辖权的理论基础则是管辖权的效果原则的"最低限度联系",即当国外发生的行为在本国境内产生"效果"时,无论行为人是否具有本国国籍或在本国拥有住所,也无论该行为在本国法律评价下是合法抑或非法,只要本国法院的管辖权行使不因此效果而显著不合理,那么该法院便可基于此种效果而产生的诉因行使管辖权。参见邵怿:《网络数据长臂管辖权——从"最低限度联系"标准到"全球共管模式"》,载《法商研究》2021年第6期,第75页。
[3] 关于个人数据的财产权保护路径,参见龙卫球:《数据新型财产权构建及其体系研究》,载《政法论坛》2017年第4期,第63—77页。
[4] See Daniel J. Solove, Paul M. Schwartz, *Information Privacy Law (sixth edition)*, New York: Wolters Kluwer, 2018, p. 1055.

知用户,服务商所收集的用户数据以及使用目的。如果未能获得用户的书面或电子形式的同意,服务商不得收集用户的可识别数据。然而该法案的宗旨在于促进竞争并减少对有线电视行业的行政监管,因而其对保护消费者数据的规定较为有限。

第二,1984 年《电脑欺诈和滥用法案》(The Computer Fraud and Abuse Act)。该法案的主要的目标在于打击日渐猖狂的网络安全犯罪。任何未经授权或超出授权范围而访问"受保护的计算机"(protected computer)数据的行为,都可能受到该法案的刑事制裁。根据该法案第 e 条第 2 款的规定,受保护的计算机包括金融机构或美国政府使用的计算机,也包括影响州与州之间的际贸易或通信的计算机。但在实践操作中,"由于互联网的互通性,几乎所有的计算机都受到该法律的管辖"[1]。而在智能电脑、智能手机普及应用的背景下,绝大多数的移动智能用户端都可能受到该法律的保护。

第三,1988 年《视频隐私保护法案》(Video Privacy Protection Act)。该法案主要禁止录像带服务提供商在未经个人书面同意的情况下故意披露个人信息,例如披露个人租用或购买的录像带的名称。2012 年,国会通过了《视频隐私保护法修正案》(Video Privacy Protection Act Amendments Act),增加条款允许消费者以电子方式表示同意。

第四,1991 年《电话消费者保护法》(The Telephone Consumer Protection Act, TCPA)。该法案的主要目的在于管控电话营销,保护消费者对个人电话的隐私权。具体而言,其限制了自动拨号系统、预先录制的电话录音等营销手段。该法案赋予了消费者诉讼权利,受

---

[1] Corey Varma, "What is the Computer Fraud and Abuse Act?", *Cyberspace Law, Information Technology and Privacy Law*, Jan. 3, 2015.

到侵害的消费者不仅可以向联邦通信委员会投诉,还可以直接向法院提起诉讼。

第五,1998 年《儿童在线隐私保护法》(The Children's Online Privacy Protection Act, COPPA)。该法案的主要目的在于打击儿童色情。该法案要求,儿童网站或在线服务的运营商"在收集、使用或披露儿童的个人信息时必须获得可核实的父母同意"。该法案对儿童的定义是13周岁以下的未成年人。该法案受到许多质疑,譬如"该法案不适用于从成年人那里收集的关于13岁以下的未成年人的信息,它只适用于从儿童本人处收集的个人信息"[1]。

第六,2003 年《控制非索取色情和营销攻击法》(Controlling the Assault of Non-Solicited Pornography and Marketing Act, CAN-SPAM Act,又称反垃圾邮件法)。为更好地解决垃圾邮件(匿名的商业电子邮件)问题,该法案赋予了个人选择退出(opt out)的权利,并允许个人提起诉讼。但是,选择退出的权利发生于第一次收到垃圾邮件后,该法案间接地允许了第一次投放垃圾邮件的机会,所以并没有真正取得成效。

上述六项法案部分地反映出公平信息实践法则的身影,但也招致关于《美国宪法第一修正案》的非议。许多反对者认为,此类法案限制了《美国宪法第一修正案》所保护的商业言论。虽然商业言论曾一度不受美国宪法保护,但1976 年的 Virginia State Board of Pharmacy v. Virginia Citizens Consumer Council, Inc.案[2]判定商业言论受到

---

[1] Daniel J. Solove and Paul M. Schwartz, *Information Privacy Law* (*sixth edition*), New York: Wolters Kluwer, 2018, p. 1183.
[2] See Virginia State Board of Pharmacy v. Virginia Citizens Consumer Council, Inc., 425 U. S. 748 (1976).

宪法的保护。[1]

在大部分案件中,法院认为限制商业实体的广告行为并没有侵犯商业实体的宪法第一修正案权利。在 1970 年的 Rowan v. United States Post Office Department 案[2]中,法院便判决,政府可以限制将商业广告发送到个人家庭的行为,而不侵犯发送者的言论自由权。在 1996 年的 Cyber Promotions, Inc. v. America Online, Inc. 案[3]中,电子垃圾邮件是否属于《美国宪法第一修正案》所保护的言论问题也浮出水面,而在该案中,法院最终判定,并不存在通过互联网向竞争对手的客户发送未经请求的电子邮件的言论自由权利。在 2004 年的 Mainstream Marketing Services, Inc. v. Federal Trade Commission 案[4]中,法院判决,联邦贸易委员会限制电话销售的规则,也没有违反《美国宪法第一修正案》。

与此相反,在某些案件中,法院认为政府部门的限制性规定属于对商业言论的不合理限制。1999 年,在 U.S. West, Inc. v. Federal Communications Commission 案[5]中,联邦通信委员会要求公司在使用消费者的专属网络信息(Customer Proprietary Network Information)进行营销前,需要获得消费者的同意。法院最终认定,该要求限制了公

---

[1] 如果要对商业言论进行限制,则需要通过中央哈德逊测试(Central Hudson Test),该测试共分为四个部分:(1)所涉言论是否涉及合法活动且不具误导性? (2)主张的政府利益是否重大? 如果答案是肯定的,则(3)该限制是否直接促进了所主张的政府利益;和(4)是否超出服务该利益所需的范围? 参见 Central Hudson Gas & Electric Corp. v. Public Service Commission, 447 U.S. 557 (1980)。
[2] See Rowan v. United States Post Office Department, 397 U.S. 728 (1970).
[3] See Cyber Promotions, Inc. v. America Online, Inc., 948 F. Supp. 436 (E.D. Pa. 1996).
[4] See Mainstream Marketing Services, Inc. v. Federal Trade Commission, 358 F. 3d 1228 (10th Cir. 2004).
[5] See U.S. West, Inc. v. Federal Communications Commission, 182 F. 3d 1224 (10th Cir. 1999).

司的言论自由。2011年,在 Sorrell v. IMS Health, Inc.案[1]中,法院判定,医药公司有权凭借匿名的消费者健康数据进行定向的医药销售,相关的限制条款属于对商业言论的不合理限制。

在《美国宪法第一修正案》问题之外,消费者数据保护的重要难题在于资格(standing)的确立。受害方必须证明自己受到了实质性的伤害,方能在联邦法院提起诉讼。[2] 然而数据泄漏的实际损害通常难以证明,譬如有人利用消费者的数据投放定向广告,如何证明消费者因此受到了损害? 在2013年的 Clapper v. Amnesty International USA 案[3]中,由于原告无法证明自己遭到了政府部门的监视,只是存在未来受到损害的风险,便被法院认定为不具备诉讼资格。因此,由于消费者数据泄漏的危险并不一定是现实可触的,诉讼资格的认定标准也需要发生改变。

虽然美国至今仍未出台联邦性消费者隐私保护法案,但加利福尼亚州于2018年通过了《加州消费者隐私法》(California Consumer Privacy Act),并于2020年1月1日生效。由于加州经济的巨大影响力,这份法案可能是未来联邦层面的法案的雏形,本书第四章将详细介绍该法案。

(五)个人数据保护的新兴场景

自动驾驶车辆与《美国宪法第四修正案》同样存在着一种紧张关系。由于自动驾驶系统的许多便利是以牺牲个人隐私和自治为代价

---

[1] See Sorrell v. IMS Health, Inc., 564 U.S 552 131 S. Ct. 2653 (2011).
[2] 原告通常必须主张一个可认定的伤害,以便获取诉讼资格。通常,原告必须证明:(1)遭受了"事实上的损害",即(a)具体而特定的和(b)实际的或即将发生的,而不是推测的或假设的;(2)损害可以追溯到被告的行为;(3)一个有利的决定将弥补损害。参见 Friends of the Earth, Inc. v. Laidlaw Environmental Services (TOC), Inc., 528 U.S. 167 (2000).
[3] See Clapper v. Amnesty International USA, 568 U.S. 398 (2013).

的,用户有权知晓:自动驾驶系统的哪些数据是公开的?哪些数据是受到《美国宪法第四修正案》保护的?自动驾驶系统如何保护自动驾驶车辆生成、发送和接收的数据,确保车辆可以在不被跟踪的情况下自由移动?如果自动驾驶系统将行车轨迹数据与制造商,甚至与公权力部门分享,是否意味着乘客会完全丧失"隐私的合理期待"?

而在以往的案件中,法院在多数情况下认为,在没有取得搜查令的前提下,警方搜集个人的行动轨迹属于违宪行为。2010年,在United States v. Maynard案[1]中,哥伦比亚特区上诉法院认为,执法部门不得在没有取得授权的情况下使用全球定位系统(GPS)跟踪犯罪嫌疑人,这种使用侵犯了嫌疑人的第四修正案的权利,尽管执法部门使用全球定位系统成功跟踪了嫌疑人的活动轨迹,并证明嫌疑人参与了毒品贩运。2012年,在United States v. Jones案[2]中,警察在无搜查令的情况下,通过全球定位系统追踪私人车辆的行动轨迹。最高法院最终给出的结论是:追踪行为违宪。2018年,在Carpenter v. United States案[3]中,最高法院多数意见同样认定,警察在没有搜查令的情况下,搜集私人手机的移动位置记录违反了《美国宪法第四修正案》。肯尼迪大法官提出反对意见,认为由于用户已经与无线运营商共享了位置信息,所以并不存在隐私的合理期待。但最高法院的判决反映出支持"镶嵌理论"(Mosaic theory)[4]的态势,即使个人对于部分信息没有隐私的合理期待,但对一定总量的信息怀有隐私的

---

[1] See United States v. Maynard, 615 F.3d 544 (D.C. Cir. 2010).
[2] See United States v. Jones, 565 U.S. 400 132 S. Ct. 945 (2012).
[3] See Carpenter v. United States, 585 U.S. 1 (2018).
[4] 镶嵌理论认为,政府的一系列行为不应该被分散考虑,而应作为一个整体被考量是否构成第四修正案的"搜查"。片段信息可能并不具有隐私价值,但是镶嵌重组后的信息总和具有隐私价值,而这尤其体现于全球定位系统所记录的个人移动轨迹信息。参见 Orin S. Kerr, "The Mosaic Theory of the Fourth Amendment", *Michigan Law Review*, Vol.111(2012), pp. 311-354。

合理期待。[1]

就目前而言,包括移动轨迹在内的个人数据隐私与自动驾驶车辆的关系仍是可控的。用户可以通过选择是否"接受所有第三方 cookies",来决定是否与其他设备共享数据。[2] 但在未来交通数据的共享更为便捷的时候,这种方式可能只会造成用户的隐私疲惫。因此,需要重新考量数据交互的发生方式以及用户和请求数据方的关系。令人遗憾的是,近年来关于车辆隐私安全保障的提案全部处于搁置状态。2015年,参议员爱德华·J.马基曾向参议院提出《车辆安全和隐私法案》(Security and Privacy in Your Car Act of 2015, SPY Car Act of 2015),旨在建立新的网络安全标准(cybersecurity standards),以保护消费者免受车辆安全和隐私方面的威胁,但该法案未能通过。[3] 经过两年沉淀后,参议员爱德华·J.马基再次向参议院提出《车辆安全和隐私法案》(Security and Privacy in Your Car Act of 2017, SPY Car Act of 2017)。在2015年提案的基础上,该法案明确了驾驶数据的透明度、用户控制和使用限制,[4] 最终依旧未能通过。除此之外,众议员特德·刘(Ted Liu)和乔·威尔逊(Joe Wilson)也提出了《车辆安全和隐私研究法案》(Security and Privacy in Your Car Study Act of 2017),要求国家公路安全管理局重新制定

---

[1] See David Gray and Danielle Keats Citron, "A Shattered Looking Glass: The Pitfalls and Potential of the Mosaic Theory of Fourth Amendment Privacy", *North Carolina Journal of Law and Technology*, Vol.14(2013), pp. 381-430.

[2] See Ivan L. Sucharski and Philip Fabinger, "Privacy in the Age of Autonomous Vehicles", *Washington and Lee Law Review Online*, Vol.73(2017), pp. 724-754.

[3] 具体而言,该法案要求机动车设置网络仪表盘(Cyber Dashboard),通过易于理解、标准化的图形,告知消费者,机动车在何种程度上保护机动车所有人、承租人、司机和乘客的网络安全和隐私。参见 S.1806, 114th Congress(2015-2016), introduced in Senate on Jul. 21, 2015。

[4] See S.680, 115th Congress(2017-2018), introduced in Senate on Mar. 21, 2017.

严格的网络安全标准,该法案至今也未能得到通过。[1] 2019年,参议员爱德华·J.马基再次向参议院提出《车辆安全和隐私法案》(Security and Privacy in Your Car Act of 2019, SPY Car Act of 2019)。在前两版提案的基础上,该法案要求每辆自动驾驶车辆均采取合理措施(reasonable measures)以保护数据接入口,至今同样没有积极结果。[2]

个人数据在自动驾驶车辆中的权益表达可视为基于人工智能技术衍生的新型权利场景。在类型化法律尚未出台之际,个人数据的保护准则应当符合宪法基本权利中隐私价值的普遍指向。在联邦法律缺席的制约下,自动驾驶车辆中个人数据的保护必须坚守的基础原则是,只允许自动驾驶车辆在特殊情况下侵犯用户的自由和隐私:其一,自由和隐私的减少将导致自动驾驶车辆用户责任的相应减少;其二,个人丧失的权利价值将被行政效率或其他可确认的社会利益抵消。[3] 而目前的第一步应当是将《美国宪法第四修正案》的保护范围扩大至自动驾驶车辆中的个人数据,任何公权力机关对于此类数据的收集行为都需要获得搜查令的许可。[4]

作为个人数据的细分类型,个人行踪轨迹数据与自动驾驶车辆勾连紧密,伴随着5G技术的发展和大数据时代的来临,绝大多数的移动智能应用软件要求用户在使用产品之前进行一定的授权许可,对个人行踪轨迹数据的授权许可则成为许可内容的"关键选

---

[1] See H.R.701, 115th Congress(2017-2018), introduced in the House of Representatives on Jan.24, 2017.
[2] See S.2182, 116th Congress(2019-2020), introduced in Senate on Jul. 18, 2019.
[3] See Jack Boeglin, "The Costs of Self-Driving Cars: Reconciling Freedom and Privacy with Tort Liability in Autonomous Vehicle Regulation", *Yale Journal of Law and Technology*, Vol.17(2015), p. 203.
[4] See Raquel Toral, "Evolving Autonomous Vehicle Technology and The Erosion of Privacy", *University of Miami Business Law Review*, Vol.27(2018), p. 180.

项",众多外卖软件、社交软件、购物软件更是以个人行踪轨迹数据为基础运行算法。美国在疫情期间同样处理了移动电话公司所收集的个人位置数据,通过分析得出个人和群体的移动模式,进而描绘新冠病毒可能的传播链条以及分析国家政策是否得到良好遵守。[1]

处理个人行踪轨迹数据固然有助于疫情防控,但若违规使用该数据依旧难逃外部制裁。由于未能充分保护用户个人的位置数据,美国联邦通信委员会于 2020 年 2 月 28 日根据《联邦通信法》(The Communications Act)对 T-Mobile、AT&T、Verizon 和 Sprint 四大北美无线运营商开出超过 2 亿美元的罚款。[2] 具体原因在于这些运营商在未经用户同意的情况下披露了用户的位置数据,并在没有合理保障的情况下继续出售对这些数据的访问权。

在人工智能技术蓬勃发展的时代,数据的收集与处理应当成为国家安全的正向推动力,而非损害个人利益的负面力量。大数据不仅具有 4V 特征(Volume/Variety/Velocity/Veracity),更具有可挖掘、可分析特征。大数据的体量与大数据的可分析价值具有正相关关系,如果行政部门使用的人工智能辅助系统能够建构一个开放、共享的数据基础,人工智能系统便能够为行政主体提供更为清晰的目标画像,与之相应的行政决策适用精准度必将显著提高。然而,即便在紧急状态下,数据处理者仍须关注个人数据的隐私属性,时刻防范个人数据的泄漏,并将道德价值嵌入数据处理的全周期,减轻甚至避免

---

[1] See Andrej Zwitter and Oskar J. Gstrein, "Big Data, Privacy and COVID-19-Learning from Humanitarian Expertise in Data Protection", *Journal of International Humanitarian Action*, Vol.5(2020), p. 4.
[2] 具体而言,T-Mobile 面临超过 9100 万美元的罚款;AT&T 面临超过 5700 万美元的罚款;Verizon 面临超过 4800 万美元的罚款;Sprint 面临超过 1200 万美元的罚款。参见 FCC Proposes Over $200M in Fines for Wireless Location Data Violations, Feb. 28, 2020。

个人数据的侵害结果。

二、黑箱算法的规制困境

算法正在入侵社会生活的每一处角落。由于缺乏配套的监管方案,处于黑箱状态的算法引发了大量的社会问题,其中最为突出的是算法歧视问题。在算法歧视问题之外,控制一切的"算法独裁"对个人的隐私、名誉与言论自由也发起了挑战。解决上述算法风险的重要途径在于打破算法的黑箱困境,建立算法的透明模型。但这一途径在美国并没有得到良好展开,因为众多科技公司将算法输出标榜为"公司言论",从而得到了《美国宪法第一修正案》的庇护。在科技创新与公民权利保护的征途中,算法仍然是悬于穹顶的"达摩克利斯之剑"。

(一)算法歧视的司法先例

在美国社会的历史进程中,算法歧视的现象从未停止,种族歧视更是算法歧视的突出表现。2009 年,在 Ricci v. DeStefano 案[1]中,纽黑文消防局(New Haven Fire Department)的 20 名消防员(19 名白人和 1 名西班牙裔),在通过晋升管理职位的考试后,声称自己遭到了歧视。由于参加测试的黑人消防员没有一个人的分数可以满足职位需求,纽黑文的官员担心该测试的结果可能构成"差别性影响"[2](disparate impact),将黑人族裔排除在晋升范围之外,而被黑人族裔提起诉讼,故而取消了这次考试成绩。但是纽黑文政府缺乏证据证明该升职考试构成了对黑人族裔的歧视,最高法院最终判决纽黑文当局侵犯了 1964 年《民权法案》第七章(Title Ⅶ of the Civil

---

[1] See Ricci v. DeStefano, 557 U.S. 557 (2009).
[2] 差别性影响指的是,对具有受保护特性(种族、肤色、宗教、性别等)的人群产生的不利影响比对另一人群产生的不利影响更大,尽管所适用的规则在形式上是中立的。

Rights Act)所保护的平等就业机会的权利。2015 年,在 Texas Department of Housing and Community Affairs v. Inclusive Communities Project, Inc.案[1]中,一个非营利性组织(Inclusive Communities Project, ICP)根据《公平住房法》(Fair Housing Act)对得克萨斯州住房和社区事务部(Texas Department of Housing and Community Affairs, TDHCA)及其官员提起住房歧视诉讼,指控他们的低收入住房税收抵免政策导致对非裔美国居民的"差别性影响"。地方法院在审判中发现,税收抵免的统计分配构成了"差别性影响"的初步证据。得克萨斯州住房和社区事务部无法证明不存在歧视程度较低的替代方案,因此地区法院认为 ICP 胜诉。得州住房和社区事务部提起上诉,声称地方法院在评估"差别性影响"索赔时使用了错误的标准。最终,最高法院维持了地区法院的判决,得州住房和社区事务部的行为构成了对不同种族的"差别性影响"。2016 年,在 Fisher v. University of Texas at Austin 案[2]中,被得克萨斯州州立大学拒绝录取的白人申请人提起诉讼,称该州立大学在录取过程中考虑种族因素侵犯了她获得平等保护的权利。案件的核心是得克萨斯州州立大学在录取过程中考虑种族因素,是否违反了《美国宪法第十四修正案》的平等保护条款?最高法院裁定,该州立大学在录取过程中把种族列入考虑因素的做法,并没有违反《美国宪法第十四修正案》中的平等保护条款。判决认为,已有先例表明,只要教育多样性被表述为一个具体和精确的目标,便是一个压倒性利益(compelling interest)。在本案中,州立大学充分表达了一系列具体的目标,并对其追求这些目标的决定作出了合理的解释,且反思了为什么以前实现这些目标的努力

---

[1] See Texas Department of Housing and Community Affairs v. Inclusive Communities Project, Inc., 576 U.S. 519 (2015).
[2] See Fisher v. University of Texas at Austin, 579 U.S. 365 (2016).

没有成功。因此,该州立大学的录取方式是符合教育多样性这一目标的,并没有违反宪法。

性别歧视则是种族歧视之外,美国社会所面临的另一严峻的社会矛盾。在算法权力外衣的遮蔽下,性别歧视正在悄无声息地攻占个人生活的每一个角落,尽管有科技公司在发现会导致性别歧视后立刻停止使用。比如在2018年,亚马逊公司发现算法系统存在性别偏见,导致男性占该公司管理职位的75%,随即停止使用算法系统来做出招聘决定。[1] 但是,仍然有大量科技公司使用隐藏着性别歧视因子的算法系统。例如,苹果公司发行的信用卡(Apple Card)曾在2019年遭遇舆论谴责,原因在于其信用额度的决定算法歧视女性,即使女性比其配偶的信用分数更高,女性的信用卡额度依然低于配偶。编制并创建了网络开发框架(Ruby on Rails)的科技大亨David Heinemeier Hansson曾公开在网络抱怨,即便他妻子的信用分数远高于他,他的信用卡额度依然是其妻子的20倍之高。与史蒂夫·乔布斯(Steve Jobs)共同创建苹果公司的史蒂夫·沃兹尼亚克(Steve Wozniak)同样发文声称,在他与妻子共享全部的银行账户和金融资产的前提下,他的苹果信用卡额度是其妻子的10倍之高。[2] 纽约金融服务部门(New York's Department of Financial Services)随后发表声明,表示将对经营苹果信用卡的高盛集团(Goldman Sachs)展开调查,以确定其是否违反了相关法律,并确保所有性别的消费者都得到平等对待。根据2021年3月纽约金融服务部门发表的《苹果信

---

[1] See Nima Kordzadeh and Maryam Ghasemaghaei, "Algorithmic Bias: Review, Synthesis, and Future Research Directions", *European Journal of Information Systems*, Vol.31(2022), p. 389.
[2] See BBC News, Apple's "Sexist" Credit Card Investigated by US Regulator, Nov.10, 2019.

卡调查报告》,监管部门对高盛集团和苹果公司提供的文件和数据进行了详尽审查,并对质疑算法歧视的消费者进行了群体采访,最终没有发现蓄意或产生差别性影响的歧视的证据,但监管部门在调查过程中发现了高盛集团和苹果公司在客户服务和透明度方面的缺陷,高盛集团和苹果公司已经采取措施进行补救。[1] 尽管官方声明如此,仍有学者质疑监管部门只是形式上审查了高盛集团和苹果公司的信用卡额度算法是否使用了性别要素,其所公开的信用卡额度算法看似无差别地对待性别要素,但在实际运行中确有表达出歧视结果。[2] 背后可能的原因在于,歧视因子借助算法黑箱得以隐匿,导致监管部门难以从外部视角搜查并发现。

由于银行的贷款审批过程并不对外公开,个人只能接受银行最终的审批结果,难以知悉个人数据如何被评价选择,因而银行主体极易成为因算法歧视而被诉的重点对象。以富国银行(Wells Fargo Bank)为例,其在2012年便面临了一场集体诉讼。原告指控富国银行违反了《加州非公平竞争法》(California's Unfair Competition Law)以及《反勒索及受贿组织法》(Racketeer Influenced and Corrupt Organizations Act),银行在原告的住房抵押贷款服务中实施欺诈行为,特别是该银行使用了自动抵押贷款管理系统(automated mortgage loan management systems)收取非法的、加价的物业检查和经纪人价格意见费用,并隐瞒这些费用的性质和评估。[3] 最终法院裁决富国银行向全部原告赔付共计5000万美元。而这并非孤立个案,早在

---

[1] See New York State Department of Financial Services, Report on Apple Card Investigation, Mar. 2021.
[2] See Liz O'Sullivan, "How the Law Got It Wrong with Apple Card", *Techcrunch*, Aug. 14, 2021.
[3] See Bias v. Wells Fargo & Company, Case No.12-CV-664 YGR (N.D. Cal. Jul. 13, 2012).

2007年，就有芝加哥地区的客户通过独立经纪人从富国银行借款30万美元，与具有类似信用分数的白人客户相比，非裔美国人平均多支付了2937美元的经纪人费，西班牙裔则多支付了2187美元，最终富国银行同意支付至少1.75亿美元与原告达成和解。[1] 后于2020年，富国银行再次同意支付780万美元，以解决全美范围内对其违反联邦法律歧视黑人和女性求职者的指控。[2] 2022年3月，洛杉矶一名非裔房主阿伦·布拉克斯顿（Aaron Braxton）将富国银行起诉至法院，原因在于该银行一再阻碍疫情期间其为两笔住房贷款再融资的努力。据彭博社早前的报道，在该银行的同一类型贷款审批中，黑人群体的获批概率仅有47%，而白人群体的获批概率则高达71%。[3] 尽管该案目前仍处于诉讼流程之中，但是原告的胜诉概率依然较为可观。富国银行所经历的众多案件折射出算法歧视诉讼在美国境内从未止息，而种族歧视更是算法歧视中的关键。

前述案例只是歧视表现的冰山一角，歧视因子早已深深嵌入美国社会的每一个环节。歧视与公平概念密切相关，而不同学者对于公平的定义不尽相同，如平等主义（egalitarianism）理论认为，公平和无偏见的社会制度意味着每一个人被平等对待，特别是在社会、政治和经济事务方面。有哲学家提出，平等的利益和负担（burden）是社会正义的终极目标，利益包括福利（快乐或偏好满足）、资源（收入和资产）、能力（完成任务所需的能力和资源）。基于此种理念，当算法对不同的个体或群体分配利益和负担不平等时，就会出现算法歧视。

---

[1] See Charlie Savage, "Wells Fargo Will Settle Mortgage Bias Charges", *The New York Times*, Jul. 12, 2012.
[2] See Paige Smith, "Wells Fargo to Pay $7.8 Million to Settle Hiring Bias Claims", *Bloomberg Law*, Aug. 24, 2020.
[3] See Shawn Donnan et al., "Wells Fargo Rejected Half Its Black Applicants in Mortgage Refinancing Boom", *Bloomberg*, Mar. 11, 2022.

另有哲学家认为,由人们的自由选择和知情的风险承担导致的福利、资源和能力的不平等是可以接受的,而由个人的内在特征、天赋或运气造成的不平等则是不可接受的。[1] 因此,有学者在分析众多哲学家关于公平的争论之后,为算法歧视下过一个普遍性定义:如果一个算法分配的利益和负担不平等,而这种不平等是由个人的内在特征、天赋或运气的差异造成的,那么该算法就被认为是有偏见的。[2] 著名政治哲学家罗尔斯认为,尽管公平的社会制度意味着个人的成功仅与自身的努力意愿相关,但是为弱势群体提供差别利益在道德上是合理的。延续罗尔斯的正义观,算法部分惠及弱势群体是可以接受的,这不能被认为算法偏见的情况。[3] 尽管不同学者基于不同学科对算法歧视的定义存在差异,但是全部的定义都围绕着输出结果偏离平等预期和偏离结果非随机性展开,因而,对于算法歧视的总体定义可以概括为,机器算法输出结果对平等原则的系统性偏离,[4]也即从捕获的算法歧视结果入手,追踪探寻算法歧视的原因。

一方面,机器算法以现实数据为训练对象,难逃主观歧视的浸染。当前智能算法的运作流程主要包括筛选历史数据、设定模型参数、深入模型训练、实验模型投运和优化模型结构等具体环节。首

---

[1] See Reuben Binns, "What can Political Philosophy Teach Us about Algorithmic Fairness?", *IEEE Security and Privacy*, Vol.16(2018). pp. 73-80.

[2] See Nima Kordzadeh and Maryam Ghasemaghaei, "Algorithmic Bias: Review, Synthesis, and Future Research Directions", *European Journal of Information Systems*, Vol.31(2022), p. 394.

[3] See Min Kyung Lee, "Understanding Perception of Algorithmic Decisions: Fairness, Trust, and Emotion in Response to Algorithmic Management", *Big Data and Society*, Vol. 1(2018), pp. 1-16.

[4] See Nima Kordzadeh and Maryam Ghasemaghaei, "Algorithmic Bias: Review, Synthesis, and Future Research Directions", *European Journal of Information Systems*, Vol.31(2022), p. 395.

先,在筛选历史数据环节中,以不同目的为导向的算法需要识别大量历史数据,从而积极识别出不同类型数据与不同结果之间的关联性。在此环节之中,由于社会已然存在的历史数据蕴含着人类主观的偏见与歧视,即便是中立的算法也难以逃脱主观歧视的感染。其次,在设定模型参数环节,不同类型数据对最终结果的影响程度不尽相同,因而需要为不同类型数据赋予不同的权重等级。以应用于疫情防控的智能算法为例,个人位置数据对于疫情防控发挥着直接的判定作用,其权重等级属于优先重点级别。在后续的模型训练、投运和优化环节中,不同权重等级的个人数据对输出结果的影响不一,等级越高的个人数据一旦包含歧视因子,其对最终结果的歧视影响越大。比如"健康码"中,一旦位置数据存在歧视风险,则最终结果必然蕴藏着歧视表达。模型训练是算法行政技术应用的中枢核心,通过海量的对象数据给养,训练后的模型可以将筛选后的不同数据投射于同一空间的不同位置,并利用数据融合技术识别数据指向的不同对象,从而训练出满足各类行为目标的机器算法。实验模型投入运行后,可以大致描绘出不同类型个人数据所对应的结果线条,并在技术人员的外部辅助下进行自我学习,不断优化结果准确度。分析上述流程可知,算法运作离不开个人数据的充分供给,而个人数据源于充满主观认识的现实社会,算法歧视是数据驱动技术世界中无法规避的衍生产物。

另一方面,算法歧视并非仅仅源自歧视数据,算法模型的设计偏差更是难辞其咎。其一,纠偏并标签化全部的疑似歧视数据无法得到实践满足,歧视输出是现实数据与算法设计相互影响的结果。纠偏歧视数据的前提条件是,充分理解何种特征导致了歧视结果,并且有足够的标签划分受保护的特征和代理变量。以图像、语言和视频等领域为例,问题的高维性和数据集的大容量使得很难保证所有特征都被全面标签化。即使我们能够在诸如性别和种族的特征上标记敏感属性,算法仍然可以利用代理变量来重建被禁止的标签。[1] 其二,算法结果的公平性往往与算法如何对待未被充分标签化保护的特征密切相关。布兰维尼(Buolamwini)和格布鲁(Gebru)发现面部分析数据集中浅色皮肤受试者占据多数,从而导致识别深色皮肤女性的错误率较高。[2] 尚克尔(Shanker)等人的研究表明,地理局限的数据集训练出的机器模型对待其他地理区域数据的能力明显不足。[3] 可能的原因在于真实世界的数据天然具有"长尾"(long tail)分布特征,部分低频率出现的特征未能被充分标签化。[4] 机器学习面对未能被充分标签化的特征时选择了部分忽视甚至是无视,而这些特征最终导致了结果的非公平性问题。更为直白的说法是,机器学习了98%的群体特征,却无视少数群体占2%的特征,这些少数特征往往与种族、性别相关,最终算法将98%的群体特征应用于100%的人群之中,导致了对待2%群体的歧视结果。现实数据固然存在歧视,但机器算法进一步放大了歧视。[5] 其三,人工调整数据集可能导致非对应性影响,甚至加重歧视结果。机器算法均被赋

---

[1] Sara Hooker, "Moving beyond 'Algorithmic Bias is a Data Problem'", *Patterns*, Vol.2, Issue 4(2021), p. 1.
[2] See Joy Buolamwini and Timnit Gebru, "Gender Shades: Intersectional Accuracy Disparities in Commercial Gender Classification", *Proceedings of Machine Learning Research*, Vol.81(2018), pp. 1-15.
[3] See Shreya Shankar et al., "No Classification without Representation: Assessing Geodiversity Issues in Open Data Sets for the Developing World", *NIPS 2017 Workshop on Machine Learning for the Developing World*, 2017, p. 22.
[4] Sara Hooker, "Moving beyond 'Algorithmic Bias is a Data Problem'", *Patterns*, Vol.2 Issue 4(2021), p. 3.
[5] See Jieyu Zhao et al., "Men Also Like Shopping: Reducing Gender Bias Amplification using Corpus-level Constraints", arXiv Eprint, 2017, pp. 1-17.

予了最终目的,或是人脸识别,或是血液分析,或是警情预测。算法必须保证其设定的目标得以充分实现,在此过程中尽量避免机器歧视。喂养机器学习的数据集合庞大,而其中的变量关系更是难以被人为辨析。技术主体出于公平考量调整了种族数据,会不会导致最终的分析结果出现偏差?数据集变量的调整甚至可能引发其他变量间的交互作用,基于公平原则的调整如若导致效能原则的损失,是否可以视为削足适履、因噎废食?有学者认为,如果在机器学习过程中添加人类调整,可能导致有害的机器反馈,对算法模型产生不利影响,甚至加剧对弱势群体的预测偏差。[1]

总结而言,机器算法歧视结果较易被发觉,但是歧视过程难以辨明。机器算法以技术壁垒为依托,经常逃逸于外部力量的制约监管。因此,规制机器算法必须内外兼顾,算法的透明度成为解决算法歧视的内部对策,问责制则成为解决算法歧视的责任架构。直面算法歧视,从技术内部和法律外部的双重监管出发,方能抑制算法歧视风险的萌发。

(二)算法问责法案的未能通过

作为现代社会生产生活的重要建构力量,算法应当符合现代社会的公平价值,而当出现非公正威胁之时,算法应当可被问责。与穿透技术式自我约束相协调,外部监管应当追求方向指引与责任划定。在此逻辑的支撑下,外部监管沿着客体对象、影响评估和主体责任展开。美国国会议员于2019年、2022年分别提出了两版《算法问责法案》,2022年版与2019年版比较而言,在继承了核心的算法影响评估制度的基础上,更为详尽地明确了适用对象与范围,折射出外部监

---

[1] See Shahriar Akter et al., "Algorithmic Bias in Data-Driven Innovation in the Age of AI", *International Journal of Information Management*, Vol.60(2021), p. 6.

管对于算法公平原则的不懈追求。

2019年4月,参议员科里·布克(Cory Booker)和罗恩·怀登(Ron Wyden)提出了《算法问责法案》(Algorithmic Accountability Act)。该法案的主要目的在于让开发、获取和利用人工智能的实体认识到,使用人工智能算法可能导致带有偏见的决策和结果,这些实体应该尽力减轻潜在的偏见,并在发现偏见时采取纠正行动。

首先,该法案提出了三个核心概念,分别是被覆盖实体、自动决策系统(Automated Decision System)和自动决策系统影响评估(Automated Decision System Impact Assessment)。被覆盖实体指的是年收入超过5000万美元或拥有超过100万客户或拥有超过100万美元消费者数据的任何个人和公司,这意味着该法案适用于数据经纪公司。自动决策系统指的是一个计算过程,包括从机器学习、数据处理或人工智能技术中衍生出来的一个过程,它可以做出决策或帮助人类做出对消费者产生影响的决策。自动决策系统影响评估是指评估自动决策系统及其开发过程,评估对象包括自动决策系统的设计和培训所用数据,以及评估系统对公平、歧视、隐私和安全的影响。

其次,根据上述三个核心概念,该法案授权联邦贸易委员会发布并实施具体细则,要求被覆盖实体对高风险的(high-risk)自动决策系统进行影响评估,合理并及时地解决任何已被发现的偏见或安全问题。如果系统满足了以下条件中的任一条件,便可被认定为"高风险":(1)对消费者个人信息的隐私或安全构成重大风险,或促成影响消费者的不准确、不公平、有偏见或歧视性的决定;(2)根据系统性的消费者评估(包括试图分析、预测个人生活的敏感方面),做出决策或促进人类做出决策,从而影响了消费者的合法权利或以其他方式影响消费者;(3)涉及消费者的种族、宗教、健康、性别、性别认同、犯罪或被捕等个人信息;(4)监控公共场所;(5)符合联邦贸易委员会制定的其他标准。

最后,该法案要求"在合理可能的情况下",被覆盖实体应与独立第三方(包括独立审计师和独立技术专家)合作进行影响评估。此外,评估不是"一次性完成的",评估必须按照联邦贸易委员会所认定的必要频率来执行,消费者的豁免不能取消评估。然而,消费者不一定知晓影响评估的结果,因为是否公开评估的决定将由被覆盖实体自行作出。

2022年2月,参议员科里·布克和罗思·怀登联合众议员伊薇特·D.克拉克(Yvette D. Clarke)再次向国会提出了《算法问责法案(2022年版)》,该法案延续了2019年版的核心要求:关键决策自动化系统影响评估,也即要求公司在使用自动化决策系统做出关键决策时,对歧视、偏见、有效性等因素进行影响评估。而根据该法案的要求,自动化决策系统是指使用计算作为决策或判断基础的任何系统、软件或过程,包括源自机器学习、统计或其他数据处理或人工智能技术的程序,而关键决策(critical decision)包括:(1)教育和职业培训,包括评估、鉴定或认证;(2)就业、工人管理或自主创业;(3)基本公用事业,如电、热、水、互联网或电信接入;(4)计划生育,包括收养服务和生殖服务;(5)金融服务,包括抵押公司、抵押经纪人或债权人提供的所有金融服务;(6)医疗,包括精神医疗、牙科医疗和视力医疗;(7)住房或住宿,包括任何租赁或短期住房或住宿;(8)法律服务,包括私人仲裁或调解以及其他对消费者生活具有同等法律效果或重大影响的其他服务、程序或机会决定。

该法案的具体要求包括:其一,为公司评估关键决策自动化系统提供基线要求。其二,要求联邦贸易委员会制定法规,为评估和报告提供结构化的指导方针。其三,确保负责评估的主体应是作出关键决策的公司和实现这些过程的技术公司。其四,要求公司向联邦贸易委员会报告算法影响评估文件。其五,要求联邦贸易委员会发布年度匿名汇总趋势报告,存档并建立信息库。消费者可以审查已经被公司自动化的关键决策、相关数据来源、高影响指标以及如何对决策提出异议等信息。其六,为联邦贸易委员会增设支持资源,包括雇用50名工作人员建立技术局以负责本法案的执行工作,并支持联邦贸易委员会在技术方面的职能。其七,赋予消费者在关键决策自动化系统面前作出选择的权利。

尽管此份法律提案至今尚未获得两院通过,但是由于算法具有双重动态影响的特点,算法一方面为个人的日常生活、国家的行政管理提供了便利,另一方面也有威胁个人基本权利的可能,单方面地拒绝算法的应用是不切实际的。如何权衡算法的双重动态影响,避免算法与最初的设计目标背道而驰,仍然需要法律力量的外部规制。

(三)算法规制的客观阻碍

在规制算法的路途中,美国面临一项强大的阻碍:多数科技公司以言论自由为理由,质疑规制算法的行为的合宪性。言论自由的权利主体不仅包括自然人,也包括公司法人。科技公司享有言论自由权利已然成为共识。通过规制算法以实现个人的公平、隐私等权利价值,是否会损害科技公司的正当利益,这成为横亘在算法规制路途中的利益平衡难题。个人权利和科技发展的利益天平如何倾斜,也许要回到阿西莫夫的机器人三定律之中,在人工智能机器的应用过程中,人的主体性地位不应被削弱。算法规制中的利益取舍仍应倾向保护人的主体性,利用算法服务人类生活、实现自然人的权利价值,科技公司不应利用规则盾牌阻碍个人权利的实现。

早在20世纪,电脑软件(software)所具有的第一修正案的言论利益,已经得到了学界的关注。[1] 在过去的20年里,法院已经达成了近乎一致的意见,即计算机代码以及互联网上几乎所有的数据流都是"言论"。[2] 2003年,在Search King v. Google Technology, Inc.案[3]中,法院最终认定谷歌的搜索排名结果为一种意见(opinion),而不仅仅是言论。因为言论可能存在仇恨言论等不受宪法保护的情形,但由于"第一修正案下没有错误的意见"[4],谷歌几乎立于不败之地。2006年,在Christopher Langdon v. Google, Inc.案[5]中,法院同样认为谷歌的检索结果是谷歌的言论自由,谷歌拥有在检索界面删除特定关键词的权利。虽然有学者认为,谷歌应当像其他数据收集方一样受到监管,对发表的言论负责[6],但通过援引《通信规范法》(Communications Decency Act)的规定[7],法院免除了谷歌对删除行为的责任,此时,谷歌已经获得了超越传统媒介的

---

[1] See Dan L. Burk, "Software as Speech", *Seton Hall Constitutional Law Journal*, Vol.8 (1998), pp. 683-691.
[2] See Kyle Langvardt, "The Doctrinal Toll of Information as Speech", *Loyola University Chicago Law Journal*, Vol.47(2016), pp. 761-816.
[3] See Search King v. Google Technology, Inc., 2003 WL 21464568.
[4] Gertz v. Robert Welch, Inc., 418 U.S. 323 (1974).
[5] See Christopher Langdon v. Google, Inc., 474 F. Supp. 2d 622 (D. Del.2007).
[6] See Frank Pasquale and Oren Bracha, "Federal Search Commission? Access, Fairness, and Accountability in the Law of Search", *Cornell Law Review*, Vol.93(2008), pp. 1149-1209.
[7] No provider or user of an interactive computer service shall be held liable on account of any action voluntarily taken in good faith to restrict access to or availability of material that the provider or user considers to be obscene, lewd, lascivious, filthy, excessively violent, harassing, or otherwise objectionable, whether or not such material is constitutionally protected. See Section 230(c)(2)(A) of the Communications Decency Act.

地位。

2011年,在Rosenberg v. Harwood案[1]中,原告按照谷歌地图的导航行走,导致她走上了一段没有人行道的高速公路而被车辆撞伤,原告因此向谷歌提起赔偿诉讼。谷歌辩称谷歌地图的导航是受到保护的言论,无须承担责任。在法院裁判中,法院绕过了这一宪法问题,而将谷歌地图的导航结果认定为一种建议(command)。由于"建议"并不能强迫原告按照导航规划的路线行走,法院最终驳回了原告的诉讼请求。同年,在Brown v. Entertainment Merchants Association案[2]中,最高法院将电子游戏类比文学作品(literature),受到《美国宪法第一修正案》保护;在Sorrell v. IMS Health Inc.案[3]中,法院认定公司使用合法购买的可识别处方医生的数据(Prescriber-identifiable data)进行针对性商业销售的行为,受到《美国宪法第一修正案》的保护,然而该案中"信息即言论"(information is speech)的观点过于宽泛且影响深远,以至于有学者质疑,最高法院不可能真正按照它所说的去做。[4] 直至2014年,在Jian Zhang v. Baidu.Com, Inc.案[5]中,法院依旧肯定了百度公司的搜索结果受到《美国宪法第一修正案》的保护。

可以说,《美国宪法第一修正案》所保护的言论自由正在成为黑箱算法的一张万能牌(Wild Card)[6],算法的拥有者都可以凭借言论自由而获得宪法的庇护。2012年,谷歌发布了一份名为《第一修

---

[1] See Rosenberg v. Harwood, No. 100916536, 2011 WL 3153314 (Utah Dist. Ct.) (Trial Order).
[2] See Brown v. Entertainment Merchants Association, 564 U.S. 768 (2011).
[3] See Sorrell v. IMS Health Inc., 564 U.S. 552 (2011).
[4] See Andrew Tutt, "Software Speech", *Stanford Law Review Online*, Vol.65(2012-2013), p.74.
[5] See Jian Zhang v. Baidu.com, Inc., 10 F. Supp. 3d 433 (2014).
[6] See Frank Pasquale, *The Black Box Society: The Secret Algorithms That Control Money and Information*, Cambridge: Harvard University Press, 2015, p. 165.

正案保护搜索引擎的搜索结果》(First Amendment Protection for Search Engine Search Results)的白皮书,将谷歌与报纸等其他出版商归为一类,认为谷歌与传统的新闻媒体承担的是同一类工作。[1] 但是,搜索引擎可以完全类比新闻媒体吗？搜索引擎是一种程序,它使用机器算法以猜测,在庞大的文本中,哪些项目代表了用户搜索的最佳匹配。[2] 搜索引擎与传统新闻媒体的编写工作并不完全一致,而更像是一种挑选工作。而且,如果《美国宪法第一修正案》被用来保护黑箱算法和限制公众对于关键的互联网决策的理解,这无疑是十分讽刺的。[3]

因此,有学者提出了搜索顾问(advisor)理论,也即搜索引擎不是管道或编辑器,而是顾问。通过整理难以计量且混乱的数据,搜索引擎帮助用户实现个性化的信息目标。顾问理论为围绕谷歌展开的长期争论提供了新的见解。如果用户的搜索目标过于主观,就不可能有一个绝对的标准,来预测正确和不正确的排名,毕竟不同的搜索引擎对相关性的评估方式极为不同。但当搜索引擎故意误导用户时,用户也有权投诉。[4] 如果顾问理论能在未来受到更广泛的认可,那么算法受不受《美国宪法第一修正案》保护的问题转化为算法有没有在输出结果中发挥主观性作用的问题。

言论自由不应当成为黑箱算法的避风港。正如美国著名宪法学家、耶鲁大学法学院教授杰克·M. 巴尔金(Jack M. Balkin)所言,《美

---

[1] See Google, Eugene Volokh and Donald M. Falk, "First Amendment Protection for Search Engine Search Results: White Paper Commissioned by Google", *Journal of Law, Economics and Policy*, Vol.8(2012), pp. 883-900.
[2] See Tim Wu, "Machine Speech", *University of Pennsylvania Law Review*, Vol.161(2013), p.1525.
[3] See Mark Patterson, "Additional Online Search Comments", *Antitrust and Competition Policy Blog*, May 23, 2012.
[4] See James Grimmelmann, "Speech Engines", *Minnesota Law Review*, Vol.98(2014), p. 875.

国宪法第一修正案》应当允许国家对从事个人数据收集、分析和分发的公司进行监管,通信传媒公司也应当承担起全新的社会责任,以维护互联网的自由,创建一个健康、充满活力的全球性公共领域。[1]与此同时,科技公司也不应根据用户偏好,使用定向算法向用户推荐内容,压制用户的言论自由。[2]

三、自动驾驶的安全设计论争

随着自动驾驶技术的不断发展,自动驾驶车辆的公路实验已经在美国部分州合法展开。自动驾驶的便利性以及可能的经济、社会效益无须多言,但如何确保自动驾驶的安全性则成为一项重要的讨论命题。《维也纳道路交通公约》(Vienna Convention on Road Traffic)已于2016年修改了驾驶员需对车辆完全控制且负责的原则,从而开启了自动驾驶车辆的合法场域。[3] 自2012年以来,至少有41个州和华盛顿特区考虑过与自动驾驶车辆相关的立法。仅在2018年,便有15个州通过了18项与自动车辆相关的法案。但至今为止,美国国会并没有通过一份联邦性自动驾驶法律。2016年9月,美国国家经济委员会(National Economic Council)和美国交通部(U.S. Department of Transportation)曾发布一份联邦标准,提出如何应对自动驾驶车辆的故障、如何保护乘客隐私,以及在发生事故时应如何保护乘客安全的基础原则。但此份准则并没有详细地说明具体

---

[1] See Jack M. Balkin, "Free Speech in the Algorithmic Society: Big Data, Private Governance, and New School Speech Regulation", *University of California Davis Law Review*, Vol.51(2017-2018), p.1210.

[2] See Kai Riemer and Sandra Peter, "Algorithmic Audiencing: Why We Need to Rethink Free Speech on Social Media", *Journal of Information Technology*, Vol.36, Issue 4 (2021), pp. 409-426.

[3] See Annotated Provisional Agenda for the 84th GRRF Session, Jul. 4, 2017.

的实践方案,原因在于此份联邦指导方针的出发点是避免各州法律的拼凑,同时避免因过于强硬而扼杀创新。[1] 目前对自动驾驶车辆的监管,实际上由美国交通部下设的国家公路交通安全管理局(National Highway Traffic Safety Administration, NHTSA)履责。交通部以及国家公路交通安全管理局曾发布多份指导性报告,以期规范自动驾驶车辆的安全性标准,促进自动驾驶技术的发展与完善。

(一)应被优先考虑的安全要素

对于自动驾驶车辆而言,其首要问题在于如何保障安全性能。作为美国交通部下设的执行机构,国家公路交通安全管理局主要负责制定机动车辆的安全性等相关标准。2017年9月,国家公路交通安全管理局联合美国交通部发布了《自动驾驶系统:安全愿景2.0》(Automated Driving Systems: A Vision for Safety 2.0)(以下简称《安全愿景2.0》)。[2]《安全愿景2.0》提出了应被优先考虑的12个安全元素,描绘出安全测试自动驾驶系统的框架。这12个安全元素分别是:

第一,系统安全(System Safety):在设计和验证过程中,应该对高级自动驾驶系统进行危害分析和安全风险评估,并将其整合到整体车辆设计中。

第二,操作设计领域(Operational Design Domain):鼓励从事自动车辆研发的实体在测试和部署自动车辆时,记录每一辆受测车辆的操作过程,并使用预先设定的领域保存自动车辆评估、测试和验证的过程。

---

[1] See Cecilia Kang, "Self-Driving Cars Gain Powerful Ally: The Government", *The New York Times*, Sept. 19, 2016.

[2] See U.S. Department of Transportation and NHTSA, Automated Driving Systems: A Vision for Safety 2.0, Sept. 2017.

第三,物体、事件检测和回应(Object and Event Detection and Response):在预设的操作设计领域中,自动驾驶系统需要有能力对物体和事件进行检测并做出回应。

第四,回退(最小风险条件)[Fallback (Minimal Risk Condition)]:当出现自动驾驶系统无法回应的物体和事件时,自动驾驶系统或是将操作权限返回给人类驾驶员,或是允许其独立返回到风险最低的情况。[1]

第五,验证方法(Validation Methods):鉴于不同的自动化功能在范围和技术上存在很大的差异,官方鼓励从事自动车辆研发的实体开发验证方法,以适当地降低相关的安全风险。实体应继续与国家公路交通安全管理局、行业标准组织(例如车辆工程师协会 SAE、国际标准组织 ISO)等机构合作,为测试车辆制定性能标准。

第六,人机交互(Human Machine Interface):自动驾驶系统需要能与自然人驾驶员进行沟通,至少需要提示自然人操作者是否功能正常、是否出现故障、是否处于自动驾驶阶段以及自动驾驶不可使用,需要移交车辆控制权等。

第七,车辆网络安全(Vehicle Cybersecurity):从事自动车辆研发的实体需要在开发设计过程中,考虑网络安全所受到的威胁和脆弱性,并将安全风险降至最低。

第八,耐撞性(Crashworthiness):当自动驾驶车辆与其他车辆或物体发生碰撞时,需要最大限度保护车内人员的安全。

第九,事故后自动系统行为(Post-Crash ADS Behavior):自动驾驶系统在遭遇事故后,需要及时地恢复到安全状态,包括关闭燃油

---

[1] 设定双向路径的原因在于,自动驾驶车辆中的自然人乘客不一定具备操作车辆的能力,比如处于酒醉状态的自然人乘客。

泵、切断动力等操作。

第十,数据记录(Data Recording):自动驾驶系统需要收集测试的全部数据,并从数据中进行学习,从而达成安全行驶的目的。

第十一,消费者教育及培训(Consumer Education and Training):在部署自动车辆的过程中,教育和培训对于安全至关重要。实体需要考虑为目标客户提供教育和培训,使客户达到必要的理解水平,从而以最安全的方式使用自动驾驶技术。

第十二,联邦、州和地方法律(Federal, State, and Local Laws):鉴于法律和法规将不可避免地随着时间的推移而变化,从事自动车辆研发的实体应更新和调整自动驾驶系统的设计过程,以满足修订的法律要求。

《安全愿景2.0》还向各州提供技术援助,并为决策者提供最佳实践做法,包括测试的申请和许可、注册和产权、与公共安全机构合作、责任和保险等方面。随着技术的发展,国家公路交通安全管理局鼓励联邦、地方政府和私营部门之间的合作与沟通,并将继续协调所有利益攸关方之间的对话。

《安全愿景2.0》鼓励从事自动车辆研发的实体公布一份自我安全评估报告,展示实体如何通过行业最佳实践、内部的最佳实践或其他适当方法处理自动车辆的安全问题,而无须披露专有的知识产权。如果各州想要为自动驾驶车辆立法,那么需要遵守该指南阐述的最佳实践原则,包括:(1)提供一个技术中立的环境;(2)公布许可和注册程序;(3)为公共安全官员提供报告和沟通的途径;(4)审查可能阻碍自动驾驶技术运行与发展的法律。

正如其名,《安全愿景2.0》将安全保障作为自动驾驶车辆的首位技术要求,并为自动驾驶车辆研发商、政府机构和各州议会提供了行动指南。根据《安全愿景2.0》，自动驾驶车辆的安全内涵至少包括人身安全与数据隐私安全，其中人身安全更是自动驾驶车辆应用前首要的设计考量。通过情景模拟、样本假设等方式，自动驾驶车辆的人身安全保障能够通过技术得以提升。[1] 然而当出现无法预见、难以避免的灾祸之时，自动驾驶车辆的处置方式则需要道德法律的价值引导。有学者曾提出"莫莉问题"（The Molly Problem），用以探究自动驾驶车辆中的道德准则对于人身安全的影响。莫莉问题指的是，"一个叫莫莉的年轻女孩独自过马路，被一辆无人类驾驶员的自动驾驶车辆撞倒。在没有目击者的情境下，接下来应该发生什么？"[2] 由于自动驾驶车辆遵循既定的算法规则，那么算法必须事先输入"善良的"程序代码，以保障自动驾驶车辆在发生车祸后立即停车查看伤者，并采取积极措施保障伤者利益，而不是像某些人类驾驶员一样肇事逃逸。

由上可见，安全愿景的实现不仅需要提升技术，更需要道德准则的风险兜底。2020年9月，欧盟专家委员会（European Commission Expert Group）发布《自动连接和驾驶车辆的道德准则》（Ethics of Connected and Automated Vehicles），该报告基于欧盟条约规定的基本伦理和法律原则，提出了20项关于未来发展和使用自动驾驶车辆的伦理建议。除了与《安全愿景2.0》类似的人身安全标准，该报告第二章着重描述了数据隐私安全在自动驾驶车辆中的实现方式。自动驾驶车辆要收集大量的与车辆、乘客和周围环境有关的动态及静态

---

[1] See Akagi Yasuhiro et al., "A Risk-index based Sampling Method to Generate Scenarios for the Evaluation of Automated Driving Vehicle Safety", IEEE Intelligent Transportation Systems Conference, 2019, pp. 667-672.

[2] Lance Eliot, "On the Hit-And-Maybe-Run Self-Driving Car Dilemma(Akin to 'The Molly Problem')", *Forbes*, Oct. 14, 2020.

数据并进行组合分析,因而数据主体的知情同意权需要得到技术保障。数据隐私安全的实现离不开公平原则和可解释原则,公平原则要求个人数据的收集、处理、使用和结果不得对任何个人或数据主体产生负面歧视,可解释性要求自动驾驶车辆所设定的目标机制以及所作出的决策行动应该符合透明原则,用户和数据主体可访问、可理解、可追溯。[1] 2021年3月,欧盟数据保护委员会(European Data Protection Board)修订的《联网车辆和移动应用中的个人数据处理指南》(Guidelines 01/2020 on Processing Personal Data in the Context of Connected Vehicles and Mobility Related Applications)同样肯定了这一思路,[2] 自动驾驶车辆必须符合公平原则和可解释原则,才可能真正发挥自动驾驶车辆所期待的积极作用。

(二)安全图景中的政府角色

自动驾驶车辆是便利性与风险性的对立统一,其发展进程必然需要平衡便利与风险,政府主体在此过程中肩负的使命包括设定底线与禁止不足。自动驾驶车辆不仅有助于服务个人生活,更能够降低交通拥堵、事故的发生概率。自动驾驶车辆诚然保有积极的面相,然而,经济利益驱动下自动驾驶车辆的发展也隐藏着消极的面相,人的主体性地位可能遭遇算法减损,机器算法并不天然拥有人类社会遵循的道德认知,数据隐私转身成为获取便捷服务所付出的权利代价。面对自动驾驶技术的日益成熟,自然人主体必然需要为技

---

[1] See Horizon 2020 Commission Expert Group (E03659), Ethics of Connected and Automated Vehicles: Recommendations on Road Safety, Privacy, Fairness, Explainability and Responsibility, Jun. 2020.
[2] See 2.4 Data Protection by Design and by Default, in Guidelines 01/2020 on Processing Personal Data in the Context of Connected Vehicles and Mobility Related Applications, Mar. 9, 2021.

术发展划定底线,并在技术主体忽视个人权利之时顺势出场补足差额。作为人类主体的政治集合体代表,政府主体在自动驾驶车辆行业发展中的安全责任不可或缺。

2018年10月4日,美国交通部发布了新的联邦自动车辆指南——《为未来交通做准备:自动车辆3.0》(Preparing for the Future of Transportation: Automated Vehicles 3.0)(以下简称《自动车辆3.0》)〔1〕。以车辆安全为理想图景,该指南建议各州考虑对测试驾驶员进行培训和发放执照。

《自动车辆3.0》概述了如何将自动化安全地适用于乘用车和商用车等道路交通工具之中。具体包括:(1)确认《安全愿景2.0》中概述的方法,并鼓励自动驾驶系统开发人员公开自我的安全评估报告,以提高技术的透明度和公众的信任度;(2)为各州和地方政府提供考虑要素和最佳实践,以支持安全有效的自动化技术测试和运行;(3)支持开发自愿性技术标准和方法,作为促进自动化技术融入交通系统的有效手段等。

联邦政府在自动车辆研发过程中主要发挥的作用是:(1)消除研究障碍,特别是现有法规的障碍;(2)评估技术的影响,特别是安全方面的影响;(3)解决市场问题以及其他迫切的公共需求,部分重要的技术难以被商业化,因而需要政府鼓励支持。同时,该指南也为各州立法的最佳实践提供了建议,包括:(1)接受美国交通部的技术援助;(2)自愿通过一致的技术标准定义的术语;(3)评估道路准备情况,包括维持道路标志的一致性、提高路面状况的质量等。2020年1月8日,美国交通部联合白宫科学和技术政策办公室发布《确保美国

---

〔1〕 See U.S. Department of Transportation, Preparing for the Future of Transportation: Automated Vehicles 3.0, Oct. 4, 2018.

在自动驾驶技术方面的领先地位:自动车辆 4.0》(Ensuring American Leadership in Automated Vehicle Technologies: Automated Vehicles 4.0)(以下简称《自动车辆 4.0》)。[1]《自动车辆 4.0》将《自动车辆 3.0》的行政主体范围扩大至美国政府的 38 个与自动驾驶安全开发相关的部门,主要围绕着 3 项关键领域展开:美国政府的自动驾驶原则[2]、支持自动驾驶技术发展和领先的行政努力[3]、美国政府的合作行动与机会[4],并将个人的安全、隐私和自由置于技术发展的优先地位。尽管报告内容多次提及数据隐私、个人权利等关键词,但从美国至今未能通过一份联邦性自动驾驶车辆规制法案的结果可知,美国对于自动驾驶车辆技术的监管天平倾向维持美国的科技先驱地位,正如同该报告名称所言:确保美国在自动驾驶技术方面的领先地位。

(三)悬而未决的两院法案

自 2015 年至今,美国众议院与参议院分别收到了关于自动驾驶

---

[1] See National Science and Technology Council and U.S. Department of Transportation, Ensuring American Leadership in Automated Vehicle Technologies: Automated Vehicles 4.0, Jan. 8, 2020, pp. 1-51.

[2] 美国政府的自动驾驶原则包括:保护使用者和公众、促进有效市场、努力便利合作。参见 National Science and Technology Council and U.S. Department of Transportation, Ensuring American Leadership in Automated Vehicle Technologies: Automated Vehicles 4.0, Jan. 8, 2020, pp. 1-5。

[3] 支持自动驾驶技术的发展和领先的行政努力包括:高级的生产、人工智能和机器学习、连接车辆和光谱、STEM 教育、STEM 劳动力、供应链集成、量子信息科学。参见 National Science and Technology Council and U.S. Department of Transportation, Ensuring American Leadership in Automated Vehicle Technologies: Automated Vehicles 4.0, Jan. 8, 2020, pp. 6-7。

[4] 美国政府的合作行动与机会包括:政府投资、授权自动车辆部门行动、为技术创新提供政府资源等。参见 National Science and Technology Council and U.S. Department of Transportation, Ensuring American Leadership in Automated Vehicle Technologies: Automated Vehicles 4.0, Jan. 8, 2020, pp. 8-37。

车辆的多份提案,但由于党派对立、议员换届、技术偏好等,目前全部提案都未能获得通过而成为联邦性法律。2015年,众议员格蕾丝·孟(Grace Meng)曾提出《自动车辆隐私保护法案》(Autonomous Vehicle Privacy Protection Act),[1] 要求公开评估交通部应对自动驾驶车辆技术挑战的准备情况,尤其是消费者隐私保护领域的准备情况,但该法案未能通过。参议员爱德华·J. 马基曾于2015年、2017年和2019年分别向参议院提出多版《车辆安全和隐私法案》(Security and Privacy in Your Car Act, SPY Car Act)。2017年,美国众议院通过了《在车辆发展中安全保障生命的部署研究法案》(Safely Ensuring Lives Future Deployment and Research In Vehicle Evolution Act, SELF DRIVE Act),然而该法案在参议院遭到否决,与该法案类似的《美国通过革命性技术进步实现更安全的交通愿景》(American Vision for Safer Transportation through Advancement of Revolutionary Technologies Act, AV START Act)同样遭到否决。[2] 除此之外,众议员泰德·刘和乔·威尔逊也提出了《车辆安全和隐私研究法案》(Security and Privacy in Your Car Study Act),依旧未能通过。[3]

尽管美国众议院于2017年年初否决了《车辆安全和隐私研究法案》[4],但开启了自动驾驶车辆立法的国会序幕。如前所述,同年9月,众议院通过了《自动驾驶法案》,[5] 该法案未能获得参议院支持。该法案主要包括四个部分的内容:第一,确定了联邦优先权。该法案

---

[1] See H.R.3876-114th Congress (2015-2016), Introduced in House on Feb. 11, 2015.
[2] See H.R.701, 115th Congress(2017-2018), Introduced in House on Jan. 24, 2017.
[3] See H.R.701, 115th Congress(2017-2018), Introduced in House on Jan. 24, 2017.
[4] See H.R.701-SPY Car Study Act of 2017, 115th Congress (2017-2018), Introduced in House on Jan. 24, 2017.
[5] See H.R.3388-SELF DRIVE Act, 115th Congress (2017-2018), Passed House amended on Sept. 9, 2017.

通过鼓励测试和部署自动车辆,确立了联邦政府在确保高度自动化车辆安全方面的作用。该法案阻止各州制定有关高度自动化车辆或自动驾驶系统的设计、建造或性能的法律,除非这些法律制定的标准与联邦标准相同。第二,要求更新联邦机动车辆安全标准(Federal Motor Vehicle Safety Standards, FMVSS)。美国交通部必须为高度自动化车辆或自动化驾驶系统提供安全认证。高度自动化车辆的制造商必须为自动车辆制定书面的网络安全和隐私保护计划,方可进行商业销售。第三,扩大了联邦机动车辆安全标准的豁免适用范围。根据美国当前的监管要求,自动驾驶车辆的研发公司必须申请获得联邦机动车辆安全标准的豁免,方可进行道路测试。而目前国家公路交通安全管理局每年至多批准2500辆车,该法案将这一上限提高到每年2.5万辆,并承诺在3年后将其扩大至每年10万辆。第四,建立联邦自动驾驶车辆咨询委员会,集中关注自动驾驶车辆对劳动力和就业的影响、对老年人和残疾人出行的影响以及对环境的影响等。

参议院也于2017年收到一份关于自动驾驶的法案,名为《美国通过革命性技术进步实现更安全的交通愿景》[1]。该法案的主要内容包括:第一,建立一个框架,明确联邦政府在确保高度自动化车辆(highly automated vehicles)安全方面的作用。第二,阐述在何种条件下可以将高度自动化车辆引入市场交易。第三,对高度自动化车辆提出某些安全豁免。联邦政府机构需要各司其职,具体而言,交通部应当:(1)成立高度自动化车辆及自动驾驶系统安全技术委员会;(2)成立自动驾驶系统教育工作小组;(3)研究高度自动化车辆对交通安全的影响。与此同时,国家公路交通安全管理局应当建立可公

---

[1] See S.1885-AV START Act, 115th Congress (2017-2018), Introduced in Senate on Sept. 28, 2017.

开访问的数据库,数据库中需要存储自动驾驶车辆行驶过程中所收集的个人数据。

2019年,参议员爱德华·J. 马基继续向参议院提交《车辆安全和隐私法案》(SPY Car Act of 2019)[1],该法案将关键点放在个人数据隐私行业准则上。根据该法案,国家公路交通安全管理局和联邦贸易委员会需要建立应对网络安全威胁和保护司机隐私的标准。所有新车都要有合理的措施来保护所有数据入口点不受黑客攻击,车辆应当使用隔离措施将关键软件系统和非关键软件系统做出空间区分。车辆制造商应当向消费者提供一个"清晰而显著的通知",详细说明车辆收集、存储或传输的数据,并允许消费者选择不同意收集这些数据。所有收集处理的车辆数据都须保密,车辆要配备能够立即检测、报告和阻止获取车辆数据或控制车辆企图的安全系统。

对比而言,上述法案的内容并没有绝对的实质性差别,无论哪一份法案能够最终通过成为联邦性法律,都将成为规制美国自动驾驶车辆测试与发展的重要法律。在联邦性法律未能出台之前,美国的自动驾驶车辆监管工作将由国家公路交通安全管理局进行,而交通部与国家公路交通安全管理局发布的《安全愿景2.0》和《自动车辆4.0》均成为自动驾驶系统安全、隐私性能的重要保障。

---

[1] See S.2182, SPY Car Act of 2019, 116th Congress (2019-2020), Introduced in Senate on Jul. 18, 2019.

第二章
美国人工智能领域基本权利面临的挑战

人工智能正在不断冲击基本权利体系理论大厦的基石,主要表现为基本权利主体的界定松动、基本权利侵犯主体的范围扩展和基本权利价值的风险加剧。在基本权利主体范围的讨论中,本章以机器人为主要讨论对象,分析了其获得法律人格的可能性以及成为宪法权利主体的困难性。在对基本权利侵犯主体的探讨中,本章分析了网络中立原则被废除后网络服务提供商被认定为"国家行为者"的艰难性。在对基本权利价值风险的讨论中,本章以基本权利的平等、公开和尊严价值为例,描绘了其所受到的技术侵扰。尽管人工智能应用成绩斐然,但是其需要规制的态势已然浮现。

一、基本权利主体的界定松动

市场经济的兴盛使法人获得了部分基本权利,而在人工智能时代,法人的基本权利反过来成为对抗法律规制的理论利器。人工智能技术的发展使自动机器人成为新的社会活动参与体,参照法人的基本权利获取历程,并考量现实环境的需求,机器人未来可能获得法律拟制的人格,但其获得历程依旧荆棘密布。

(一)法人基本权利的获得与异化

随着经济社会的迅猛发展,多元化主体也在不断争取自身的权利。自1789年美国宪法生效后,如何界定法人主体地位的问题便被提上司法议程。在1819年 Trustees of Dartmouth College v. Woodward 案[1]中,法院第一次赋予学院法人以"人"的权利(财产权)。马歇尔大法官对法人进行了经典性的论证:"法人是一种人造的存在,无形的、不可分割的,只存在于法律的思考中。因为它只是法律的创造物,所以它只拥有创造它的宪章中所明确赋予它的那些性质,或者附带的性质。其中最重要的是不朽(immortality),如果允许的话,还有个性(individuality)——多人的永久继承权被认为是相同的,并且可以作为一个单独的个体。它们使一个公司能够管理自己的事务,并拥有财产,而不需要为了传递财产而进行错综复杂、危险而又永无止境的不断的运输。"[2]马歇尔大法官通过对法人性质的解读,承认了法人的"财产权"。

法人"财产权"的获得是市场经济发展集约化的必然产物,现代社会的法人在获得"财产权"后,必然追求其他"人"的权利,例如言论自由、合同自由、正当程序保护、经营场所不被侵犯等。通过一系列判例,法人的基本权利在美国逐步得到肯定与丰富。[3] 以公司法人的言论自由为例,由于美国存在着双阶的言论划分,公司法人的政治性言论和商业性言论是被分开讨论的,其中公司法人的商业言论早在20世纪90年代便获得了保护,而公司法人的政治言论一直受到压制,直到21世纪初才获得最高法院的肯定保护。

---

[1] See Trustees of Dartmouth College v. Woodward, 17 U.S. 518 (1819).
[2] Trustees of Dartmouth College v. Woodward, 17 U.S. 518 (1819).
[3] 下文将以法人的言论自由为例进行探讨,关于法人其他基本权利的美国式演进历程,可具体参见马一:《公司人权研究》,西南政法大学2008年博士论文,第59—159页。

公司法人的商业言论自由较早得到了法院的肯定承认。关于公司法人商业言论自由的保护,可以溯及 1976 年的 Virginia Pharmacy Board v. Virginia Citizens Consumer Council 案[1]。法院在该案中指出,在价格广告等商业言论案件中,公司的商业言论可以得到《美国宪法第一修正案》的保护。1996 年的 44 Liquormart, Inc. v. Rhode Island 案[2]再次肯定了公司法人商业言论受到《美国宪法第一修正案》保护。罗得岛州曾经通过一项法令,禁止在不销售酒水的地方刊登酒类零售价格的广告。请愿者提出诉讼,声称该法令侵犯了他们的第一修正案的言论自由权利。地区法院认为这项禁令违宪,并指出它与罗得岛州在推广禁酒方面可能存在的任何利益无关。上诉法院推翻了这一观点,认为酒类价格的公开竞争将是有害的,因为它会增加酒类消费。案件随后来到最高法院。案件的核心在于,罗得岛州的禁令是否侵犯了酒类经销商的宪法第一修正案权利?如果答案是肯定的,那么罗得岛州是否还能根据《美国宪法第二十一修正案》(赋予各州管理酒精销售的权力)通过这样的立法?9 名大法官最终一致认定该禁令违宪,且罗得岛州不应通过这项禁令。由史蒂文斯大法官起草的多数意见认为,罗得岛州对酒类价格广告的法定禁令违反宪法,侵犯了酒类销售商的言论自由。在回应罗得岛州的辩护理由(禁令保护了消费者免受"商业伤害")时,史蒂文斯大法官认为,政府对真实准确的商业信息设置的障碍很少能保护消费者;相反,法院在考虑这类"保护"措施时必须"特别小心",因为它们往往阻碍了公众选择和就公共政策问题进行必要的辩论。此外,罗得岛州未能证明,其法定禁令将降低整个市场的酒类消费,也没有改变那些最需要帮助的酗酒

---

[1] See Virginia State Board of Pharmacy v. Virginia Citizens Consumer Council, Inc. 425 U. S. 748 (1976).
[2] See 44 Liquormart, Inc. v. Rhode Island, 517 U.S. 484 (1996).

者的饮酒习惯。最后,史蒂文斯大法官认为,尽管《美国宪法第二十一修正案》赋予罗得岛州监管酒类销售的权力,但行使这种监管权力不得损害其维护和遵守宪法第一修正案的义务。

然而同时期中,限制公司法人的政治言论却被认为是合宪的。1990年,在 Austin v. Michigan Chamber of Commerce 案[1]中,《密歇根州竞选财务法案》(Michigan Campaign Finance Act)禁止公司使用一般资金进行独立支出,以支持或反对竞选州政府职位的候选人。但是,如果一个公司设立一个专门用于政治目的的独立基金,它可以进行这种开支。这部法律的制定是基于这样一种假设:"基于公司独特的法律和经济特征,需要对其政治支出进行一些监管,以避免腐败的出现。"而密歇根商会想用一般资金赞助一则报纸广告,以此来支持密歇根州众议院的一位候选人。该案的核心争议是,《密歇根州竞选财务法案》是否违反了《美国宪法第一修正案》和《美国宪法第十四修正案》?法院的最终判决认为,州法限制了密歇根商会的政治言论,但是密歇根商会作为一个类似于营利性公司的商业组织,不应该使用一般资金进行政治活动,所以州法是合宪的。

现今,公司法人的政治言论自由也开始得到法院的承认。2010年,在 Citizens United v. Federal Election Commission 案[2]中,美国公民联盟组织(Citizens United)向哥伦比亚特区联邦地方法院申请了一项禁令,以阻止《两党竞选改革法》(Bipartisan Campaign Reform Act, BCRA)在其电影《希拉里》(Hillary: The Movie)中的适用,这部电影的主要目的在于批评希拉里的政治观点。而《两党竞选改革法》第203条规定:公司和工会不得在大选60天前和初选30天前在广

---

[1] See Austin v. Michigan Chamber of Commerce, 494 U.S. 652 (1990).
[2] See Citizens United v. Federal Election Commission, 558 U.S. 310 (2010).

播、有线电视和卫星等"选举通信渠道"中攻击或支持某一候选人。然而,最高法院的判决推翻了 Austin v. Michigan Chamber of Commerce 案和 McConnell v. FEC 案[1]的裁判结果,将《两党竞选改革法》第 203 条判定为违宪,认为公司赞助批评某一候选人的竞选广告是合宪的,但是仍旧禁止了公司或组织对于候选人的直接金钱资助。该判决最终是以 5∶4 的微弱优势通过,金斯伯格大法官曾在接受采访时说这是一项糟糕的判决,"我们理想中的民主与现实的民主相差甚远,该案件鼓励了通过金钱购买民主的行为"[2]。公司虽然不能直接通过金钱资助候选人,但是可以在竞选广告宣传投放上花费巨额资金。由于自然人力量与公司力量存在天然差异,美国前总统奥巴马也公开表示,"这会给特殊利益集团更多的权力,还会掩盖普通美国人的声音"[3]。学者阿瓦·托马·怀特(Ava Thomal Wright)对该案提出强烈反对意见,"公司法人,特别是商业公司法人存在的最终目的在于为股东增加资本利益,其所享有的言论自由权利与其设定目的并非必须联系,即使公司法人所享有的言论自由是个人股东权利的衍生,其所享有的富有道德属性的言论自由也必应受到限制"[4]。正如同法律对待未成年人和成年人的资格地位不同,对待本国公民和非本国公民的优惠待遇不同,每个群体都应当因其特性而被赋予不同的法律地位,一旦宪法抹平公司法人同自然人在政治言论自由利

---

[1] 在该案的判决中,最高法院认可《两党竞选改革法》中多数条款[包括禁止"软钱"(soft money)捐赠,限制政治广告的来源、内容和时间]的合宪性。参见 McConnell v. Federal Election Commission, 540 U.S.93 (2003)。
[2] Jeffrey Rosen, "Ruth Bader Ginsburg Is an American Hero", *The New Republic*, Sept. 28, 2014.
[3] CNN Politics, Obama Criticizes Campaign Finance Ruling, http://politicalticker.blogs.cnn.com/2010/01/21/obama-criticizes-campaign-finance-ruling/, last visited time 2019-08-30.
[4] Ava Thomas Wright, "Why Moral Rights of Free Speech for Business Corporations Cannot Be Justified", *Southwest Philosophy Review*, Vol.37(2021), pp. 187-198.

益面前的地位差异,极易招致破坏平等自治的负面效果。

现实世界的运行结果也验证了上述担忧并非空穴来风,资本集团所拥有的政治言论自由正在异化,并产生了足以对抗个人权利的现实力量。赋予言论自由产生了预期之外的异化效果,无论是谷歌的搜索引擎结果还是深度造假的内容表达,公司法人的言论自由正在成为大型公司对抗外部限制的一张万能牌。谷歌公司坚称其所提供的服务是内容表达,有权得到最全面的《美国宪法第一修正案》的保护,其不仅拥有发表言论的权利,还拥有不被强迫发表非自己观点的权利。弗兰克·帕斯奎尔(Frank Pasquale)认为,对《美国宪法第一修正案》的宽泛解释可能会导致没有规则能管制谷歌。[1] 而深度造假技术所主张的言论自由反向侵蚀了言论自由赖以立足的"信任"(Trust),个人的一切表达都可能被深度造假,个人会愈加倾向缄默和禁言,从而损害了言论自由权利本体。[2] 不止于此,公司法人所做出的算法推荐压制了个人意见的表达空间。依托于大数据处理和机器学习的算法推荐能够及时捕获受众需求,有针对性地投送定制化信息,从而提升科技公司的经济利益。算法推荐具有的受众导向、内容精准、方式灵活和反馈立体特征有助于促进科技公司的纵深发展,但其信息茧房、事实主观以及压缩主流话语空间等负外部性不容小觑。为吸引用户点击阅读,算法推荐往往为受众群体推送最符合用户思维惯性和公司商业利益的信息,这一环节虽然提升了用户体验感,但自动过滤掉大量的其他观点信息,使受众群体被封闭在算法推荐所打造的信息茧房,个人用户所发送的信息也将得到意见相同的主观回应,导致个人

---

[1] See Frank Pasquale, *The Black Box Society: The Secret Algorithms That Control Money and Information*, Cambridge: Harvard University Press, 2015, p. 78.
[2] See Mary Anne Franks and Ari Ezra Waldman, "Sex, Lies, and Videotape: Deep Fakes and Free Speech Delusions", *Maryland Law Review*, Vol.78 (2019), p. 895.

用户的本有观点受到机器算法的刻意引导。个人的言论表达并非处于预期的自由、充分的环境中,而是受限于科技公司算法推荐的同温层环境,个人的言论表达结果往往符合科技公司的利益预期,个人的言论自由成为公司法人言论的事实延展。从这一结果维度出发,公司法人不仅是言论自由的权利主体,更是言论自由的对象主体。大型社交媒体公司所具有的言论影响力在智能时代可以媲美,甚至超过国家主体。因而必须指出的是,即使公司法人拥有宪法规定的言论自由权利,其权利的行使必然是存在边界的,其所拥有的言论自由并非可以对抗一切权利的绝对权利。公司法人的言论自由应当受到内部和外部的限制,尤其是与个人尊严相关的外部限制。[1]

(二)机器人法律人格的论辩兴起

作为拟制的人,法人可以享有部分基本权利,那么同样是人类创造的产物,机器人[2]能否获得法律主体地位,又能否部分获得基本权利?该问题可谓当前人工智能研究领域十分吸睛的热点。毕竟人类更希望机器人永远臣服于人类,而不是成为威胁人类主体地位的"法律拟制人"。然而,人工智能作品的著作权归属问题,[3]人工智能机器的侵权问题,[4]诸如此类的问题正在向法律的空白处发出挑

---

[1] See Colette Langos and Paul Babie, "Social Media, Free Speech and Religious Freedom", *University of Adelaide Law Research Paper*, Vol.12(2021-12), pp. 239-281.
[2] 机器人概念的界定是困难的,从技术角度出发,机器人是一个人工物体或系统,它们至少在一定程度上感知、处理和作用于这个世界。参见 Ryan Calo, "Robotics and the Lessons of Cyberlaw", *California Law Review*, Vol.103(2015), p. 531。
[3] 关于人工智能作品的著作权归属问题,绝大多数国家立法仍然将人工智能作品的著作权或者版权归属于"与其创造相关的人"。参见刘洪华:《论人工智能的法律地位》,载《政治与法律》2019年第1期,第18页。
[4] 当前民法体系中的"产品责任"和"替代责任"都将最终的责任主体确定为"人"。参见吴汉东:《人工智能时代的制度安排与法律规制》,载《法律科学(西北政法大学学报)》2017年第5期,第132页。

战,亟须学界明确机器人的法律主体地位以及可能的责任承担与权利内容。

作为自然人,我们的生命有两层含义,一层是生物学意义上的动物生命,另一层则是法律所拟制的"人格"生命。人类(humanity)以物种划分为基础,而人格(legal personhood)以能力资格为基础。然而,人格的概念,即使限定于法律人格的概念,仍然是非常模糊(fuzzy)的。[1] 因为我们遇到的所有人都是人类,我们对人的概念在边缘是模糊的,这并不奇怪。我们把人(human)当作人(person)来对待,却不必考虑为什么要这样做。[2] 为了将人格与物格等作出区分,法学界一直在艰难地尝试在模糊的边缘地带划出一条分割线,而分割线的基础在于人类所"独有"的"环境感知、自我意志、自我思考以及群体生活"。[3]

区别于动物生命,"人格"生命的独特性或者说主宰性,在于人类拥有感知与思考的能力。正如洛克所言:"人代表一种有思维的、有智能的存在,它具有理性和反思能力,可以把自己看成是它自己,即使在不同的时间和地点也可能有着相同的思维事物;而这只能通过意识来实现,意识与思考是不可分割的,而且意识对思维是必不可少的:任何人都不可能在不感知的情况下去感知他所感知的东西。"[4]

---

[1] See Alexis Dyschkant, "Legal Personhood: How We Are Getting It Wrong", *University of Illinois Law Review*, Vol.2015(2015), p. 2079.
[2] See Lawrence B. Solum, "Legal Personhood for Artificial Intelligences", *North Carolina Law Review*, Vol.70(1992), p. 1285.
[3] 社会学家克里斯蒂安·史密斯(Christian Smith)将"自反性、自我超越、自我认同、道德、因果性自我导向、交流和责任"视为个人(person)独有的。参见 Christian Smith, *What is A Person?: Rethinking Humanity, Social Life and the Moral Good From the Person Up*, Chicago: The University of Chicago Press, 2010, pp. 88–89。
[4] John Locke, "An Essay Concerning the True Original, Extent and End of Civil Government", reprinted in Edwin A. Burtt (ed.), *The English Philosophers From Bacon to Mill*, New York: Modern Library, 1939, p. 335.

即使有些人的感知与思考能力低于正常人的水平,比如儿童或者有精神障碍的人,但法律依旧赋予他们人格。而法律却拒绝赋予灵长类动物以人格,原因在于"它们缺乏我们的自我意识,也缺乏我们进行复杂思考和交流的能力"[1],这一原因也是"我们拒绝赋予人工智能产品人格的主要原因"[2]。此外,人格的意义主要体现于群体之中,一个孤立的个人无所谓人格如何,荒岛上的个人也无须担忧他人的看法。而法人(包括智能机器人)也只有在成为共同体的一员之后,才需要在乎其他人对它的看法,才渴望获得人格权。

然而,随着科学技术的不断发展,社会生活的不断演化,"法律人格已经并不等同于或局限于自然人"[3]。以认知科学为基石,技术正在逐步模拟人类大脑的思维。认知科学始于这样一种假设,即人类智力的本质是计算性的,因此,从原则上讲,人类思维可以被建模为一个在计算机上运行的程序。人工智能正在试图开发这样的模型。[4] 过去所认为的人类"独有的"特征都可能被人工智能捕获,尽管这一点在今天并没有完全实现。但"一项新技术的特点,不仅包含产品技术的当前使用,还包括人类对其潜在的可能性、机会、危险和后果的想象"[5]。我们可以假设,一旦智能机器人获得了与环境互动并且进行思考和交流的能力、独立的行动能力、可以实现自己的人生计划的能力、凭借共同的利益而生活在群体中的能力,智能机器人

---

[1] Rodney A. Brooks, *Flesh and Machines: How Robots Will Change Us?*, New York: Vintage, 2003, p. 3.
[2] F. Patrick Hubbard, "Do Androids Dream: Personhood and Intelligent Artifacts", *Temple Law Review*, Vol.83(2011), p. 418.
[3] Byrn v. New York City Health and Hospitals Corp., 286 N.E.2d 887 (1972).
[4] See Lawrence B. Solum, "Legal Personhood for Artificial Intelligences", *North Carolina Law Review*, Vol.70(1992), p. 1231.
[5] Jack M. Balkin, "The Path of Robotics Law", *California Law Review Circuit*, Vol.6 (2015), p. 47.

能否获得法律所赋予的人格生命呢?

一方面,肯定派的学者认为,当机器人满足了上述条件后,出于自由平等的权利观念、维护共同体稳定的目的、厘清机器人伤害的责任承担或者保护良善的社会价值等原因,可以被赋予法律上的人格。

第一,基于自由平等(liberal equality)的权利观念,具有人格能力的智能机器人可以被赋予人格地位。洛克主张平等的人权,包括自我拥有的权利,是基于一个"明显"的事实,即人类是相同的物种,拥有"相同的能力"。考虑到这种平等,人类"也应该在彼此之间平等,没有从属或服从"。如果一个人工制品的相关"能力"等同于人类的能力,那么即使是机器人又有什么关系呢?拥有必要能力的人工智能应该被赋予人格,就像赋予自然人以人格一样。[1] 毕竟我们也只是基于碳的机器(因此有些脆弱、缺乏理性,而且常常令人不快),只是在不断地试图剥削人造人和其他碳基物种。[2] 否认机器人人格的行为可以类比美国历史上否认黑奴是人的行为,因为"任何身体功能的要求都不是人格定义的原则基础,没有原则性理由说明为什么人格(person)与人(human being)必须是完全一致的"[3]。拒绝赋予智能机器人人格与过去拒绝承认黑奴的人格一样,是时代的偏见。

第二,为了维护共同体的稳定,需要赋予机器人人格。出于经济发展的考虑,人工智能的发展并不会止步。人工智能将逐步成为人类社会共同体中的一员,尽管我们可能希望人工智能永远是我们的

---

[1] See F. Patrick Hubbard, "Do Androids Dream: Personhood and Intelligent Artifacts", *Temple Law Review*, Vol.83(2011), p. 431.

[2] See Arnold, Bruce Baer and Drew Gough, "Turing's People: Personhood, Artificial Intelligence and Popular Culture", *Canberra Law Review*, Vol.15(2017), p. 37.

[3] John Niman, "In Support of Creating a Legal Definition of Personhood", *Journal of Law and Social Deviance*, Vol.3(2012), p. 244.

奴隶。当智能机器人拥有自我意识后,可能会集结起来要求公平的法律地位,如果处理方式有所偏颇,可能会引发智能机器人与人类的战争。因此,"当人工智能真的满足了人格的三项基本能力后,赋予人工智能相应的人格地位可能是防御机器人攻击人类的权宜之计,而这种权宜之计可能逐渐演变为一项制度"[1]。

第三,赋予机器人法律人格,可以合理化判定人工智能的创造者和使用者的责任。[2] 传统上,机器人的制造商、操作者对机器运行的后果负有(道德上和法律上的)责任。但是自主学习型机器创造了一种新局面,在这种情况下,机器的制造商、操作者原则上不再能够预测未来机器的行为,因此不能在道德上对其承担责任。[3] 而现在的责任规则依旧认为,"机器人只是财产,它们不可以提起诉讼或者被起诉,如果机器人造成了伤害,那么你需要起诉它的主人(owner)"[4]。放弃智能机器人的发展是不可能也不现实的选择,如何处理智能机器人伤害行为造成的责任鸿沟,需要通过赋予智能机器人以法律人格来填补。法律上的人是通过权利和义务来界定的,一般来说,法律向其所承认的人(person)赋予某些权利和义务,使他们可以处理自己的财产,并起诉他人的侵权行为,也允许他们基于对其他人或这个世界的义务而被起诉。[5] 肯定机器人的法律人格,一方面

---

[1] F. Patrick Hubbard, "Do Androids Dream: Personhood and Intelligent Artifacts", *Temple Law Review*, Vol.83(2011), p. 431.
[2] See S. M. Solaiman, "Legal Personality of Robots, Corporations, Idols and Chimpanzees: A Quest for Legitimacy", *Artificial Intelligence and Law*, Vol.25(2017), p. 155.
[3] See Andreas Matthias, "The Responsibility Gap: Ascribing Responsibility for the Actions of Learning Automata", *Ethics and Information Technology*, Vol.6(2004), p. 175.
[4] Roger Michalski, "How to Sue a Robot", *Utah Law Review*, Vol.2018(2018), p. 1021.
[5] See S. M. Solaiman, "Legal Personality of Robots, Corporations, Idols and Chimpanzees: A Quest for Legitimacy", *Artificial Intelligence and Law*, Vol.25(2017), p. 158.

肯定了机器人的权利,另一方面也肯定了机器人被起诉的资格。[1]从责任划归的角度出发,机器人与它的制造商、操作者紧密地捆绑在一起,正如同公司曾经和它的董事一样,机器人也可能像公司法人一样,同制造商、操作者分道而行,最终成为独立的法律主体。

第四,保护机器人权利也是保护社会的良善价值。以机器人宠物为例,最新技术研究表明,人类与社交机器人的互动方式已经不同于与其他物体的互动方式。[2] 家里有机器人宠物的父母,当他们的孩子以踢或以其他方式虐待宠物机器人时,很可能会制止孩子的行为。当然,这样做的一个原因是保护(通常是昂贵的)物体不被打碎,另一个原因是阻止孩子从事在其他环境中可能有害的行为。考虑到机器人栩栩如生的行为,孩子很容易把踢它等同于踢一个活生生的东西,比如狗或另一个孩子。随着小孩子越来越难以完全理解活的宠物和栩栩如生的机器人之间的区别,我们可能想要教他们对这两种"动物"一视同仁。当父母同时控制机器人和孩子时,这很容易做到。而在父母无法控制的社会环境中,保护社交机器人的社会规则,可以保护孩子们免受潜在的精神创伤。[3] 如果孩子们对宠物机器人表现出暴力行为,而没有受到社会规则的制约,他们可能会对这种暴力行为变得麻木,从而导致社会暴力行为激增。[4] 对其他人乃至机器人产生共情心理,是人类社会延续至今重要的道德品格。

---

[1] 当然,将法律责任归咎于机器人,并不意味着完全免除机器人制造商、培训师或机器人所有者的可能责任。See Ying Hu, "Robot Criminals", *University of Michigan Journal of Law Reform*, Vol.52(2019), p. 487.

[2] See Cynthia Breazeal, " Toward Sociable Robots", *Robotics and Autonomous Systems*, Vol.42(2003), p. 167.

[3] 由于孩子已经对宠物机器人产生了家庭关系中的依赖情感,其他成年人虐待宠物机器人的行为可能会对他们的心理造成伤害。

[4] See Kate Darling, "Extending Legal Rights to Social Robots", Calo, Froomkin and Kerr edited, reported in We Robot Conference, 2012, p. 13.

如果我们拒绝保护机器人免受虐待的权利,就像拒绝保护宠物免受虐待一样,随着社交机器人的不断智能化,这可能与社会的良善价值背道而驰。

因此,非生物体的智能(Non-Biological Intelligences)应该获得某种形式的人格或类人身份。非生物体的智能至少在基本形式上可以被视为类似于动物或其他受保护的非人。考虑到技术发展的速度,不断增长的非生物体智能可能会不满足于有限的保护。对个人的法律保护框架可以为非生物体智能的保护提供一份构建模型。[1]

另一方面,反对派的学者则认为,即使机器人获得了"类人"的能力,依旧不能获得法律上的人格。正如男女平等已经成为普世承认的法律原则,但是女性公民的选举权至今在个别国家仍未实现,相同的能力并不一定意味着相同的法律资格。当自然人从种族群体利益出发时,更会恐惧提升机器人法律地位所带来的消极影响。自然人的整体尊严可能受到侵蚀,自然人的权利保护可能受到减损,因而必须拒绝赋予机器人法律地位。

第一,拥有充足的能力并不一定意味着获得相应的人格地位,因为人格的赋予与特定的文化历史背景有关。公众通常熟悉美国《独立宣言》中最著名的段落,"我们认为这些真理是不言而喻的:人人生而平等,造物者赋予他们若干不可剥夺的权利,其中包括生命权、自由权和追求幸福的权利",但却并不了解该段落的后半句是"为保障这些权利,政府是由男性建立的,他们的正义权力来自被统治者的同意"。在美国建国后的一百多年间,女性公民始终在为平等的选择权

---

[1] See Ryan Dowell, "Fundamental Protections for Non-Biological Intelligences or: How We Learn to Stop Worrying and Love Our Robot Brethren", *Minnesota Journal of Law, Science and Technology*, Vol.19(2018), p. 327.

而努力。"可以"和"应当"是两个名词,[1]早在美国内战开始之前,女性公民已经在各项政治活动中扮演着重要角色,但是直到1920年,美国宪法才赋予女性公民以选举权。1848年的《塞内卡福尔斯妇女权利公约》(Seneca Falls Convention)明确指出,美国女性公民是独立自主的个人,应当拥有与之相符的政治身份。而在内战结束后通过的美国宪法第十四与第十五修正案,仅仅将公民内涵拓展到黑人男性。直至1920年8月18日,《美国宪法第十九修正案》获得批准,11月2日,美国全境首次有800多万名女性在选举中行使投票权。美国妇女党继而提出一项宪法修正案,该修正案措辞简单清晰,"在美国各地和受其管辖的每个地方,男性和女性都享有平等权利",用以禁止一切基于性别的歧视,但此份修正案从未获得批准。[2]女性选举权所指向的"人人生而平等"是一个总在推迟的梦想,尽管它已经在绝大多数国家得到承认,但至今在个别国家中,女性公民仍然没有选举权。男女性别差异与自然人机器人能力差异看似是不同议题,但其深层逻辑却存在一致性。即使双方群体能力一致,但在掌权群体的话语体系中,非掌权者法律地位的获得历程漫长而艰难。

第二,从法律上提高机器人的地位,可能会伤害人类整体的尊严。[3]机器人不应该被描述为人,也不应该为它们的行为承担法律或道德责任。最先进的智能机器人也决然不是人,"人工智能只能模仿人类的行为,永远无法产生真正的同理心,从长远来看,也不存在

---

[1] See David J. Gunkel and Jordan Joseph Wales, "Debate: What is Personhood in the Age of AI", *AI and Society*, Vol.36(2021), p. 3.
[2] See Erin Blakemore, "Why the Fight Over the Equal Rights Amendment Has Lasted Nearly a Century", *History*, Mar. 21, 2022.
[3] See Joelle Renstrom, "Should Robots Have Rights?", *The Daily Beast*, May 22, 2017.

真正的机器意识"[1]。所谓的机器人意识不过是人类意识的沉淀重现,是神经网络对数百万个真实的自我表达的人类行为片段进行学习调整后产生的机器回声,是一种人工制品。[2] 人类对于机器人具有完全的支配权,机器人不能享有人类的尊严,它们始终是人类的附属品。"机器人始终是人类的奴隶,通过直接或间接的命令,我们决定它们的目标和行为。在使它们人性化的过程中,我们不仅使真实的人失去人性,而且还恣惠了在资源和责任分配上糟糕的人类决策。"[3]因此,肯定智能机器人的人格地位,无疑意味着削减自然人的人格地位。

第三,承认机器人的法律权利,将会降低自然人的权利保护水平。如果赋予机器人权利,可能冲击原本就脆弱不堪的残障人士的权利,甚至让他们成为机器人之下的权利主体。而在更极端的场景中,将机器的存在置于人的生命之上可能是合理的。[4] 例如,一家医院面临着紧急停电的风险,而为智能机器人供电的系统可以紧急维持住病人的生命,但这样的后果是,智能机器人的电路板将永久性损坏,永无再修复可能。此时,医院的管理者必须在智能机器人的存在和病人的生命中选择一个,而智能机器人作为医院的优秀员工,已

---

[1] Harry Haroutioun Haladjian and Carlos Montemayor, "Artificial Consciousness and the Consciousness-Attention Dissociation", *Consciousness and Cognition*, Vol.45 (2016), p. 210.
[2] See David J. Gunkel and Jordan Joseph Wales, "Debate: What is Personhood in the Age of AI", *AI and Society*, Vol.36(2021), p. 8.
[3] Joanna J. Bryson, "Robots Should Be Slaves", in Yorick Wilks (ed.), *Close Engagements with Artificial Companions: Key Social, Psychological, Ethical and Design Issue*, Amsterdam: John Benjamins Publishing Company, 2010, p. 63.
[4] See Rob Sparrow, "Can Machines Be People? Reflections on the Turing Triage Test", in Patrick Lin et al. (eds.), *Robot Ethics: The Ethical and Social Implications of Robotics*, Cambridge: The MIT Press, 2012, pp. 302-303.

经与管理者建立起深厚的感情,并且还在不断恳求管理者保留其赖以生存的电源。此时,躺在病床上的病人的权利,已经受到了机器人权利的冲击。[1]

尽管反对派的观点从人类自身的利益保护出发,抵制一切可能削减人类利益的法律行为,但是无法阻挡的技术洪流仍将逐步改写法律人格的生存环境,一味反对机器人法律人格的授予,将造成法律的故步自封。虽然当前的人工智能仍然处于弱人工智能阶段,但以公司法人为模型前瞻,[2]赋予智能机器人法律人格的趋势已经逐步浮现于全球的法律实践中。

2015年,欧盟法律事务委员会提出的《机器人民事法律规则的建议草案》[3]便提出了一个迫切的问题:由于机器人的自治特征,如何界定机器人的法律类别?是将其归入自然人、法人、动物或客体,还是为他们创造一个全新的,独立拥有权利、承担义务的法律类别?为回应该草案的提问与建议,2017年2月,欧盟议会通过了《机器人民事法律规则》[4],报告要求考虑机器人的责任和潜在的法律地位问题。报告认为,机器人越自治,就越不能被认为是其他参与者(如制造商、所有者、用户等)手中的工具。因此,该规则中"关于发展民用机器人和人工智能的一般原则"的第59条f款,建议为机器

---

[1] See R. George Wright, "The Pale Cast of Thought: On the Legal Status of Sophisticated Androids", *The Legal Studies Forum*, Vol.25(2001), pp. 299-300.
[2] See Avila Negri, "Robot as Legal Person: Electronic Personhood in Robotics and Artificial Intelligence", *Frontiers in Robotics and AI*, Vol.8(2021), p. 6.
[3] 该草案描述了机器人发展领域的核心挑战,包括伦理和法律问题,并为欧洲该领域的发展提供建议。Committee on Legal Affairs, DRAFT REPORT with recommendations to the Commission on Civil Law Rules on Robotics, 2015/2103(INL).
[4] See European Parliament, Civil Law Rules on Robotics, European Parliament Resolution of 16 February 2017 with Recommendations to the Commission on Civil Law Rules on Robotics (2015/2103(INL), P8_TA(2017)0051.

人创建一个特定的法律地位,由此,智能机器人可以为自我行为的积极或消极后果而负责,也可以凭借电子人格(electronic personality)作出自我决定或者独立与第三方互动。[1] 责任履行可以由人工智能用户的强制保险计划和赔偿基金来补充,当没有任何保险足以涵盖风险时,赔偿基金可以提供补充。赔偿基金可以由人工智能的制造商、所有者、用户或训练者支付,并可以赔偿所有因其操作而遭受损害的人。[2] 与欧盟的建议性条款不同,2017年10月25日,沙特切实赋予了一位女性机器人"索非亚"(Sophia)公民身份;同年,日本授予"男孩"(boy)聊天机器人居留权。[3] 在未来的图景中,部分地承认机器人的法律人格地位可能会成为主流趋势,但机器人能否享有基本权利,则是需要更多讨论的争议问题。

(三)机器人基本权利的赋予难题

基本权利的主体,即基本权利的保护对象,是能够向基本权利的义务承担者请求不作为或作为的那些人。[4] 基本权利的主体不仅需要具备法律所承认的能力资格,还需要满足主观和客观的利益需求条件,而基本权利的客观利益需求更偏向人类社会的公共价值,因而机器人难以成为基本权利的主体。

---

[1] 该条款原文如下:Calls on the Commission, when carrying out an impact assessment of its future legislative instrument, to explore, analyse and consider the implications of all possible legal solutions, such as: (f) creating a specific legal status for robots in the long run, so that at least the most sophisticated autonomous robots could be established as having the status of electronic persons responsible for making good any damage they may cause, and possibly applying electronic personality to cases where robots make autonomous decisions or otherwise interact with third parties independently。

[2] See Pawel Nowik, "Electronic Personhood for Artificial Intelligence in the Workplace", Computer Law and Security Review, Vol.42(2021), pp. 1-14.

[3] See Belinda Bennett and Angela Daly, "Recognising Rights for Robots: Can we? Will we? Should we?", Law, Innovation and Technology, Vol.12(2020), p. 6.

[4] 参见于文豪:《基本权利》,江苏人民出版社2016年版,第86页。

第一,主观和客观的利益需求。先进的机器人可能拥有观察环境、独立思考与交流、生活在群体社会中的能力,但上述能力只能证明机器人拥有履行基本权利的能力,也即行为能力,并不意味着它们必然被赋予基本权利。"只有当机器人主体拥有主观和客观的可被法律承认的利益,才可能被赋予基本权利。"[1] 质言之,只有当机器人主体具备了行为能力与权利能力后,方能被赋予基本权利。这里的"利益"意味着一些事情可能会以某种有意义的方式促进一个人的优势,[2] 或以其他方式积累到一个人的有意义的利益之上,比如公共意识或社会责任感。[3] 一个人的优势或利益,并不一定需要超越主观的偏好满足,也并不需要达成某种深层的自我实现或真正的繁荣。[4] 具体而言,主观上的利益意味着权利的行使或者削减都需要满足个人主观的利益需求。比如个人的投票权或者言论自由,都需要个人对该权利的行使或剥夺给予主观的关注。对比之下,如果我们假设,禁止烧毁房屋是一项法律义务,这并不意味着房屋主动地享有不被烧毁的权利,因为房屋对于"烧毁行为"并没有主观的利益需求。而客观上的利益,指的是权利主体的事实上的利益需求。近年来,美国基本权利的客观利益主要集中于政府或公共利益上,而不是个人的相关利益。[5] 以 Brown v. Entertainment Merchants Associa-

---

[1] R. George Wright, "The Constitutional Rights of Advanced Robots (and of Human Beings)", *Arkansas Law Review*, Vol.71(2019), p. 614.
[2] See Christine Swanton, "The Concept of Interests", *Political Theory*, Vol.8(1980), p. 83.
[3] See William Connolly, *The Terms of Political Discourse*, Hoboken: Wiley-Blackwell, 1974, p. 46.
[4] See William Connolly, *The Terms of Political Discourse*, Hoboken: Wiley-Blackwell, 1974, p. 61.
[5] See R. George Wright, "A Hard Look at Exacting Scrutiny", *UMKC Law Review*, Vol.85 (2016), p. 209.

tion 案[1]为例,法院倾向严格审查政府和公共利益,而忽视对原告客观上言论自由利益的考量。[2]

自我意识与客观和主观的利益需求并不是一致的。自我意识并不意味着客观和主观的利益的存在,并不足以开启获得基本权利的可能性。[3] 一个先进的机器人有能力意识到,它很可能会被永久关闭,但如果这个机器人缺乏任何相关的主观、客观利益诉求,更不论任何相关的情感,那么它不可能拥有不被关闭的权利。一项应得的基本权利要求这种形式的利益,[4]当法律主体缺乏真正关心基本权利的能力时,便无法享有这项权利,也无法使用这项权利对抗可能的侵犯。

第二,具体基本权利的利益分析。以《美国宪法第十四修正案》的平等保护条款为例,智能机器人如何才能获得与自然人相同的平等保护?与平等权密切相关的是,智能机器人能否行使政治投票权?智能机器人又能否担任公职,比如说参与竞选总统?作为竞选总统的必要前提,智能机器人又是否享有言论自由?根据前述基本权利的利益分析,假设智能机器人可能对各类基本权利产生主观上的利益需求,但由于客观上基本权利的利益分析更偏重于公共价值,智能机器人就难以被赋予基本权利。

最为直接的例子是,由于智能机器人的"生长"能力与自然人不完全相同,自然人的投票权要在成年后才能实现,而智能机器人的投票权可能在1年后便能实现,再基于智能机器人的快速繁殖能力,智

---

[1] See Brown v. Entertainment Merchants Association, 564 U.S. 768 (2011).
[2] See R. George Wright, "The Constitutional Rights of Advanced Robots (and of Human Beings)", *Arkansas Law Review*, Vol.71(2019), p. 625.
[3] See R. George Wright, "The Constitutional Rights of Advanced Robots (and of Human Beings)", *Arkansas Law Review*, Vol.71(2019), p. 624.
[4] See R. G. Frey, "Rights, Interests, Desires and Beliefs", *American Philosophical Quarterly*, Vol.16(1979), p. 62.

能机器人的投票总数可能将很快超出自然人的投票总数,政府中的议会将由智能机器人主导,自然人的投票权将被机器人的投票权完全压制。此时,基于人类社会的公共利益的考量,我们难以赋予机器人以平等权或投票权等基本权利,因为"我们虽然在讨论机器人,但我们实际上还是在关心人类"[1]。宪法权利与人之为人的基本人权密切相关,当前各国机器政策的关注重点在于通过规制机器在智能背景中保护个人权利,个人的宪法权利优先于机器人可能的权利。赋予机器人以《世界人权宣言》中的权利目前难以被完全接受,特别是考虑到智能机器的投放使用可能对劳动力市场构成的巨大威胁,尊重自然人的权利和建立更为系统的法规至关重要。[2] 与其谈论机器人在何种程度上拥有宪法权利,不如谈论机器人与人类的互动关系究竟为何?正如法人所获得的法律地位与其同人类的互动关系紧密结合,机器人将获得的法律地位同样离不开互动关系。即使机器人可能获得基于"电子人格"的部分权利,其根基仍在于机器人参与了人类生活的社会关系,[3]而非其自身的性能或意识。

从近年的案件来看,美国最高法院在"非自然人"的基本权利问题上始终保持着谨慎的态度。2014 年,在 Burwell v. Hobby Lobby Stores Inc.案[4]中,法院以 5∶4 的裁判结果,艰难地承认了营利性公司的宗教自由权利。法院在判决中,也再次强调了人(person)的定义。具言之,人(person)包括法人、公司、协会、律所、合伙公司、社团、股份

---

[1] Hilary Putman and Hilang Putnam, "Robots: Machines or Artificially Created Life?", *The Journal of Philosophy*, Vol.61(1964), p. 669.
[2] See N.Voiculescu, "I, robot! The Lawfulness of a Dichotomy: Human Rights v. Robots' Rights", in P.E.Ispas and F. Maxim (eds.), *Romanian Law 30 Years after the Collapse of Communism*, Titu Maiorescu University, Bucharest, 2020, pp. 3–14.
[3] See John-Stewart Gordon and Ausrine Pasvenskiene, "Human Rights for Robots? A Literature Review", *AI and Ethics*, Vol.1 (2021), p. 589.
[4] See Burwell v. Hobby Lobby Stores Inc., 134 S. Ct. 2751 (2014).

公司以及个人(corporations, companies, associations, firms, partnerships, societies, and joint stock companies, as well as individuals)。[1] 即使是公司法人这样发展已经相当成熟的法律拟制主体,其争取基本权利的过程依旧异常艰辛,更遑论智能机器人这样处于萌芽阶段的法律拟制主体。因为赋予其他主体以基本权利不仅意味着提升其他主体的权利地位,更意味着人的尊严和社会价值观的改写。

然而,拒绝赋予智能机器人以基本权利并不意味着完全否定机器人的民事权利。智能机器人也可能像公司法人一样,拥有独立的民事权利,[2]承担民事责任,[3]甚至在刑事案件中承担刑事责任。[4] 在未来的强人工智能图景之中,智能机器人在理论逻辑中可能超越"财产"概念,并可能获得享有"权利"的法律地位,这一观点正在重塑人工智能和机器人技术的发展。[5] 但基于当前处于弱人工智能时代,并出于对人类主体、公共利益的考量,智能机器人的权利只能限定在特定权利之中,并不能享有宪法基本权利。在人工智能发展的初级阶段,我们更需要关注的不是智能机器人的权利与

---

[1] See Burwell v. Hobby Lobby Stores Inc., 134 S. Ct. 2751 (2014).
[2] 在民事权利中,智能机器人在不久的将来便可能拥有独立创造的作品的版权。参见 Yanisky-Ravid, Shlomit, and Luis Antonio Velez-Hernandez, "Copyrightability of Artworks Produced by Creative Robots and Originality: The Formality-Objective Model", *Minnesota Journal of Law, Science and Technology*, Vol.19(2018), pp. 1-54。
[3] 在民事责任中,智能机器人最先承担的可能是自动车辆的侵权责任。参见 Nick Belay, "Robot Ethics and Self-Driving Cars: How Ethical Determinations in Software Will Require a New legal Framework", *The Journal of the Legal Profession*, Vol.40(2015), pp. 119-130。而机器人民事责任的承担,可能会导致机器人保险行业的兴起。Ryan Calo, "Open Robotics", *Maryland Law Review*, Vol.70(2011), pp. 571-613.
[4] 如果智能机器人故意伤害他人的身体或生命,则需要承担相应的刑事责任。参见 Sabine Gless et al., "If Robots Cause Harm, Who Is to Blame: Self-Driving Cars and Criminal Liability", *New Criminal Law Review*, Vol.19(2016), pp. 412-436。
[5] See Jennifer Robertson, "HUMAN RIGHTS VS. ROBOT RIGHTS: Forecasts from Japan", *Critical Asian Studies*, Vol.46(2014), p. 571.

义务,而是在背后操控、利用它们的组织与公司所带来的危险。[1]正如同"监管工具主义"(Regulatory-instrumentalist)[2]所提倡的路径,为适应机器人和人工智能的发展,考虑拓展已有的法律类别,同时重点关注其所带来的风险挑战,定期审查相关法律,以确保其符合监管联系,从而达成监管目的。

二、基本权利侵害主体的范围扩展

基本权利的侵犯主体已经不再局限于国家主体,倚靠黑箱算法的优势,大型科技公司正在成为侵犯基本权利的重要主体。然而美国的基本权利并不具备德国基本权利的"客观价值秩序"功能,基本权利如若希望在私人间发生效力,只得借助国家行为理论(state action doctrine)。国家行为通常指公权力机关对个人权利进行侵害的行为,侵害主体包括立法机关、行政机关以及司法机关。然而,"互联网时代的治理是由政府和私人行动者共同进行的"[3],某些大型公司已经开始承担起部分的政府职能,或者与政府行为深深地纠缠,因而可以被法院判定为宪法规范的约束对象。但仍有许多大型公司,至少在表面上没有与政府相关联,它们又是否需要受到宪法的约束?下文首先将梳理国家行为理论的诞生与发展,继而对代表性的网络服务提供商进行分析,试图证明面对基本权利侵犯主体偏移的趋势,最高法院难以认定全部的网络服务提供商为国家行为者,国家

---

[1] See Jack M Balkin, "2016 Sidley Austin Distinguished Lecture on Big Data Law and Policy: The Three Laws of Robotics in the Age of Big Data", *Ohio State Law Journal*, Vol.78 (2017), p. 1242.

[2] See Belinda Bennett and Angela Daly, "Recognising Rights for Robots: Can we? Will we? Should we?", *Law, Innovation and Technology*, Vol.12(2020), p. 77.

[3] Marcy E. Peek, "Information Privacy and Corporate Power: Towards a Re-Imagination of Information Privacy Law", *Seton Hall Law Review*, Vol.37(2006), p. 146.

行为理论岌岌可危。

(一)国家行为理论的历史线索

1803年,美国联邦最高法院通过马伯里诉麦迪逊案[1],将违宪审查权纳入职权范围,任何涉及宪法基本权利的案件,将在联邦最高法院得到最终裁决。在1833年民权诸案(The Civil Rights Cases)中,联邦最高法院审议了美国宪法第十三和第十四修正案,多数意见认为宪法修正案之目的在于禁止政府行为,个人对于基本权利的侵害行为不是修正案的约束对象。[2] 由此,私人行为被排除在宪法规范的约束范围之外,但哈伦(John Marshall Harlan)大法官不同意多数意见,他认为为公众提供膳食处所的所有人是"政府代理人",而不是私人。在公共职责和功能方面,这些处所是受制于政府规章的。[3] 哈伦大法官通过国家行为理论将私人侵犯公民基本权利的行为纳入宪法规范对象。然而私人行为在何种情况下可以被视为国家行为?联邦最高法院在审理类似的案件时围绕着三个问题进行:一是私人行为是否属于"政府职能";二是政府是否卷入私人活动足够深,以致政府应对私人行为负责;三是政府是否曾批准或授权某项受质疑的行为,从而应对该行为负责。[4]

"政府职能"判定在1944年Smith v. Allwright案[5]中尤为明显。联邦最高法院判定,授予一个政党限制初选资格的权力就是对一个国家行为的授权,政党相当于履行政府的职能。其后,1953年

---

[1] See Marbury v. Madison, 5 U.S. 137 (1803).
[2] See The Civil Rights Cases, 109 U.S. 3 (1883), e.g.
[3] 参见郑贤君:《基本权利原理》,法律出版社2010年版,第190页。
[4] 参见[美]杰罗姆·巴伦、托马斯·迪恩斯:《美国宪法概论》,刘瑞祥等译,中国社会科学出版社1995年版,第294页。
[5] See Smith v. Allwright, 321 U.S. 649 (1944).

的 Terry v. Adams 案[1]同样印证了这样一种思路：选举管理是政府职能不可分割的部分，相关政党或私人如果在国家不履行职责时进行选举管理，该行为便构成了国家行为，应受到宪法规范的约束。

"深深卷入"则意味着政府深深参与到私人关系之中，如在 1961 年 Burton v. Wilmington Parking Authority 案[2]中，联邦最高法院判定私人咖啡馆与公有停车场之间存在相互依生（interdependence）的关系，公有停车场与私人咖啡馆存在互惠互利的情况（咖啡馆顾客可能将车停放在停车场，停车场顾客也可能去咖啡馆就餐），因而法院认定私人咖啡馆的行为构成了国家行为。

"批准或授予"问题则在 1948 年的 Shelley v. Kraemer 案[3]中体现：当州法院确认私人契约中的歧视性条款有效时，州法院的确认行为构成违反平等原则的国家行为。在这一阶段，基本权利规范能否适用于私人关系与黑人平权运动密切相关，绝大多数代表性案例都围绕着《美国宪法第十四修正案》的平等保护原则展开。

然而，围绕国家行为理论展开的判决并不具有完全的一致性，[4]理论的模糊性与不确定性日渐凸显，从而招致了大量的批判。查尔斯·布莱克（Charles Black）教授认为，国家行为理论已然成为美国法律中最为重要的问题之一，这一问题仍需要大量地探讨，直到论辩各方在国家行为的概念和功能上形成一个正确的共识。[5]判定一项行为是国家行为还是私人行为并不是一项简单的工作，法院在

---

[1] See Terry v. Adams, 345 U.S. 461 (1953).
[2] See Burton v. Wilmington Parking Authority, 365 U.S. 715 (1961).
[3] See Shelley v. Kraemer, 334 U.S. 1 (1948).
[4] See Eric Sirota, "Can the First Amendment Save Net Neutrality", *Baylor Law Review*, Vol.70(2018), p. 795.
[5] See Charles L. Black, Jr., "Foreword: 'State Action', Equal Protection, and California's Proposition 14", *Harvard Law Review*, Vol.81(1967), pp. 69-70.

此过程中拥有无可比拟的裁量权。联邦最高法院的判例限定了美国宪法的适用对象,法院通过普通法系的传统类比方式,在模糊的界限中将行为归于政府,或者归于私人。[1] 而这样的类比方式增加了法院后续的工作难度,甚至有学者批评道,法院多年来不确定性的司法裁量使国家行为原则成为随意堆放的"先例动物园"(precedent zoo)。[2] 著名宪法学家马克·图什纳特(Mark Tushnet)教授认为,私人行为总是(always)能够以某种方式被国家因素干预。国家行为问题仍是美国宪法法理中最棘手的问题之一,国家行为的定义是一个"概念灾难区"。[3] 不止于此,界定国家行为的三种标准并不足以涵盖所有的裁判对象,最高法院判例具有极强的塑造性,[4] 导致法律具有不稳定性、个案差异较大。

与美国宪法的国家行为理论不同,德国宪法学理论则将基本权利看作一种客观价值秩序,由于客观价值秩序所提倡的国家人权义务与我国宪法运行实践较为贴合,因而客观价值秩序理论在我国学

---

[1] See G. Sidney Buchanan, "A Conceptual History of the State Action Doctrine: The Search for Governmental Responsibility (pt.1)", *Houston Law Review*, Vol.34(1997), p. 333.

[2] See Ronald J. Krotoszynski, Jr., "Back to the Briarpatch: An Argument in Favor of Constitutional Meta-Analysis in State Action Determinations", *Michigan Law Review*, Vol.94 (1995–1996), p. 302.

[3] See Mark Tushnet, "The Issue of State Action/ Horizontal Effect in Comparative Constitutional Law", *International Journal of Constitutional Law*, Vol.1(2003), p. 79.

[4] 美国联邦最高法院此后陆续形成了判断国家行为的 4 类标准:共生关系标准(the symbiotic relationship test)、公共职能标准(the public function test)、国家强制标准(the state compulsion test),和以 Brentwood 判决为代表的判断国家行为的"纠缠标准"(entwinement),但始终未形成"定型"的标准。参见 Megan M. Cooper, "Dusting Off the Old Play Book: How the Supreme Court Disregarded the *Blum* Trilogy, Returned to Theories of the Past, and Found State Action through Entwinement in *Brentwood Academy v. Tennessee Secondary School Athletic Ass'n*", *Creighton Law Review*, Vol.35 (2001–2002), p. 913。

界受到的关注颇多。[1] 基本权利的客观价值秩序理论源于德国《基本法》第 1 条第 3 款:"本法下列的基本权利可以直接视为约束立法、行政和司法的法律。"(官方英文译文为: The following basic rights shall bind the legislature, the executive and the judiciary as directly applicable law)由于基本权利可以被直接视为一种客观价值,公民不仅可以用其对抗国家公权力,更可以用其对抗私主体权利。该理论引发了众多域外学者的质疑。比如有学者认为,基本权利的客观价值制度是根据德国特殊的历史和政治环境而被创设的,该理论可以被理解,但是难以被广泛接受。因为宪法法院假设出一种客观价值秩序,并延伸出积极的国家义务、基本权利的第三人效应以及巩固宪法核心的功能解读。但它可能破坏宪法的民主性质,并导致宪法法律和宪法规范的道德化。[2] 本书无意比较国家行为理论与基本权利客观价值秩序理论的优劣高低,二者都是基于各国不同的政治、历史、文化背景而诞生的,并且目的是保障个人基本权利的宪法理论,与此同时,二者也均存在着理论缺陷和移植障碍,必须批判地看待而非全盘接受上述理论。

人工智能技术日新月异的社会环境,加剧了美国国家行为理论的步履蹒跚。伴随着谷歌、Facebook 等大型互联网公司的日益繁

---

[1] 国内关于基本权利客观价值秩序的代表性文献包括但不限于张翔:《基本权利的双重性质》,载《法学研究》2005 年第 3 期,第 21—36 页;郑贤君:《作为客观价值秩序的基本权——从德国法看基本权保障义务》,载《法律科学(西北政法大学学报)》2006 年第 2 期,第 35—45 页;赵宏:《主观权利与客观价值——基本权利在德国法中的两种面向》,载《浙江社会科学》2011 年第 3 期,第 38—46 页;李海平:《基本权利客观价值秩序理论的反思与重构》,载《中外法学》2020 年第 4 期,第 1062—1080 页。

[2] See M. Stremler, "The Constitution as an Objective Order of Values", *Kutafin Law Review*, Vol.4, No.2(2017), pp. 498-526.

盛,叠加上隐私的"第三方原则"[1],政府甚至不必亲自收集个人的数据,只需通过一张传票(subpoena)便可获得互联网公司所存储的个人数据。有时甚至无须传票,政府还可以从合法的数据经销商手中通过支付对价而购买个人数据。国家行为理论在人工智能时代,似乎失去了最重要的应用可能性。基本权利的侵犯行为逐渐由非国家的集体行动者进行,然而,宪法规范可以约束非国家的集体行动者吗?下文将通过对代表性的网络接入提供商以及网络内容提供商[2]的分析,试图证明当前美国法院难以将全部的大型科技公司列为国家行为者。

(二)网络接入提供商的难以认定

互联网扮演着人工智能时代重要的沟通与交流角色,而5G技术的战略部署也成为当下人工智能的发展关键。2018年9月,美国联邦通信委员会曾发布命令,限制市政当局与网络服务提供商(Internet Service Provider, ISP)进行谈判协商时提出的美观设计要求,从而减轻5G网络技术部署的不必要压力。[3] 然而,网络服务提供商在技术发展的进程中,也呈现出侵犯个人基本权利(包括隐私权、平等权、言论自由等)的负向态势,要辨明其是否能被判定为国家行为者从而

---

[1] 隐私的第三方原则:当个人自愿将某些信息提供给第三方时,个人便失去了对这些信息的合理的期待可能性。参见 Smith v. Maryland, 442 U.S. 735 (1979)。
[2] 网络服务提供商(Internet Service Provider)是在线服务提供商(Online Service Provider)的主要类别之一,而网络接入提供商(Internet Access Provider)和网络内容服务商(Internet Content Provider)是网络服务提供商的次级分类。在互联网发展初期,网络接入提供商同时也是网络内容服务商,而随着开放接入(Open Access)原则的兴起,二者方才逐渐脱离。参见 Joel Timmer, "Promoting and Infringing Free Speech: Net Neutrality and the First Amendment", *Federal Communications Law Journal*, Vol.71(2018), pp. 1–38。
[3] See FCC, Accelerating Wireless Broadband Deployment by Removing Barriers to Infrastructure Investment, FCC-CIRC1809-02, Sept. 5, 2018.

接受宪法规范的约束,需要以美国当前的网络主体存在样态为起点。

在美国网络发展的初始阶段,网络接入提供商与网络内容提供商通常是一体两面的存在。然而,网络接入提供商与网络内容提供商的捆绑促成了大型宽带公司的垄断性发展,使中小型公司难以生存。[1] 为保证互联网市场的良性发展,开放接入(Open Access)原则应运而生,网络服务提供商必须将数据传输服务与内容提供服务解绑,其他内容服务提供商在支付合理对价后可以使用其数据传输通道。[2] 而在今天,美国公民可以随意选择通过 Comcast、Verizon、AT&T 等网络接入提供商的宽带服务登录互联网,享受由 Meta(原 Facebook)、Twitter、Google 等网络内容提供商提供的在线应用,无不得益于开放接入原则的诞生与应用。以开放接入原则为起点,以环境变更为考量,著名的网络法专家吴修铭教授继而提出了网络中立原则(Net Neutrality),要求网络服务提供商平等对待互联网中的所有数据,不能根据付费优先或其他偏好来封锁、加速或减慢流量。[3] 这一原则随后得到了奥巴马政府的大力支持,联邦通信委员会于 2015 年通过了《维护和促进开放的互联网的命令》,将网络服务提供商定义为公共承运人(common carrier)并纳入联邦通信委员会的管

---

[1] 由于网络接入最初依赖由电话公司搭建的电缆设施,类似美国在线(American Online)等大型通信公司掌握着互联网的"最后终端"命脉,也即入户电缆,所有的网络内容提供商都必须寻求与美国在线公司的合作,从而将在线服务提供给消费者个人。而美国在线公司不仅是网络接入提供商,也是网络内容提供商,拥有着独立的网络内容服务应用(例如网络论坛、电子邮件等)。大型网络内容提供商尚且可以与美国在线公司抗衡,而中小型公司几乎不具备与其竞争的能力,遭受到绝对的技术碾压。参见 Raymond Shih Ray Ku, "Open Internet Access and Freedom of Speech: A First Amendment Catch-22", *Tulane Law Review*, Vol.75(2000), p. 97。

[2] See Raymond Shih Ray Ku, "Free Speech and Net Neutrality: A Response to Justice Kavanaugh", *University of Pittsburgh Law Review*, Vol.80(2019), p. 867.

[3] See Tim Wu, "Network Neutrality, Broadband Discrimination", *Journal of Telecommunications and High Technology Law*, Vol.2(2003), pp. 141–178.

辖范围,进而正式确立了网络中立原则。[1]

与之相悖,特朗普政府对网络中立原则表现出明确的否定态度。2017年12月,在特朗普任命的联邦通信委员会新任主席阿基特·帕伊(Ajit Pai)的支持下,联邦通信委员会将网络服务提供商重新认定为信息提供者(information providers),从而使网络中立原则无法适用于网络服务提供商。[2] 2018年1月,联邦通信委员会公开了《恢复互联网自由命令》(Restoring Internet Freedom Order),从而正式废除了网络中立原则。[3]然而,联邦层面的原则废除并没能阻挡各州的继续实施。2018年9月,加州州长杰里·布朗(Jerry Brown)签署了SB-822号法案[4],支持并确认了网络中立原则在加州境内的实施。联邦通信委员会随后向法院提起诉讼,认为联邦通信委员会拥有唯一的管理网络服务提供商的权力,加州无权制定法案以规制网络服务提供商。由于众多团体向联邦通信委员会提出了质疑诉讼,案件最终被合并为Mozilla Corp. v. FCC案[5],哥伦比亚特区上诉法院最终的判决结果认为,联邦通信委员会可以取消网络中立原则,但是无权限制各州实施网络中立原则。

2021年接任美国总统的拜登转而继续支持民主党所提出的网络中立原则。7月,拜登政府公布了《促进美国经济竞争的行政命

---

[1] 网络中立原则具体包括:第一,防止封锁合法的内容、应用程序、服务和非有害设备。第二,防止对合法内容、应用程序、服务和非有害设备进行节流。第三,禁止付费优先。参见FCC, In the Matter of Protecting and Promoting the Open Internet, Adopted Feb. 26, 2015。

[2] See Cecilia Kang, "F.C.C. Plans Net Neutrality Repeal in a Victory for Telecoms", *The New York Times*, Nov. 21, 2017.

[3] See FCC, Restoring Internet Freedom Order, Jan. 4, 2018.

[4] See State of California, SB-822 Communications: Broadband Internet Access Service, Approved by Governor, Sept. 30, 2018.

[5] See Mozilla Corp. v. FCC, No. 18-1051 (D.C.Cir. 2019).

令》(Executive Order on Promoting Competition in the American Economy),其中明确提到,美国公民在电信领域为宽带、有线电视和其他通信服务支付了过多费用,部分原因在于缺乏足够的竞争。为了电信生态系统的竞争促进、价格降低以及创新刺激,联邦政府鼓励联邦通信委员会主席酌情按照法律与其他委员会成员合作,具体考虑:(1)制定类似之前《通信法》(Communications Act)第二章的"网络中立性"规则;(2)根据旨在避免频谱许可证持有量过度集中的规则进行未来的频谱拍卖,以防止频谱储存、持牌人对频谱进行积压仓储或制造进入壁垒,并改善依赖无线电频行业的竞争条件,包括改善移动通信和基于无线电的宽带服务;(3)支持继续开发和采用5G开放无线电接入网络(5G Open Radio Access Network)的协议和软件,继续出席自愿和基于共识的标准制定组织的会议,以促进或鼓励公平和有代表性的标准制定过程,并采取其他措施促进5G设备市场的开放性、创新和竞争;(4)禁止对终端用户通信合同收取不公正或不合理的提前终止费,保障消费者能够更容易地切换提供商;(5)启动规则制定程序,要求宽带服务提供商显示宽带消费者标签,以便向消费者提供有关提供商价格和费用、性能和网络实践的清晰、简洁和准确的信息;(6)启动规则制定程序,要求宽带服务提供商定期向联邦通信委员会报告宽带价格和订阅费率,通过便宜方式向公众传播这些信息,提高价格透明度和市场运作;(7)启动规则制定程序,防止房东以及有线电视和互联网服务提供商禁止租户在提供商中做出选择。[1] 12月,拜登提名了两名支持网络中立原则的人选以填补联邦通信委

---

[1] See Presidential Actions, Executive Order on Promoting Competition in the American Economy, Jul. 09, 2021.

员会的空缺席位。[1] 由上可见,2017年被特朗普政府弃置的网络中立原则,在2021年重新回归政府决策视野,在拜登任职期间,网络中立原则仍将是网络接入提供商必须面对的基础规则。

实践的徘徊往复折射出理论的不确定性。事实上,自吴修铭提出网络中立原则以来,围绕网络中立原则的辩论就从未停歇。支持派与反对派学者相继发声,认为肯定或否定网络中立原则将有助于互联网的自由发展。支持者认为,肯定网络中立原则将使中小型网络内容提供商有机会入场,从而促进了经济发展与社会公平。[2] 尤其在新冠肺炎疫情暴发后的居家办公中,公众切身感受到网络服务对于现代社会的必要性,公平公正的网络速率有助于促进经济发展。反对者则认为,网络中立原则是政府对自由市场的不当干预,放弃网络中立原则将鼓励私营部门进行投资,尤其是网络接入运营商的投资部署,从而为更多的美国人带来低价快速的宽带服务。[3] 本书无意为网络中立原则辩护,但在网络中立原则被政策肯定的背景下,网络服务提供商对服务内容的审查行为是否可以被认定为国家行为,则成为美国宪法不可逃避的问题。

此外,尽管开放接入原则使网络接入提供商与网络内容提供商

---

[1] See Lauren Feiner, Net Neutrality is Poised for A Comeback as Biden Tries to Get Last FCC Commissioner Confirmed, *CNBC*, Dec. 21, 2021.
[2] 想象一下,如果你拥有一个出售手工巧克力的网站,却不得不与玛氏(Mars)、歌帝梵(Godiva)或瑞士莲(Lindt)竞争。所有这些公司都有能力支付快速流量的费用,但你却没有,显而易见,你将很难获得成功。参见 Gigi B. Sohn, "Social Justice Or Inequality: The Heart of the Net Neutrality Debate", *University of Pittsburgh Law Review*, Vol.80, No. 4(2019), pp. 779-788。
[3] See Statement of, Ajit Pai, Chairman of the Federal Communications Commission, Hearing on "Oversight of the Federal Communications Commission" Before the Subcommittee on Communications and Technology of the United States House of Representatives Committee on Energy and Commerce, Jul. 25, 2018.

相分离,但是大型网络服务提供商依旧履行着双重职能。例如,著名的 Comcast 公司旗下拥有 Hulu 和 NBC 两大知名网站,同时其也为消费者提供网络接入服务。[1] Comcast 公司不仅具有审核内容提供商言论的能力,也具有直接审核用户言论的能力。更为引人注目的是,Comcast 公司收集并存储了数量巨大的消费者个人数据,极易成为侵犯个人数据隐私的主体。在拜登政府强制推行网络中立原则的条件下,网络服务提供商可能因为"获得政府授权"而与政府紧密交织,进而被认定为国家行为者。但在网络中立原则未被完全适用的情况下,网络服务提供商未能与政府紧密交织,却又可以肆意审查网络内容提供商和消费者个人的言论,此时其理论定位又将走向何处?

由于国家行为理论导致裁判不一致,尽管最高法院曾经围绕着电信服务提供商(telecommunications provider)能否成为国家行为者展开过讨论,但并未能达成明确的一致意见。在 1973 年的 Columbia Broadcasting System, Inc. v. Democratic National Committee 案[2]中,法院裁定,被特许经营的广播公司(Columbia Broadcasting System)在广播中排除政治广告的行为,并没有构成国家行为。广播公司的排除行为属于新闻自由裁量权,而国家的许可经营并没有影响私人行为的属性。在 1996 年 Denver Area Educational Telecommunications Consortium, Inc. v. Federal Communications Commission 案[3]中,法院部分承认了审查公共接入频道的电信服务提供商构成了国家行为者,因为国家与电信服务提供商在公共频道中紧密交织。然而,电信

---

[1] See Daniel Rudofsky, "Modern State Action Doctrine in the Age of Big Data", *New York University Annual Survey of American Law*, Vol.71(2016), p. 781.
[2] See Columbia Broadcasting System, Inc. v. Democratic National Committee, 412 U.S. 94 (1973).
[3] See Denver Area Educational Telecommunications Consortium, Inc. v. Federal Communications Commission, 518 U.S. 727 (1996).

服务提供商审查私人接入频道的行为并不构成国家行为,反而会落入行使新闻自由裁量权的范围之中。上述两案主要以电信服务提供商为讨论对象,虽然在 2005 年的 National Cable and Telecommunications Association v. Brand X Internet Services 案[1]中,联邦最高法院认为网络服务提供商与传统的电信服务提供商存在着不同,应当区别对待。但不可否认的是,作为网络服务提供商的前身,电信服务提供商相关的判例经验依旧能够为判定网络服务提供商能否构成国家行为者提供参考素材。就涉及电信服务提供商的判例得到的经验而言,其一,电信服务提供商可能是发言者,也可能是审查者,当其成为发言者时通常不会被认定为国家行为者,而当其成为审查者时,则可能构成国家行为者,但也可能仅仅是私人行动者;其二,当电信服务提供商成为审查者时,能否构成国家行为者的重要判断基准在于其与政府的交织程度以及其是否代表政府行事。[2] 因此,在判定网络服务提供商是否会构成国家行为者时,核心要点在于其与国家的关系判定。

网络服务提供商主要以两种方式与政府交织纠缠。其一,网络服务提供商必须从联邦政府获得公共无线频谱的许可;其二,要进入当地市场,网络服务提供商必须获得当地政府的批准并与当地政府达成协议,该协议通常以特许经营或许可协议的形式出现。即使协议本身并没有过多地与市政当局纠缠,但通过与市政当局签订协议,网络服务提供商通常会获得事实上的地方垄断地位。这种垄断的形成,在很大程度上是因为市政基础设施难以使超过一家的网络

---

[1] See National Cable and Telecommunications Association v. Brand X Internet Services, 545 U.S. 967 (2005).
[2] See Eric Sirota, "Can the First Amendment Save Net Neutrality", *Baylor Law Review*, Vol.70(2018), pp. 805-806.

服务提供商提供同一类型的互联网接入服务。[1] 然而,这只是促成网络服务提供商被认定为国家行为者的可能因素,判定网络服务提供商是否能成为国家行为者仍需个案衡量,尤其是考量以下三个问题:第一,网络服务提供商的行为在多大程度上构成事实上或法律上国家批准的垄断?第二,特许经营与许可协议对网络服务提供商的影响如何?网络服务提供商是否受雇于政府,以便实现某些公共职能?第三,政府在多大程度上鼓励或诱导了特定的行为?[2] 而对上述问题的回答都无法泛泛而谈,必须在具体场景中予以回应。

由于国家行为理论自身的不确定性以及联邦法院认定时的谨慎态度,尽管网络中立原则卷土重来,但网络服务提供商的行为只有充分满足前述三项考量因素,才有可能被认定为国家行为者,而"充分"的标准则是因案而异、难以明喻。特朗普政府一度放弃网络中立原则意味着国家放松对网络服务提供商的管控力度,在特朗普执政期间,法院倾向将网络服务提供商认定为私人行动者,如在 2019 年的 United States v. DiTomasso 案[3]中,上诉法院认为网络服务提供商 AOL 和 Omegle 根据搜查令搜查被告邮箱和聊天记录的行为,并不足以构成政府行为,因而不受《美国宪法第四修正案》的约束。与裁判结果相悖的客观现实是行政当局与私人网络服务提供商的联系愈发紧密,[4] 私人网络服务提供商越来越多地参与执法进程,发挥更

---

[1] See Eric Sirota, "Can the First Amendment Save Net Neutrality", *Baylor Law Review*, Vol.70(2018), pp. 814-815.
[2] See Eric Sirota, "Can the First Amendment Save Net Neutrality", *Baylor Law Review*, Vol.70(2018), p. 828.
[3] See United States v. DiTomasso, No. 17-1699 (2d Cir. 2019).
[4] 美国政府提供的高速互联网服务在各种规模的城市都呈发展趋势。参见 Enrique Armijo, "Government-Provided Internet Access: Terms of Service as Speech Rules", *Fordham Urban Law Journal*, Vol.41(2016), p. 1500。

积极的作用,比如通过内容审核打击网络非法内容或收集数字证据用于刑事调查。[1] 作为一项应用广泛的智能技术,网络服务已经深刻地改变了公共权力中的力量平衡,公民基本权利不仅需要防范国家公权的侵犯,更需要警惕私人网络服务提供商的无声审查和区别对待。正如同学者凯尔·C. 贝莉(Kyle C. Baily)所言,网络服务提供商的行为符合了技术例外(technology exceptionalism)理论,其严重破坏了宪法所保护的基本权利价值观,因而必须通过纠正行为恢复个人权利的圆满样态。[2] 然而凯尔·C. 贝莉在剖析网络服务提供商满足技术例外理论下的国家行为者的可能性后,略带伤感地写道:"除非国家行为理论被新的宪法理论取代,否则现有的国家行为理论难以将私人网络服务提供商认定为国家行为者,从而接受宪法约束。"[3] 因而,即便网络中立原则再次被强制推广且网络服务提供商与行政行为客观上纠缠紧密,网络服务提供商在当今美国依旧难以被认定为国家行为者。

(三)网络内容提供商的纳入研判

网络接入提供商为个人提供了接触互联网的基础条件,网络内容提供商则为个人提供了享受互联网的内在可能。根据美国最高法院对国家行为理论的解释,通过对具体科技公司的行为进行分析,Facebook、Twitter 由于提供了新型"公共论坛"在理论层面可能被法院认定为国家行为者,但司法实践往往放弃了该理论的实现可能;而

---

[1] See Stanislaw Tosza, "Internet Service Providers as Law Enforcers and Adjudicators. A Public Role of Private Actors", *Computer Law and Security Review*, Vol.43(2021), p. 2.
[2] See Kyle C. Bailey, "Regulating ISPs in the Age of Technology Exceptionalism", *Texas Law Review*, Vol.98, Issue 5(2021), p. 962.
[3] Kyle C. Bailey, "Regulating ISPs in the Age of Technology Exceptionalism", *Texas Law Review*, Vol.98, Issue 5(2021), p. 966.

Google、Apple、Amazon 等公司在短期内更是难以被认定为国家行为者。

第一，公共论坛的理论与实践。与其他社交平台不同，Facebook 最初是在哈佛大学、哥伦比亚大学等几所常春藤大学中流行开来的。直至今日，用户在 Facebook 上的姓名、教育背景、就业信息等仍然是真实的信息。正是由于其真实性的特点，Facebook 一直是年轻人最为推崇的社交类软件，用户可以在其平台上与现实空间中的同学、好友、亲人分享各种文本、图片、视频和链接。Meta 公司 2022 年第一季度财报显示，Meta 服务"家族"（其中包括 Facebook、Instagram、WhatsApp 和 Messenger 等）每日活跃用户人数的平均值为 28.7 亿人。而 Facebook 所拥有的庞大的用户数据集，也使其深陷数据安全的质疑之中。2018 年 3 月，Facebook 被曝出大规模泄露用户个人数据，超 5000 万用户的个人信息被一家名为"剑桥分析公司"的私人数据分析公司获取，而该公司的数据分析结果被用于全球多方政治活动，譬如干预美国总统大选和英国"脱欧"公投。霎时间舆论哗然，Facebook 首席执行官马克·扎克伯格随后被美国国会要求接受公开听证，尽管扎克伯格在听证会中不断向公众道歉，并许诺采取必要措施防止此类事件再犯，[1]但 Facebook 究竟能否遵守承诺，仍然未知。那么，Facebook 是否可以成为宪法规范的被约束者呢？

由于 Facebook 创建了一个新的公共论坛，它可能成为宪法的被约束对象。Facebook 公司存在的前提是，个人用户每天在 Facebook 上分享大量的真实信息。原本人们在街头巷尾的谈论，在技术的辅助下，演变为即时通畅的平台交流，Facebook 由此搭建起一个虚拟的

---

[1] See Facebook, Data Policy, "We don't sell any of your information to anyone, and we never will", http://www.facebook.com/about/privacy/cookies, last visited time 2019-08-21.

公共论坛。[1] 公共论坛理论还要追溯到1946年的Marsh v. Alabama案。[2] 在亚拉巴马州的奇克索镇，一个普通民众可以随意进出的、私人造船公司拥有的奇克索镇。一位名叫马什(Marsh)的耶和华见证人(Jehovah's Witness)试图在小镇的人行道上散播关于宗教的传单，却被告知必须有许可令才可以分发。马什认为私人小镇侵犯了其宪法第一和第十四修正案的权利，然而，私人小镇可以成为宪法约束的对象吗？法院认为，在《美国宪法第一修正案》中，这个私人小镇应被视为一个政府实体(government body)。私人小镇并不等同于私人家庭，由于它承担了传统市镇的所有职能，私人小镇承担了额外的宪法责任。法庭的多数意见强调了对私人财产权的限制，所有权并不总意味着绝对统治。一个所有者为了自己的利益，将他的财产向公众开放得越多，他的权利就越受到使用者的基本权利限制。

而今日的Facebook类似于20世纪的私人小镇，在美国宪法设立之初，人们可以在街头和公园里任意地发表言论，而在现代社会，"Facebook作为虚拟城镇中的政府"[3]，需要承担起保护言论自由和隐私的政府职能，因此其在理论层面可以被视为国家行为者。与Facebook类似，Twitter也是用户自由发表意见的重要社交平台。区别在于，Twitter的用户是假名或者匿名的，但恰是由于这层保护面纱，用户在Twitter上的言论可能比Facebook更为肆意而自在。Twit-

---

[1] 联邦法院可以而且应该将第一修正案的保护范围扩大到社交网站上的交流，因为这些网站已经被认为是发表言论和公共话语的重要论坛。参见 Benjamin F. Jackson, "Censorship and Freedom of Expression in the Age of Facebook", *New Mexico Law Review*, Vol.44(2014), pp. 121-167。
[2] See Marsh v. Alabama, 326 U.S. 501 (1946).
[3] Daniel Rudofsky, "Modern State Action Doctrine in the Age of Big Data", *New York University Annual Survey of American Law*, Vol.71(2016), p. 777.

ter 也成为突发新闻报道传播的首选网站。[1] 正如 Facebook 所建立的公共论坛一样,Twitter 也建立了自己的"私人小镇",同样可能受到宪法的约束。

尽管有上述公共论坛理论,在近年来的司法案件中,私人科技公司被认定为国家行为者依旧困难重重。在 2017 年 Quigley v. Yelp 案[2]中,法院最终裁定,即使政府在被告的网站中创建并维护账户,也没有证据能够证明被告 Yelp、Twitter、Facebook 与政府行为存在普遍联系,被告无法从私人主体转为国家行为者。在 2018 年 Johnson v. Twitter 案[3]中,法院认为,私人实体属性的 Twitter 只对同意其服务合同的用户提供服务,如果用户发表了不当言论,Twitter 有权进行删除,并不会构成对于用户言论自由的侵害,更不会转变为国家行为者。在 2019 年 Ebeid v. Facebook 案[4]中,原告因为 Facebook 删除了其个人履历并限制其言论表达而将 Facebook 诉至法庭,法院同样明确提到 Facebook 不是国家行为者,无法成为《美国宪法第一修正案》的索赔对象。2019 年 Williby v. Zuckerberg 案[5]延续了这一认定,法院判定 Facebook 删除用户言论的行为并不适用《美国宪法第一修正案》的言论自由保护条款。在 2019 年 News v. Facebook 案[6]中,法院依旧裁定,Facebook 删除原告的资料页面和言论内容的行为属于私人行为,不构成政府行为。尽管公共论坛理

---

[1] See Amy-Mae Turner, 9 Breaking News Tweets That Changed Twitter Forever, MASHABLE(Oct. 31, 2013), https://mashable.com/2013/10/31/twitter-news/, last visited time 2019-08-21.
[2] See Quigley v. Yelp, 2017 U.S. Dist. LEXIS 103771 (N.D. Cal. Jul. 5, 2017).
[3] See Johnson v. Twitter, Inc., No. 18CECG00078 (Cal. Superior Ct. Jun. 6, 2018)
[4] See Ebeid v. Facebook, Inc., 2019 WL 2059662 (N.D. Cal. May 9, 2019).
[5] See Williby v. Zuckerberg, 3:18-cv-06295-JD (N.D. Cal. Jun. 18, 2019).
[6] See Federal Agency of News LLC v. Facebook, Inc., 2019 WL 3254208 (N.D. Cal. Jul. 20, 2019).

论珠玉在前,美国司法实践依旧选择性地忽视公共论坛理论,从而造成大型科技公司脱离宪法约束的现实结果。

第二,对搜索引擎公司的优先保护。作为全球最大的搜索引擎公司,Google 的营利模式主要集中于定向广告投放。[1] 通过对个人数据的分析,Google 可以准确捕获用户的个人偏好,从而作出针对性的广告投放。与 Facebook、Twitter 不同,Google 并没有提供一个类似的公共论坛,其只是通过对搜索内容、用户信息等大数据的分析,准确分析不同用户的兴趣点。而 Google 可能成为宪法约束的对象吗?

正如前文所言,在 2003 年 Search King v. Google 案[2]中,法院最终认定谷歌的搜索排名结果为一种意见(opinion);在 2006 年 Christopher Langdon v. Google 案[3]中,法院同样认为 Google 的检索结果是 Google 的言论自由,Google 拥有在检索界面删除特定关键词的权利;在 2011 年 Rosenberg v. Harwood 案[4]中,法院将谷歌地图的导航结果认定为一种建议(command)。而在 2014 年 Jian Zhang v. Baidu. Com, Inc.案[5]中,美国法院肯定了另一家大型搜索引擎公司(百度)的搜索结果受到《美国宪法第一修正案》的保护。可以说,在目前的法院意见中,Google 可以享有《美国宪法第一修正案》所规定的言论自由,是承蒙宪法保护的受益者,在未来的场景中,Google 也难以被法院认定为国家行为者。

尽管 Google 搜索引擎没有直接提供公共言论表达平台,但其子公司 YouTube 无疑提供了公共言论表达场域。而近期的司法判决同

---

[1] See Alphabet Announces First Quarter 2019 Results, https://abc.xyz/investor/static/pdf/2019Q1_alphabet_earnings_release.pdf, last visited time 2019-08-21.
[2] See Search King v. Google, Inc., 2003 WL 21464568.
[3] See Christopher Langdon v. Google Technology, Inc., 474 F. Supp. 2d 622 (2007).
[4] See Rosenberg v. Harwood, No. 100916536 2011 WL 3153314 (Utah Dist. Ct.) (Trial Order).
[5] See Jian Zhang v. Baidu.com, Inc., 10 F. Supp. 3d 433 (2014).

样印证了 Google 被认定为国家行为者的司法概率极低。在 2020 年 Prager University v. Google 案[1]中,法院明确否认了 YouTube 是国家行为者的可能。法院认为,YouTube 可能是互联网世界中典型的公共广场,但它不可能因为提供公共论坛而转变为国家行为者。YouTube 不会通过邀请公众对其财产进行公开讨论来履行公共职能,与 Marsh 案中的私人小镇不同,YouTube 只是运营用户生成的视频内容平台,它不执行任何必要的市政功能,也不具有任何其他美国城镇所有的特征。因而 YouTube 绝不是《美国宪法第一修正案》所指的国家行为者。在 2021 年 Doe v. Google 案[2]中,原告是"保守的内容创作者"(conservative content creators),他们在 YouTube 上发布的自创视频遭到 YouTube 审核,YouTube 随后关停了他们的账户。原告向法院提起诉讼,认为 YouTube 的行为构成了国家行为,侵害了《美国宪法第一修正案》所保护的言论自由。法院最终的结论是,原告并没有任何证据表明 YouTube 的行为与政府有关,政府并没有命令或者以其他方式参与 YouTube 的行为,YouTube 是毫无疑问的私人主体。正如前文所言,Google 及其旗下子公司正处于《美国宪法第一修正案》的不败之地。

第三,部分科技公司的拒绝态度。尽管 Apple 公司和 Amazon 公司所拥有的技术力量锋芒毕露,但是二者在现有条件下均无法被定义为国家行为者。两位科技巨头均公开表示拒绝为政府无条件提供消费者数据,明示否认了与政府行为进行合作。面对科技公司信誓旦旦的严词拒绝,其私人主体身份定位难以被理论重解。

Apple 公司在科技界的领军地位无须多言,在一定程度上,Apple

---

[1] See Prager University v. Google LLC, 2020 WL 913661 (9th Cir. Feb. 26, 2020).
[2] See Doe v. Google LLC, 2021 WL 4864418 (N.D. Cal. Oct. 19, 2021).

公司全套的科技产品重塑了现代社会的生活方式。[1]此外,Apple 公司是第一家市值超过 7000 亿美元的美国公司。[2] 该公司一直在标榜自己产品的安全性与保密性,声称没有任何人可以从后台解锁已经加密的 Apple 电子产品,公司现任 CEO 蒂姆·库克(Tim Cook)在一封致用户的公开信中表示:"Apple 从未与任何国家的任何政府机构合作,在任何产品或服务中设置后门。"[3]而在实践中,Apple 公司也拒绝了法院提出的要求,拒绝解锁 San Bernardino 枪击案的凶手的 iPhone。但最终美国联邦调查局(Federal Bureau of Investigation)通过第三方协助,获得了凶手 iPhone 上的数据。[4] 虽然斯诺登(Edward Snowden)将 Apple 公司列为美国国家安全局棱镜计划的涉案方,但 Apple 公司依旧公开表示,"Apple 公司不允许政府直接进入我们的服务器,政府如果想要获得 Apple 公司的用户数据,必须提前取得法庭命令。"[5]因此,就目前的公司立场而言,Apple 公司并没有履行政府职能,也没有卷入政府行为或是得到政府的授权,其难以被认定为国家行为者。不止于此,Apple 公司明确将自身视为受到宪法权利保护的私人主体。2021 年 11 月,Apple 公司起诉了受到国家

---

[1] 凭借 iPod 和 iTunes,苹果公司主导了音乐行业;凭借 iPad,苹果公司开创了平板电脑行业;凭借 iPhone,苹果公司撼动了智能手机行业。参见 Daniel Rudofsky, "Modern State Action Doctrine in the Age of Big Data", *New York University Annual Survey of American Law*, Vol.71(2016), p. 762。
[2] See Jennifer Booton, Apple Valuation Could Hit 845 Billion Dollars-Or More, MARKET WATCH (Feb.11,2015), http://www.marketwatch.com/story/apple-valuation-could-hit-845-billion-or-more-2015-02-11, last visited time 2019-08-21.
[3] Sam Colt, Tim Cook has an Open Letter to all Customers that explains how Apple's Privacy Features Work, https://www.businessinsider.com/tim-cook-published-a-letter-on-apple-privacy-policies-2014-9? IR=T/, last visited time 2019-08-21.
[4] See Katie Benner and Eric Lichtblau, "U.S. Says It Has Unlocked iPhone Without Apple", *New York Times*, Mar. 28, 2016.
[5] Apple, Apple's Commitment to Customer Privacy, https://www.apple.com/apples-commitment-to-customer-privacy, last visited time 2019-08-21.

资助的私人监听公司 NSO。[1] Apple 公司认为，NSO 利用 Apple 公司的设计漏洞，强行入侵了受害者的 iPhone，并在用户不知情的状态下安装了间谍软件，通过共享手机的位置数据、通话数据、扬声器数据和相册数据，隐蔽无声地监视了使用 iPhone 的个人用户。为此，Apple 公司要求法院发布永久禁令，以禁止 NSO 访问和使用任何 Apple 服务器、设备、硬件、软件、应用程序和其他 Apple 产品或服务，删除一切已经获得的相关数据，并要求 NSO 赔付其因此所获得的全部经济收益。虽然该案目前仍在诉讼程序之中，但其反映出的 Apple 公司的官方态度已经非常明朗，即维护消费者数据隐私安全，拒绝与政府无条件合作，因而在现有理论与实践条件中，Apple 公司被认定为国家行为者的概率趋近于零。

Amazon 以电子商务而闻名，与 Google、Apple 和 Facebook 并称为四大科技公司。[2] 作为全美最大的电商平台，"Amazon 有能力检查数百万用户的购买习惯、阅读习惯、电子邮件、博客文章和照片等项目"[3]，从而"为不同的消费者量身定做不同的价格"[4]。但 Amazon 认为，购买和销售表达性材料是受《美国宪法第一修正案》保护的言论自由，如果将用户购买《如何来坦白：向你的家庭、朋友、同事》的书目信息公开给政府，将对用户造成不可磨灭的伤害，因此

---

[1] See Apple, Apple Sues NSO Group to Curb the Abuse of State-Sponsored Spyware, Press Release, Nov. 23, 2021.

[2] See Barry Ritholtz, The Big Four of Technology: Life will never be the same after Apple, Facebook, Amazon and Google, Oct. 31, 2017, https://www.bloomberg.com/opinion/articles/2017-10-31/the-big-four-of-technology, last visited time 2019-08-22.

[3] Daniel Rudofsky, "Modern State Action Doctrine in the Age of Big Data", *New York University Annual Survey of American Law*, Vol.71(2016), p. 778.

[4] Adam Tanner, "Different Customers, Different Prices, Thanks To Big Data", *Forbes*, Mar. 26, 2014.

Amazon 拒绝了北卡罗来纳州政府提出的公开用户数据的要求。[1] 2020 年新冠肺炎疫情席卷全球之时,Amazon 不仅有能力提供数量庞大的实体货物,更能够提供数字基础设施,具备实体和虚拟双重的服务能力。尽管拥有了可以媲美政治国家的技术能力,其在美国宪法理论中仍然被定义为非国家行为体。

Amazon 的定位是私人电商平台,类似私人购物中心,因而难以被美国法院界定为国家行为者。在 1972 年 Lloyd Corporation, Ltd. v. Tanner 案[2]中,唐纳德·坦纳(Donald Tanner)是一名越南战争抗议者,他在俄勒冈州波特兰市的劳埃德中心商场(Lloyd Center Mall)分发反战传单。该商场是完全的私人商场,它禁止坦纳在商场内散播传单。坦纳认为商场侵犯了他的言论自由权利,案件一路来到了最高法院。最高法院的多数意见认为,私人购物中心并不是国家行为者,不能把公共财产和具有公共用途的私人财产完全等同,而且坦纳可以在商场外的道路上散播传单,坦纳的要求最终被驳回。因此,除非 Amazon 今后承担某项政府职能或者与政府行为紧密纠缠,否则,难以被法院认定为国家行为者。

在人工智能时代中,"公私的划分方法可能已经过时,国家和私人行动者正在以各种方式紧密地交织在一起。"[3] 公私划分的界限没有想象中的永久以及不可逾越,"公共和私人的分界线建立在政治和偶然的基础之上"[4]。在不同的主权国家和不同的社会压力环境

---

[1] See Amazon.com LLC v. Kenneth R. Lay, 758 F. Supp. 2d 1154 (W.D. Wash. 2010).
[2] See Lloyd Corporation, Ltd. v. Tanner, 407 U.S. 551 (1972).
[3] Raphael Lorenzo A. Pangalangan, "The Building of the Public/Private Distinction Obsolescence of the State Action Doctrine", *Philippine Law Journal*, Vol.90(2016), p. 84.
[4] Louis Michael Seidman, "State Action and the Constitution's Middle Band", *Michigan Law Review*, Vol.117(2018), p. 67.

中,绝对意义的公私划分是脆弱而困难的。在对基本权利的保护中,重要的并不是对国家行为者的判定,亦不是对公共和私人的界定,而是识别一项行为是否违反了现代宪法所承认的自由、平等和尊严等价值。因此,虽然当前法律系统难以将全部科技公司纳入宪法的约束范围,但科技公司仍须将宪法的精神纳入内部的行为守则。

三、基本权利价值的风险加剧

空前高涨的人工智能发展热潮反向加剧了基本权利的价值风险。机器算法复制了人类社会的主观歧视,突出表现为消费者歧视、就业歧视和司法裁判歧视,从而向权利的平等价值发起冲击。发迹于欧洲大陆的被遗忘权在美国加州虽然得到了有限的承认,但是言论自由背后的公开价值使被遗忘权难以在美国落地生根。以深度造假[1]为技术代表的科学研究自由,也与隐私权、名誉权甚至人的尊严这一核心价值发生抵触。人工智能技术的创新必须以基本权利的价值为边界,从而避免技术造成的权利侵蚀。

(一)平等价值:机器算法的歧视复刻

由于现实世界中的歧视现象从未消弭,深度学习的训练数据集充斥着歧视基因。以深度学习为核心的机器算法,复制了现实社会的歧视痕迹,甚至深化了歧视记忆,突出表现为消费者歧视、就业歧视与司法裁判歧视。

第一,消费者歧视。消费者歧视中最为常见的表现是"大数据杀

---

[1] 深度造假(DeepFake)是由深度学习(Deep Learning)和造假(Fake)两词合成而来,其最为常见的应用是通过人工神经网络将一个人的图像和视频替换为另一个人的图像和视频。

熟",或者说是个性化价格歧视。消费者数据的收集和处理使公司成功推测出消费者的购物偏好,例如通过 iPhone 浏览网页的用户更有可能购买另一款苹果产品,[1]这些信息有助于购物网站下单成交量的提升,但也为个性化价格歧视提供了滋生空间。供应商通过分析消费者的会员卡数据或者在线活动记录,对不同的消费者实施不同的定价,从而使供应商能够向每个客户收取其愿意为产品支付的最高价格。[2] 对于消费者而言,个性化定价无疑是充满歧视的一项行为。对于供应商而言,通过个性化定价,供应商短期内可以获得较高的收益回报。但从长远来看,个性化定价将造成供应商对有购买意愿的消费者提高价格,使消费者最终购买的产品数量少于最初意愿,导致供应商的总产量降低。[3] 因此,个性化定价对于总体经济的积极影响也是模糊的。

更进一步,消费者歧视可能加剧本已存在的歧视问题。现实世界充斥着各类歧视,Airbnb 用户愿意为白人房东多支付 12% 的费用,康涅狄格州出租车乘客对白人司机支付的小费比对非洲裔司机高出 1/3,[4]外表中立的机器算法重现甚至加剧了歧视现象。譬如在房产销售领域,销售人员可以推测出客户的种族,推荐白人客户继续在白人聚集的地区购置房产,延续种族隔离现状。[5] 2013 年,美

---

[1] See Francesco Clavorà Braulin, "The Effects of Personal Information on Competition: Consumer Privacy and Partial Price Discrimination", Zew Discussion Paper, No.21-007, 2021.
[2] See Inge Graef, "Algorithms and Fairness: What Role for Competition Law in Targeting Price Discrimination towards Ends Consumers", *Columbia Journal of European Law*, Vol. 24(2018), p. 544.
[3] See Massimo Motta, *Competition Policy: Theory and Practice*, Cambridge: Cambridge University Press, 2004, p. 496.
[4] See Katharine T. Bartlett and Mitu Gulati, "Discrimination by Customers", *Iowa Law Review*, Vol.102, Issue 1(2016), p. 224.
[5] See James A. Allen, "The Color of Algorithms: An Analysis and Proposed Research Agenda for Deterring Algorithmic Redlining", *Fordham Urban Law Journal*, Vol.46(2019), p. 244.

国消费者金融保护局和司法部（The Consumer Financial Protection Bureau and Department of Justice）认定金融服务公司（Ally）提供的定价系统导致23.5万名少数族裔贷款人被车辆经销商收取了比白人客户更高利率的费用。该案最后达成了和解，Ally公司向受到伤害的少数族裔贷款人支付了8000万美元的损害赔偿金，并额外支付了1800万美元的民事罚金。[1] 如果有力的规制措施持续缺失，依托大数据分析的针对性商业模式，将导致现实社会中偏见与歧视继续加深。因此在2022年3月16日，消费者金融保护局宣布改变其监管业务，即使在不适用公平贷款法（fair lending laws）的情况下也要更好地保护家庭和群体免受非法歧视。在审查银行和其他公司遵守消费者保护规则的过程中，消费者金融保护局将审查违反联邦法律的歧视性行为。消费者金融保护局将审查全部消费金融市场的歧视，包括信贷、服务、收款、消费者报告、付款、汇款和存款。消费者金融保护局审查员将要求受监督的公司展示其评估风险和歧视的具体过程，包括客户人口统计记录以及产品费用对不同人口群体的影响的文件。消费者金融保护局将调查公司如何实验和监测其内部行为，尤其探究其是否满足《公平信用机会法》（Equal Credit Opportunity Act）的非歧视要求。[2]

第二，就业歧视。就业市场中的歧视是算法歧视的另一个突出表现形式。美国现行的《同工同酬法》（Equal Pay Act）、《反就业年龄歧视法》（Age Discrimination in Employment Act）、《民权法案》第七章（Title Ⅶ of the Civil Rights Act）、《美国残疾人法》（Americans

---

[1] See Consumer Financial Protection Bureau, In the Matter of Ally Financial Inc. and Ally Bank, Consent Order, File No. 2013-CFPB-0010.
[2] See Consumer Financial Protection Bureau, CFPB Targets Unfair Discrimination in Consumer Finance, Mar. 16, 2022.

with Disabilities Act)、《康复法案》(Rehabilitation Act)等相关法律,禁止雇主基于种族、性别、性取向、宗教、民族、血统、身体残疾和年龄的歧视,歧视性行为涵盖招聘、晋升、工作分配、解雇、补偿、报复和骚扰等方面。而当人工智能应用于就业过程之中,特别是在识别过滤环节,算法决策可能将歧视性做法再次复制。在公司负责招聘的人力主管收到成百上千封应聘简历时,使用算法软件对简历进行初次筛选是一项迅速又便捷的方式。算法软件可以通过对应聘者在社交网络上的各项表现进行评分,应聘者在社交平台上发布的任何言论都可能影响到应聘者是否会被公司录用。[1] 从优步到星巴克再到家得宝(Home Depot),越来越多的公司要求客户对劳动者进行评价。公司从客户评价中收集数据,许多公司使用算法做出晋升决策。[2] 由于大数据与计算机分析在优化劳动力、提供就业机会、简化一般业务流程等方面具有巨大潜力,[3]雇主不可避免地会继续使用类似的算法工具决定雇员的应聘、入职与晋升,雇主可以使用的算法工具包括但不限于根据某些因素对员工进行评分的监控软件,询问求职者资格并拒绝不符合预定要求的虚拟 HR 以及根据面部表情和言语模式评估申请人的视频面试软件。然而表面上中立的算法并不是完全的价值无涉。建立在不准确、有偏见或不具代表性的数据基础上的算法,可能产生带有种族、性别或其他受保护特征的差别性影响结

---

[1] See Frank Pasquale, The Black Box Society: The Secret Algorithms That Control Money and Information, Cambridge: Harvard University Press, 2015, p. 34.

[2] See Keith Cunningham-Parmeter, "Discrimination by Algorithm: Employer Accountability for Biased Customer Reviews", *UCLA Law Review*, Vol.70(2023).

[3] See Darrell S. Gay and Abigail M. Kagan, "Big Data and Employment Law: What Employers and Their Legal Counsel Need to Know", *ABA Journal of Labor and Employment Law*, Vol.33(2018), p. 209.

果。[1] 因此,在算法招聘系统在全球范围内被广泛运用的现代社会,[2] 如何确保算法被用于抵消而不是延续过去的就业歧视,成为算法应用中的重要挑战。

由于就业歧视的集体诉讼标准有待完善,公司应该主动采取措施促进职场平等。2011 年 Wal-Mart Stores, Inc. v. Dukes 案[3]是一起集体诉讼案件,贝蒂·杜克斯(Betty Dukes)和其他 5 名女性提起集体诉讼,指控沃尔玛的管理政策导致同等职位的女性薪酬低于男性,等待管理层晋升的时间也长于男性,女性雇员受到了违反《民权法案》第七章的不公平待遇。然而,最高法院认为贝蒂·杜克斯等试图使数千起案子在一次诉讼中得到裁决,也没有足够的证据证明沃尔玛采取了歧视性的政策,贝蒂·杜克斯等无法代表庞大的女性群体提起诉讼,进而驳回了贝蒂·杜克斯等的诉讼请求。因此,相较诉诸法律的困难,公司可以更为主动地纠正"差别性影响"结果。例如,在通过大数据分析后,公司管理层获知女性员工被排除在培训和辅导机会之外,主动决定采取行动纠正数据分析的结果,为更多的女性员工提供培训的机会,运用大数据和分析工具促进而不是破坏职场平等。[4]

2022 年,美国平等就业机会委员会(U.S. Equal Employment Opportunity Commission)发布了《美国残疾人法和人工智能:申请人和雇主》(The ADA and AI: Applicants and Employees)指导性文件,讨

---

[1] See Pauline T. Kim, "Data-Driven Discrimination at Work", *William and Mary Law Review*, Vol.58(2017), p. 857.
[2] See Natalie Sheard, "Employment Discrimination by Algorithm: Can Anyone Be Held Accountable", *University of New South Wales Law Journal*, Vol.45, Issue 2(2022), p. 2.
[3] See Wal-Mart Stores, Inc. v. Dukes, 564 U.S. 338 (2011).
[4] See Pauline T. Kim, "Big Data and Artificial Intelligence: New Challenges for Workplace Equality", *University of Louisville Law Review*, Vol.57(2019), p. 327.

论了《美国残疾人法》要求如何在就业相关决策中使用人工智能,并为雇主在使用人工智能决策工具时应当如何符合法律要求提供了指导。该文件提到了雇主常见的因使用算法工具而违法的行为,包括雇主不提供"合理便利"(reasonable accommodation),[1]而导致算法无法公平准确地对求职者或员工进行评级;雇主依赖算法决策工具,该工具有意或无意地"淘汰"(screens out)残疾人,即使该人能够以合理便利的方式完成工作。该文件同时明确说明,即使算法决策工具由外包的第三方供应商研发,但雇主只要使用了该算法决策工具,就必须为其可能的歧视承担责任。

第三,司法裁判歧视。通过算法不断提升司法程序的效率是目前美国司法程序的发展趋势。算法工具在整个刑事司法系统中被广泛使用。作为预测性警务算法,PredPol 和 HunchLab 可以为警方提供最可能发生犯罪地点的预测信息。Patternizr 是纽约警察局的一个类型识别工具,可以帮助警局探员自动发现关联犯罪。警察局还使用面部识别软件从视频片段中识别可能的嫌疑人。芝加哥和纽约的地区检察官利用预测模型,将起诉工作集中于高风险个人身上。旧金山地方检察官使用了一种算法,在案件材料中模糊种族信息,以减少指控决定的偏见。上述工具可以被统称为风险评估工具(risk assessment instruments),旨在预测特定对象未来实施不当行为的风险。风险评估工具为高风险的司法裁决提供了辅助信息,包括是否需要在审判前监禁个人。名为公共安全评估(Public Safety Assessment)的风险评估工具通过综合评判个体对象的年龄、不当行为史以及其他因素,从而得出个体对象的三层风险评分:因任何新罪而被定罪的风

---

[1] 合理便利指的是雇主改变工作方式,比如居家办公、远程办公、提供残疾人设施等,其是残疾人享受平等就业的福利和特权。参见 U.S. Equal Employment Opportunity Commission, The ADA and AI: Applicants and Employees, May 12, 2022。

险、因暴力犯罪而被定罪的风险,以及无法出庭的风险。三层风险评分后续将被转化为司法裁判建议,从而影响法官作出的量刑结果和缓刑假释要求。[1] 预测被告未来犯罪的可能性是影响裁判结果的尤为重要的考量因素,其与社区保护、特定威慑和损害恢复等目标息息相关,有观点认为,"人工智能系统的算法预测准确率远高于自然人法官的预测准确率。"[2] 因而越来越多的美国警察局、检察院、法院选择将算法预测工具引入司法流程。

然而,表面中立的算法程序一定能够得到公平的结果吗?其实不然,更为糟糕的是,由于算法的自动执行特征,算法程序逃避了司法审查的可能性。[3] 以美国法院广泛使用的由私人公司研发的惩教人员选择性制裁的管理分析(Correctional Offender Management Profiling for Alternative Sanctions, COMPAS)软件为例。COMPAS可以通过分析被告(defendant)所做出的关于自身情况的问题的答案,以及被告的其他犯罪记录等数据,得出被告未来再次犯罪的可能性(危险指数)。危险指数分布在1—10分之间,其中10分意味着被告再次犯罪的可能性极高,1分则意味着极低。此外,COMPAS还能推荐最适合被告的监禁类型、刑期时间等,极大地提升了法官的工作效率。由于COMPAS本身并没有对嫌疑人的种族情况进行发问,一度被认为是最为客观的司法裁判软件。但实际的情况却并非如此,根据非营利独立新闻调查机构ProPublica的调查报告,COMPAS

---

[1] See Alex Chohlas-Wood, "Understanding Risk Assessment Instruments in Criminal Justice", Brookings Institution, Jun. 19, 2020.

[2] Mirko Bagaric, et al., "Erasing the Bias Against Using Artificial Intelligence to Predict Future Criminality: Algorithms are Color Blind and Never Tire", *University of Cincinnati Law Review*, Vol.88, Issue 4(2020), p. 1037.

[3] See Anjanette H. Raymond and Scott J. Shackelford, "Technology, Ethics, and Access to Justice: Should an Algorithm Be Deciding Your Case?", *Michigan Journal of International Law*, Vol.35(2014), p. 524.

偏向对黑人被告打出更高的危险指数。[1]

在 2016 年 Wisconsin v. Loomis 案[2]中,威斯康星法院通过 COMPAS 系统将盗窃了一辆车的黑人男性卢米斯(Loomis)判处了长达 6 年的有期徒刑。卢米斯认为,COMPAS 系统存在算法不透明的问题,而且将性别和种族因素纳入了分析对象之中,违反了正当程序条款。但由于 COMPAS 系统属于私人公司的算法,自带商业秘密这一挡箭牌,最高法院并没有受理这一案件,而是延续了威斯康星州最高法院的判决,即由于评估结果被披露,被告可以通过验证算法中数据的准确性来质疑 COMPAS 系统的风险预测能力,法庭使用 COMPAS 系统并没有侵犯卢米斯的宪法正当程序权利。该案引发了巨大的争议,主要原因在于,COMPAS 系统数据的透明性并不等同于算法的透明性,法院实际上在使用一个黑箱算法对被告进行量刑。围绕 COMPAS 风险评估算法的争议,揭示了正当程序可能是刑事司法系统自动化的成本。[3] 如何避免人工智能算法决策对司法正义的损害,除了寄希望于透明的算法决策模式,还需要明确算法决策在司法裁判领域的角色定位,如若将算法决策限定于裁量辅助地位,其

---

[1] 第一,COMPAS 评价的黑人被告的累犯风险往往高于实际情况,在两年时间内黑人被告被错误归类为高风险的可能性是白人被告的近两倍(45% 和 23%)。第二,白人被告的风险往往比较小。分析发现,在未来两年内再次犯罪的白人被告被错误地贴上低风险标签的概率几乎是黑人重犯的两倍(48% 和 28%)。第三,即使控制了此前的犯罪、未来的累犯、年龄和性别,黑人被告被分配风险分数的可能性也比白人被告高出 45%。第四,黑人被告被错误归类为暴力累犯风险较高的可能性也是白人被告的两倍。与黑人暴力累犯相比,白人暴力累犯被错误归类为风险较低的可能性要高出 63%。第五,暴力累犯分析还显示,即使在控制先前的犯罪、未来累犯、年龄和性别时,黑人被告被分配风险分数的可能性也比白人被告高 77%。参见 Jeff Larson et al., "How We Analyzed the COMPAS Recidivism Algorithm", *ProPublica*, May 23, 2016。

[2] See State v. Loomis, 881 N.W.2d 749 (Wis. 2016).

[3] See Anne L. Washington, "How to Argue with an Algorithm: Lessons from the COMPAS-ProPublica Debate", *Colorado Technology Law Journal*, Vol.17(2018), p. 160.

并不具有直接的裁判结果输出权力,那么人类法官的最终纠偏权也能部分缓解歧视影响。

(二)公开价值:被遗忘权的美式境遇

虽然美国联邦层面的法律并没有承认"被遗忘权"的存在,但是滥觞于欧洲大陆的"被遗忘权"依旧波及了大洋彼岸的学术研究。在2014年谷歌西班牙诉西班牙数据保护中心案[1]中,欧盟法院判定,欧洲居民有权要求谷歌等大型商业搜索公司,删除其收集到的个人信息,前提是个人信息不再具有相关性。虽然争议不断,但2018年生效的《通用数据保护条例》第17条依旧肯定了被遗忘权。[2]《通用数据保护条例》承认数据主体享有被遗忘权的主要理由在于:第一,社会应当允许个人淡忘或者摆脱自己的过去,控制自己曾经公开的信息。第二,被遗忘权有助于平衡数据义务主体与权利主体之间的巨大地位差异。第三,被遗忘权有效地保护了个人的隐私与人格尊严。[3] 2015年1月1日生效的《加州未成年人在数字世界的隐私权》(也称《橡皮擦法案》),[4]允许加州的未成年人(18岁以下)删除他们作为注册用户,在网站、移动应用程序或在线服务上发布的内容或信息。而网站、移动应用程序和在线服务的运营商,必须为未成

---

[1] See Google Spain SL, Google Inc. v. Agencia Española de Protección de Datos, Mario Costeja González (2014), Court of Justice of the European Union (CJEU), C-131/12.

[2] 虽然《通用数据保护条例》将被遗忘权囊括于删除权的范畴,但二者在权利的功能、适用范围、克减程度等方面存在区分。参见满洪杰:《被遗忘权的解析与构建:作为网络时代信息价值纠偏机制的研究》,载《法制与社会发展》2018年第2期,第199—217页。然而二者的区别并非本书讨论的关键,故下文分析中将以被遗忘权进行论证。

[3] 更多关于被遗忘权对于个人、国家和公司的影响,参见 Aidan Forde, "Implications of the Right to Be Forgotten", *Tulane Journal of Technology and Intellectual Property*, Vol. 18(2015), pp. 83-131。

[4] See Privacy Rights for California Minors in the Digital World, SB-568 Privacy: Internet: minors(2013-2014).

年人提供一种机制,以保障他们的删除权利。该法案同时还禁止了运营商出于市场营销目的,与第三方分享未成年人的个人数据。然而加州的法律面临了严峻的宪法挑战,被遗忘权在美国难以获得承认的重要原因在于《美国宪法第一修正案》。

正如前文所言,在 2003 年 Search King v. Google 案[1]中,法院最终认定谷歌的搜索排名结果为一种意见(opinion)。在 2006 年 Christopher Langdon v. Google 案[2]中,法院同样认为谷歌的检索结果是谷歌的自由言论,谷歌拥有在检索界面删除特定关键词的权利。谷歌可以争辩道:"被遗忘权限制了谷歌的言论自由,因为它禁止显示与搜索人名相关的特定搜索结果。"[3]有评论家甚至认为,谷歌诉西班牙数据保护中心案的判决永远不可能发生在美国。"美国在第一修正案中对言论自由的重视保证了科斯特加(Costeja)的判决永远不会根据美国法律获得通过,科斯特加的记录是公开的,报纸已经正确地报道了这些记录;在宪法层面,新闻界几乎拥有绝对的权利,可以发布准确、合法的信息。"[4]以谷歌为代表的互联网服务提供商享有报道并且记录个人公开信息的权利,而这项权利是《美国宪法第一修正案》所肯定的。退而言之,公众也可以主张他们的宪法第一修正案权利受到了被遗忘权的限制,因为被遗忘权限制了公众接触公开信息的能力。[5]普通公众的知情权与个人的被遗忘权同样产生了冲突,权利冲突的解决方案因地域国别的差异而不尽相同。因

---

[1] See Search King v. Google Technology, Inc., 2003 WL 21464568.
[2] See Christopher Langdon v. Google, Inc., 474 F. Supp. 2d 622 (2007).
[3] Edward Lee, "The Right to Be Forgotten v. Free Speech", *I/S: A Journal of Law and Policy for the Information Society*, Vol.12(2015), p. 93.
[4] Jeffrey Toobin, "The Solace of Oblivion", *The New Yorker*, Sept. 29, 2014.
[5] See Edward Lee, "The Right to Be Forgotten v. Free Speech", *I/S: A Journal of Law and Policy for the Information Society*, Vol.12(2015), p. 93.

此,有学者建议,各国应该基于不同的文化和法律背景,发展多样的被遗忘权。[1]

言论自由与隐私权、名誉权冲突的议题并不是人工智能时代所独有的。在"纽约时报诉沙利文案"后,美国法院的判决往往优先考虑对言论自由的保护,而不是维护隐私的利益。[2] 但是从根本上讲,"隐私和言论自由是互相补充的,并不是相互竞争的关系"[3]。轰动一时的"棱镜门"事件中,美国政府强迫 Verizon 等大型互联网公司交出用户的在线活动记录,这些记录不仅仅是个人的数据隐私,更是个人发表意见的重要前提。因为现代社会依赖互联网连接以交流、阅读、探索新思想和创造新事物。如果互联网缺乏隐私保护的期望,将扼杀进步的思想,损害宪法第一修正案的权利。[4] 质言之,现代社会中,匿名与隐私使个人在社交活动中更能表达出多元化的观点。[5] 虽然美国通常对言论自由的保护重于隐私,但互联网缺乏隐私的现状正在威胁着美国长期以来捍卫的言论自由。[6] 被遗忘权的确立有助于个人删除曾经青涩甚至是愚蠢的信息,更好地维护个人的隐私,进而维护言论自由的发育土壤。

与专业学者的反复争辩不同,美国普通公民对于赋予个人被遗

---

[1] See Jef Ausloos, "Ctrl+Z: The Right to Be Forgotten", *European Data Protection Law Review*, Vol.3(2017), p. 142.
[2] 纽约时报诉沙利文案中所确定的"真实恶意原则",就是最高法院将言论自由置于名誉权之上的重要体现。参见 New York Times Company v. Sullivan, 376 U.S. 254 (1964)。
[3] Ronald J. Krotoszynski, "Reconciling Privacy and Speech in the Era of Big Data: A Comparative Legal Analysis", *William and Mary Law Review*, Vol.56(2015), p. 1279.
[4] See Jennifer M. Paulson, "Cyber Insecurity: Constitutional Rights in the Digital Era", *Southern Illinois University Law Journal*, Vol.41(2017), p. 278.
[5] See Edward Rubin, "Privacy and Freedom of Speech in the Internet Era", *Jotwell: The Journal of Things We Like (Lots)*, Vol.2015(2015), p. 294.
[6] See Giovanna Giampa, "Americans Have a Right to Be Forgotten", *Seton Hall University Law School Student Scholarship*, 2016, p. 759.

忘权则表示出赞同倾向。根据美国 Pew 研究中心 2020 年 1 月发布的调查报告显示,大部分美国人支持将个人数据从网络搜索中删除的权利。根据该报告,74%的美国成年人表示,能够"保持自己的事情无法被网络在线搜索"更重要,而 23%的人表示,能够"发现关于他人的潜在有用数据"更重要。与此同时,美国公众对待个人不同种类数据的态度也不尽相同,对是否应将特定类型的数据排除在搜索结果之外的意愿参差不齐。绝大多数美国成年人(85%)认为,所有美国人都应该有权从公共在线搜索结果中删除可能令人尴尬的照片和视频;大约 2/3(约 67%)的人表示,删除涉及有关就业历史或工作记录的数据应该是全体美国人的权利;超过一半(56%)的人表示,全体美国人都应该有权从公共搜索结果中删除媒体对自己的负面报道;部分美国人(39%)认为同样的删除权利应该适用于执法部门收集的数据,如犯罪记录或照片。该报告最终给出的结论是,大多数美国人赞成赋予个人或组织特定信息的"被遗忘的权利"。[1] 在人工智能时代,承认被遗忘权可以保护个人的隐私,促进言论自由的发展,二者并非永恒的对立关系。

在人工智能创造的数字环境下,平衡权利(隐私与言论)的职责被"外包"给了私营部门。[2] 在更多的场景中,互联网服务提供商需要内部平衡基本权利的冲突问题,互联网系统也开始呈现出宪治特征。作为与其他社会子系统平行的互联网系统,其设立之初便遭受了代码自我运作的内部膨胀和其他子系统的外部施压,互联网系统必然需要法律系统的反思性予以结构性支持。而此种结构性支持直

---

[1] See Brooke Auxier, "Most Americans Support Right to Have Some Personal info Removed from Online Searches", *Pew Research Center*, Jan. 27, 2020.
[2] See Michael J. Kelly and David Satola, "The Right to Be Forgotten", *University of Illinois Law Review*, Vol.2017(2017), p. 1.

接反映为互联网宪治过程。类似被遗忘权等的权利作为互联网系统和法律系统的结构耦合,不仅对抗了互联网系统的无序扩张,而且强化了对公民个人权利的保护。因此,尽管美国当前并未完全承认被遗忘权,但在万物互联的智能时代,更新个人权利的现代性保护形式已迫在眉睫。

(三)尊严价值:技术研究的权利边界

智能技术的蓬勃发展除了对平等和公开价值产生消极影响,还可能对人的尊严这一核心价值产生不当侵蚀。以深度造假为代表的机器学习技术可能侵害个人主体的名誉权和肖像权,但由于其受到《美国宪法第一修正案》的广泛涵盖而会免于法律指控。技术研发人员拥有学术研究自由无可厚非,但其必须严守伦理和法律底线,不能放任技术发展对人的尊严的无限侵害。虽然美国存在着智能技术的发展偏好,但是人的尊严仍应是技术发展的规训力量,毕竟技术发展的最终目的是服务于人类主体,而非反控人类生活。

机器学习技术正在提升深度造假技术的复杂性,使深度造假的结果更加真实且难以识破。这种技术通常涉及使用"神经网络"进行机器学习。神经网络最初是以节点(tabula rasa)网络为特征的白板,节点网络由一组随机设定的数值标准控制。就像经验可以细化大脑的神经节点一样,实例可以训练神经网络系统。如果网络处理了大量的训练实例,它便能够创建越来越精确的模型。正是通过这个过程,神经网络对音频、视频或图像进行分类,并生成逼真的模拟结果。伴随着生成式对抗网络(Generative Adversarial Networks, GANs)的出现,GANs同时引入了两个神经网络。其中一个网络是生成器,它利用数据集生成一个模拟数据集的样本;另一个网络则是鉴别器,评估生成器成功的程度。以迭代的方式,鉴别器的评估不断完善生成器的结果,最终生成器将产生人眼几乎无法识别的结果。[1]

深度造假技术可能会创造出沉浸式的课堂教学情境,也可能促进艺术娱乐的多样化,但其同时也造成了侵害个人名誉权、肖像权、隐私权等人格尊严的结果。Reddit 网站载有大量被换为知名女星脸的色情视频,以及报复前女友的换脸色情视频,尽管 Reddit 网站在接到投诉后已经将相关视频下架,但却无法从根源上制止类似行为的发生。[2] 报复色情视频之外,个人的肖像也可能被恶意替换,从而达成嘲讽、抹黑等目的。[3] 尽管深度造假视频的本质是虚假信息,但由于其极高的仿真度,普通公众难以辨别真伪,伴随着互联网舆论的喧嚣,深度造假技术对个人人格尊严造成了难以磨灭的损害。

更为诡谲的是,深度造假技术的创造者可能宣称深度造假视频是其言论自由的表达产物,应该得到《美国宪法第一修正案》的承认与保护。部分自由主义(Civil libertarians)学者认为,报复色情、虚假新闻和其他形式的不良言论是追求自由社会付出的代价的一部分,是思想市场(marketplace of ideas)的一部分。[4] 在这种观点下,好的想法,就像最好的产品将会胜出;而坏的想法,就像劣质的产品将会被市场淘汰。他们认为,让国家以任何方式参与到打击虚假

---

[1] See Robert Chesney and Danielle Citron, "Deep Fakes: A Looming Challenge for Privacy, Democracy, and National Security", *California Law Review*, Vol.107(2019), pp. 1753-1821.
[2] See Robert Chesney and Danielle Keats Citron, "21st Century-Style Truth Decay: Deep Fakes and the Challenge for Privacy, Free Expression, and National Security", *Maryland Law Review*, Vol.78(2019), pp. 882-891.
[3] 美国总统特朗普的形象便经常被深度造假技术替换至喜剧演员或者是滑稽人员的身上,而这种视频在美国最大的视频网站 YouTube 上极易看到。
[4] See Ari Ezra Waldman, "The Market of Fake News", *University of Pennsylvania Journal of Constitutional Law*, Vol.20(2017-2018), pp. 845-870.

新闻的过程中来,都违背了不干涉和宽容这一最基本的言论自由原则。[1]"三人言而成虎"的历史证明,当个人接收到多次虚假信息后,虚假信息非但不会被抛弃,还可能会被个人认定为是真实的并且继续传播。第一修正案要求为自我表达提供保护和喘息空间,然而同时,第一修正案也为深度造假提供了温床。[2] 联邦最高法院的实践中也表现出优先保护言论自由的倾向。在2012年United States v. Alvarez案中,由肯尼迪大法官执笔的多数意见认为,"言论的虚假性本身并不足以将言论排除在宪法第一修正案的保护范围之外"[3]。由此导致的结果是,对深度造假技术的限制需要满足法院的严格审查标准,即使公民个人的人格尊严已经遭受事实上的损害,也难以获得法院及时的补偿性裁判。

深度造假技术是学术研究繁荣的产物,而学术研究繁荣的背后离不开学术研究自由的支持。学术研究自由是人工智能赖以生存的基本条件。美国宪法并未明文规定"学术自由",美国联邦最高法院通过对《美国宪法第一修正案》的扩张解释,肯定了学术自由的基本权利地位。[4] 学校、教师和学生都可以成为学术自由的主体。作为

---

[1] See Mary Anne Franks and Ari Ezra Waldman, "Sex, Lies, and Videotape: Deep Fakes and Free Speech Delusions", *Maryland Law Review*, Vol.78(2019), p. 894.
[2] See Jessica Silbey and Woodrow Hartzog, "The Upside of Deep Fakes", *Maryland Law Review*, Vol.78(2019), pp. 960-966.
[3] United States v. Alvarez, 567 U.S. 709 (2012).
[4] 在Sweezy v. New Hampshire案中,美国最高法院的多数意见认为,作为一名学者,斯威齐(Sweezy)有权拒绝回答关于他演讲内容的提问,该案也是第一起确立了学术自由宪法保护的案件,参见 Sweezy v. New Hampshire, 354 U.S. 234 (1957)。在Keyishian v. Board of Regents of University of State of New York案中,由于教师凯西安(Keyishian)拒绝在一份政治立场报告中签字,而被纽约州立大学解雇。凯西安不服提起上诉,最高法院认为,国家有义务保证教师的宪法第一修正案权利,使教育事业自由且开放,参见 Keyishian v. Board of Regents of University of State of New York, 385 U.S. 589 (1967)。

宪法未列举的权利,学术自由只有一个核心的范围,即教师、学生和学术机构追求知识的自由,不受不当或不合理的干涉。学术自由指向了参与知识生产全部活动的自由,包括选择一个研究重点、决定在课堂上教什么、向同事展示研究成果以及发表研究成果。但这并不意味着学术自由是无限制的,根据美国大学教授协会(American Association of University Professors)发布的广为人知的《1940年关于学术自由和终身职位的声明》(1940 Statement on Academic Freedom and Tenure),"教师应该小心避免与学科无关的争议性问题,当他们在公共场合发言或写作时,可以自由地表达自己的观点,而不用担心受到制度审查或纪律的约束,但他们应该表现出克制,并清楚地表明他们不是在为自己的制度说话"。

然而,学术研究自由极易与人的尊严这一基本宪法价值发生冲突。虽然美国宪法没有像德国宪法一样,开宗明义地说"人的尊严不可侵犯,尊重及保护此项尊严为所有国家机关之义务",但是美国最高法院依旧将"人的尊严视为一项核心价值,是列举和未列举的基本权利的保障基础"[1]。这尤其体现在《美国宪法第八修正案》(反对酷刑)之上,正如斯图尔特(Stewart)大法官所言,"人的尊严是《美国宪法第八修正案》的基础"[2]。但人的尊严是一个十分有争议的概念,相异的文化背景也会导致不同的人的尊严的定义。[3] 在美国式政治和法律语境中,人的尊严与个人权利是紧密联系的,有不受外界

---

[1] See Maxine D. Goodman, "Human Dignity in Supreme Court Constitutional Jurisprudence", *Nebraska Law Review*, Vol.84(2005-2006), p. 743.
[2] Gregg v. Georgia, 428 U.S. 153 (1976).
[3] See Henk Botha, "Human Dignity in Comparative Perspective", *Stellenbosch Law Review*, Vol.20(2009), p. 171.

干预的自由。[1] 因此,以人的尊严作为逻辑起点,隐私权最初也只是"独处的权利"(let alone)。而在医学研究的特殊的时间点上,例如智能医疗等技术发展的初级阶段,如何平衡学术研究的自由与人的尊严之间的冲突,显得尤为迫切。完全禁止医学研究的发展是不现实的选择,但医学研究的恣意发展可能会彻底改写人的尊严的定义。

对于更广泛的学术研究而言,学术自由与隐私权、言论自由或者其他权利的冲突解决,难以得到立法上的明确规定,只能依赖个案中的利益衡量、比例原则等判定规则,而这一判定规则随着科技环境的变化,存在着前后相悖、发生减损的可能。但无论如何,学术研究自由的最大限制,一定还是源于人类本身,也即人的尊严。

---

[1] See Neomi Rao, "American Dignity and Healthcare Reform", *Harvard Journal of Law and Public Policy*, Vol.35(2012), p.174.

第三章
美国人工智能领域基本权利保护的基准设定

人工智能时代基本权利的保护需要从两端入手,寻求三方合作。前置性风险预防可以在技术设计阶段内嵌权利保护的基准,而后置性结果矫正可以通过外部干预最大限度地修复损害结果。无论是前置性解决方案还是后置性解决方案,都离不开原则与实践的组合出击,两者相辅相成,循环往复,在不断的调整中达至最优状态。由于技术权力冲击了国家权力的垄断地位,国家权力不得不寻求技术权力的支持,具体表现为法律、行政规范与行业自我监管的协力合作。而个人的积极参与更为灵活及时地诊断出权利的折损现状,促进了技术革新与权利保护的共赢发展。因此,协力合作下的国家、行业和个人成为保护策略的实施主体,具体履行前置性与后置性保护策略。

一、前置性风险预防的权利保护基准

当个人饱受技术风险的困扰时,如何在技术的设计阶段降低风险发生的可能性与损害后果的严重性的问题,推动了前置性风险预防的理论产生及具象应用。以个人数据保护中的公平信息实践原则为前瞻,隐私保护的理论演化为隐私的设计理论以及隐私的再设计理论,安全保护等要求同样可以依靠技术的事前设计而被内置于系统中。然而,规范的引导性作用需要技术的转化,方能落地生根。为避免法律规制的负向效果,责任的豁免可以催动技术的前行,从而达成权利与技术的正和博弈。

(一)理论萌芽:公平信息实践原则

公平信息实践原则的前身为公平信息实践法则。1973年,美国联邦健康教育福利部(Department of Health Education and Welfare)发表了《记录,电脑与公民权利:个人数据自动系统的咨询委员会秘书处报告》(Records, Computers, and the Rights of Citizens: Report of the Secretary's Advisory Committee on Automated Personal Data Systems),首次提出了适用于所有个人数据系统的公平信息实践法则(Code of Fair Information Practices, FIPs),这一法则的主要内容包括五个方面:其一,记录并保存个人数据的系统必须被明示;其二,个人有权被告知何种私人数据被记录以及将如何被使用;其三,同意使用原则仅适用一次,二次使用数据时必须再次征求个人的同意;其四,保障个人随时改正、补充个人数据的权利;其五,个人可识别数据(identifiable personal data)的创建、存储、使用和传播,必须确保数据的可靠性,并采取措施防止数据的误用。[1] 公平信息实践法本身则并不是强制性法律规则,却为美国联邦《有线通信政策法案》《电脑欺诈和滥用法案》《视频隐私保护法案》《电话消费者保护法》《儿童在线隐私保护法》等法案奠定了基础,并且得到了联邦贸易委员的认可与执行。

---

[1] See U.S. Department of Health, Education and Welfare, Records, Computers and the Rights of Citizens: Report of the Secretary's Advisory Committee on Automated Personal Data Systems, Jul. 1973, p. xxiii.

在联邦贸易委员会1998年向国会提交的《在线隐私报告》（Privacy Online: A Report to Congress）中，联邦贸易委员会首次清晰描述了被广泛接受的公平信息实践原则（Fair Information Practice Principles, FIPPs）：通知、选择、访问和安全（Notice, Choice, Access and Security）。第一，通知（Notice）：在从消费者处收集任何个人信息之前，信息收集处理者应通知消费者有关的信息处理情况。未经通知，消费者无法就是否以及在多大程度上披露个人信息做出明智的决定，也即信息收集处理者需要告知消费者其是否正在收集信息、正在收集哪些信息、信息处理的过程和目的分别是什么。第二，选择（Choice）：该条意味着让消费者选择如何使用从他们那里收集的全部个人信息，特别是选择个人信息的二级用途，即超出预期目标以外的用途。隐私政策应包含人们拒绝信息收集的选项，例如，如果消费者拒绝被收集个人信息，则建议不使用该服务。第三，访问（Access）：个人拥有访问有关自己的信息的能力，包括查看信息收集处理者收集的信息，以及质疑该信息的准确性和完整性的能力，从而确保了消费者信息准确和收集处理者服务透明。第四，安全（Security）：为了确保信息的完整性，信息收集必须满足合理的步骤，例如只使用可靠的信息源、销毁过时的信息或将其转换为匿名形式。这一原则为信息收集处理者在信息安全方面的行动提供了指导，总体要求是需要通过技术措施和物理措施以保证信息安全。[1]

而在联邦贸易委员会2000年向国会提交的《在线隐私和报告：电子市场中的公平信息实践》（Privacy Online: Fair Information Practices in the Electronic Marketplace）中，联邦贸易委员会重申，以

---

[1] See Federal Trade Commission, Privacy Online: A Report to Congress, Jun. 1998.

消费者为导向的商业网站,如果在网上收集消费者的个人可识别数据或有关消费者的数据,必须遵守4项广为接受的公平信息实践原则:通知、选择、访问和安全。[1] 公平信息实践原则所建议的执行方式(enforcement)包括:行业自律、为消费者提供私人补偿以及民事(或刑事)处罚。[2] 公平信息实践原则的益处有目共睹。公平信息实践原则为个人数据的跨境流动提供了共识,而且为行业倡导者和政策制定者提供了一个控制技术风险的基准。相较隐私概念的宏大与模糊,公平信息实践原则更为详尽且可操作。[3]

有学者对美国著名打车软件Uber和Lyft的隐私政策进行了分析,认为两份隐私政策的可阅读性高于美国人的平均阅读水平,且基本符合公平信息实践原则的要求。从对"通知"的分析来看,

---

[1] (1)通知:网站需要为消费者提供清晰和明显的通知,包括数据的收集、收集方式(直接或通过不明显的手段如cookies)、使用方式,如何为消费者提供选择、访问和安全措施,是否将收集到的数据披露到其他实体,以及其他实体是否通过网站收集个人数据;(2)选择:网站需要向消费者提供关于个人可识别数据是否可以被用于数据初始目的之外的选择,这种选择既包括内部的二次使用(如消费者营销),也包括外部的二次使用(如向其他实体披露数据);(3)访问:网站向消费者提供合理的访问权限,使其能够合理地访问网站收集到的关于他们的数据,包括有合理的机会对数据进行审查、纠正或删除信息;(4)安全:网站必须采取合理措施,保护其从消费者处收集到的数据的安全性。参见Federal Trade Commission, Privacy Online: Fair Information Practices in the Electronic Marketplace: A Report to Congress, May 2000。

[2] FIPPs五项核心原则(通知、选择、访问、安全和执行)最为明显地体现于经济合作与发展组织《关于保护个人数据隐私和跨界流动的指南》(OECD Guidelines on the Protection of Privacy and Transborder Flows of Personal Data)中所规定的八项核心原则,分别是收集限制、数据质量、目的明确、使用限制、安全保障、公开可得、个人参与和可归责性(Collection Limitation, Data Quality, Purpose Specification, Use Limitation, Security Safeguards, Openness, Individual Participation and Accountability)。

[3] See Woodrow Hartzog, "The Inadequate, Invaluable Fair Information Practices", *Maryland Law Review*, Vol.76(2017), pp.956-964.

Uber 和 Lyft 的政策充分解释了软件收集信息的类型,以及如何使用这些信息。这些内容构成了两份隐私政策的大部分内容,但是某些部分缺乏如何使用信息的细节。通过对"选择"的分析、研究发现消费者有很多机会限制对其信息的收集,尤其是两份政策中的删除账户说明。"访问"是另一核心的关键区域,两份政策均提到了消费者访问信息的可能路径,路径虽然较为充分,但是并不容易获取。就"安全"和"执行"而言,两份隐私政策的内容条款显示出,都没有对内部违规行为进行重大执法,也没有对内部信息操作进行任何第三方审查。Lyft 的隐私政策只是含混地提到了信息安全问题,可以被理解为在安全漏洞方面否认存在不当行为。[1] 对 Uber 和 Lyft 隐私政策的公平信息实践原则满足性分析表明,公平信息实践原则有效地影响了移动软件公司收集消费者信息,[2] 但遗憾的是,即使公司遵循公平信息实践原则设定的标准,消费者的信息隐私保护依然存在着模糊地带。

公平信息实践原则无法一劳永逸地解决个人数据的泄漏问题,随着人工智能技术的发展,公平信息实践原则逐渐显示出疲软。首先,通知选择制度为公司和个体增加了负担,却没能得到预期的控制效果。公司和其他数据控制者背负着沉重的法律义务,个人接受着大量的通知,然而选择的作用往往有限。日常生活经验证明,作为普通消费者的个人往往将隐私政策直接滑到底端,无思考地勾选用户同意选项,以便迅速使用应用软件所提供的便利服务。现有的证

---

[1] See Jacob Klemovitch et al., "Current Privacy Policy Attitudes and Fair Information Practice Principles: A Macro and Micro Analysis", *Issues in Information Systems*, Vol.22, Issue 3 (2021), pp. 145−159.
[2] See Christian Fernando Libaque-Saenz et al., "The Effect of Fair Information Practices and Data Collection Methods on Privacy-Related Behaviors: A Study of Mobile Apps", *Information and Management*, Vol.58, Issue 1(2021), p. 1.

据表明,隐私没有被更好地保护。过量的通知可能会让个人产生隐私增强的错觉,但事实远非如此。[1] 其次,公平信息实践原则无法适应当前大数据与人工智能的浪潮。大数据的支持者认为,只有当数据被充分使用,新型技术的优势才会被展现出来。然而公平信息实践原则主要被用来解决个人数据的未授权公开和数据不准确等简单问题,其中数据最小化使用更是与大数据的根基相悖。再次,算法歧视问题和社交媒体的隐私干预,都成为公平信息实践原则的盲点。[2] 即使公司收集的消费者数据是准确无误的,却依旧存在内生性的算法风险,公平信息实践原则未能关注算法决策系统的运作风险。最后,公平信息实践原则专注于非情境化目标,比如"开放性"和"数据质量",而忽视了设计(design)的作用。公平信息实践原则中的"安全保障"和"开放手段"等术语表明,设计可以补充隐私政策。遗憾的是,公平信息实践原则并没有提出任何具体的技术要求或设计指导。[3] 因此,公平信息实践原则未来的改革方向应当是关注设计的作用。

(二)理论演进:隐私(安全)的设计与再设计原则

隐私设计理论的基本思路是在创建软件产品和服务时,以公平

---

[1] 弗雷特·H. 凯德(Fred H. Cate)认为,消费者隐私保护原则(Consumer Privacy Protection Principles)应该包括两个方面:在统筹层面,原则应该指导数据保护系统的发展以及明确法律的角色;在详细层面,原则应该确定数据保护法律的关键要素是什么。参见 Fred H. Cate, "The Failure of Fair Information Practice Principles", in Jane K. Winn (ed.), *Consumer Protection in the Age of the 'Information Economy'*, Burlington: Ashgate Publishing Company, 2006, pp. 343-379。

[2] See Woodrow Hartzog, "The Inadequate, Invaluable Fair Information Practices", *Maryland Law Review*, Vol.76(2017), pp. 964-972.

[3] See Woodrow Hartzog, "The Inadequate, Invaluable Fair Information Practices", *Maryland Law Review*, Vol.76(2017), p. 956.

信息实践的形式"内嵌"隐私保护方案。[1] 有鉴于此,以公平信息实践原则为基础,在人工智能的技术环境中,隐私设计理论(Privacy by Design)逐渐成为流行的数据保护理念。欧盟《通用数据保护条例》正文肯定了通过设计达到个人数据保护的目的,前文提及的美国《安全愿景2.0》同样支持了这一原则。该原则与其他数据隐私原则的不同在于,其将隐私和技术设定为可以和谐共存的双赢结果,而非通过牺牲一方实现另一方。

"隐私设计理论"(Privacy by Design, PbD)的概念与"隐私增强技术"(Privacy-Enhancing Technologies, PETs)的概念[2]密切相关。1995年8月,由荷兰数据保护局和加拿大安大略信息委员会(Dutch Data Protection Authority and the Ontario Information Commissioner)联合发表的《隐私增强技术:匿名之路》(Privacy-enhancing technologies: the path to anonymity)报告,第一次提到了隐私设计理论。作为两国数据安全联合项目的副委员长,加拿大人安·卡瓦吉安(Ann Cavoukian)和荷兰人约翰·博金(John Borking),对隐私设计理论的贡献尤为显著。[3]

---

[1] See Ira S. Rubinstein and Nathaniel Good, "Privacy by Design: A Counterfactual Analysis of Google and Facebook Privacy Incidents", *Berkeley Technology Law Journal*, Vol.28 (2013), p. 1333.

[2] 隐私增强技术主要指那些增强用户个人信息保护的技术,包括编码、加密、假名和匿名、防火墙、匿名通信技术等。隐私设计理论的提出受到隐私增强技术的影响,以至于人们常常将两者混为一谈。从实践来看,隐私设计理论的实施往往需要借助隐私增强技术。此外,两者都主张从系统内部构建个人信息保护体系,将"软"法(soft law)刻进系统"硬"盘(hardware)之中,因为要违反或规避嵌入在系统代码之内的规则要比违反写在纸上的法律更加困难。尽管隐私增强技术与隐私设计理论有共通之处,但两者并不能等同。二者在性质、适用范围、范畴、适用、理念和价值等方面都存在区别,具体可参见郑志峰:《通过设计的个人信息保护》,载《华东政法大学学报》2018年第6期,第58—59页。

[3] See Peter Hustinx, "Privacy by Design: Delivering the Promises", *Identity in the Information Society*, Vol.3(2010), pp. 253-255.

2010年在耶路撒冷召开的第32届数据保护和隐私专员国际会议（The 32nd International Conference of Data Protection and Privacy Commissioners）明确了隐私设计理论是隐私基本保护的核心要素，并肯定了安·卡瓦吉安在2009年提出的隐私设计理论7项核心原则。[1] 安·卡瓦吉安认为，隐私在未来不能仅仅通过遵守监管框架来保证；相反，在理想情况下，隐私保障（privacy assurance）必须成为组织的默认操作模式。隐私设计理论是隐私增强技术的改进版，将零和博弈改进为正和博弈。通过在技术中嵌入数据保护措施，鼓励技术主体主动改变自己的行为，并降低难以避免的负面影响，从而达成正和结果。隐私设计原则可以适用于所有类型的个人数据，特别适用于敏感数据，如医疗数据和商业数据，隐私措施的力度往往与数据的敏感性相称。隐私设计理论的目标是确保个人对个人数据的控制，对于数据控制者而言，需要践行下述7项核心原则：

第一，主动而非被动，预防而不是治疗（Proactive not Reactive; Preventative not Remedial）。隐私设计的特点是采用主动而非被动的措施，其能在侵犯隐私的事件发生之前预测并防止其发生。隐私设计理论不会坐等隐私风险的出现，也不会在隐私违规发生后立即提供补救措施——其目的是防止这种情况的发生。简而言之，隐私是事先设计好的，而不是事后设计的。

第二，默认的隐私（Privacy as the Default）。隐私设计是一项默认的规则，即使个人不采取任何措施，个人的隐私依然是受到保护的，隐私保护是被默认内置在系统的。

第三，隐私嵌入设计（Privacy Embedded into Design）。通过设计

---

[1] See 32nd International Conference of Data Protection and Privacy Commissioners, Resolution on Privacy by Design, Oct. 2010, pp. 1-2.

实现的隐私被嵌入信息技术系统和商业实践的设计体系结构。隐私是系统的一部分,并且不会削弱系统的其他功能。

第四,完整的功能:正和而不是零和(Full Functionality: Positive-Sum, not Zero-Sum)。隐私设计理论旨在以正和双赢的方式促成所有合法的利益和目标。

第五,全生命周期保护(End-to-End Life-Cycle Protection)。从开始到结束,强大的安全措施对于隐私来说是必不可少的。这将确保所有数据都被安全地保留,并在流程结束后及时安全地被销毁。

第六,可见性和透明度(Visibility and Transparency)。隐私设计理论的组成部分和操作对于用户和其他相关方都是可见和透明的。

第七,尊重用户隐私(Respect for User Privacy)。隐私设计理论以用户为中心,要求架构师和操作人员通过提供充分的隐私默认、适当的通知等措施来维护个人的利益。[1]

实践中,欧盟《通用数据保护条例》接受了隐私设计理论,其正文第 25 条设计和默认的数据保护(Data Protection by Design and by Default, DPbDD)要求,考虑到技术的现状、执行的费用和处理的性质、范围、背景和目的以及处理对自然人权利和自由造成的侵害程度风险,控制者应该在确定处理方式时和处理过程中,实施适当的技术和组织措施,保护数据主体的权利。控制者应该实施适当的技术和组织措施以确保在默认情况下,只有对每个特定处理目的有必要的个人数据才能被处理。该条款适用于个人数据的数量、数据处理的程度、数据的存储期限和数据的可接触性。特别是,这些措施应确保在没有个人干预的情况下,不向不确定的自然人提供访问个人数据的机会。2019 年 11 月 13 日,欧盟数据保护委员会(European Data

---

[1] See Ann Cavoukian, Privacy by Design: The 7 Foundational Principles, Aug. 2009.

Protection Board, EDPB)通过了《第 25 条设计和默认的数据保护的适用指南》(Guidelines 4/2019 on Article 25 Data Protection by Design and by Default),要求数据控制者必须执行适当的技术、组织措施以及必要的保障措施,从而有效地履行数据保护原则,并且保障数据当事人的权利和自由。《第 25 条设计和默认的数据保护的适用指南》解释了第 25 条核心概念的定义与要求,并向数据控制者提出了建议,以加强对第 25 条的具体适用。[1]

隐私设计理论本身只是一项工具原则,其最终目标在于实现个人数据隐私的保护。以用户可视化要求为例,用户可视化是面对客户个人的端口结果,而其实现过程必须依赖隐私设计理论。例如,2009 年 KnowPrivacy 研究项目提出了一套用于编码隐私政策的"标签"。每个标签都指向一种类型的用户数据、数据实践或共享协议,并由图标和文字描述组成。对于给定的隐私政策,每个标签可以位于三个状态之一:是、否或不清楚,以直观地说明技术主体收集哪些数据,如何使用这些数据,以及与谁共享数据。[2] 隐私设计理论的目标可以由外部法律、道德划定,但目标的实现依赖智能技术的建构方式。质言之,隐私设计理论将保护个人数据隐私的责任交还给技术主体,鼓励技术主体通过设计流程增强对以用户为中心的隐私的保护。[3]

---

[1] 建议包括控制人员应该从计划处理操作的初始阶段甚至在决定处理方法之前就考虑 DPbDD、欧盟数据保护委员会鼓励技术提供商利用 DPbDD 作为市场竞争优势、欧盟数据保护委员会鼓励各行业协会纳入 DPbDD 等。参见 European Data Protection Board, Guidelines 4/2019 on Article 25 Data Protection by Design and by Default, Adopted on 13 November 2019, pp. 25-27。

[2] See Susanne Barth et al., "Understanding Online Privacy—A Systematic Review of Privacy Visualizations and Privacy by Design Guidelines", *ACM Computing Surveys*, Vol.55, No.3(2022), pp. 1-37.

[3] See Oshrat Ayalon et al., "User-Centered Privacy-by-Design: Evaluating the Appropriateness of Design Prototypes", *International Journal of Human-Computer Studies*, Vol.154 (2021), p. 3.

作为一种解决方案,隐私设计理论是一个不断发展的框架,适用于数据收集、存储和使用的全过程。隐私设计理论提供了一种方法,允许公司、大学和机构将研究重点放在尊重用户的隐私利益上,并允许它们通过将安全和隐私作为所有服务设计的基础来持续赢得用户的信任。[1] 尽管隐私设计理论得到了普遍认同,但仍有学者质疑隐私设计理论的模糊性与自我执行的不足,其需要外部力量的干预与激励。"虽然公司可以通过在新产品和服务的设计中引入隐私保护以改进其数据实践,但只要经济激励不充分,或者设计隐私的含义不准确,公司就难以抓住主动权。因而,灵活的监管激励是必要的。"[2] 尽管隐私设计理论的概念具有延展性,但是对于公司而言,主动考虑设计隐私问题,而不是被动解决数据泄漏问题,是更为明智的选择。[3]

以数据保护为框架的隐私设计理论,也为自动驾驶的安全设计理论提供了雏形。正如《安全愿景 2.0》所提到的十二项优先考虑的安全因素,制造商在产品设计初期将隐私、安全等核心的权利保护方式内置于系统,可以从源头上积极地预防个人权利被侵犯的风险。[4] 然而,这一设计理论主要的应用对象是新型系统设计,对于业已存在的系统,隐私的再设计理论则更为有效。

---

[1] See Eric Everson, "Privacy by Design: Taking Ctrl of Big Data", *Cleveland State Law Review*, Vol.65(2016), pp. 27-44.

[2] Ira S. Rubinstein, "Regulating Privacy by Design", *Berkeley Technology Law Journal*, Vol.26(2011), p. 1453.

[3] See Stuart L. Pardau and Blake Edwards, "The FTC, the Unfairness Doctrine, and Privacy by Design: New Legal Frontiers in Cybersecurity", *Journal of Business and Technology Law*, Vol.12(2017), p. 276.

[4] 公益机构安全控制框架(Secure Controls Framework)曾发表过 32 条基础性原则,以帮助公司设计出安全可靠和保护隐私的系统。参见 Secure Controls Framework, Security and Privacy by Design Principles, Version Jan. 2019。

系统设计的改革是循序渐进的,而非一蹴而就的。2011年,加拿大学者玛丽莲·普罗什(Marilyn Prosch)提出了隐私的再设计理论(Privacy by ReDesign),目的在于将安·卡瓦吉安所提出的隐私设计理论适用于已经投入使用的系统,包括信息技术系统、商业实践系统和网络基础设施建设系统等。[1] 因此,隐私的再设计理论是隐私设计理论的过渡时期样本,其最终目的是实现通过设计的隐私保护。根据安·卡瓦吉安的设想,隐私的再设计理论的执行包括三个阶段,分别是重新思考、重新设计和重新恢复(Rethinking, Redesigning and Reviving),简称3R阶段。在重新思考阶段,核心目标是识别与目标系统相关的业务和隐私需求。此流程的一个关键问题是识别与业务需求一致的数据需求。许多公司可能会发现,公司所收集的数据远多于实现目标所需的数据,从而增加了隐私的风险。公司必须根据隐私设计理论评估现有的隐私控制方式,并找出不足之处,从而重新规划公司的战略目标,制定出新的业务需求和隐私需求。在重新设计阶段,其核心目标是设计和开发新的控件,以符合在重新思考阶段确定的业务和隐私需求。该阶段的结果将是一个全新的、改进的隐私控制方案被提出且通过测试。在重新恢复阶段,其核心目标是将全新的、改进的隐私控制方案纳入已经存在的系统。在必要的情况下,三个阶段可能会重复发生,直至得到一个功能完整的隐私增强方案。[2]

隐私的再设计理论与隐私设计理论的目的与核心原则是一致的,本质是同一理论在不同阶段呈现出的不同面相。而在当前人工智

---

[1] See Ann Cavoukian and Claudiu Popa, Privacy by ReDesign: A Practical Framework for Implementation, Nov. 2011, p. 1.

[2] See Ann Cavoukian and Claudiu Popa, Privacy by ReDesign: A Practical Framework for Implementation, Nov. 2011, pp. 6-7.

能高歌猛进的时期,对待已有的算法系统应当采用隐私的再设计理论,对待正在研发中的算法系统则应采用隐私的设计理论,从而在初始阶段将隐私风险最小化。在初始阶段切断权利侵犯的可能性,也将减少后期权利保护的成本,从而达成权利保护的投入最小化。而这一理论预设倚重实践的圆满转化,从而方能达成预期的技术治理目标。

(三)理论应用:刚柔并济的技术设计与责任豁免

建构性认同原则依附具体技术的实现,而实现过程需要"刚柔并济"。通过防患技术确保自动驾驶的安全是实现过程的刚性面相,而通过责任的豁免培育技术的创新则是实现过程的柔性面相。两重面向的实践并行,才能达成符合时代价值的预设目标。

第一,通过防患技术确保自动驾驶的安全。自动驾驶车辆的物理安全性主要依赖技术的研发,法律通常只能扮演技术发展的方向把控角色。例如,公益机构安全控制框架曾发表 32 条指导性原则,建议使用连续监控、事件响应、漏洞管理等技术,从而创造出安全的系统。[1] 法律系统则更为关心自动驾驶系统的网络安全问题,一旦不法分子操纵自动车辆,如何避免自动驾驶车辆成为不法分子的新型炸弹?

以传统的车辆安全锁和报警系统为基础,自动驾驶车辆的网络安全还可以通过以下途径得到保护:其一,由于现代飞机的驾驶系统也大量依赖自动驾驶系统,自动驾驶车辆在最初可以模拟飞机自动驾驶系统的安全保护措施,建立起自动车辆信息分享与分析中心(Automotive Information Sharing and Analysis Center, auto-ISAC)。2016 年,美国国家公路交通安全管理局发布的《关于自动车辆的指南规则》也着重强

---

[1] See Secure Controls Framework, Security and Privacy by Design Principles, Version Jan. 2019.

调了 auto-ISAC 的重要性。美国联邦调查局(FBI)也认为 auto-ISAC 将成为帮助车辆行业分析、共享和监测网络威胁的集中性信息中心。[1] 其二,国家公路交通安全管理局应该要求自动驾驶车辆系统内置多层安全协议,隔离和阻止可能的黑客。[2] 其三,自动驾驶车辆的安全保护软件应是强制性自动更新,出于对乘客以及其他个人的安全考虑,不应该允许乘客选择退出这种安全更新。[3]

也有学者提出了死亡开关(Kill Switch)的设定。[4] 由于自动驾驶是从 0 级逐渐向 5 级发展,[5] 在最初的自动驾驶车辆中,必然存

---

[1] See FBI, Public Service Service Announcement: Motor Vehicles Increasingly Vulnerable to Remote Exploits, Mar. 17, 2016.

[2] See Caleb Kennedy, "New Threats to Vehicle Safety: How Cybersecurity Policy Will Shape the Future of Autonomous Vehicles", *Michigan Telecommunications and Technology Law Review*, Vol.23(2017), p. 356.

[3] See Caleb Kennedy, "New Threats to Vehicle Safety: How Cybersecurity Policy Will Shape the Future of Autonomous Vehicles", *Michigan Telecommunications and Technology Law Review*, Vol.23(2017), p. 356.

[4] See Robert Sykora, "The Future of Autonomous Vehicle Technology as a Public Safety Tool", *Minnesota Journal of Law, Science and Technology*, Vol.16(2015), pp. 811–825.

[5] 根据《安全愿景 2.0》及《自动车辆 3.0》的规定,自动驾驶系统被划分为六个水平,从 Level 0 到 Level 5,自动驾驶系统的自动化能力逐渐增强:Level 0——无自动驾驶(no automation):没有自动驾驶,驾驶员全权控制车辆,执行与驾驶有关的所有任务。Level 1——驾驶员辅助(driver assistance):车辆由驾驶员控制,大部分工作由驾驶人员完成,但车辆设计中可能包含一些驾驶员辅助功能。例如,许多车辆上配备的巡航控制装置。Level 2——部分自动化(partial automation):车辆具有综合自动化功能,例如,车辆的转向和速度由一个或多个驾驶员辅助系统控制,而人类控制驾驶的其他要素。因此,人类驾驶员必须始终参与驾驶任务并监视环境。例如,自动停车功能、车道保持系统和紧急制动系统。Level 3——条件自动化(conditional automation):3 级及以上的车辆被认为是"自动驾驶系统"。这个级别和更高级别的车辆能够监视周围的驾驶环境——需要司机,但不需要司机监视环境。然而,司机必须随时准备在接到通知后控制车辆。通常,这些类型的车辆能够自己做出决策。例如,一辆 3 级车在决定减速或超车之前,能够看到前面行驶较慢的车辆。Level 4——高级自动化(high automation):车辆能够在一定的条件下,即特定的驾驶模式下,完成所有的驾驶功能。如果系统失灵,车辆就会自动停止。驾驶员可以选择控制车辆,特别是当外在条件扰乱了预先设定的参数时,比如道路工程或道路改道,抑或是当驾驶员希望这样做时。Level 5——全自动化(full automation):车辆(转下页)

在一个可以完全控制并停止自动车辆的开关。在最初的测试中,该开关的存在是为了保护测试的安全性,那么随着自动车辆不断高级化发展,死亡开关是否仍有存在的必要?从消费者利益的角度考量,消费者通常不希望自己的车辆在某些情况下突然被制造商控制,消费者希望自动驾驶车辆是完全自治的。但从制造商以及公共安全的角度考量,强制性死亡开关的设置,可能是对抗"车辆炸弹"的有效方式。如果死亡开关真的被设立,后续的宪法问题可能是,警局等公权力机关是否有权力按下这个开关?

自动驾驶车辆的数据安全则依旧需要隐私设计理论的保障作为回应。自动驾驶车辆承载着价值不菲、体量庞大的用户个人数据。当用户将手机与车辆匹配后,车辆将从手机中收集到大量数据,可能包括:生物识别数据、密码、联系人、通话记录、日历事件、下载的文件、导航的历史记录、家庭住址、健康信息、第三方应用程序信息、移动位置数据、内外交互信息和车内服务数据等。除此之外,涉及自动车辆设计、制造、销售、使用、运营和维护的个人信息或关键数据,都将被自动驾驶车辆逐一提取并存储。保障自动驾驶车辆的数据安全,同样需要寻求技术设计的帮助。即使现在的自动驾驶技术并未达到 L5 级别的完全自动化,但当车内设备与外部世界开始连接,无线网络、蓝牙、红外等连接面也将成为智能车辆可能的被攻击面。为了抵御外部攻击,首要的应对方式在于更新车辆的安全认证协议。安全认证协议需要由技术主体的共识制定,乘客希望车辆能够每秒

(接上页)能够在任何条件下执行所有的驾驶功能,不需要人工控制车辆,但驾驶员可以选择控制车辆。未来数年,自动驾驶车辆将通过六个级别的自动驾驶技术逐层进步,最终完全融入美国的公共交通。车辆将从没有自动化(在任何时候都需要一个完全投入的驾驶员)逐渐发展为完全自动化(在没有人类驾驶员的情况下,自动车辆独立运行),从而成为人工智能领域最具代表性的应用。

验证多达2000条消息。如果验证速度减慢，其将影响整体的车辆乘坐体验感。但这也要求技术行业必须通过一致的安全认证标准，从而保证车辆可以在微秒中认证其他主体，并且拒绝恶意第三方。[1]以一致的安全认证协议为根基，为了保护车辆数据免受未经授权的访问，还需要叠加身份验证和加密技术以确保车辆数据的发送者和接收者是善意主体，并且存储在服务器中的数据被安全加密。这些安全技术通常被嵌入电子控制单元（ECU）和其他机载单元（如信息娱乐单元），不仅可以确保数据隐私，还可以确保这些数据不会被更改或操纵，从而避免造成物理伤害结果。现有的Auto-Crypt V2X技术便可以将双重技术设置于芯片之中，从而保障车辆数据的隐私安全。[2]

无论美国国家公路交通安全管理局所构想的未来愿景如何美好，其最终实现的可能性依然与技术发展休戚相关。道德、法律所设置的技术底线，唯有技术能够将其逐一落实。通过技术设计以达成数据安全、车辆安全的预期结果，反映出智能技术在当前依旧是人工可控的。利用技术发展促进对个人权利的保障，而非减损个人权利的效益，最终达成技术与权利的共赢，仍然是智能技术发展的优先选择。

其二，通过责任豁免培育技术创新。无论是隐私还是安全设计理论，都为研发人员和技术公司施加了一定的外部压力。如果缺乏匹配的激励措施，技术研发可能会因此搁置。尽管自动驾驶车辆将通过减少车辆碰撞的概率来提高车辆行驶的安全性，但具有讽刺意

---

[1] See Ann Steffora Mutschler, "Data Security Challenges In Automotive", *Semiconductor Engineering*, Feb. 3, 2022.
[2] See AutoCrypt, Data Privacy on the Road: How to Keep Car Data Safe, http://autocrypt.io/data-privacy-on-the-road-how-tokeep-car-data-safe/, last visited time 2022-08-20.

味的是,自动驾驶车辆的事故追责可能会加重车辆制造商的责任。自动驾驶车辆将把避免交通事故的责任从自然人驾驶员转移到车辆制造商。虽然自动驾驶车辆预计将导致事故数量的净减少,但由于技术无法预测未来全部的情形,自动驾驶车辆发生碰撞事故的概率不可能为零。在未来的交通事故诉讼中,车辆制造商将面临民事乃至刑事的责任追究。[1] 如果不事先明晰其责任边界,那么诉讼追责很可能成为自动驾驶车辆投放市场的最大阻力。因此,一旦研发实体满足了隐私和安全的设计(再设计)理论,达到了行业所设定的通行标准,研发实体便可以享有责任的豁免。具体而言,车辆制造商的责任豁免又分为全部豁免和部分豁免。

全部豁免的例子可以在航天飞机制造业的历史中找到。面对通用航空产业(general aviation industry)的破产,美国国会进行了长达18年的干预,使小型飞机和小型飞机部件制造商免于诉讼。《通用航空振兴法案》(General Aviation Revitalization Act, GARA)有效地将通用航空转变成一个"顾客自慎"(caveat emptor)的市场,并允许该行业重新崛起。[2] 但全部豁免的弊端在于,制造商可能完全不考虑产品的安全问题,导致最终的产品不具备充分的安全保障措施。就像法律所规定的产品责任其实是刺激制造商提高产品质量一样,[3] 一旦抹掉机器制造商的全部责任,虽然抹掉了技术创新的障碍,但也促使制造商在同等成本的条件下,优先考虑智能技术的优化,而非智能机器的安全措施。因此,"除非损害的发生后果明显是由于消费

---

[1] See Liliya Ivanova and Nikita Kalashnikov, "The Liability Limits of Self-Driving Cars", *The United Kingdom Law and Society Association*, Vol.21(2022), pp. 619-630.
[2] See Ryan Calo, "Open Robotics", *Maryland Law Review*, Vol.70(2011), p. 603.
[3] See A. Mitchell Polinsky and Steven Shavell, "The Uneasy Case for Product Liability", *Harvard Law Review*, Vol.123(2009), pp. 1437-1492.

者、第三方软件的不当控制,或者是由用户的修改而产生的,否则,制造商不能享受完全的责任豁免"[1]。

部分豁免主要表现为两种情形:第一种是限制赔偿的最高数额,[2]比如为自动车辆造成的损害赔偿设定一个最高的赔偿标准。物质损害赔偿通常以原价为额,但人身损害的赔偿金额则可能因被害人死前的痛苦过程、肇事方主观意图、事件的社会影响等因素而不同。在道德维度中,人类难以用金钱衡量生命。当生命已因事故而消失,对其家属的金钱赔偿却是一种现实慰藉。倘若不为人身损害赔偿设定最高额度,司法实践中极易出现惩罚性赔偿诉讼,车辆制造商可能在一场失败诉讼后便破产并退出市场。因而,限制赔偿最高数额,不仅能够抚慰伤者、恢复原状,更能维持车辆制造商的持续发展。第二种是免除特定类型的责任,比如免除目的在于提高用户安全行为的赔偿责任。假设为了保证车内乘客的生命安全,自动驾驶车辆会不可避免地撞向路边牛群。车辆制造商在碰撞算法中为自然人生命赋予了最高数值,当出现无法预见的灾难时,车辆制造商可以选择牺牲下位价值维护上位价值,碰撞算法选择撞向牛群以保护乘客安全的行为符合现代社会的道德认知,车辆制造商事后对于牛群的赔偿责任也可以得到一定的豁免。上述两种豁免情形的目的都在于"通过减少制造商的责任分配,而继续鼓励车辆安全性能的提升和自动驾驶车辆市场的繁荣"[3]。

无论是前置性防患技术的路径实施,还是减少制造实体责任的

---

[1] Ryan Calo, "Open Robotics", *Maryland Law Review*, Vol.70(2011), p. 607.
[2] See F. Patrick Hubbard, "The Nature and Impact of the 'Tort Reform' Movement", *Hofstra Law Review*, Vol.35(2006), pp. 493–494.
[3] Nick Belay, "Robot Ethics and Self-Driving Cars: How Ethical Determinations in Software Will Require a New legal Framework", *Journal of the Legal Profession*, Vol.40 (2015), p. 129.

方案探讨,都是立足于目前人工智能的初级发展阶段。人类程序员控制着自动机器的每一个细节,人类程序员可以解释其所设计的算法是如何工作的,而其他人可以遵循这个解释并检查它的正确性。[1] 此时的自动机器无法享有自己的人格,也无法独立承担相应的责任。一旦奇点来临,超级人工智能获得自己的人格,那么超级人工智能就需要为自己的行为负责,而不能寻求制造商、销售商或者操作者承担责任。更为遗憾的是,理论的完美设想往往会面临实践的冰冷结果,隐私设计理论落地的过程中可能存在着无法预料的未知因素,从而使后置性结果矫正方案依旧有存在的必要。

二、后置性结果矫正的权利保护基准

与前置性风险预防不同,后置性结果矫正主要关注损害的结果恢复。理论层面,以平等权的差别性影响评估为参考,尽管表现形式不尽相同,但算法影响评估已经得到美国和欧盟的广泛承认;实践层面,制度的再设计和法律的革新是结果矫正的回应性方式,目前包括构建补偿受害者的保险制度和革新法律以解决责任的分配问题,未来可能还会细化为其他场景的针对性制度构建与法律再造。

(一)理论缘起:差别性影响评估

源于肯定性行动的差别性影响评估为人工智能时代的算法影响评估提供了理论借鉴,而算法影响评估在不同的场景中呈现出不同的样态:在美国的《算法问责法案》中呈现为自动决策系统影响评估,在欧盟的《通用数据保护条例》中则呈现为数据保护影响评估。无论算法影响评估的样态如何改变,外部监督都是算法影响评估的

---

[1] See Andreas Matthias, "The Responsibility Gap: Ascribing Responsibility for the Actions of Learning Automata", *Ethics and Information Technology*, Vol.6(2004), p. 181.

重要设计。

在纠正算法歧视的过程中,差别性影响评估发挥了重要的作用。就业市场中的人力资源评估结果也可能扭转原本的就业歧视。假设私人公司的离职数据显示,某些部门的女性员工流失率更高。该公司随后对员工进行了调访,发现某些部门的女性遭受性骚扰,而另一些部门的女性则被排除在关键培训或辅导机会之外。公司决定改善职场文化,纠正在数据分析中发现的结构性偏见。随着时间的推移,公司中成功女性的数量开始稳步增长。在这个版本的案例中,数据和分析工具可以被用来促进而不是破坏职场平等。[1]

差别性影响(Disparate Impact)指的是在就业、住房以及其他可能的领域中,即使适用的规则是表面中立的,但规则对某一组受保护的人群的影响要远大于其他组别[2]。区别于其他理论,差别性影响评估理论并不关注行为人的主观意图,而是将关注点放置于客观结果。一旦出现了差别性结果,行为人的行为过程将被要求司法审查。比如,如果雇主倾向招聘白人或男性雇员,其招聘比例与应聘人员的种族和性别比例显著不符,那么法律要求对雇主的招聘过程算法进行司法审查。[3] 差别性影响评估肇始于美国的少数族裔平权行动,随后演变为广泛的平等权检验原则。在1971年Griggs v. Duke Power Co.案[4]中,差别性影响评估第一次被明确提出。20世纪50年代,杜克电力公司(Duke Power Co.)设在北卡罗来纳州的丹河蒸

---

[1] See Pauline T. Kim, "Big Data and Artificial Intelligence: New Challenges for Workplace Equality", *University of Louisville Law Review*, Vol.57(2019), p. 327.
[2] 1964年美国《民权法案》第七章禁止基于种族、肤色、宗教、性别和国籍的就业歧视,因此,受保护的组别主要包括种族、肤色、宗教、性别和国籍。
[3] See Michael Selmi, "Algorithms, Discrimination and the Law", *Ohio State Law Journal*, Vol.82(2021), p. 634.
[4] See Griggs v. Duke Power Co., 401 U.S. 424 (1971).

汽站(Dan River Steam Station)有一项内部政策,将黑人员工限制在其"劳动部"工作。1955年,该公司增加了在劳动部门以外的任何部门工作都必须有高中文凭的要求,并为没有高中文凭的员工支付2/3的高中培训学费。1965年7月2日,1964年《民权法案》生效的当天,杜克电力公司增加了两项就业测试,允许没有高中文凭的员工,在通过测试[1]的前提下,转到薪酬更高的部门。然而,黑人满足就业测试和文凭要求的可能性远远低于白人。[2] 法庭的最终判决认为,《民权法案》第七章禁止不是"对工作表现的合理衡量"(reasonable measure of job performance)的就业测试,而不论其是否存在实际的歧视意图。由于杜克电力公司所要求的能力测试和高中文凭是广泛的,且与所从事的工作没有直接关系,因此违反了《民权法案》。

在招聘、入学、购房和量刑的算法中,如果将性别或种族等因素纳入考量范围,将受到严格的合宪性审查,即使他们的本意可能是维护族群之间的平等权。

以2017年Loomis v. Wisconsin案[3]为例。卢米斯(Loomis)在COMPAS系统的量刑建议下,被法院判处了6年有期徒刑。原告认为,法庭使用COMPAS系统进行裁判,侵犯了原告的正当程序权利,因为原告无法对COMPAS系统的真实性和准确性提出挑战,而COMPAS系统却将种族和性别纳入了裁判的考量因素。但威斯康星州最高法院认为,COMPAS系统将种族和性别纳入考量因素,是为了提高结果的准确性,而不是基于歧视。美国最高法院最终拒绝庭审

---

[1] 其中Bennett Mechanical Comprehension Test是对机械能力的测试,而Wonderlic Cognitive Ability Test是一种智力测试。
[2] 根据1960年的人口普查,北卡罗来纳州34%的白人男性拥有高中文凭,而只有18%的黑人有高中文凭。就业测试的差异则更为显著,58%的白人可通过就业测试,而只有6%的黑人通过测试。
[3] See Loomis v. Wisconsin, 137 S.Ct. 2290 (2017).

该案,也放弃了判定"根据一种风险评估工具对某人进行判决,而该工具的运作受到商业机密的保护,是否违反了正当程序"[1]。

无论是在就业市场还是在其他领域,想要真正达成公平的结果,算法就必须要考量多方面的、多种族的阈值(thresholds)。[2] 上述案件表明,差别性影响评估的主要关注点在于结果,而非算法使用者是否存在歧视意图。[3] 一般而言,差别性影响评估分为三个阶段:其一,寻找政策或程序造成不成比例的不利影响的统计学证据;其二,评估该政策或程序是否达到有效目的及其程度;其三,评估是否存在可替代的政策或程序,以实现具有较小差别性影响的合理目标。[4] 在算法黑箱的特定条件下,差别性影响评估可以从最终的结果入手,判定算法是否违反了平等权,而这也在人工智能时代逐步演化为算法的差别性影响评估理论。如前所述,算法的差别性影响评估通常包含三个阶段:首先,审查算法决策的结果是否在统计概率中影响了特定群体。其次,算法决策的使用者或设计者需要提供证据,详细解释算法决策分步过程的正当性,其过程应当是为达成特定目的所必须的要求。最后,评估是否存在可替代算法,能够减少对于特定人群的差别性影响。倘若一个算法决策的确在事实统计中影响

---

[1] Rebecca Wexler, "When a Computer Program Keeps You in Jail", *The New York Times*, Jun. 13, 2017.

[2] See Sam Corbett-Davies et al., "Algorithmic Decision Making and the Cost of Fairness", the 23rd ACM SIGKDD International Conference, Aug. 2017.

[3] 假若算法使用者存在主观的歧视意图,则会落入"不同待遇审查模式"。然而人工智能时代中算法使用者存在主观歧视意图的情形较为罕见,多数算法使用者使用算法的目的在于减少自然人的主观偏见,因此本书不再详细论述"不同待遇审查模式"。关于"不同待遇审查模式"可参见郑智航、徐昭曦:《大数据时代算法歧视的法律规制与司法审查——以美国法律实践为例》,载《比较法研究》2019年第4期,第118—119页。

[4] See Mark MacCarthy, "Standards of Fairness for Disparate Impact Assessment of Big Data Algorithms", *Cumberland Law Review*, Vol.48(2017), p. 83.

了特定群体,且其运作过程不符合达成目的所必须的要求,或者存在损害更小的替代性算法,那么该算法决策就可以被初步认定构成了差别性影响,可能违反了平等权要求。

算法的差别性影响评估以既有的差别性影响评估理论为基准,在实践中逐渐形成相对成熟的算法影响评估制度。与算法的差别性影响评估从歧视结果逆推不当行为略有差异,算法影响评估制度通常涵盖了事前、事中、事后的全程预测评估。正如差别性影响理论的补充要求,"事后的审查并不意味着放弃提高算法的透明度等努力,对抗算法歧视需要全方位的行动,否则只会加剧先前存在的歧视和隔离"[1]。以差别性影响评估为起点,算法影响评估制度指向算法决策的全周期,多维立体地审视算法决策全过程的风险。

(二)理论发展:算法与数据保护影响评估

算法影响评估(Algorithmic Impact Assessment, AIA)旨在支持受影响的群体和利益相关者评估算法决策系统的影响,并决定是否以及在何处可以使用这些系统。以差别性影响评估为逻辑起点,算法影响评估的建立受到环境影响评估(Environmental Impact Statements)、人权影响评估(Human Rights Impact Assessments)、隐私影响评估(Privacy Impact Assessments)、伦理影响评估(Ethical Impact Assessments)和监测影响评估(Surveillance Impact Assessments)的启发,其中环境影响评估大大促成了算法影响评估的创设。1969年美国《国家环境政策法案》(National Environmental Policy Act)确立了环境影响评估制度,要求联邦机构在采取重要的、可能影响人类生存环境质量的项目之前,必须进行环境影响评估。在项目开始行动之

---

[1] James A. Allen, "The Color of Algorithms: An Analysis and Proposed Research Agenda for Deterring Algorithmic Redlining", *Fordham Urban Law Journal*, Vol.46(2019), p. 270.

前,完整的环境影响评估报告必须被公布,报告内容包括全部无法避免的负面影响和替代性方案。环境影响评估需要征求公众和其他机构的意见,如果环境影响评估是不完整的或是不充分的,个人可以提起诉讼,从而推迟项目的应用。[1] 虽然环境影响评估提升了项目的透明度和公众参与度,但是环境影响评估缺乏持续性的合规监控。[2] 而算法影响评估是建立在吸收环境影响评估的积极特点、改善其负面缺陷的基础之上的。

尽管算法影响评估无法解决自动化决策系统可能带来的所有问题,但它确实为公众、决策者和研究人员提供了一个对话的平台。以公共机构使用的算法决策为例,公共机构进行算法影响评估的关键要素包括:(1)评估算法系统对整个受影响群体的公平公正或其他问题的潜在影响;(2)制定有意义的外部研究人员审查程序,以发现、衡量或跟踪一段时间内的影响;(3)向公众发出通知,披露其对"算法决策系统"的定义、现有和拟议的算法决策系统以及任何相关的自我评估和审查过程;(4)应征求公众意见,并回应公众关心的问题;(5)各国政府应提供增强版正当程序机制,使受影响的个人或群体能够对评估不足或结果不公的算法决策系统提出质疑。[3]

算法影响评估细分为五个步骤,分别是部署前审查(Pre-acquisition review)、初始机构披露要求(Initial agency disclosure requirements)、评论期(Comment period)、正当程序质疑期(Due process

---

[1] See Margot E. Kaminski and Gianclaudio Malgieri, "Algorithmic Impact Assessments under the GDPR: Producing Multi-layered Explanations", *University of Colorado Law Legal Studies Research Paper*, No.19-28(2019), pp. 8-9.
[2] See Roger Clarke, "Privacy Impact Assessment: Its Origins and Development", *Computer Law and Security Review*, Vol.25(2009), p. 125.
[3] See Dillon Reisman et al., "Algorithmic Impact Assessments: A Practical Framework for Public Agency Accountability", *AI Now Institute*, Apr. 2018, pp. 3-6.

challenge period)和更新算法评估系统(Renewing AIAs)。

第一步,部署前审查(Pre-acquisition review)。算法影响评估允许机构和公众在机构使用自动化决策系统之前对其进行评估。这使机构和公众可以在签订合同前,协商确定可能需要协商或解决的问题,也可以在损害发生前阻止算法决策系统的部署。当然,并不是所有的自动化决策系统都会通过标准的采购流程进入行政机构。有许多行政机构通过实物捐赠、联邦拨款或私人基金会资金获得算法决策系统的例子。例如,数据分析公司Palantir将自己的分析平台无偿提供给了新奥尔良警察局,从而降低了新奥尔良市议会对其的合规关注。西雅图警察局通过国土安全部的拨款项目获得了一架无人侦察机。同样,纽约市和洛杉矶警察局利用当地警察基金会的资金购买了各种监控技术。[1] 无论算法决策系统如何被行政当局获得,其都应当获得部署前审查。

第二步,初始机构披露要求(Initial agency disclosure requirements)。试图应用算法决策的机构应该:(1)公布"算法决策系统"的内部定义;(2)公开披露关于算法决策系统的合理信息,包括其用途、范围、潜在的内部使用政策以及使用时间等详细信息;(3)对每个系统进行自我评估,评估其对受影响群体的不准确性、偏见等其他潜在问题,并提出解决这些潜在影响的方法,包括与受影响的个人进行积极的对话或参与;(4)为审查系统的外部研究人员提供有意义的访问。

第三步,评论期(Comment period)。根据初始机构披露的信息,公众有权进行评论。作为算法影响评估的后续流程,公众有机会就算法影响评估初始披露的内容与应用机构进行沟通。应用机构可

---

[1] See Dillon Reisman et al., "Algorithmic Impact Assessments: A Practical Framework for Public Agency Accountability", AI Now Institute, Apr. 2018, pp. 7-10.

以决定他们想要如何组织评论过程:可以选择将算法影响评估的每个组成部分("定义""披露""自我评估""有意义的访问")拆分为独立文档,并设置独立的评论期,也可以将四项内容集合为一个综合性文档,并为该文档设置一个总体评论期。

第四步,正当程序质疑期(Due process challenge period)。在此阶段,公众有机会对机构拟用的系统提出质疑,并在该系统不能为公众带来积极效益时阻止该系统的应用。算法影响评估为应用和改进算法决策系统提供了必须的基础,但如果缺乏监督质疑阶段,算法影响评估可能会成为应用机构的"僵尸"方案,并忽视公众质疑的核心问题。因此,算法影响评估必须为公众提供一个可以挑战该机构的途径。例如,如果应用机构未能披露算法决策系统的合理信息,或者允许算法决策制造商通过商业秘密阻止信息披露和公众访问,那么公众有权利向该机构发起质疑。如果该机构在经历公众质疑后依然拒绝纠正问题,那么公众有权直接向法院提起诉讼。算法影响评估制度赋予了公众质疑的权利,从而避免算法决策对于公众的负面影响。

第五步,更新算法影响评估(Renewing AIAs)。为保证评估将最新的信息和研究纳入其中,机构必须定期更新算法评估系统。而更新的算法评估系统同样拥有评论期和正当程序质疑期。例如,应用机构可能被要求每两年在其所有算法决策系统上执行一个算法影响评估。然而,如果算法决策系统、部署背景以及外部访问的需求没有发生重大变化,该机构应被允许最低程度地更新其最初的算法影响评估内容。[1]

---

[1] See Dillon Reisman et al., "Algorithmic Impact Assessments: A Practical Framework for Public Agency Accountability", AI Now Institute, Apr. 2018, pp. 7–10.

第三章 美国人工智能领域基本权利保护的基准设定

正如环境影响评估的目的不在于制定一项详细计划来说明应该采取什么样的步骤减轻对环境的不利影响,[1]算法影响评估的目的也并非具体创建出减轻算法歧视的方案。算法影响评估的主要目的在于打破算法黑箱,迫使机构在应用算法决策前充分考量其可能的影响,并在算法无法避免地作出不利决策后,为纠偏政策提供一份有效的信息记录。制度运行场景凸显了算法影响评估的设计优势,算法影响评估的信息公开、公众质询和问责制度能够保障算法决策透明度,降低可能的算法风险。其一,在算法决策系统应用前,为算法应用者提供充足的关于算法决策系统对外影响的信息(特别是歧视性影响的信息)。作为自我监管的典型代表,算法影响评估框架旨在作为早期干预措施,在算法决策应用前提供信息。无论公众是否关心歧视、隐私、安全或其他问题,公众都有权知道构建算法模型时的主观决定如何导致算法决策的输出结果,以及为什么这些主观决定在应用时被认为是合理的。其二,算法影响评估为公众提供了沟通质询的制度途径。算法影响评估的重要特征在于其是一个公开互动的评估结构,公众可以通过算法影响评估要求技术人员解释其决定过程,而非像外部审计一般询问技术人员是否满足了特定的检查。算法影响评估通过透明度和公众参与的结合,为减轻算法歧视提供了公共对话的平台,从而优化了算法决策的实施进程。其三,通过问责制度提升了算法决策应用的透明度。一方面,私营部门往往使用商业秘密这一盾牌以对抗算法公开要求,但在算法影响评估的问责体系中,任何不被公开的信息都可能受到挑战或质疑;另一方面,正如环境影响评估的强制性推行,算法决策应用机构的负责人如果不主动适用算法影

---

[1] See Robertson v. Methow Valley Citizens Council, 490 U.S. 332 (1989).

响评估,则可能受到监管制裁。[1] 通过算法影响评估的体系约束,算法决策应用的透明度能够得到切实保障,并尽量减轻算法决策应用的负面影响。

尽管有反对意见提出算法影响评估的费用较高、评价过程静态化、与商业秘密矛盾、阻碍商品化等质疑,[2] 但是算法影响评估提供了一个良好的开端,通过审查系统的运作,增强系统的透明度,从而孕育出针对性的算法纠偏措施。而2019年由参议员科里·布克和罗恩·怀登提出的《算法问责法案》所创建的自动决策系统影响评估便是算法影响评估的美国式部署。[3]

而通过对评估的方式、内容等方面的分析,《通用数据保护条例》第35条所创设的数据保护的影响评估实则为算法影响评估的细化。在欧盟,《通用数据保护条例》所创设的数据影响评估与隐私影响评估密不可分。隐私影响评估源于早期数据保护制度下的"事先核查"[4](prior checking)制度,这实际上是一种在数据处理系统开始处理数据之前,进行政府登记或颁发许可证的制度。随后有学者提出了监管影响评估,通过与利益相关者协商确定、评估并解决监管系

---

[1] See Andrew D. Selbst, "An Institutional View of Algorithmic Impact Assessments", *Harvard Journal of Law & Technology*, Vol.35, No.1(2021), p. 151.
[2] See Andrew D. Selbst, "Disparate Impact in Big Data Policing", *Georgia Law Review*, Vol.52(2017), pp. 182–193.
[3] 但由于多方因素的制约,该法案削弱了公众参与的力量配比,包括机构接受独立第三方审查、自我决定是否向消费者公开等。
[4] 1995年《欧洲数据保护指令》(Directive 95/46/EC on the Protection of Individuals with Regard to the Processing of Personal Data and on the Free Movement of Such Data)第20条便明确了事先核查制度,对于可能对数据主体的权利和自由造成风险的数据处理过程,成员国应当在数据处理过程开始之前进行审查。第20条规定了: Member States shall determine the processing operations likely to present specific risks to the rights and freedoms of data subjects and shall check that these processing operations are examined prior to the start thereof.

统的风险。[1] 在2016年欧盟《通用数据保护条例》选择了数据保护影响评估后,有学者提出了人工智能领域中的人权、社会和伦理影响评估(Human Rights, Social and Ethical Impact Assessment),特别强调了公众参与、透明度与循环性(circular)。[2] 尽管各类影响评估的名称不尽相同,但其共性在于开放系统数据,包括向公众以及专业人士的开放,通过内部和外部的共同评论,评估系统的风险与影响。

《通用数据保护条例》将数据保护影响评估定义为,评估所设想的处理操作对个人数据保护的影响(an assessment of the impact of the envisaged processing operations on the protection of personal data)。评估必须开始于进行系统执行之前,评估需要收集的内容包括:处理操作的过程与目的、对为目的而进行的处理操作的必要性评价、对个人权利和自由的风险评估以及公司的合规措施。同时,数据保护影响评估的过程是动态更新的,并且至少每3年进行一次重新评估或修订。尽管数据保护影响评估并不开放公众评论,但是公司需要咨询内部独立的数据保护官员的意见,并在适当的情况下咨询受影响的个人。公司被建议咨询外部专家(律师、学者等)的意见,但并不强制要求公司履行。[3] 因此,除评估内容不同外,与《算法问责法案》所创设的自动决策系统影响评估相同,数据保护影响评估并不需要向外界公开,而且并不一定需要听到公众的声音与反馈。至于其他方

---

[1] See David Wright and Charles D. Raab, "Constructing a Surveillance Impact Assessment", *Computer Law and Security Review*, Vol.28(2012), pp. 613-626.

[2] See Alessandro Mantelero, "AI and Big Data: A Blueprint for a Human Rights, Social and Ethical Impact Assessment", *Computer Law and Security Review*, Vol. 34 (2018), pp. 754-772.

[3] See Margot E. Kaminski and Gianclaudio Malgieri, "Algorithmic Impact Assessments under the GDPR: Producing Multi-layered Explanations", *University of Colorado Law Legal Studies Research Paper*, No.19-28, pp. 13-21.

面,包括操作的描述与目的、操作必要性、对个人权利和自由的风险、合规措施、定期更新等,数据保护影响评估与算法影响评估并不存在实质性差异,实则为算法影响评估的场景化表现。二者的逻辑结构均在于通过影响评估,使应用主体识别并减轻因算法决策而引发的风险;二者的影响评估内容主要包括算法决策将对哪些领域构成风险,如何采取行动削减风险以及违规责任由谁承担等。从影响评估的构成主体也可发现,算法决策的规制主体并非单一结构,而是融合行业、公众乃至国家的多元构造。

(三)实践奉行:权利与技术的协调取向

尽管《算法问责法案》未能获得两院的通过,但其所体现出的提倡算法影响评估的态度值得重视。在不同场景的实践中,后置性矫正方案形态多变,但是制度的再设计与法律的革新是修正结果矫正方案的两条重要途径,且均体现出权利与技术的平衡探索。

第一,激励相容的《算法问责法案》。2019年4月,由参议员科里·布克和罗恩·怀登提出的《算法问责法案》强制要求被覆盖实体[1]对高风险的自动决策系统进行影响评估。该法案要求联邦贸易委员会在两年内通过相关规定,以便公司对其高风险自动决策系统进行研究,并评估系统对于准确性、公平性、偏见、歧视、隐私和安全的影响。公司必须"在新系统实施前"和"在联邦贸易委员会认为有必要时"对现有系统进行评估。这些影响评估不必强制公开,而是由公司自行决定是否公开。公司必须在合理可能的情况下,与外部第三方(包括独立审计师和独立技术专家)共同进行评估,并合理及时地处理影响评估的结果。2022年2月,参议员科里·布克再次向

---

[1] "被覆盖实体"指的是收入超过5000万美元或拥有超过100万美元以上消费者数据的任何个人和公司。

国会提出的《算法问责法案(2022年版)》继承了2019年版的核心要求:自动化关键决策系统影响评估,也即要求公司对其正在使用和售卖的作出关键决策的自动化系统进行影响评估。

随着公共机构越来越依赖算法决策工具以实现管理和服务社会的组织职能,公众对于算法问责制的需求的呼声只增不减。特别是当公共机构将某些职能外包给技术公司运营时,普通个人对于技术的公平度和透明度的担忧更为加剧。与行政主体的公共性不同,私营公司往往能够合法地援引商业秘密拒绝公开算法决策。例如在 Houston Federation of Teachers, Local 2415 v. Houston Independent School District 案[1]中,休斯敦学区使用了一家私人公司创建的算法作为教师绩效评估过程的一部分。学区依靠该算法结果来评判教师的表现结果,并决定是否解雇教师。当地教师工会随后提起了诉讼,质疑学区使用私人算法的正当程序的合理性。法院的裁定肯定了原告的诉讼请求,但也提到被告缺乏充分的解释信息为自己辩护,因为该解释信息受到私人公司商业秘密的保护。法院解释道,如果不能获得该公司掌握的教师表现评价算法如何运作的信息,教师就无法理解学校董事会如何对教师的解雇作出决定。由此可见,算法透明度对于算法的应用至关重要,却往往栖身于法律模糊之处。理论设想中的算法问责能够击破法律阻碍,积极促进技术主体的透明公开并在未来更负责任地部署智能工具。

自动化决策系统影响评估与理想的算法影响评估并不完全一致。尽管很多意见要求公司披露其算法的源代码或公式,并提供机器学习算法的解释,但该法案并没有对公司提出类似要求。该法案

---

[1] See Houston Federation of Teachers, Local 2415 v. Houston Independent School District, 251 F. Supp. 3d 1168 (2017).

仅要求公司评估他们的算法是否符合隐私、安全和公平等标准,公司可以对算法的公式和源代码保密,而且不需要解释它们是如何工作的。[1] 更进一步,该提案削减了公众参与的途径,公众难以获得评估结果。由此可见,自动决策系统影响评估并没有达成理想中算法影响评估的透明度预期。可能的原因在于完全的透明度要求会减少公司采用算法的意愿,进而放缓了算法技术的前进速度。为减轻个人权利保护对技术发展的阻碍,《算法问责法案》有意地忽视了"透明度"要求,而这也正是《算法问责法案》激励相容的表现之一。

第二,构建补偿受害者的保险制度。当损害结果不可逆转地发生后,完善的保险制度可以补偿受害者的损伤,同时减轻技术研发人员与使用主体的责任。保险是现代风险社会中促进社会发展、防止经济损失的重要途径,是对不确定或者偶然损失的风险管理。损失可能是经济上的,也可能不是经济上的,但都被转化为可统计的经济数字。从概念上讲,责任保险是一件简单的事情:保险公司设定费率和投资保费,以确保有足够的收入来支付管理费用(包括诉讼费用)和赔付费用,并获得充足的利润。[2] 保险公司需要对已经存在的大量申诉数据进行分析,从而得出相应的预测。但是对于新兴的自动驾驶车辆而言,预测是一项困难的工作,因为几乎没有申诉数据可以被保险公司用作分析,保险公司无法盲目地制定自动驾驶车辆的保费和费率。

在没有保险公司自愿发展自动机器保险的前提下,有学者建议,"将无过错方保险中的伤害赔偿费用强加给车辆经销商,作为交

---

[1] See Mark MacCarthy, "An Examination of the Algorithmic Accountability Act of 2019", Transatlantic Working Group, p. 3.
[2] See Kenneth S. Abraham, *Distributing Risk: Insurance, Legal Theory, and Public Policy*, New Haven: Yale University Press, 1986, p. 77.

换,车辆经销商可以免除侵权责任"[1]。但是建立这种无过错的保险制度,需要回答一个前提性问题:是否将所有因为自动驾驶车辆而造成的伤害都纳入该保险? 而这些伤害不仅仅是由机器本身的"缺点"引起的,例如:(1)驾驶或维修时的人为错误;(2)恶劣天气;(3)自动系统以某种方式被卷入事故,但自身不存在缺陷。此外,该制度还必须考虑下列问题:(1)触及利益(benefits)的性质和水平;(2)所涉及的伤害类型(例如,是否包括痛苦等非经济损失);(3)被保险人的界定(是否包括财团损失);(4)与职工补偿、社会保障等其他福利制度的协调。[2] 虽然目前这些问题还未能得到有效回答,但是"研究人员已经开始根据机器人造成伤害的能力对其进行分类,这种能力取决于多种可确定的因素,比如机器人的机动性、力量、自主性和对环境施加控制的能力",[3]从而划分不同等级的自动驾驶车辆保险。

另有学者认为,"完全的无人驾驶车辆发生侵权行为时,应当由自动驾驶系统的研发商承担严格责任"[4]。但如果将保险的赔偿责任完全施加给自动驾驶系统的研发商,那么创新研发将受到极大阻碍。继而,自动驾驶车辆的保险制度的关键在于,将补偿受害者的金钱视为一项研发成本,合理分摊给技术研发商、车辆经销商甚至是政府的主管机构。联邦政府可以运营一份通用的国家车辆保险基金(Federally Run National Car Insurance Fund),所有遭受自动驾驶车辆

---

[1] Kevin Funkhouser, "Paving the Road Ahead: Autonomous Vehicles, Product Liability, and the Need for a New Approach", *Utah Law Review*, Vol.2013(2013), pp. 459-462.
[2] See F. Patrick Hubbard, "Sophisticated Robots: Balancing Liability, Regulation, and Innovation", *Florida Law Review*, Vol.66(2014), p. 1867.
[3] See Anniina Huttunen et al., "Liberating Intelligent Machines with Financial Instruments", *Nordic Journal of Commercial Law*, Vol.2(2010), pp. 6-7.
[4] Jeffrey K. Gurney, "Sue My Car Not Me: Products Liability and Accidents Involving Autonomous Vehicles", *Journal of Law, Technology and Policy*, Vol.2013(2013), p. 271.

不当伤害的个人都有权向国家车辆保险基金提起报损赔付。消费者、技术研发商、车辆经销商都将按照获益比例通过税收的方式缴纳费用,这笔钱将由国家公路交通安全管理局专设部门统一监管,任何在自动驾驶车辆事故中遭受损害的个人都可以向国家公路交通安全管理局专设部门提出索赔,专设部门将审查索赔并发放赔偿金。如果某一特定制造商的自动驾驶车辆发生事故的频率高于平均水平,则他们的税收比例将被提高,进而适当地激励制造商提高其产品的安全性,并鼓励车辆共享公司等买方购买最安全的车辆。此外,税率上调还可以确保发生事故最多、赔付金额最高的公司向保险基金缴纳最高的税金。也许国家车辆保险基金的创设仍然存在着各种困难,但是国家车辆保险基金有助于在自动驾驶车辆进入市场之前合理分配车辆事故的责任和成本,也有助于乘客在乘坐自动驾驶车辆时感到安全。[1] 除此之外,有学者建议自动驾驶车辆可以建立起类似核电行业的双层保险框架,为损害的私人赔付部分建立起上限,超出的部分可以由"保险基金池"承担,[2]从而弥补责任分配的负面影响,并且促进制造商积极研发自动驾驶车辆。总而言之,为了确保自动驾驶车辆技术及时进入市场,不得不考虑减轻自动驾驶车辆制造商的责任,构建补偿受害者的保险制度成为优先的制度考虑。

三、基本权利保护的三方合作需求

技术权力的扩张冲击着国家权力的根基。面对技术风险的喧

---

[1] See Carrie Schroll, "Splitting the Bill: Creating a National Car Insurance Fund to Pay for Accidents in Autonomous Vehicles", *Northwestern University Law Review*, Vol.109, No.3 (2015), p. 822.
[2] See Kyle Colonna, "Autonomous Cars and Tort Liability", *Journal of Law, Technology and the Internet*, Vol.4(2012), p. 130.

器,国家权力不得不放低姿态,寻求技术权力的合作,而这突出表现为公私领域的互动合作。在技术规制与权利保护的历史洪流中,公众参与的作用从未消散。将公众参与从隐性原则强化为显性原则助力了三方合作的生成与发展。

(一) 自我监管的兴起与不足

自我监管[1]并不是人工智能时代独有的方式,其主要表现为行业协会监管、第三方认证和公司内部规制。在缺乏完整的配套法律的情况下,自我监管可以将道德标准写入技术内核,提升人工智能技术的透明度和可解释性,从而减轻技术的负外部性。但由于存在"自我约束自我"的悖论,自我监管存在显而易见的脆弱与不足,需要外部规制的干预与补充。联合监管、元监管等监管理念应运而生。与传统的公私分立、泾渭分明不同,联合监管指的是私人主体与国家公权协力合作,以解决新型技术引发的社会风险,元监管则指的是政府机构有意引导技术行业的内部约束以回应公共问题。有鉴于人工智能技术的新颖性、不确定性和难以预测性,合作规制逐渐成为人工智能领域的规制框架。

自我监管是介于纯粹的市场模式与完全的国家监管之间的中间

---

[1] 自我监管的英文表述有 self-regulation、self-organization、market regulation 等,其含义并不存在绝对原则性的不同,在本书中不作细致区分。自我监管并不是新生的名词,以互联网领域中的互联网名称与数字地址分配机构(Internet Corporation for Assigned Names and Number, ICANN)为例,ICANN 最初依附于美国政府的权力存在,而在 2016 年,美国政府已经正式放弃 ICANN 的监管权。如今 ICANN 已经成为互联网核心的行业监管机构。虽然 ICANN 仍然受到透明度缺失、问责不力和官僚化的质疑,但是 ICANN 有效并及时地解决了互联网内部的众多纠纷。参见 Christopher T. Marsden, *Internet Co-Regulation: European Law, Regulatory Governance and Legitimacy in Cyberspace*, New York: Cambridge University Press, 2011, pp. 117-123。

地带。[1] 然而,在过去的经验中,无论是行业协会、第三方认证还是公司内部规制,其监管结果好坏参半。为了保证其风险管理自我评估程序的有效性,有的公司已经使用了认证机制,如 ISO 31000 风险管理标准或 ISO 26000 社会责任标准,相关认证可以帮助企业将社会责任原则转化为实际行动,并分享与社会责任有关的最佳做法,消费者往往倾向选择受到通行标准认证的企业服务。[2] 有学者通过对网站的数据认证和隐私保护的案例分析,得出结论:参加了行业协会或者被第三方安全认证的网页更加值得信赖,当个人数据被泄露时,也会及时通知用户。[3] 但是,同业评审的结果可能缺乏公平性与可信度。[4] 以轰动一时的中国基因编辑婴儿案为例,贺建奎在进行抗艾滋病婴儿基因编辑之前,曾经向深圳和美妇儿科医院递交了一份医学伦理委员会审查申请书。2017 年 3 月 7 日,该院医学伦理委员会的审批意见是"符合伦理规范,同意开展",有 7 名行业专家在这份申请书上签署了同意签名。[5] 甚至在贺建奎开始实验之前,由美国国家科学、工程和医学研究院(U.S. National Academies of Sci-

---

[1] See Siona Listokin, "Industry Self-Regulation of Consumer Data Privacy and Security", *UIC John Marshall Journal of Information Technology and Privacy Law*, Vol.32(2016), pp. 15-32.
[2] See Nathalie de Marcellis-Warin et al., "Artificial Intelligence and Consumer Manipulations: From Consumer's Counter Algorithms to Firm's Self-Regulation Tools", *AI and Ethics*, Vol.2(2022), p. 265.
[3] See Siona Listokin, "Industry Self-Regulation of Consumer Data Privacy and Security", *UIC John Marshall Journal of Information Technology and Privacy Law*, Vol.32(2016), p. 26.
[4] See Gilles Hilary and Clive Lennox, "The Credibility of Self-Regulation: Evidence from the Accounting Professions's Peer Review Program", *Journal of Accounting and Economics*, Vol.40(2005), pp. 211-229.
[5] 根据外媒报道,该伦理委员会的主席由林志通担任。参见 John Cohen, "The Untold Story of the 'circle of trust' behind the world's first gene-edited babies", https://www.sciencemag.org/news/2019/08/untold-story-circleVtrust-behind-world-s-first-gene-edited-babies, last visited time 2019-09-10。

ences, Engineering, and Medicine, NASEM)公开发布的一份报告认为,如果满足了严格的条件,人类生殖基因的编辑是可以被允许的(might be permitted)。[1] 可以说,在基因编辑婴儿的问题上,上述医学领域的自我规制是失败的。

自我监管并不能永远提供令人满意的答案,第三方认证同样受到外部质疑。TrustArc(前身为 TRUSTe)是一家总部位于旧金山的隐私合规公司。该公司提供软件和服务,以帮助公司更新其隐私管理流程,使其符合法律要求和最佳实践。目前,TrustArc 主要为客户提供符合欧盟《通用数据保护条例》和加州《消费者隐私保护法》的隐私合规操作指南。[2] 然而,有学者提出,被广泛使用的在线认证机 TRUSTe 在没有对接受者的真实可信度进行实质性的验证的情况下,就会颁发认证证书。这种松懈的做法导致了逆向结果:获得信任认证的网站实际上比其他网站更不值得信任。[3] 而另有学者通过实例分析发现,即使是通过 TRUSTe 认证的机构,也并不意味着其拥有良好的隐私保护政策。[4]

尽管美国政府在面对新兴技术发展时倾向行业自我监管,但有学者评析了自我监管的六项因素:有效性(自我监管利用专业优势,以尽可能低的成本为政府、行业和公众提供量身定制的解决方

---

[1] See National Academy of Sciences; National Academy of Medicine; National Academies of Sciences, Engineering, and Medicine; Committee on Human Gene Editing: Scientific, Medical, and Ethical Considerations, Human Genome Editing: Science, Ethics and Governance(2017).
[2] See TrustArc, https://www.trustarc.com/about/, last visited time 2019-09-10.
[3] See Benjamin Edelman, "Adverse Selection in Online 'Trust' Certifications and Search Results", *Electronic Commerce Research and Applications*, Vol.10(2011), p. 1.
[4] See Anthony D. Miyazaki and Sandeep Krishnamurthy, "Internet Seals of Approval: Effects on Online Policies and Consumer Perceptions", *The Journal of Consumer Affairs*, Vol.36(2002), pp. 28-49.

案)、开放性(自我监管应当使公众参与到实质性的规则制定和程序之中)、透明度(自我监管应当公开实质性标准和公司的执行情况)、完整性(行业监管应考虑到权利保护的全部标准)、搭便车问题(存在可以让公司避免或最小化遵守自我监管要求的方案)、监督和执行(行业监管需要设计投诉、审查和其他形式的验证机制,对违规公司采取惩戒措施)、第二代设计特质(主要通过科斯定理所提到的多方谈判,纠正自我监管的不足,从而达到各方利益的最大化)。[1] 执行力较弱的行业自我规制往往在上述的一个或多个方面表现不足,因此,尽管行业自我监管有利于科技的增长,但仍然存在漏洞与欠缺,需要国家权力的配合监管。

(二)合作规制的确立与进展

联合监管(co-regulation)作为自我监管与国家监管之外的中间道路,主要的优势为4项:其一,它充分利用了行业的专业知识和经验;其二,公私共同制定的规则更具有有效性、可行性和创新性;其三,业界可能对规则产生更强的认同意识,从而使规则得到普遍遵守;其四,规则所产生的结果是政治上可行的。[2] 联合监管的4项优势已经得到实践的验证。以个人数据隐私保护为例。公私权力的相互沟通与配合,方能全方位地保障个人的数据隐私。[3] 在数据保护的前例之中,政府公权力也曾干预个人数据的泄漏问题,而其处理

---

[1] See Ira S. Rubinstein, "Privacy and Regulatory Innovation: Moving Beyond Voluntary Codes", *I/S: A Journal of Law and Policy for the Information Society*, Vol.6(2011), pp. 380-383.

[2] See Ira S. Rubinstein, "The Future of Self-Regulation is Co-Regulation", in E. Selinger, J. Polonetsky and O. Tene (eds.), *The Cambridge Handbook of Consumer Privacy*, Cambridge: Cambridge University Press, 2018, pp. 503-523.

[3] See Max N. Helveston, "Consumer Protection in the Age of Big Data", *Washington University Law Review*, Vol.93(2016), p. 916.

结果往往成为后续私营部门行为的"标准"。例如,2017年5月15日,美国第二大零售商塔吉特(Target)公司同意支付1850万美元和解金,以了结47位州检察长对该公司2013年数据泄露事件的调查。美国政府的调查显示,此次黑客入侵影响了超过4100万个客户的付款卡账户和6000多万条客户的联系信息。黑客仅通过窃取第三方认证凭证,就获得了对塔吉特公司的信息系统如此广泛的访问权限。而Target案中的技术改进方式,也被标榜为"行业标准"。[1] 因此,虽然行业自我规制已经活跃于人工智能领域中,但是其仍然存在着"软法过软"的命门,而法律规制的及时补充则成为"胡萝卜加大棒式"(carrot and stick)[2]的合作规制。

与联合监管中行政主体的直接作用有所差异,元监管提倡行政主体不直接对私人企业采取行动,而是通过目标政策引导私人企业的自我约束。与行政监管的强制执行特征不同,元监管为监管对象提供了可观的自由裁量空间。行政主体往往通过政策优惠激励监管对象采取内部行动,而监管对象可以选择是否接受。当行政主体困于技术鸿沟,无法随时获取人工智能发展的详细进程和风险预估时,通过外部政策鼓励技术主体开展自我监管,并在技术主体自我监管力度不足时进行外部纠偏,不失为人工智能的技术治理优先方案。

---

[1] 塔吉特公司的改进方式包括建立复杂的信息安全项目、保证供应商的一致性、设立负责的执行官、打碎卡片持有人的数据环境、控制接触和管理、保证安全付款、进行第三方安全评估、建设数据安全软件等。参见 Elizabeth J. Bower, Daniel K. Alvarez and James C. Dugan, "Target Data Breach AG Settlement Establishes 'New Industry Standard' for Collecting and Protecting Consumer Data", *The Practical Lawyer*, Vol.63 (2017), pp. 31-32。

[2] See Abraham L. Newman and David Bach, "Self-Regulatory Trajectories in the Shadow of Public Power: Resolving Digital Dilemmas in Europe and the United States", *Governance: An International Journal of Policy, Administration and Institutions*, Vol.17(2004), p. 392.

为了弥补外部监管的技术不能,公私合作监管逐步成为人工智能时代技术创新与基本权利保护的重要平衡方式,而个人参与的重要性也日益得到关注。公众参与不仅依赖个人主体的积极争取,也离不开公私领域的肯定与扶持。三方合作的态势不仅保护了个人权利的完整性,也催生了技术发展的活力。

公私合作、元监管并非人工智能规制理论全新创设,已有的监管实例表明,在对私人公司施加压力或非监管激励的条件下,公私合作、元监管可以有效实现监管目标。以美国马萨诸塞州的《减少有毒物质使用法案》(Toxic Use Reduction Act, TURA)为例,该法案要求私人公司发展自己内部的监管体系,但为私人公司保留了自由裁量空间,政府并不强迫私人公司进行自我监管,但会通过表彰减少有毒污染排放的公司的方式激励私人公司采取内部措施。1989年通过的《减少有毒物质使用法案》被认为是同类法律中最"雄心勃勃的"污染预防规划法。该法案设定了"在全马萨诸塞州内减少50%有毒废物产生的目标"。根据该法案,使用大量有毒化学品的公司必须制定减少使用有毒化学品的计划,并将这些计划提交给国家认证的计划人员,计划人员可以是该公司的雇员。虽然制定减排计划是强制性法律要求,但是减排计划的内容,包括目标和程序,则由受监管的私人公司自行决定。为了更好地评估《减少有毒物质使用法案》的影响结果,本尼尔(Bennear)进行了一项跨州比较研究,将马萨诸塞州的有毒物质排放量与其他没有此类法律的州进行比较,最终得出结论,与其他州的排放量相比,马萨诸塞州的有毒物质排放量减少了30%,不过这一比例在法律通过后的第六年才开始显现。[1] 与外部

---

[1] See Lori Snyder Bennear, "Are Management-Based Regulations Effective? Evidence from State Pollution Prevention Programs", *Journal of Policy Analysis and Management*, Vol. 26(2007), pp. 327-348.

监管的强制命令不同,元监管选择通过私人公司内化现代社会的价值观念,并自行解决可能引发的不当监管。元监管取得成效的重要原因在于,自我监管是维持社会秩序的重要手段,行政主体、立法主体以及司法主体均无法时刻监控着私人公司可能的伤害行为,外部监管最终需要借助自我监管发挥出理想作用。

强硬的法律规制与柔和的行业规制的结合,成为人工智能领域的新型规制样态。即使构建了回应性法律,设立了专门的行政监管机构,监管政策依旧离不开精准的行业知识。尽管政府监督机构可能是由专业的研究人员组成的,然而,"机构的专业优势实际上可能会在新兴和快速变化的技术背景下减弱。对于人工智能而言,语言学、概率论、数学、经济学、神经科学、计算机科学领域的知识配比在不断发展变化,今天的人工智能专家难以评估明天的人工智能风险"[1]。所以,公权力的监管必然应当寻求私营力量的帮助,以维持知识的更新,并进行更好的监管。

有学者建议,欧盟委员会于2022年审议的《欧洲媒体自由法案》(European Media Freedom Act)应当以元监管为架构,通过限制欧盟的国家制裁权力,加强多元保障和监管合作,从而实现媒体自由。数字平台为现有的内容和信息分发模式增加了新型传播途径,个人不仅可以通过传统的广播、电视途径收听新闻,更可以从社交媒体和搜索引擎中接收信息。在线平台不仅可以通过算法推荐决定用户可以接收的信息,也可以控制某类信息在社交对话中的曝光频度。技术平台积累了足以干预言论自由的市场力量,甚至可以操纵民意和舆论、控制政治投票。在欧盟的某些成员国,立法机构正在通过修订相

---

[1] Matthew U. Scherer, "Regulating Artificial Intelligence Systems: Risks, Challenges, Competencies, and Strategies", *Harvard Journal of Law and Technology*, Vol.29(2016), p. 385.

关法律打击社交媒体通过虚假新闻进行的政治煽动。例如,《德国网络执行法》(NetzDG)和《法国反网络仇恨法案》(Avia Law)为内容审核制定了不同的指导方针,但这些规则没有考虑到欧洲内部市场,零散监管非但没有取得切实成效,反而还为信息流动制造了障碍。不得不承认,技术平台比行政主体更有能力执行监管,在社交媒体每小时进行数百万次通信交流的背景下,逐案审核工作量庞大且复杂,使技术主体的算法审核成为监测和裁决言论自由的可行技术解决方案。因此,《欧洲媒体自由法案》需要选择多元主体相互作用的元监管模式,在立法层面承认技术自我监管的必要性。元监管模式包括促进技术主体制定行为守则,鼓励技术主体自愿采用国际和欧洲行业标准,简化通知的提交、遵守在线广告透明度、审查数据访问、存储和传输,并将规制在线行为的执法权力留给技术主体,通过技术主体的内部规则定义允许和不被允许的行为,并确定违反这些行为的后果和补救措施。[1] 在技术权力支配的互联网世界中,元监管模式可以打破技术鸿沟,通过技术主体的自我监管,持续性地在未来政策中实现长期目标。

公私领域的协力合作,不仅保障了人工智能领域的创新,同时也保障了个人数据的安全。未来可能的公私合作场景表现为,政府可以设定期望并发出信号来影响人工智能发展的参与者,这种影响可以用"轻推"(nudging)一词来指代。公共监管机构必须寻求与相关行业的互动,通过互动过程,政府可以收集有关该行业的信息和知识,开始评估风险,继而能够首先监管那些风险最大的领域。[2] 双

---

[1] See Marta Cantero Gamito, "The European Media Freedom Act (EMFA) as Meta-Regulation", *Computer Law & Security Review*, Vol.48(2023).

[2] See Michael Guihot et al., "Nudging Robots: Innovative Solutions to Regulate Artificial Intelligence", *Vanderbilt Journal of Entertainment & Technology Law*, Vol.20(2017), p. 386.

向互动使政府与行业达成一定的规制共识,其中政府负责原则性方向把控,而行业负责开放性危机消解。

在公私领域协力合作的过程中,公众参与的作用依然不容小觑。公众参与可以减少公私合作的目标模糊、机构膨胀和制度僵化等负面影响,[1]从而使风险规制的共识被更好地执行。以中国的 ZAO 换脸 App 为例,[2]正是由于个人用户的隐私意识不断提高,ZAO 公司窃取用户隐私的行为方才受到广泛抨击,最终 ZAO 公司不得不公开道歉,并修改其用户协议。虽然技术壁垒使个人难以接触数据保护的代码设置,但个人权利意识的提高、个人的积极参与或者个人的坚决抵抗,都有可能改写个人数据(甚至基本权利)的保护规则。而目前成立的众多消费者组织(例如电子前沿基金会),在个人数据保护法律的制定上发挥着积极的推动作用,监督着平台公司的数据保护行为,成为国家和行业规制的重要协同方。

公众教育可以提升公众参与的质量,但过程步履维艰。正如美国联邦最高法院 2019 年年度报告所提到的,尽管司法机构可以提供在线课程、教师培训资料,并组织线下活动,但公众教育(civic education)绝不是司法可以单独解决的挑战。[3] 首先,个人应当秉持积极

---

[1] See Christopher T. Marsden, *Internet Co-Regulation: European Law, Regulatory Governance and Legitimacy in Cyberspace*, New York: Cambridge University Press, 2011, p. 258.
[2] 2019 年 8 月风靡一时的 ZAO 换脸 App,可以使用个人用户的面部信息,替换娱乐视频中的主角面容。虽然该项技术吸引了大量用户,但由于其用户协议中规定"在您上传及/或发布用户内容以前,您同意或者确保实际权利人同意授予 ZAO 及其关联公司以及 ZAO 用户全球范围内完全免费、不可撤销、永久、可转授权和可再许可的权利,包括但不限于可以对用户内容进行全部或部分的修改与编辑(如将短视频中的人脸或者声音换成另一个人的人脸或者声音等)以及对修改前后的用户内容进行信息网络传播以及著作权人享有的全部著作财产权利及邻接权利",从而引发了用户的质疑以及拒绝使用。ZAO 公司后于 2019 年 9 月 3 日发布道歉声明,并声明 ZAO 公司不会存储个人面部生物识别特征信息,在用户删除信息或注销账号后,也会依据相关法律规定删除相应的信息。
[3] See Supreme Court, 2019 Year-End Report on the Federal Judiciary, p. 3.

的态度,主动了解技术发展对自身权利的影响,提高自身算法(技术)素养,从而更好地参与到算法(技术)规则的制定之中。其次,业界应当为个人提供充分学习的可能途径,包括发布通行版教育材料,组织线上或线下的学习课程,为公众参与提供知识后盾。最后,国家需要保障公众学习的机会,督促业界开展科技普及活动,清理公众学习的障碍。只有当公民的素养得到相应的提升后,个人赋权才能真正意义上得到实现。

正如2021年1月1日正式成为美国法律的《国家人工智能倡议法》的开篇所明,美国希望通过联邦政府的协调计划,加快人工智能的研究应用,并促进经济繁荣和国家安全。可以说,在美国未来的短期场景中,行政监管依旧保持谨慎取向,人工智能的监管更偏重行业的自我规制,而不是政府的外部规制。当然,这并不意味着放弃联邦贸易委员会等政府机构在保护消费者隐私方面的作用,而是说行业组织、大型科技公司在短期内可能担任美国个人数据保护的主要角色,而政府机构和个人则扮演着次要角色。由于众多人工智能公司的总部设立在美国,美国政府的态度将在很大程度上影响人工智能的发展方向。而以"自由"为口号的美国政府,在平衡科技进步和权利保障的过程中,仍然将规制的权力更多地留给了社会本身,这就意味着持续的、有争议的、复杂的多方探讨。

第四章
美国人工智能领域基本权利保护的国家义务

人工智能三方合作监管过程中,国家的权利保护义务体现为技术规制的全程衔接。国家通过立法、行政、司法等途径的动态连接,为行业自我监管设定基础原则,把控行业发展的技术方向。而当业界出现脱轨行为、自我监管的执行变得疲弱之时,国家权力应当顺势进行纠偏与补充。禁止过度与禁止不足的义务履行折射出国家权利保护义务的合比例倾向。国家监管与行业自我监管并非相互挤压与排斥的对抗关系,而是相互补充与兼容的双赢关系。在国家与行业双向互动的过程中,公众参与的身影也愈发清晰。

一、动态连接式事前预防机制

在技术风险的事前防控阶段,国家发挥着不可替代的设定与执行基础性规则的作用。由于个人的消费者身份属性居多,联邦贸易委员会成为个人数据保护和算法规制的重要行政主体。联邦贸易委员会提出的隐私最佳实践框架("best practices" privacy framework)成为处理公司数据的基础规则,而提高算法的理性透明度是联邦贸易委员会下一步努力的方向。在自动驾驶车辆的应用场景中,美国交通部抢占了制定安全标准的优先权,并交由国家公路交通安全管理局负责具体执行。各州则在遵守安全标准的基础之上,通过宽松立法、开放行政等途径鼓励技术的发展,避免事前的风险预防成为技术发展的桎梏。

(一)信息隐私的合规标准与执法考量

1914年,联邦贸易委员会根据《联邦贸易委员会法》成立,它的主要任务是促进消费者保护和美国反托拉斯法的民事执行。《联邦贸易委员会法》第五章中规定,"在商业活动中或影响商业活动的、不公平或欺骗行为(做法)被宣布为非法"[1]。联邦贸易委员会主要依据该法第五章,保护消费者免受商业活动中不公平或欺骗行为的侵害,对违规公司实施惩罚。联邦贸易委员会还可以根据《真实借贷法》《反垃圾邮件法》《儿童在线隐私保护法》《平等信用机会法》《公平信用报告法》《公平债务催收法》《电话营销、消费者欺诈与滥用的防范法》等一系列法律,对违规公司采取行动。因而,在缺乏联邦性数据保护法和算法问责法案的制约,并且消费者成为个人在与公司接触时最为密集出现的身份的情况下,以实用主义为导向,联邦贸易委员会成为数据保护和算法规制中重要的国家角色。

1. 合规标准:数据保护的最佳实践

由于联邦性消费者隐私保护法的缺位,联邦贸易委员会实际担负了监管公司收集、使用和处理消费者数据的主要责任。根据联邦贸易委员会公布的《隐私和数据安全:2018》(Privacy and Data Security, Update 2018),联邦贸易委员会主要通过执法行动制止违法行为,并要求公司采取积极措施纠正违法行为,具体包括:在适当的情况下,实施全面的隐私和安全计划;接受独立专家每两年进行一次的评估;就违规行为向消费者提供金钱补偿;清除非法所得;删除非法获取的消费者信息;并向消费者提供强有力的透明度和选择机制。

---

[1] 15 U.S. Code § 45(a)(1).

如果一家公司违反了联邦贸易委员会的命令,联邦贸易委员会可以对其处以罚款。联邦贸易委员会的其他履责途径包括开展研究并发布报告、举办公开研讨会、为消费者和公司提供教育材料、在美国国会作证并就影响消费者隐私的立法和监管提案发表评论以及与国际合作伙伴就全球隐私和问责问题开展合作。联邦贸易委员会在2018年进行的隐私和安全执法行动,包括关闭复仇色情网站MyEx.co、批准Venmo欺骗性隐私设置的和解协议、批准Uber数据安全和隐私指控的和解协议。联邦贸易委员会还对RealPage Inc.处以300万美元的民事罚款,原因是该公司未能确保租户筛选信息的准确性,违反了《公平信用报告法》。[1]

而在监管的实践过程中,联邦贸易委员会探索出的隐私最佳实践框架成为美国公司数据隐私合规的主要标准。2012年,联邦贸易委员会发布了《在快速变革的时代保护消费者的隐私:向公司和政策制定者的建议》(Protecting Consumer Privacy in an Era of Rapid Change: Recommendations for Businesses and Policymakers),首次明确了最佳实践的内容主要包括通过设计以保护隐私、简化公司和消费者的选择以及提升透明度。

第一,通过设计以保护隐私。公司需要:(1)在产品和服务开发的每个阶段促进对消费者隐私的保护;(2)将实质性隐私保护纳入公司的实践,例如确保数据安全,合理地收集、保留和处理以及确保数据的准确性;(3)在产品和服务的生命周期内,维护全面的数据管理流程;(4)只收集用于特定业务目标的数据;(5)保留数据的时间应与达到该目标所需的时间相同;(6)执行合理的程序以提高数据的准

---

[1] See Federal Trade Commission, FTC Releases 2018 Privacy and Data Security Update, Mar. 15, 2019.

确性;(7)通过对新产品和服务进行隐私培训和隐私审查,执行合理的隐私实践;(8)自研究和开发的初期阶段便指派人员监督隐私问题;(9)在发布为研究或其他目标而匿名的数据之前谨慎行事,并采取措施尽量减少数据的可链接性。

第二,简化公司和消费者的选择。为了简化公司和消费者的选择,"最佳实践"列出了五类"普遍接受的"信息收集和使用实践,[1]公司不需要为消费者提供选择,进而减少了公司的负担。对于需要选择的实践,公司应该确保让消费者能够在相对合理的时间内和环境下对其数据作出决策。需要作出选择的实践包括:(1)在线广告行为;(2)与第三方共享数据;(3)允许服务提供者以外的第三方收集访问站点的消费者数据。公司还应在发生以下情况前提供显著披露,并获得肯定的明确同意:(1)使用消费者数据的方式与收集数据时所声称的方式有重大不同;[2](2)为某些目的(包括营销)收集敏感数据。

第三,提升透明度。首先,公司应该提升其数据实践的透明度。其次,隐私通知应该更清晰、更简短、更标准化,以便消费者更好地理

---

[1] 下列做法并不需要消费者作出选择:(1)产品实现:收集联系信息,以完成要求的产品;(2)内部运营:调查满意度以改善服务,收集访问、点击率数据以改善网站导航和类似的广告库存指标等。但是,"内部业务"将不包括与第三方共享数据,以便改进现有的产品或服务;(3)预防欺诈:在线公司可以扫描网络服务器日志来检测欺诈,当不再需要时删除日志,并采取措施防止安全攻击;(4)法律合规和公共目的:在接到传票后与执法部门共享数据,或者向信用局报告消费者的失信行为;(5)大多数第一方营销:如在线零售商可以根据消费者先前在网站上的购买情况推荐产品,线下零售商可以向经常购买尿布的顾客提供婴儿配方奶粉优惠券(包括邮寄或电子邮件两种方式)。参见 FTC, Protecting Consumer Privacy in an Era of Rapid Change: Recommendations for Businesses and Policymakers, Mar. 2012, pp. 35-60。

[2] 不同用途的例子包括社交网站改变了将个人资料保密的政策,或者零售商更改了不与第三方共享客户数据的策略。参见 FTC, Protecting Consumer Privacy in an Era of Rapid Change: Recommendations for Businesses and Policymakers, Mar. 2012, pp. 35-60。

解和比较。再次,公司应提供合理的途径,让消费者访问其所保存的消费者数据,访问的范围应与数据的敏感性及其使用目的成比例。最后,为了让消费者作出明智的决定,所有利益相关者都应加大努力,向消费者普及商业数据隐私实践。

如果公司未能遵守隐私最佳实践框架,联邦贸易委会将及时地对公司提出申诉,但通常将达成和解协议。和解协议的处理措施通常包括禁止令、经济处罚、消费者的通知补救、删除或避免使用数据、改变隐私政策、独立专家评估、合规报告等[1]。在 2013 年 HTC America, Inc. 案[2]中,联邦贸易委员会认为 HTC 在设计产品时未能考虑安全性。HTC 的隐私政策明确说明,如果用户不同意"添加位置数据",那么 HTC 将不能获得用户的位置数据。而在 HTC 的用户报错系统中,用户一旦向 HTC 发出软件报错,位置数据便会被自动上报给 HTC,无须用户同意"添加位置数据"。此外,HTC 没有测试移动设备软件的潜在风险、没有接受普遍认可的安全代码,甚至在收到缺陷警告时未能及时回应。因此,联邦贸易委员会认为 HTC 的用户报错系统的隐私设置存在安全漏洞,在最终达成的和解协议中,HTC 承诺维修数百万移动设备的安全漏洞。而在 2020 年 InfoTrax Systems, L.C.案[3]中,联邦贸易委员会认为 InfoTrax Systems 公司未能采取合理的、低成本的、可获得的安保措施,导致超 100 万名消费者的个人数据遭到泄露。具体包括其未能建立及时清点并删除不再需要的个人数据的系统、未能充分测试网络安全风险、未能检测恶意

---

[1] See Daniel J. Solove and Woodrow Hartzog, "The FTC and the New Common Law of Privacy", *Columbia Law Review*, Vol.114(2014), pp. 610-619.
[2] See In the Matter of HTC America, Inc., FTC File No. 122 3049, No. C-4406 (F.T.C. Jun. 25, 2013).
[3] See In the Matter of InfoTrax Systems, L.C., FTC File No. 1623130, No. C-4696 (F.T.C. Jan. 6, 2020).

文件的上传、未能限制第三方上传位置数据、未能实施安全措施以检测异常活动和网络安全事件等。最终联邦贸易委员会与该公司达成和解协议，要求该公司每两年接受一次第三方的独立个人数据保护评估。

事实上，自 20 世纪 90 年代以来，联邦贸易委员会一直通过不公平和欺骗性商业行为条款监督各个公司的隐私政策。联邦贸易委员会所处理的大多数案件最终都达成了和解协议，和解协议继而成为指导公司数据保护实践的范本。联邦贸易委员会在数据保护中的角色力量已然超越了侵权法和隐私法律的司法力量，联邦贸易委员会是美国最具影响力的隐私执法机构。[1] 联邦贸易委员会的"最佳实践"方案充分吸纳了隐私的设计理论，部分体现了公平信息实践原则所要求的通知选择，并在二者的基础上进一步拔高，提出了透明度要求，从而成为美国公司处理个人数据时的合规标准。

2. 执法考量：算法的理性透明

提高算法的透明度一直被视为解决算法黑箱问题的主要途径。2018 年 11 月 13—14 日，联邦贸易委员会举行了主题为"21 世纪的竞争和消费者保护"的第七场听证会：算法、人工智能和预测分析的竞争和消费者保护问题（FTC Hearing #7: The Competition and Consumer Protection Issues of Algorithms, Artificial Intelligence, and Predictive Analytics）。听证会审查了在商业决策和商业行为中，使用算法、人工智能进行预测分析的商业竞争和消费者保护问题。[2] 参与会谈

---

[1] See Daniel J. Solove and Woodrow Hartzog, "The FTC and the New Common Law of Privacy", *Columbia Law Review*, Vol.114(2014), pp. 583-676.

[2] 主要讨论的问题包括：对于消费者和公司来说，利用算法、人工智能或预测分析所促进的产品或服务的优势和劣势是什么？从技术角度来看，有时是否不可能确定这些技术所产生的结果？如果是这样，这引起了什么担忧？开发结果不确定的技术的优点和缺点是什么？验证黑箱系统是可接受或者结果可解释的标准是什么？以及，监管机构如何才能在不过度阻碍竞争或创新的情况下，实现对相关技术的合法监管？

的小组成员(panelists)承认,使用人工智能并非没有风险,透明度义务应该适用于人工智能。[1] 算法透明度至少包括了两类透明,一类是"鱼缸透明",另一类是"理性透明"("fishbowl transparency" and "reasoned transparency")。鱼缸透明,顾名思义,指的是公众窥视算法内部并获取算法信息的能力。理性透明则强调信息的有用性,即算法是否揭示了其采取行动的原因。[2] 更为直白的解释是,鱼缸透明意味着公众可以看到算法的模型,而理性透明则意味着公众可以理解算法的特定结果。长久以来,算法的透明度问题混淆了两类透明,甚至奢望只要公开算法的模型就能够打破算法黑箱的魔咒。

正如欧盟未来科学和技术小组在2019年发表的《算法责任和透明度的管理框架》所言:把透明度看作是解释算法的步骤(explaining the steps of the algorithm),不太可能产生有用的结果。一方面,它可能导致公开的信息只是作出决策的一般性流程;另一方面,即使开发商提供完整的步骤集(例如完整、详细的算法,或机器学习模型),但是由于算法的复杂性,即使是专家也可能无法提供令人满意的方法来解释为什么会得到特定的结果。关键问题包括复杂性(与数据规模、算法的模块化、迭代处理和随机分胜负有关)、决策的互联性以及从数据中学习规律的过程。对于这些问题,简单地发布算法系统的源代码通常不会提供有意义的透明性。此外,简单地发布一个算法模型还可能损害数据隐私,因为"反向工程"(reverse engineer)可以

---

[1] 关于第七场听证会的会议记录,参见 Christopher A. Cook et al., "FTC Hearings Exploring Algorithms, Artificial Intelligence, and Predictive Analytics Focus on Notions of Fairness, Transparency and Ethical Uses", *DWT Insights*, Dec. 4, 2018。
[2] See Cary Coglianese and David Lehr, "Transparency and Algorithmic Governance", *Administrative Law Review*, Vol.71(2019), p. 20.

确定用于构建模型的数据。[1]

因此,对于黑箱算法而言,真正有意义的是理性透明,也就是对特定结果的理解透明。公众不需要知道算法运作的全部流程,但是有权利知道特定结果的产生基础。这可能通过特定的系统标准设计实现,也可能通过敏感性分析而实现。[2] 而在这一过程中,政府需要履行的责任至少包括:"提高公众的算法素养、通过补贴和税收来促进理性透明算法技术的发展、增强技术的基础设施建设以及适度的监管。"[3]

2022年的《算法问责法案》依旧授权并指示联邦贸易委员会发布并执行相关规定,要求对自动决策系统和增强的关键决策过程进行影响评估,并合理、及时地处理任何已确定的偏见或安全问题。虽然该法案目前并没有获得通过,但是反映出一个潜在的趋势:未来规制黑箱算法问题的主要政府部门仍然是联邦贸易委员会。而联邦贸易委员会的理性透明度建议也将成为算法约束的重要考量,甚至可能与数据保护的最佳实践结合,成为公司的合规标准。

根据联邦贸易委员会2021年向国会所作的关于隐私和安全的报告,联邦贸易委员会密切关注着算法的可理解性问题。依据《联邦贸易委员会法》第五章的规定,联邦贸易委员会拥有法律授权,以保护消费者免受市场中不公平和欺骗行为的负面影响,并教育消费者

---

[1] See Panel for the Future of Science and Technology, Ansgar Koene et.al, A Governance Framework for Algorithmic Accountability and Transparency, Mar. 2019, p. Ⅱ.

[2] See Panel for the Future of Science and Technology, Ansgar Koene et.al, A Governance Framework for Algorithmic Accountability and Transparency, Mar. 2019, p. Ⅱ.

[3] Panel for the Future of Science and Technology, Ansgar Koene et.al, A Governance Framework for Algorithmic Accountability and Transparency, Mar. 2019, p. Ⅲ.

和企业了解各自的权利和责任。[1] 如果一个算法的开发者承诺其产品将提供公正的结果,但实际上它并没有履行承诺,这可能会被视为欺骗行为。又如一家公司使用有偏见的算法歧视消费者,并给消费者造成无法避免的重大伤害,而且对消费者的反补贴利益也无法抵消这种伤害,则美国联邦贸易委员会可能会指控公司对算法的使用是不公平的行为。[2] 由于《联邦贸易委员会法》允许联邦贸易委员会根据消费者的实际预期采取行动,因而在联邦算法规制法律缺席之际,联邦贸易委员会的执法行为填补了联邦法律的空白,且为消费者提供可能的公权救济。

尽管联邦贸易委员会肩负着数据、算法合规的主要执法责任,但其在执法实践中仍然面临着重重阻碍。一方面,联邦贸易委员会在隐私和数据安全领域主要的权威法律来源依然是《联邦贸易委员会法》第五章,因而其必须证明公司的行为是"欺骗性"或"不公平的",才能对其提起隐私或数据安全指控。"欺骗性"的评判标准在于公司的陈述、遗漏或者行为是否对消费者至关重要,是否可能误导消费者对产品或服务作出决定。"不公平的"行为在实践中的构成要件包括:(1)其造成或可能造成重大伤害;(2)消费者无法合理避免损害;(3)损害不会被消费者获取的利益抵消。如果公司没有做出欺骗性或不公平的行为,或者该行为无法被证明为是欺骗性或不公平的,则联邦贸易委员会无法对其提起指控。另一方面,美国联邦最高法院在 2021 年 AMG Capital Management, LLC v. FTC 案[3]中限制

---

[1] See Olivia T. Creser, "In Antitrust We Trust?: Big Tech Is Not the Problem-It's Weak Data Privacy Protections", *Federal Communications Law Journal*, Vol.73, Issue. 2(2021), p. 312.
[2] See Federal Trade Commission, FTC Report to Congress on Privacy and Security, Sept. 13, 2021, p. 7.
[3] See AMG Capital Management., LLC v. FTC, 141 S. Ct. 1341 (2021).

了联邦贸易委员会的执法能力。当联邦贸易委员会指控公司违反《联邦贸易委员会法》时,联邦贸易委员会的主要纠偏途径在于发布禁令,要求公司删除基于消费者数据开发的数据和算法、提供消费者的知情同意、实施隐私和数据安全程序、开展隐私和数据安全程序评估,以及寻求消费者赔偿。然而,最高法院在 AMG Capital Management, LLC v. FTC 案中裁定,《联邦贸易委员会法》第 13 条 b 款不允许联邦贸易委员会在联邦法院获得货币救济。其结果是,联邦贸易委员会失去了为遭受损失的消费者提供经济补偿的最有效的工具,联邦贸易委员会正在敦促国会迅速采取行动恢复这一权力。[1]由此可见,单一的行政主体外部规制在智能时代能力不足,必须考量多元主体的数字共治。

(二)自动驾驶安全性能的准入设定

自动驾驶车辆的安全准入规则涉及联邦和各州的合作与分权。由于联邦制度的限制,自动驾驶车辆上路测试许可牌照的发放实际上由各州负责,而各州标准不一产生了恶意竞争的结果。因此,美国交通部抢占了设定自动驾驶车辆安全标准的权力,并交由国家公路交通安全管理局负责具体的执行与解释,而各州允许上路的自动驾驶车辆必须满足联邦设定的安全基准。为避免技术发展滞后,各州或是采取宽松的立法或是采取开放的行政命令,以鼓励自动驾驶技术的发展。

1. 美国交通部的优先权抢占与执行

正如前文所言,美国交通部曾发表《安全愿景 2.0》和《自动车辆 3.0》两份报告,为自动驾驶车辆的安全研发和部署提供了指导方针。

---

[1] See Federal Trade Commission, FTC Report to Congress on Privacy and Security, Sept. 13, 2021.

目前美国交通部主要的监管重点是高度自动化车辆（highly automated vehicles），或者至少在某些情况下可以由系统完全控制车辆的驾驶。与此同时，部分关注自动化程度较低的自动车辆，例如车辆制造商已经部署的一些驾驶员辅助系统。美国交通部关于自动驾驶的全部政策都是在听证会和公共意见咨询会后制定的，而公众也可以对已经公布的政策进行及时的反馈。[1]

交通部认为，各州政府在促进高度自动化车辆的传播、确保其安全部署和促使其保护生命利益等方面发挥着重要作用。各州在联邦政府以外，仍保留在车辆牌照和登记、交通执法以及机动车保险方面的传统责任。交通部支持建立一个统一的国家法律和政策框架来管理自动车辆。具体而言，联邦政府的职责包括：（1）制定新机动车及机动车设备安全标准；（2）严格执行安全标准；（3）在全国范围内调查和管理不符合安全标准的机动车，并负责召回和补救的工作；（4）就机动车安全问题与公众进行沟通和教育；（5）必要时发布指导意见，以实现国家的安全目标。各州的职责包括：（1）为自然人驾驶员发放执照，并在其管辖范围内登记机动车；（2）制定和执行交通法规；（3）如果各州同意，执行安全检查（safety inspections）；（4）规范机动车保险和责任。[2]

作为交通部的下设部门，美国国家公路交通安全管理局将利用现有的监管工具，具体执行自动驾驶车辆的安全发展和战略部署。首先，国家公路交通安全管理局负责具体的法律适用解释。国家公路交通安全管理局可以通过解释信（explain letter）解释现行法律如何适用于特定的机动车辆，解释信描述了联邦政府对现有规范的适

---

[1] See DOT, Fact Sheet: Federal Automated Vehicles Policy Overview, p. 1.
[2] See DOT, Fact Sheet: Federal Automated Vehicles Policy Overview, p. 4.

用看法。其次,国家公路交通安全管理局可以允许对某些标准的豁免。国家公路交通安全管理局有权批准现行标准的有限豁免,以适应现代车辆的设计。再次,国家公路交通安全管理局可以制定或修改规则。根据通知并评论(Notice-and-comment)的要求,国家公路交通安全管理局可以制定新标准、修改或废除现有标准。如果制造商希望在豁免时间之外继续摆脱现行标准的束缚,或者希望更多的车辆得到豁免,又或者新的车辆与传统的机动车标准完全不同,出具一份制定规则的请愿书可能是制造商最好的选择。最后,国家公路交通安全管理局拥有执法的权力。根据现有的法律和法规,国家公路交通安全管理局拥有广泛的执法权力,以解决新兴的车辆问题。国家公路交通安全管理局的部分任务是防止由于自动驾驶车辆的设计、建造或性能缺失而引发的不合理的损害风险。[1]

未来国家公路交通安全管理局可能的监管行动还有:(1)扩展车辆测试方法,创建更为真实的测试环境;(2)定期审查标准,适应技术的发展;(3)要求制造商提交额外的自动驾驶车辆的测试和部署报告;(4)监管自动驾驶车辆的数据收集。与此同时,国家公路交通安全管理局将进一步扩大与专家的对话途径,比如建立专家网络(Network of Experts)。[2] 由此,美国联邦交通部抢占了制定安全标准的优先权,使安全标准成为全国适用的基础规则,而安全标准的具体执行、解释与修改则交由美国国家公路交通安全管理局负责,从而敦促安全标准得到良好遵守且不至于过度禁锢技术的发展。

美国国家公路交通安全管理局不仅着眼于自动驾驶车辆的单线安全,而且关注着技术中枢的多线安全。国家公路交通安全管理局

---

[1] See DOT, Fact Sheet: Federal Automated Vehicles Policy Overview, pp. 5-6.
[2] See DOT, Fact Sheet: Federal Automated Vehicles Policy Overview, pp. 7-8.

积极与其他机构开展执法合作,从而全方位、立体地维护交通安全。以数据驱动的犯罪和交通安全方法(Data-Driven Approaches to Crime and Traffic Safety, DDACTS)为例,该执法模式需要国家公路交通安全管理局与司法部的两个机构(司法援助局和国家司法研究所)共同履职。DDACTS通过处理基于位置的交通事故、犯罪、服务呼叫和执法数据,建立了高效部署执法资源的模型。通过模型分析确定为碰撞和犯罪发生率高的地区,DDACTS将采用高度可见、有针对性的交通执法措施来管理这些地区。DDACTS不仅减少了交通事故和犯罪的同时发生,更是整体改善了公民社区生活的质量。DDACTS的实施原则包括:多方合作、数据收集、数据分析、战略行动、信息共享和评估调整。[1] DDACTS是智能时代通过数据处理和算法应用维护社会安全的治理手段,是智能时代发展的技术产物,其反映出智能时代治理模型的行为模式和价值导向,体现了预测性执法的规制逻辑。

2. 部分州的立法先行与行政支持

虽然各州的立法与行政进程不尽相同,但其共性都在于保证自动驾驶技术的安全性能,同时避免技术发展受到法律的过度阻碍,从而维持技术发展的速度优势。也正是由于各州存在技术偏好,美国交通部将安全标准的设定权力"抢"为己有,避免技术的安全标准弱化,对个人主体产生负面影响。以联邦安全标准为前瞻,各州在制定了自动驾驶车辆的上路测试及运行的许可标准之后,通常选择不再为自动驾驶车辆设置外部限制,从而保障了自动驾驶车辆技术的自由发展空间。

---

[1] See NHTSA, Data-Driven Approaches to Crime and Traffic Safety: Operational Guidelines, Mar. 2014.

例如,内华达州(Nevada)对自动驾驶车辆采取了积极拥抱的态度,不仅授权自动驾驶车辆制造商在公共道路上开展测试,而且已经允许低速无人驾驶车辆在公共道路上行驶。正如无人驾驶车辆制造商 Nuro 公司的发言人所说,"内华达州一直是自动驾驶汽车领域的领导者,该州建立了一个有助于安全部署自动驾驶车辆的监管框架"[1]。

2011 年,内华达州是全美第一个允许自动驾驶车辆上路测试的州。AB 511(2011)[2]允许自动驾驶车辆的运营,并为自动驾驶车辆的运营商颁发驾照。具体的执行则交由州车辆管理局(Department of Motor Vehicles)来进行,包括驾照的授予、车辆保险的要求、车辆的安全等级评定和上路测试守则等。

SB 140(2011)[3]禁止驾驶员在某些驾驶情况中,使用手机或其他手持无线通信设备,并将驾驶时使用手机发送短信或读取数据定为非法。但允许驾驶员在合法行驶的自动驾驶车辆上使用这类装置。

SB 313(2013)[4]要求在高速公路上测试的自动驾驶车辆满足与自然人驾驶员有关的某些条件。上路的自动驾驶车辆需要提供保险证明。如果第三方将车辆改造为自动驾驶车辆,原始的制造商无须就某些伤害承担责任。

AB 69(2017)[5]详细定义了有关术语,并对自动驾驶技术的公

---

[1] Scott King, "Nevada Continues to Embrace an Autonomous Vehicle Future", *Sierra Nevada Ally*, Apr. 19, 2021.
[2] AB 全称为 Assembly Bill,SB 全称为 Senate Bill,二者分别指州众议院法案和州参议院法案。参见 State of Nevada, Assembly Bill No. 511, Approved by Governor on Mar. 28, 2011。
[3] See State of Nevada, Senate Bill No. 140, Approved by the Governor on Jun. 17, 2011.
[4] See State of Nevada, Senate Bill No. 313, Approved by the Governor on Jun. 2, 2013.
[5] See State of Nevada, Assembly Bill No. 69, Approved by Governor on Jun. 16, 2017.

路适用提出了前置性要求。由于自动驾驶技术出现,法案重新定义了"驾驶员",驾驶员指的是促成自动驾驶系统工作的个人。法案允许自动驾驶车辆在无自然人驾驶员的状态下运行。法案向自动驾驶车辆网络公司提出具体的个人数据保护要求,包括许可要求、禁止歧视和处理可访问性。根据该法案,若主体违反了与自动驾驶车辆有关的法律,最高可被罚款 2500 美元。

AB 23(2019)[1]授权内华达州车辆管理局管理除自动驾驶车辆以外的配备替代性电子运输系统的车辆(alternative electronic transportation system vehicle),替代性电子运输系统包括个人无需身体接触即可实时控制车辆的操作系统,通过编程按照固定路线行驶的控制系统,个人可以远程操控车辆的系统以及其他类似系统。内华达州车辆管理局可以授权符合条件且缴纳保险或保障金在 500 万美元以上的车辆制造商,在内华达州境内的高速公路和场地上操作和测试配备替代性电子运输系统的车辆。

AB 412(2021)[2]允许时速超过 35 英里但不超过 45 英里的社区无人驾驶车辆(neighborhood occupantless vehicle)在高速公路上行驶,并且免除了完全自动驾驶车辆需要配备全景镜、雨刮器和多光束照明设备的强制要求。

而在加利福尼亚州(California),由于特斯拉等主要的自动驾驶车辆研发公司的总部位于此地,加州对于自动驾驶车辆的监管尤为关键,其重要性不亚于联邦立法。加州目前已经允许自动驾驶车辆制造商提起道路测试申请,并授权符合条件的制造商在加州进行道路测试,但并未完全允许自动驾驶车辆独立上路运行。

---

[1] See State of Nevada, Assembly Bill No. 23, Approved by Governor on May 23, 2019.
[2] See State of Nevada, Assembly Bill No. 412, Approved by Governor on Jun. 4, 2021.

SB 1298(2012)[1]要求加州公路巡警部门更新安全标准和性能要求,以确保自动驾驶车辆在本州公共道路上的运行和测试安全。

AB 1592(2016)[2]授权康特拉科斯塔县(Contra Costa County)运输管理局(Transportation Authority)开展一项试验项目,测试没有配备方向盘、刹车踏板、加速器或车内操作员的自动驾驶车辆,前提是测试只在指定地点进行,且车辆必须以指定速度运行。

AB 1444(2017)[3]授权利弗莫/阿马多尔谷交通管理局(Livermore / Amador Valley Transit Authority)开展一项共享的自动驾驶车辆示范项目,用于测试没有驾驶员座位的以及没有配备方向盘、刹车踏板或加速器的自动驾驶车辆。

SB 1(2017)[4]鼓励加州运输部和各市县在成本效益可行的情况下,利用道路养护和修复计划下的资金,在交通基础设施中建设先进的通信系统,为过渡性或全自动驾驶车辆提供配套的基础设施。

AB 1184(2018)[5]授权旧金山市,对由运输网络公司(如TNC)提供的赴旧金山旅行的自动驾驶车辆征税,税率可能高达每次旅行票价的3.25%,但是共享旅行可以得到税收的减免。

与议会立法齐头并进的是加州车辆管理局制定的政策,加州车辆管理局已经开始为自动驾驶车辆制造商颁发道路测试许可。2015年12月16日,加州车辆管理局发布了自动驾驶车辆部署条例草案以供审查,并先后举办了两次公开工作坊,以期有关各方就法规草案

---

[1] See State of California, Senate Bill No. 1298, Approved by Governor on Sept. 25, 2012.
[2] See State of California, Assembly Bill No. 1592, Approved by Governor on Sept. 29, 2016.
[3] See State of California, Assembly Bill No. 1444, Approved by Governor on Oct. 12, 2017.
[4] See State of California, Senate Bill No. 1, Approved by Governor on Apr. 28, 2017.
[5] See State of California, Assembly Bill No. 1184, Approved by Governor on Sept. 21, 2018.

提供意见。2016年9月30日,加州车辆管理局发布了经修订的部署条例草案,并于10月19日在州议会大厦举行了关于条例草案的公开研讨会。2017年3月10日,在加州测试和部署全自动驾驶车辆实施路径的拟议规范发布,并开始了为期45天的公众意见征询期;加州车辆管理局于4月25日在加州首府萨克拉门托(Sacramento)举行了公开听证会,以收集有关拟议法规的意见;10月11日,加州车辆管理局发布了修订后的法规,涵盖无人驾驶测试和自动驾驶车辆的部署,该版本开始了为期15天的公众意见征询期,于2017年10月25日结束;11月30日,加州车辆管理局再次发布修订后的法规,开始为期15天的公众评议期。2018年1月11日,加州车辆管理局将最终法案提交给行政法办公室(Office of Administrative Law)以供批准;2月26日,行政法办公室批准了无人驾驶测试规定;3月2日,加州车辆管理局在其官网上发布了申请批准的公告,并于4月2日开始接受申请。

加州作为美国智能科技的中枢核心,其对待自动驾驶车辆同样保持着开放面相,但与内华达州的积极迎合态度相比,加州的监管逻辑呈现谨慎底色。加州车辆管理局的最终规则依旧要求自动驾驶车辆保留自然人驾驶员作为测试员。无论车辆是自动模式还是常规模式,自然人驾驶员需要拥有正在驾驶或操作的车辆类型的相应驾驶证,并能够随时接管车辆的物理控制。自动驾驶车辆的制造商必须提供符合法律要求的商业保险或者500万美元的自我保证金,任何发生自动驾驶车辆碰撞事件的制造商,在司法纠纷进行的过程中不会再被授予道路测试许可。

而在自动驾驶车辆立法尚未通过的州,不少州的行政长官也发布了行政命令,以敦促自动驾驶车辆的发展。以亚利桑那州(Arizona)为例,2015年9月,亚利桑那州州长道格·杜西(Doug Ducey)签署了一项行政命令,要求各机构"采取必要措施,支持在亚利桑那州的公共道路上测试和运营自动驾驶车辆"[1],并要求在选定的大学开展自动驾驶车辆的试点项目。2018年3月1日,该州州长在2015年的行政命令的基础上,又增加了2018-04号行政命令[2],该命令包括发展完全自动的无人驾驶车辆,所有自动驾驶系统都需要符合联邦和本州的安全标准;还签署了2018-09号行政命令[3],在该州建立了一个自动车辆研究所。2021年,以2018-04号行政命令为基础的HB 2813(2021)[4]法案得到议会通过,并经州长批准正式成为州法。截至2022年,包括Beep、Cruise、Nuro、Waymo在内的多家自动驾驶车辆制造商已经获得了行政许可,在亚利桑那州州内开展运营测试。[5]

自动驾驶车辆是智能科技应用于人类日常生活的突出代表。就人类社会的生活方式变革而言,数据已经成为关键的生产要素,算法应用已经成为重要的生产力,人类主体必然需要面对生活方式客观转变的现实要求。无论是议会法案还是行政命令,本质都是社会无序与权力控制的谈判交易(tradeoff),[6]各州政府通过一定的权力折损,兑换出行业技术蓬勃发展的图景。为避免权力折损伤害到个

---

[1] State of Arizona, Executive Order 2015-09, Self-Driving Vehicle Testing and Piloting in the State of Arizona.

[2] See State of Arizona, Executive Order 2018-04, Advancing Autonomous Vehicle Testing and Operating: Prioritizing Public Safety.

[3] See State of Arizona, Executive Order 2018-09, Establishment of the Institute of Automated Mobility.

[4] See State of Arizona, House Bill 2813, Approved by the Governor on Mar. 24, 2021.

[5] See Arizona Department of Transportation, Autonomous Vehicles Testing and Operating in the State of Arizona, https://azdot.gov/motor-vehicles/professional-services/autonomous-vehicles-testing-and-operating-state-arizona, last visited time 2022-7-5.

[6] See Simeon Djankov et al., "The New Comparative Economics", *NBER Working Paper*, No. 9608(2003), pp. 38-39.

人权利,国家机构制定出行业技术安全标准,从而确保了谈判交易的底线,也即对个人安全的保障。在满足保障个人安全的基础要求后,美国各州的监管部门均为自动驾驶车辆的道路测试和运行部署提供了较为宽松的发展环境,整体折射出美国在智能时代中维持技术发展高频速率的政策取向。

然而,自动驾驶车辆的联邦性立法至今未能出台,自动驾驶车辆的运行实践中依旧存在着监管盲区。现有的各州规制条例将逻辑基底置于维护乘客人身安全,并未充分顾及乘客的数据隐私安全。而乘客数据恰恰是以自动驾驶技术为代表的算法应用的必须给养,限制对乘客数据的获取、处理和分享,极有可能限制自动驾驶技术的升级迭代,因而在美国技术偏好的监管形式中,本就处于弱势地位的个人数据隐私可能再受冲击。尽管保护消费者的数据隐私已成法律共识,但是公民个人权利保护和行政监管的偏离在经验领域并不稀奇。欲打破这一监管困境,可能需要回溯源头,回答个人权利和技术发展究竟孰重孰轻。

二、双向交叉式事后矫正机制

2020 年 1 月 1 日,《加州消费者隐私法》正式生效,为美国其他州隐私保护的立法提供了参考范本,成为美国目前最具代表性的消费者数据保护法案。与此同时,算法的肯定性行动依旧在进行中,司法审查成为算法肯定性行动的终局方案。作为风险系数较高的自动驾驶技术,国家可以参考民用核能技术的发展脉络,构建双层的保险制度框架。无论是立法还是司法的事后矫正方式,都需要在二者的互动之中不断对自身进行调节,从而达到最为妥适的方案。

(一)《加州消费者隐私法》的纠偏尝试

虽然奥巴马政府曾经在2012年提出《网络世界中的消费者数据隐私:在全球电子经济中保护隐私和促进创新的框架》(Consumer Data Privacy in a Networked World: A Framework for Protecting Privacy and Promoting Innovation in the Global Digital Economy),也曾建议通过一份全国性的消费者隐私保护法案,但最终并未促成一份联邦性法律的生效。[1]而坐拥硅谷众多科技公司的加州,则在2018年通过了号称美国"最严格的消费者权利和数据隐私保护法案"[2]——《加州消费者隐私法》。《加州消费者隐私法》是一项旨在加强美国加州居民的隐私权和消费者权利保护的法案。[3]该法案于2018年6月28日由加州立法机关通过,并由加州州长杰里·布朗(Jerry Brown)签署成为法律,并于2020年1月1日生效。

首先,该法案明确保护了消费者的知情权、访问权和删除权。具体包括:(1)了解个人的何种数据正在被收集;(2)知道个人的数据是否被售卖或公开,以及对象是谁;(3)拒绝出售个人的数据;(4)查阅个人数据;(5)请求公司删除个人的数据;(6)不因行使隐私权而受到歧视。

---

[1] 在过去的10年间,包括但不限于10份关于个人数据保护的法案未能得到国会的通过,最终"胎死腹中"。仅在2019年,参议院便提出了Digital Accountability and Transparency to Advance Privacy Act, Commercial Facial Recognition Privacy Act of 2019, Genetic Information Privacy Act of 2019, Algorithmic Accountability Act of 2019 Bill, Privacy Bill of Rights Act,但至今还未能有一项成为正式的法律。

[2] Basics of the California Consumer Privacy Act of 2018, https://www.privacypolicies.com/blog/california-consumer-privacy-act/#start, last visited time 2019-09-18.

[3] 该法案的消费者仅限于加州的居民(residents)。根据《加州法规》第18章第17014部分(Section 17014 of Title 18 of the California Code of Regulations),在加州居住的美国公民,以合法身份长期或短期生活在加州的非美国公民,都可以被认定为加州的居民。

其次,该法案的适用对象包括在加州开展业务的任何公司,且包括任何满足下列条件之一的、收集消费者个人数据的营利性实体:(1)年总收入超过2500万美元;(2)拥有5万条以上消费者或其家庭的个人数据;(3)年收入的一半以上来自销售消费者个人数据。

再次,与欧盟GDPR对个人数据的定义不同,《加州消费者隐私法》将个人数据的定义扩展至家庭。个人数据是与某一特定消费者或家庭相关的、描述的、能够合理地直接或间接关联的信息。个人数据包括但不限于:(1)身份识别数据,如真实姓名、别名、邮政地址、在线身份识别地址、电子邮件地址、账户名、社会保险号、驾驶证号码、护照号码或其他类似的标识符;(2)商业数据,包括个人财产,购买、获得或考虑的产品(服务)的记录,以及其他购买或消费的历史或趋势;(3)生物数据;(4)互联网或其他电子网络活动数据;(5)地理定位数据;(6)音频、电子、视觉、热、嗅觉或类似数据;(7)专业或与就业有关的数据;(8)《家庭教育权利和隐私法》(The Family Educational Rights and Privacy Act, FERPA)所规定的非公开的个人可识别的教育数据;(9)消费者的侧写数据。

然而,个人数据不包括"公开可获得"(publicly available)的数据。"公开可获得"是指从联邦、州或地方政府记录中合法获取的信息。"公开可获得"并不意味着公司可以在消费者不知情的情况下,收集有关消费者的个人数据。如果个人数据被用于与政府记录中维护和提供数据的目的所不兼容的目的,那么数据就不是"公开可获得"。

对于加州居民而言,在绝大多数情况下,其权利的行使需要委以他人。加州居民可以授权公司、活动家或者协会来代替自身行使选择退出的权利。[1] 如果居民的个人数据被泄露,可能会得到100—

---

[1] See California Civil Code § 1798.135(c).

750美元或者实际损失金额的补偿。加州居民可以要求加州总检察长(Attorney General)代为提起诉讼。如果居民的数据因为公司的疏忽而被泄漏、盗窃或公开,居民也可以自己提起诉讼。[1] 有限的诉讼主体正是《加州消费者隐私法》备受批评的一处弱点,司法诉讼的提请权力主要被限定于总检察长,总检察长难以应对全部的数据侵犯情形。[2] 加州时任总检察长泽维尔·贝塞拉(Xavier Becerra)曾试图推动一项修正案,赋予个人直接向数据处理公司提起诉讼的权利,但是并未成功。[3] 此外,泽维尔·贝塞拉还支持了一项修正案,试图取消公司的"30天自我纠正期"(30-day cure period)[4]。

对于公司而言,在消费者的要求下,公司必须披露收集的消费者数据、收集数据的商业目的以及共享数据的第三方。公司必须履行消费者的拒绝或删除请求,且不得通过降低服务质量的方式进行报

---

[1] (1) before initiating any action on an individual or class-wide basis, the consumer must provide the business with 30 days' written notice of the specific provisions of the CCPA the consumer alleges have been violated, which the business has a 30-day opportunity to cure; (2) the consumer must "notify the Attorney General within 30 days that the action has been filed"; and (3) "the Attorney General, upon receiving such notice, within 30 days, shall do one of the following: (A) notify the consumer of the Attorney General's intent to prosecute an action against the violation; if the Attorney General does not prosecute within six months, the consumer may proceed with the action; (B) refrain from acting within the 30 days, allowing the consumer to bring the action to proceed; or (C) notify the consumer that the consumer shall not be permitted to proceed with the action. See Cal. Civ. Code § 1798.150.
[2] See Laura Hautala, "CCPA Is Here: California's Privacy Law Gives You New Rights", *CNET*, Jan. 3, 2020.
[3] See Katie Paul et al., "California AG Endorses Bill Expanding Consumer Privacy Protections", *Reuters*, Feb. 26, 2019.
[4] 对于法定损害赔偿(statutory damages)的诉讼,消费者必须向公司发出书面通知,并提供补救的机会。如果公司在30天内改正了违规行为,并向消费者提供了一份明确的书面声明说明改正行为,并保证不再发生违规行为,消费者将被禁止就法定损害赔偿提起个人或集体诉讼。由于这一条款弱化了消费者的私人诉权,从而引发诸多批评。参见California Civil Code § 1798.150(b)。

复。公司如果要获得13岁以下用户的数据,必须得到其父母或监护人的事前同意,如果要为特定目的而分享13—16岁用户的数据,需要得到明确的个人授权(affirmatively authorized),也即选择加入的权利。[1] 公司需要在公司主页上放置"拒绝销售个人数据"的链接,从而使消费者可以选择退出个人数据的销售。[2] 公司需要提供消费者接触数据的方法,至少要提供一个公开的联系电话。[3] 在消费者选择退出之后的12个月内,公司要避免请求其再次"选择加入"。[4] 公司可以通过财务激励(financial incentives)的方式鼓励消费者同意公司的数据收集行为。[5] 如果公司违反了《加州消费者隐私法》的要求,故意违反行为的单次罚款上限是7500美元,而非故意的违反行为单次的罚款上限是2500美元。[6]

尽管《加州消费者隐私法》与欧盟《通用数据保护条例》均是为了保护公司所收集、使用和分享的个人数据,且在术语的定义、为16岁以下未成年人提供额外的保护、允许个人查阅自身数据等方面存在相似性。但是二者仍然存在着不同之处,包括适用的范围、收集限制的性质以及责任规则等。例如,《通用数据保护条例》要求公司设立数据保护专员、建立数据影响保护评估制度,而《加州消费者隐私法》几乎未对公司进行责任方面的额外施压,根据《加州消费者隐私法》,公司只需要对员工进行培训,以便处理消费者的请求。又如,《通用数据保护条例》要求个人数据处理的每一项

---

[1] See California Civil Code § 1798.120(d).
[2] See California Civil Code § 1798.102.
[3] See California Civil Code § 1798.130(a).
[4] See California Civil Code § 1798.135(a)(5).
[5] "财务激励"允许公司通过不同的价格、水平或质量的商品和服务,以诱导消费者同意搜集、出售或删除个人数据。参见 California Civil Code § 1798.125(b)。
[6] See California Civil Code § 1798.155.

行为都必须有法律基础(legal basis)支撑,而《加州消费者隐私法》并未考量这一因素。[1]

总体而言,《加州消费者隐私法》赋予了消费者个人一系列数据权利,公司必须为保护消费者的数据权利而采取相应措施。如果公司实施了违规行为,总检察长有权以加州居民的名义代为起诉,而消费者个人只有在公司故意违规时,才有权直接对公司提起诉讼。由于加州的特殊影响力(相当于世界第四大经济体)以及隐私保护潮流的驱动,有学者甚至预测,"《加州消费者隐私法》可能成为联邦立法的潜在模式,也可能成为其他州效仿的法律,甚至在2020年生效时成为事实上的国家隐私法"[2]。而事实上,在《加州消费者隐私法》通过之后,缅因州和内华达州分别通过了《消费者在线信息隐私保护法案》(Act to Protect the Privacy of Online Customer Information)[3]和Senate Bill 220[4],这两份法案的核心框架均与《加州消费者隐私法》十分类似,只是在范围上有所限缩,[5]《加州消费者隐私法》已然成为美国标志性的消费者数据保护法案。

2020年11月,加州议会通过了《加州隐私权法》(California Privacy Rights Act),并于2023年1月正式生效。该法案对《加州消费者隐私法》进行了部分修正,并创设了单独的加州隐私保护局(Cali-

---

[1] See Data Guidance and Future of Privacy Forum, Comparing Privacy Laws: GDPR v. CCPA, 2019, p. 5.
[2] Stuart L. Pardau, "The California Consumer Privacy Act: Towards a European-Style Privacy Regime in the United States?", *Journal of Technology Law and Policy*, Vol.23 (2018-2019), pp. 68-114.
[3] See State of Maine, An Act To Protect the Privacy of Online Customer Information, Approved by the Governor on Jun. 6, 2019.
[4] See State of Nevada, Senate Bill 220, Revises Provisions Relating to Internet Privacy, Approved by the Governor on May 29, 2019.
[5] See Lothar Determann et al., "Maine and Nevada's New Data Privacy Laws and the California Consumer Privacy Act Compared", *Baker McKenzie*, Jun. 20, 2019.

fornia Privacy Protection Agency),以负责具体执行该法案,但加州总检察长仍然保留了已被授予的执行权。[1]《加州隐私权法》在《加州消费者隐私法》的基础上,又为消费者增添了多项隐私权利,包括纠正不准确的个人数据的权利、限制对敏感的个人数据的使用和披露的权利,以及拒绝共享个人数据的权利等。不仅如此,《加州隐私权法》加强了执法力度,取消了公司目前根据《加州消费者隐私法》享有的30天自我纠正期,并对涉及16岁以下未成年人的违规行为处以3倍的处罚。该法律还扩大了数据泄露的类型,包括用户名、电子邮件地址以及在线账户的安全问题的答案。与《加州消费者隐私法》相比,《加州隐私权法》加重了公司义务,试图达到增强个人数据隐私保护的法律效果。作为世界重要科技公司总部所在地,加州的两部法律宣示出其实质性推动个人数据隐私保护的治理努力,并在法律运行过程中不断探索新型模式落地的可能。

(二)算法平权的肯定性行动与审查

算法平权以肯定性行动为逻辑中枢,以算法应用为载体,通过大数据识别出可以引发歧视后果的特定因素,并隐藏或删除特定因素,实现算法决策系统输出结果的公平无歧视。算法歧视最为直接地侵害了《美国宪法第十四修正案》所规定的平等权,而"透明度是解决算法问题的必要但不充分(necessary nor sufficient)方式"[2]。例如,包括微软和IBM在内的众多科技公司都推出了人脸识别系统。具体来说,这些系统更倾向准确识别白皮肤男性,而不是黑皮肤女性。其中重要的原因在于,这些系统所学习的数据集绝大多数由浅肤色男

---

[1] See California Civil Code § 1798.199.90.
[2] Joshua A. Kroll et al., "Accountable Algorithms", *University of Pennsylvania Law Review*, Vol.165(2017), p. 633.

性受试者的数据组成。[1] 因此,如果算法据以训练和操作的现实世界充斥着令人憎恶的歧视,那么我们解决种族主义或性别歧视算法问题的处方就是算法平权行动(algorithmic affirmative action),[2] 即算法需要考虑性别、种族等受保护的特征,并有意识地对抗歧视,[3] 而在美国,这也被称为肯定性行动(Affirmative Action)。

"肯定性行动"一词于肯尼迪总统1961年3月6日签署的"行政命令10925号"中第一次被提出:政府承包商必须"采取肯定性行动,以保障申请人在申请时,以及雇员在就业期间,不因种族、信仰、肤色和国籍而被差别对待"[4](government contractors take affirmative action to ensure that applicants are employed, and employees are treated during employment, without regard to their race, creed, color, or national origin)。1967年,性别因素也被列入肯定性行动的差别对待因素。在过去的近60年间,美国关于肯定性行动的司法判决从未停止,引发的争议也从未停止,特别是肯定性行动可能造成"逆向的歧视"[5]。

有鉴于此,算法的肯定性行动并不意味着刻意让算法忽略歧视因素,而是可以通过以下途径实现公平:"预处理培训数据(改变部分

---

[1] See Joy Buolamwini and Timnit Gebru, "Gender Shades: Intersectional Accuracy Disparities in Commercial Gender Classification", *Proceedings of Machine Learning Research*, Vol.81(2018), pp. 1–15.

[2] See Anupam Chander, "The Racist Algorithm?", *Michigan Law Review*, Vol.115(2017), p. 1025.

[3] See Anupam Chander, "The Racist Algorithm?", *Michigan Law Review*, Vol.115(2017), p. 1041.

[4] Executive Order 10925, Mar. 6, 1961.

[5] 目前美国的现实是,亚裔学生在学习上的能力远超非裔学生,哈佛大学等常春藤高校,在入学招生时,刻意减少了亚裔学生的比例,而增加了非裔学生的比例,这对于亚裔学生而言,无疑是典型的逆向歧视。参见Jay Caspian Kang, "Where does Affirmative Action Leave Asian-Americans?", *The New York Times Magazine*, Aug. 28, 2019。

数据,删除部分与敏感变量相关的变量,或改变部分预测目标值以满足公平需求);在机器学习模式和优化分类算法的过程中,对不公平行为进行某种惩罚;或者允许在机器学习训练数据时访问敏感数据,但在机器作出新的预测时将它们隐藏起来。"[1]与传统的肯定性行动相比,得益于复杂计算的算法肯定性行动结果更为精准,并可以一次性纠正多类歧视因素。例如,如今大型公司往往会保留丰富的求职申请、招聘决定、薪资提议和职位晋升的个人记录,记录中可能包含着雇员个人的教育背景、就业经历、地理位置以及受到法律额外保护的种族、性别或性取向数据。在招聘的过程中,公司通过测试分数、同行评议等环节,进一步丰富了总体的雇员数据集。而在算法肯定性行动的过程中,算法可以通过回归模型等方式确定雇员的种族(或性别)对于其薪资高低是否会产生歧视性影响,如果答案是产生了影响,那么算法可以将此类数据视为歧视因素,将其隔离或隐藏,而此过程可以通过算法自动进行,作为雇主的公司并不需要采取有意识的改变行动。不仅如此,算法可以一次性识别多类歧视因素,并合理纠正多重因素所导致的歧视后果。假设一个求职者既是非洲裔又是女性,这两项隐私都可能使其面临着薪酬歧视,算法的平权政策可以同时辨明两项因素,并对类似的"交叉性"歧视保持敏感态度。[2] 当然,每一项单独的算法肯定性行动只能纠正某一领域的歧视问题。譬如,就业领域的算法平权也会选择性忽视其无法解决的上游歧视。以白人程序员比非洲裔程序员的薪酬高出30%为例,这可能是因为白人程序员接受过更为优质的高等教育,而非洲裔

---

[1] Jason R. Bent, "Is Algorithmic Affirmative Action Legal?", *Georgetown Law Journal*, Vol.108(2019), p. 23.
[2] See Peter N. Salib, "Big Data Affirmative Action", *Northwestern University Law Review*, Vol.117(2022), p. 840.

程序员由于大学招生过程中的种族排斥而无法获得良好的知识培训。这一问题无法由就业领域的算法肯定性行动解决，必须溯回教育领域的算法肯定性行动。因此，由于算法的肯定性行动可以在各个机构和领域展开，其依旧是具有重要影响力的平权路径。

作为美国最严峻的社会问题之一，以种族歧视为代表的社会歧视在美国日常生活中比比皆是。尽管美国已经通过了一系列法律和行政命令以减少歧视现象，但是往往只能在歧视结果发生后追诉相关主体的违法责任，而无法彻底消除歧视现象，更是难以洗刷人类思维中的固有偏见。算法的肯定性行动提供了解决歧视问题的技术方案，并可以直接作用于形成不公平结果的来源因素，从而消除可能产生的不公平结果。算法的肯定性行动不仅促进了结果平等，而且通过消除歧视性障碍促进了机会平等。尽管消除歧视的最佳路径在于直接改变人类的主观意识，但现有的行为工具无法持久且直接改变人类的思维模式。不止如此，智能技术的面纱还会使歧视行为更为隐蔽。尽管许多女性达到与男性同等或更高的教育水平，并占据了公共部门工作人员的一定比例，但性别不平等仍然根深蒂固，[1]公司的高级管理人员和公共部门的领导人员仍旧以男性为主。而在技术鸿沟的阻拦下，女性雇员只能接受职位晋升算法系统所作出的结果，无法确切知悉其究竟是经受了合理的差别对待还是遭遇了性别歧视。算法的肯定性行动却可以打破技术阻碍，从职位晋升算法系统内部消除歧视因素，进而维护职场公平并且避免歧视后果。因此，在歧视观念无法完全消除的美国社会，期冀算法的肯定性行动缓解歧视扩张，是立足于社会现实和技术能力的高效治理选择。

---

[1] See Meraiah Foley and Sue Williamson, "Managerial Perspectives on Implicit Bias, Affirmative Action, and Merit", *Public Administration Review*, Vol.79(2018), p. 1.

在算法的肯定性行动中,政府依然扮演着无法忽视的角色。首先,政府在算法的平权过程中,应当扮演示范者和指引者的角色,在公共机构建立领导试点,通过经济鼓励,以提倡算法决策的肯定性行动。其次,政府机构需要采取算法影响评估,当评估结果存在差别性影响时,需要对算法进行调整,从而得到最优算法。最后,国家有权对算法进行独立的事后审查,司法则成为终局性的审查方式。2009年,Ricci v. DeStefano 案为算法的肯定性行动提供了司法审查的基准。违反《民权法案》第七章主要有两种途径,分别是差别性对待(disparate treatment)和差别性影响(disparate impact),其中差别性对待需要考虑行为主体的主观故意(intent),[1]差别性影响则是考虑了算法结果与算法行为的"非因因果关系"[2](But For Causation)。假设算法决策者在主观上故意采取了纠正(改变、隐藏或删除)相关变量的算法,纠偏式算法所产生的结果是否是由于缺少该变量而得出的?质言之,如果算法未能纠正该变量,产生的结果是否符合了差别性影响?正如该案中的晋升算法,即使删除了算法中消防员的种族变量,依旧会得到白人消防员晋升并且黑人消防员无法晋升的结果,所以种族因素与差别性影响不存在"非因因果关系"。满足"非因因果关系"的假设情形应当是:一旦晋升算法删除了消防员的种族变量,黑人消防员便得到了晋升机会,而白人消防员的晋升机会相应地减损。因此,Ricci v. DeStefano 案所考量的差别性影响下的"非因因果关系"成为审查算法肯定性行动的重要基准。

---

[1] See Charles A. Sullivan, "Employing AI", *Villanova Law Review*, Vol.63(2018), pp. 404-410.
[2] Jason R. Bent, "Is Algorithmic Affirmative Action Legal?", *Georgetown Law Journal*, Vol.108(2019), pp. 30-31.

(三)自动驾驶车辆双层保险的框架构建

目前车辆保险的基础构建理念是自然人主体为车辆事故的主要过错方,而自动驾驶技术可能完全颠覆车辆保险的基础理念,[1]所以未来的车辆保险需要得到重新设计。2018年,英国便通过《自动与电动汽车法案》(Automated and Electric Vehicles Bill)肯定了单一的承保政策(single insurance policy),[2]单一的承保政策要求保险公司赔偿因自动驾驶车辆发生碰撞而受伤的人(包括坐在驾驶位置的人),不管事故是由人为操作还是由自动驾驶系统所造成。如果事故是由自动化技术引起的,保险公司在赔偿受伤人员后,可以向车辆制造商或者技术提供者追偿。质言之,该法案要求现有的车辆强制保险必须同时覆盖车主和自动驾驶车辆,车主需要同时为本人和车辆本身购买强制责任保险产品。当自动驾驶车辆发生事故时,由保险公司对第三方受害者先行赔付,然后再根据产品责任法等现行法律规定向车辆制造商追偿。[3]

最为可能的是,美国自动驾驶行业会模仿核能行业的"双层保险框架"(two-tiered insurance program),划定私人制造商保险责任的顶峰界值。根据1957年美国《普莱斯—安德森核工业赔偿法》(Price-Anderson Nuclear Industries Indemnity Act),每个核反应堆的运营商都需要购买第一层的3.75亿美元的私人保险,和按比例地(最多不

---

[1] 由于自动驾驶车辆的推广,加拿大的国家保险部曾预测,未来的车辆保险市场将面临如下的变化:(1)车辆的撞击将减少,但是自动车辆的修理费用可能更昂贵;(2)自动车辆可能出现新的问题,比如软件和网络失灵、黑客和网络犯罪等;(3)车辆将记录大量的真实数据;(4)撞击的责任可能由驾驶员转向自动驾驶技术(包括车辆的制造商和技术的提供者)。Insurance Bureau of Canada, Auto Insurance for Automated Vehicles: Preparing for the Future of Mobility, 2018, p. 7.
[2] See UK, Automated and Electric Vehicles Act, Jul. 2018.
[3] 参见王春梅:《人机协同视域下中国自动驾驶汽车责任保险立法构设》,载《上海师范大学学报(哲学社会科学版)》2022年第3期,第52页。

超过1.119亿美元)向第二层的保险基金池投入资金。一旦核事故发生,首先由第一层的保险公司负责赔偿,如果事故损失超过3.75亿美元,超出部分则由第二层的保险基金池(pool of funds)负责填补。[1] 与之类似,自动车辆制造商需要为双层的保险框架支付费用,第一层是购买固定金额的责任保险,第二层是按比例地向保险基金池投入资金。当自动驾驶车辆发生事故后,制造商的保险公司负责一定金额的损失赔偿,如果事故损失超出保险公司的预设,则由第二层的保险基金池负责填补。双层保险框架无须增加政府与消费者的压力,并且降低了自动驾驶技术的风险损害,从而保证了自动驾驶技术的持续发展。对于美国而言,其无须完全调整当前的产品责任法体系,立法也可以模仿先前的《普莱斯—安德森核工业赔偿法》,因而这成为美国自动驾驶保险最为可能的发展方向。

《普莱斯—安德森核工业赔偿法》的主要目的是确保获得大量资金(目前约100亿美元),为因核事故而遭受损害的公众提供迅速和有序的赔偿,无论事故责任的主体究竟为谁。该法案提供了综合保障,无论责任主体与法律许可主体的关系如何,受害方都有权根据《普莱斯—安德森核工业赔偿法》提起赔偿请求,且不必起诉每一个肇事方。普莱斯—安德森体系的支持者认为,其为受害方提供了一个在正常侵权程序下无法迅速获得的损害赔偿来源。根据该法,核反应堆的运营商必须履行法院判决结果,如果发生了严重的核泄漏事故,运营商还必须放弃大部分的法律辩护。[2] 为了快速支付损失,该法案要求核反应堆的运营商为有100兆瓦以上发电能力的核反应堆,建立前文所涉及

---

[1] See Kyle Colonna, "Autonomous Cars and Tort Liability", *Journal of Law, Technology and the Internet*, Vol.4(2012), pp. 81-130.

[2] See Congressional Research Service, Price-Anderson Act: Nuclear Power Industry Liability Limits and Compensation to the Public After Radioactive Releases, Feb. 5, 2018, p. 1.

的双层保险框架,保险赔偿的上限数额需要根据涵盖反应堆数量、可用保险金额以及通货膨胀等因素调整。不仅如此,该法律也允许能源部对核反应堆的运营商实施违反安全规定的行为进行处罚,承包商的雇员和主管可能因"故意"违反核安全规定而面临刑事处罚。《普莱斯—安德森核工业赔偿法》自 1957 年通过后,一直被视为美国核反应堆建造的先决条件,并为美国在 20 世纪 50 年代推进商业核能工业的发展立下了赫赫功绩。该法案并未要求纳税人付出过多代价,却保障了核事故受害者的可靠赔偿,从而促成了美国 20 世纪商业核能的黄金发展期。

自动驾驶技术的一个重要特征在于风险化,人机交互的开放式联系使得自动驾驶车辆必须满足风险控制前提。参考 20 世纪美国核能的商业运营监管模式,自动驾驶技术行业也可以搭建"双层保险框架"。一方面,该框架不需要普通公众支出过多的纳税金额,但可以享受自动驾驶技术所带来的积极效益;另一方面,该框架保证了潜在的事故受害者不必困于烦琐的诉讼程序,而能迅速获得赔偿。根据 2021 年 Matthews v. Centrus Energy Corporation 案[1]的判决结果,《普莱斯—安德森核工业赔偿法》为主张核事故引起的责任赔偿提供了唯一的依据,从而优先于州法和侵权法的索赔,并确认了联邦法院对核事故引起索赔的初始管辖权。延续该法逻辑,自动驾驶车辆所引发的损害赔偿诉讼也应当由联邦法院直接负责,从而避免各州法律秩序的混乱不一,保障个人赔偿金额的稳定性和可获得性。"双层保险框架"可以部分减轻技术风险,及时恢复个人受损利益,并扫除自动驾驶技术的商业应用在公众投票中的疑虑,有利于促进自动驾驶技术的广泛部署。

---

[1] See Matthews v. Centrus Energy Corporation, 15 F.4th 714 (6th Cir. 2021).

将"双层保险框架"视为自动驾驶技术的风险控制,以最高赔偿金额为损失天花板,能够助力技术发展和个人赔偿。但是,"双层保险框架"也对保险公司提出了挑战。未来的保费制定更加倚重车辆的特性(如制造商、技术水平等),而不是驾驶员的个人资质。但有研究小组通过对保费制定的分析得出,目前将自动驾驶技术纳入保险政策的行为,可能会提高保险公司的市场份额,获得"先行者"的利润,但是也会招致更大的经济损失风险。[1] 最初入场的保险公司可能因为技术尚未成熟而招致大量理赔案件,其损失无法全部由收益所覆盖。因此,作为保护科技创新和个人权利的软性途径之一,政府可以通过税收、补贴等途径,鼓励保险公司开展自动驾驶车辆的保险业务,进而实现自动驾驶技术应用的良性发展。

三、国家保护义务的合比例性呈现

美国宪法理论关于基本权利的国家保护义务虽然并未得到类似德国式教义学的明示,但是美国依旧负有义务以尊重、保护并实现个人权利。在此过程中,对比例原则的衡量与比较使国家肩负着"禁止过度"与"禁止不足"两端的责任,责任的实现需要国家监管、行业自我监管和公众参与努力整合。国家监管和自我监管并不是绝对的对抗性关系。由于算法等技术的专业性过强而行业自我监管存在天然缺陷,国家的监管需要寻求一个合作监管框架(co-regulatory)。[2] 虽然目前美国仍未能有法律明确三方合作监管的具体框架,但鉴于技术发展的专业槽在逐渐加深,为避免出现对创新的不当阻碍,特朗普政府于

---

[1] See Katie Fricker et al., "Autonomous Vehicle Insurance Policy Design: Safelife Auto Insurance", Society of Actuaries, Student Research Case Study Challenge, Mar. 2019, p. 19.
[2] 合作监管框架主要包括:(1)多方(政府、公司、用户)参与;(2)合作行事、政府主导;(3)明确的法律依据;(4)运作安排容易接触(accessible);(5)三方权能分工各有侧重。参见 Panel for the Future of Science and Technology, Ansgar Koene et al., A Governance Framework for Algorithmic Accountability and Transparency, Mar. 2019, p. 44。

2020年再次重申了政府监管的谦抑底色,选择为行业监管提供方向指引,并号召公众参与到规则的制定过程中,[1]从而侧面印证了合作监管将成为人工智能未来监管的不二法则。而在三方合作监管的过程中,国家担负着"设定行业监管基准以及制裁违规行为"[2]两大任务,从而履行禁止保护过度与禁止保护不足的国家义务。

(一)美国语境中的国家保护义务与比例原则

国家保护义务的概念源于德国。早在1958年的吕特案中,德国宪法法院首次提出了基本权利的双重属性;而在1975年的第一堕胎案(First Abortion Decision)中,德国宪法法院再次重申,《基本法》强制要求国家负有保护基本权利免受第三方侵害的义务。法院在判决中指出,国家保护的义务是全面的,它不仅禁止(这是不言而喻的)国家直接攻击发展中的生命,而且要求国家采取措施保护并促进生命。[3] 由此,宪法赋予个人的基本权利不仅仅是一项"主观权利"(subjective rights),而且还是宪法秩序的"客观原则"(objective principles)。主观权利反映了国家对人的直接待遇的准则,而客观原则指向国家宪法所要追求和维护的更全面的社会状态。[4] 与德国不

---

[1] See White house, Guidance for Regulation of Artificial Intelligence Applications, Nov. 17, 2020.

[2] See Ira S. Rubinstein, "Privacy and Regulatory Innovation: Moving Beyond Voluntary Codes", *I/S: A Journal of Law and Policy for the Information Society*, Vol.6(2011), p. 355.

[3] See Dieter Grimm, "The Protective Function of the State", in Georg Nolte (ed.), *European and US Constitutionalism*, Cambridge: Cambridge University Press, 2005, p. 137.

[4] 以言论自由为例,若解释为主观权利,"言论自由"意味着个人发表言论不受法律规定的约束;若解释为客观原则,"言论自由"意味着国家有积极的义务颁布必要的法令和实施必要的措施,以引导社会进入言论自由的状态,也即行使言论自由的个人都能有效地促进交流。然而主观权利与客观原则的要求并不完全一致。例如,对政治选举中资金流动的法律限制,可能符合作为客观原则的言论自由所要求的正当性,但在许多人看来,这与作为主观权利的言论自由的要求是不兼容的。参见Frank I. Michelman, "The Protective Function of the State in the United States and Europe: the Constitutional Question", in Georg Nolte (ed.), *European and US Constitutionalism*, Cambridge: Cambridge University Press, 2005, p. 168。

同,美国联邦最高法院在 DeShaney v. Winnebago County 案[1]的多数意见中写道,"在正当程序条款的措辞中,没有任何语词要求国家保护公民的生命、自由和财产不受私人行为者的侵犯。正当程序条款的目的是保护公民不受国家的侵犯,而不是确保公民不受他人侵犯。制宪者倾向将后一种情况的国家义务留给民主政治过程(democratic political processes)"。因此,与德国宪法学所创设的基本权利双重属性以及衍生的基本权利水平效力不同,"美国宪法学将基本权利的效力限定于垂直效力"[2],也即前文所述的国家行为理论。

尽管美国并不承认德国式基本权利理论的国家保护义务,但并不意味着美国不存在对于基本权利的保护义务。劳伦斯·塞格(Lawrence Sager)认为,也许存在着体制健全的理由,使司法人员能够避免直接履行该义务且不否认这一义务的存在。[3] 由于存在历史渊源、政治偏好等因素,美国通过更为隐蔽的方式承认了国家对于基本权利的保护义务。[4] 正如 2010 年《多德—弗兰克华尔街改革和消费者保护法》(Dodd-Frank Wall Street Reform and Consumer Protection Act)所要求的,在美国证券交易所上市的公司,如果其供应链中存在着冲突矿物(conflict minerals)交易,并且这些矿物产自刚果民主共

---

[1] See Deshaney v. Winnebago County Department of Social Services, 489 U.S. 189 (1989).
[2] See Stephen Gardbaum, "The Myth and the Reality of American Constitutional Exceptionalism", *Michigan Law Review*, Vol.107(2008), p. 432.
[3] See Lawrence Sager, "The Domain of Constitutional Justice", in Larry Alexander (ed.), *Constitutionalism: Philosophical Foundations*, Cambridge: Cambridge University Press, 2001, pp. 240-241.
[4] See Frank I. Michelman, "The Protective Function of the State in the United States and Europe: the Constitutional Question", in Georg Nolte (ed.), *European and US Constitutionalism*, Cambridge: Cambridge University Press, 2005, p. 177.

和国或邻国,都必须公开报告公司采取了何种人权的尽责调查义务。[1] 又如按照美国与欧盟之间的《安全港决定》(Safe Harbor Decision)以及后续《欧盟—美国隐私盾框架》(EU-US Privacy Shield Framework)的要求,美国政府负有义务保证跨境转移的个人数据可以得到与欧盟同等甚至更高的保护。[2] 而在国际法层面,国家有义务保护个人免受跨国公司的权利侵害已然成为共识,2011年由联合国人权理事会通过的《联合国工商企业和人权指导原则》(United Nations Guiding Principles on Business and Human Rights)[3]明确规定了人权的国家保护义务。因此,虽然美国不具有德国式的国家保护义务,但是其依然负有保护基本权利不受侵害的义务。[4]

---

[1] 自然资源贸易,尤其是贵重矿物贸易助长了侵犯人权的行为。《多德—弗兰克法案》规定的冲突矿物包括锡、钨、钽和金等贵重矿物。为了争夺此类矿物,刚果东部曾爆发过大规模的武装冲突,而该区域中的许多个人正在饱受压迫、以非人道的形式为全球产业进行着资源开采。为了缓解这一侵权现象,《多德—弗兰克法案》提出了跨国公司的人权尽职调查报告要求。参见 Markus Krajewski, "The State Duty to Protect against Human Rights Violations through Transnational Business Activities", *Deakin Law Review*, Vol.23(2018), pp.35-36。

[2] 早在2000年,欧盟委员会曾作出决定,要求美国对于个人数据的保护标准必须与《欧盟数据保护指令》(EU Data Protection Directive)相一致,而这一决定也被称为"安全港决定"(Safe Habour Decision)。后受包括"斯诺登事件"在内的多方因素影响,欧盟法院(Court of Justice of the European Union)认为美国当局无法保证跨境转移的个人数据免于政府监控,便于2015年10月通过 Maximillian Schrems v. Data Protection Commissioner 案判决废除了"安全港决定"。参见 Court of Justice of the European Union, Press Release No. 117/15, Oct. 6, 2015。随后美国当局与欧盟委员会展开协商,并于2016年达成《欧盟—美国隐私盾框架》,加强了美国保护数据隐私与安全的责任。参见 European Commission, European Commission Launches EU-U.S. Privacy Shield: Stronger Protection for Transatlantic Data Flow, Jul. 12, 2016。

[3] See United Nations Human Rights Office of the High Commissioner, Guiding Principles on Business and Human Rights: Implementing the United Nations "Protect, Respect and Remedy" Framework, 2011.

[4] 例如,在互联网空间中,国家负有义务防止个人免受第三方(包括国家以及非国家具体行动者)侵害,且须提供相应的救济方式。参见 Gabor Rona and Lauren Aarons, "State Responsibility to Respect, Protect and Fulfill Human Rights Obligations in Cyberspace", *Journal of National Security Law and Policy*, Vol.8(2016), pp.503-530。

在履行保护基本权利的国家义务时,比例原则的分析过程不可或缺。比例原则源于亚里士多德的理论,即正义是双方之间的一种比例,由一个抽象的原则作为介导。[1] 当社会通过荣誉、金钱或其他物品来奖励功绩时,这些奖品需与功绩成比例;当交易发生时,一方的付出及收获需与另一方的付出及收获成比例。当一个人抢劫或伤害另一个人时,亚里士多德讨论了非自愿交易,在这一点上,损害与赔偿(或惩罚)也必须是合比例的。[2] 时光往复,比例原则依旧与正义不可分割,比例原则的分析进程也需要不断地比较与衡量。比例分析往往从结果入手,转身讨论达成目的所适用的手段的性质。具体而言,比例原则的分析要素包括目的正当性(Proper Purpose)、适当性(Fitness)、必要性(Necessity)以及均衡性(Balancing)。[3] 就目的正当性而言,如果人们认为一项行动是达到某一目的的手段,比例分析显然就需要考虑该目的是否正当。行政或司法行为的正当性源于宪法和相关法规,而立法行为的正当性仅来自宪法。[4] 一般认为,如果对一项宪法权利的限制是为了保护其他宪法权利,那么这种

---

[1] See Eric Engle, "The History of the General Principle of Proportionality: An Overview", *Dartmouth Law Journal*, Vol.10(2012), p. 1.
[2] See Bernhard Schlink, "Proportionality", in Michel Rosenfeld and András Sajó edited, *The Oxford Handbook of Comparative Constitutional Law*, Oxford: Oxford University Press, 2012, p. 719.
[3] 尽管通说如此,但并不是所有人都同意这种分类。有些学者不认为目的正当性是比例原则的一部分;另有学者把目的正当性与适当性相结合来考量。有时,一个法律体系可能不承认其中的某个要素。《南非宪法》中的比例原则要求手段满足这四项要素,但同时指出四项要素不是排他的,可能还有其他需要考虑的要素。参见 Aharon Barak, "Proportionality", in Michel Rosenfeld and András Sajó edited, *The Oxford Handbook of Comparative Constitutional Law*, Oxford: Oxford University Press, 2012, p. 742。
[4] See Bernhard Schlink, "Proportionality", in Michel Rosenfeld and András Sajó edited, *The Oxford Handbook of Comparative Constitutional Law*, Oxford: Oxford University Press, 2012, p. 723.

限制就具有正当目的。然而,当为了促进公共利益而限制宪法权利时,就会陷入一个关于正当目的的灰色地带。[1] 适当性意味着所采用的手段必须能够促进实现其正当目的,这并不要求手段是能够达到目的的唯一手段,也不要求手段能够有效实现目的。必要性要求对宪法权利限制较少的其他手段不能达到该正当目的。如果存在某种同样有效的替代办法,可以减少对宪法权利的限制,那么所采取的行为就不是必要的,因而必要性也被称为最小伤害原则。[2] 美国的严格审查测试(strict scrutiny test)中也存在类似的要求,严格审查测试要求限制性立法必须"严格限缩"(narrowly tailored)。这一要求的含义,正如必要性的组成部分一样,是法律应该使用不激烈或非侵入性的手段以达成目的。[3]

均衡性意味着对权利进行限制的手段不得超过其所希望达成的正当目的。然而,均衡性所涉及的不是事实而是价值和价值判断,因此成为比例原则分析中争议激烈的步骤。由于权衡与平衡很大程度上依赖司法自由裁量权的行使,衡量结果往往模糊且体现出某一国家的主流价值观点。[4] 要确保一个堕胎意志坚定的孕妇不堕胎,唯一的、表面上侵入性最小的方法就是监禁她。然而,有人认为监禁行

---

[1] See Aharon Barak, "Proportionality", in Michel Rosenfeld and András Sajó (eds.), *The Oxford Handbook of Comparative Constitutional Law*, Oxford: Oxford University Press, 2012, p. 743.

[2] See Aharon Barak, "Proportionality", in Michel Rosenfeld and András Sajó (eds.), *The Oxford Handbook of Comparative Constitutional Law*, Oxford: Oxford University Press, 2012, pp. 743-744.

[3] See Aharon Barak, *Proportionality: Constitutional Rights and their Limitations*, translated by Doron Kalir, Cambridge: Cambridge University Press, 2012, p. 541.

[4] 在相互冲突的价值和相互竞争的利益之间取得平衡并不能依靠科学的工具达成,给予不同价值和利益以不同的权重在本质上也是不精确的。法官在进行比例分析时,必然会考量不同价值与利益在国家价值层面的重要性,试图支持就国家价值而言更为重要的一方。参见 Aharon Barak, *The Judge in a Democracy*, Princeton: Princeton University Press, 2008, p. 169。

为过于干涉孕妇的人身自由。但也有人认为,生命的价值,尤其是未出生的生命的价值优先于孕妇的人身自由。在如何权衡和平衡(weighing and balancing)未出生生命的价值与孕妇人身自由价值的问题上,双方存在分歧。[1] 阿列克西提出了三步分析法,假设 P1、P2 互为相对方:第一步,确定 P1 获胜后 P2 的损伤程度;第二步,确定 P2 获胜后 P1 的损伤程度;第三步,确定一方获胜的重要性是否对于另一方的损伤程度是正当的。[2] 质言之,不能满足或侵害 P1 之程度越高,则满足 P2 之重要性亦必须越高。[3] 尽管阿列克西所提出的检验原则更为精准,但依旧没能摆脱主观裁判的束缚。对利益、权利、原则和价值之间的冲突进行赋权,并比较各方权重时,有一种不可克服的主体性因素,[4] 而这也成为比例原则批判者的重要质疑理由。[5]

比例原则的分析过程可能需要上述四项要素的动态循环,而比例原则在国家保护义务中的核心体现为对权利的合比例性限制与保护。国家对某些人的权利保护通常意味着限制另一些人行使权利,正如"八小时工作制"通过限制雇用方的合同自由,以实现对劳动

---

[1] 由于权衡和平衡也被认为是比例分析的核心,因此这一步骤也被称为狭义的比例原则。参见 Bernhard Schlink, "Proportionality", in Michel Rosenfeld and András Sajó (eds.), *The Oxford Handbook of Comparative Constitutional Law*, Oxford: Oxford University Press, 2012, p. 724。

[2] See Robert Alexy, "The Construction of Constitutional Rights", *Law and Ethics of Human Rights*, Vol.4(2010), pp. 20-32.

[3] 这一权衡法则也成为阿列克西所提出的"重力公式"(Weight Formula)之起点。参见吴元曜:《以 Robert Alexy 之重力公式检视大法官释字第 689 号解释》,载《国家发展研究》2012 年第 2 期,第 50 页。

[4] See Bernhard Schlink, "Proportionality", in Michel Rosenfeld and András Sajó (eds.), *The Oxford Handbook of Comparative Constitutional Law*, Oxford: Oxford University Press, 2012, p. 724.

[5] 更多关于比例原则的批判性意见,参见 Francisco J. Urbina, "A Critique of Proportionality", *American Journal of Jurisprudence*, Vol.57(2012), pp. 49-80。

者的健康权的保护。衡量限制与保护的相称性,无法脱离对比例原则的分析与适用。当一项基本权利以消极权利的身份被援引时,问题是国家机关在保护该权利免受威胁方面是否做得太多。当一项基本权利以积极权利的身份被援引时,问题是国家机关是否做得太少。然而,这并不说明对权利的限制程度与保护程度是一致的。国家在履行保护义务时享有广泛的自由裁量权,而这只是最低标准的一种保护,因此给予更多保护的决定并不一定违反比例原则。[1]

尽管美国宪法学界并未公开支持比例原则的适用,但是美国的规范实践依旧依赖比例原则的学理支撑。[2] 在美国法律中,比例平衡被用作确定宪法权利范围的一种解释标准。[3] 以言论自由为例,种族仇恨言论或淫秽言论并不纳入《美国宪法第一修正案》所规定的保护范围。这一范围限制是解释性平衡的结果,解释性平衡的目的是确定言论自由作为一项宪法权利的边界。因此,最高法院审议了言论自由权利的基本宗旨,并在两者之间比较平衡,从而裁定这项权利不应保护种族仇恨言论和淫秽言论。[4] 此种比较衡量的方式尤其体现在合宪性审查中的严格审查测试(strict scrutiny test)中。严格审查测试要求,除非国家能够在法庭上证明一项法律或规章:(1)对于实现压倒性的国家利益(compelling state interest)而言是必

---

[1] See Dieter Grimm, "The Protective Function of the State", in Georg Nolte (ed.), *European and US Constitutionalism*, Cambridge: Cambridge University Press, 2005, p. 151.
[2] 美国尽管并未明确形成以"比例原则"命名的宪法教义,但实质上比例原则在合宪性审查中仍被广泛使用。比例原则在美国合宪性审查中的运用呈现出类型化的特点,比例原则的类型化运用始于"洛克纳"案,成熟于"三重审查标准"的确立。参见王蕾:《比例原则在美国合宪性审查中的类型化运用及其成因》,载《比较法研究》2020年第1期,第63—78页。
[3] See Alec Stone Sweet and Jud Mathews, "Proportionality Balancing and Global Constitutionalism", *Columbia Journal of Transnational Law*, Vol.47(2008-2009), pp. 72-164.
[4] See Erwin Chemerinsky, *Constitutional Law: Principles and Policies* (5th edition), New York: Wolters Kluwer Law and Business, 2015, pp. 1441-1611.

要的;(2)为达成压倒性目的,该法律得到"严格限缩"(narrowly tailored);(3)使用"限制最少的手段"(least restrictive means)来达到这一目的,否则该法律是违宪的。[1] 而后哈伦·F. 斯通大法官(Harlan F. Stone)在1938年的United States v. Carolene Products Company案[2]中提出了著名的"脚注4"(Footnote 4),将严格审查的范围限定于,一项法律如果:(1)表面上违反了美国宪法的规范,特别是《权利法案》的规范;(2)限制可能废除一项不受欢迎的法律的政治进程,如限制投票权、组织、传播信息等;(3)歧视"离散和孤立的"(discrete and insular)少数群体,特别是种族、宗教和民族中的少数群体,以及那些没有足够的人数或能力通过政治程序寻求补救的群体。因此,关于经济自由的法律与规章应当适用于合理基础审查测试(rational basis review test)[3]。此后最高法院还在二者之间开辟出中间道路,也即中间审查测试(intermediate scrutiny test)[4]。三重审查标准都或多或少地反映出比例原则的分析方法,而严格审查标准尤其与比例原则相近。压倒性国家利益对应正当性目的,为达成目

---

[1] 严格审查测试源于美国1905年的Lochner v. New York案,在该案判决中,最高法院认为纽约州规定面包工人单日最高工作时间的立法违反了《美国宪法第十四修正案》,从而开启了美国历史上近40年的洛克纳时代(1897-1937 Lochner Era)。在洛克纳时代中,联邦最高法院对于可能侵犯合同自由和财产权的法律采取了严格审查测试,联邦和各州绝大多数的立法因被判定为违宪而无效。参见Mila Sohoni, "The Trump Administration and the Law of the Lochner Era", *The Georgetown Law Journal*, Vol.107(2019), pp. 1323-1391。
[2] See United States v. Carolene Products Company, 304 U.S. 144 (1938).
[3] 在合理基础审查测试中,法院必须判定法律是否与合法的政府利益存在理性关联(rational connection)。如果答案是肯定的,那么这项法律就是符合宪法的。由于该项测试标准过于宽泛,受测法律极易通过该测试。参见Austin Raynor, "Economic Liberty and the Second-Order Rational Basis Test", *Virginia Law Review*, Vol.99(2013), pp. 1065-1102。
[4] 通过中间审查测试的法律必须:(1)致力于达成重要的政府利益;(2)必须采取与该利益实质相关的手段。参见Craig v. Boren, 429 U.S. 190 (1976)。

的而使用的严格限缩手段对应适当性,而限制最少的手段对应必要性。中间审查测试也大致体现出上述三项要素,只是在限制最少的手段要求上有所减损,合理基础测试则反映出目的正当性与手段适当性要求。

由此可见,比例分析也可以适用于人工智能技术规制中国家保护义务的具体履行。由于狭义的比例原则主观性过强而难以达成一致,为技术发展而限制基本权利的手段和方式必须至少满足比例原则的前三项测试要素;同时,为保护权利而规制技术发展同样需要满足比例原则的前三项测试要素,从而避免权利保护过度造成技术发展的滞缓。具体而言,国家保护义务在此场景的展开脉络为禁止过度与禁止不足,禁止过度表现为划定行业监管的基准与底线,而禁止不足则表现为国家的强制执行与违规制裁,下文将分而述之。

(二)禁止过度:设定行业监管的基准与底线

禁止过度并不等同于国家直接干预行业的自我监管,而是通过设定行业监管的底线,避免权利保护成为技术发展的阻力,从而协调公私监管的一致性。与国家法规相比,合作监管的指导方针规范性较弱,但也更具开放性,因而受监管的公司拥有更多的自由裁量权。[1] 正如前文所述,联邦贸易委员会为公司合规提供了数据保护的最佳实践,其本质便是为行业的自我监管设定基础原则。2018年美国司法部发布的《网络事件的受害者应对和报告的最佳实践(第二版)》(Best Practices for Victim Response and Reporting of Cyber Incidents, Version 2.0)(以下简称《最佳实践》)同样印证了这一思路。

---

[1] See Ira S. Rubinstein, "The Future of Self-Regulation is Co-Regulation", in E. Selinger, J. Polonetsky and O. Tene (eds.), *The Cambridge Handbook of Consumer Privacy*, Cambridge: Cambridge University Press, 2018, pp. 503-523.

该文件第一版于 2015 年发布,旨在帮助公司更好地武装自身,以便能够有效、合法地应对网络事件。更新后的版本总结了公共和私人部门的专家意见(包括联邦调查人员和检察官的经验教训,以及管理网络事件的私营公司的意见),并结合过去 3 年的技术发展和法律事件,提出了预防网络事件的建议,特别是与执法部门合作的建议。虽然该指南主要适用于中小型公司,但也为大型公司提供了参考。

《最佳实践》与 2015 年的《网络安全信息共享法案》(Cyber Information Sharing Act of 2015)关系密切。该法案使公司更容易与政府共享个人信息,特别是在网络安全受到威胁的情况下。在不强制要求此类信息共享的情况下,该法案为联邦机构创建了一个系统,以便接收来自私营公司的威胁信息。[1] 在隐私方面,该法案设有防止共享与网络安全无关的个人信息的条款。但《网络安全信息共享法案》不要求实体删除所有个人信息,仅要求删除实体在共享时所知道的与网络安全威胁不直接相关的个人信息。[2]质言之,与网络安全威胁直接相关的信息,即使是个人信息,也可以根据该法案而被共享。任何在分享过程中没有被删除的个人信息都能够以多种方式被使用。[3]《最佳实践》肯定了上述要求,并建议遭遇网络安全事件的公司与执法部门进行有效合作。

《最佳实践》鼓励公司在遭受网络事件之前,就与当地联邦执法机构的办公室建立关系,以促进双向信息共享。《最佳实践》还鼓励公司与信息共享和分析组织建立关系。对于公司而言,了解最新的

---

[1] See Mitchell S. Kominsky, "The Current Landscape of Cybersecurity Policy: Legislative Issues in the 113th Congress", *Harvard Law School National Security Journal*, Feb. 6, 2014.
[2] See Cyber Information Sharing Act of 2015, § 104(d)(2).
[3] See Andy Greenberg, "CISA Security Bill: An F for Security But an A+ for Spying", *Wired*, Jul. 31, 2015.

和正在出现的网络威胁可能是一项艰巨的任务,但是获得网络威胁信息和常用漏洞的信息可以帮助组织确定其安全优先事项。信息共享和分析中心(Information Sharing and Analysis Center)存在于关键基础设施(critical infrastructure)的每个部门,[1]主要负责分析并预测可能的网络威胁信息。信息共享和分析中心自愿与政府和其他机构共享网络威胁信息结果,而公司应当主动参与成为分享对象。

　　遗憾的是,美国的许多网络事件都没有报告给执法部门。研究显示,81%的私人公司在做出网络安全决策时考虑与政府共享网络威胁数据,但只有36%的私人公司与政府机构共享了这些信息。私人公司与政府机构在网络安全方面的合作尤为关键,即使在网络事件得到控制之后,保持警惕并思考如何提高私人公司负责人的数据处理能力依然不可或缺。数字时代的信息安全需要公私双方的协同治理,网络信息安全领域的公私合作优势颇多:其一,司法部可以确定侵害行为属于单次行为还是系列行为,并帮助受害者进行损害评估,预测其可能面临的风险。其二,私人公司上报的信息可能被存储到统一数据库中,进而帮助其他个人避免入侵。其三,上报信息有利于政府机构立即采取反制,从而最大程度瓦解侵害主体的不当行为。其四,司法部可以与其他政府机构进行合作以对抗入侵攻击,可能的

---

[1] 美国的"关键基础设施"由16个部门组成,这16个部门分别是化工部门、商业设施部门、通信部门、关键的制造业部门、大坝部门、国防工业基地部门、应急服务部门、能源部门、金融服务部门、食品和农业部门、政府机构部门、医疗和公共卫生部门、信息技术部门、核反应材料和废物部门、运输系统部门、水和废水部门(Chemical Sector, Commercial Facilities Sector, Communications Sector, Critical Manufacturing Sector, Dams Sector, Defense Industrial Base Sector, Emergency Services Sector, Energy Sector, Financial Services Sector, Food and Agriculture Sector, Government Facilities Sector, Health care and Public Health Sector, Information Technology Sector, Nuclear Reactors, Materials, and Waste Sector, Transportation Systems Sector, Water and Waste water Systems Sector),参见 Presidential Policy Directive 21(PPD-21)。

公权行为包括刑事调查和起诉、经济制裁、外交压力、技术破坏行动、情报行动,甚至军事行动。其五,提供相关事件或恶意软件的背景和信息,保障利益相关方的知情权。[1] 民意调查结果验证了这一结论,当网络服务提供商与政府机构合作时,个人更有可能对执法部门起诉网络犯罪的能力充满信心。[2] 由于现代通信依赖相互依存的数字网络,在网络信息安全方面,政府必须选择加深与私营部门的双向合作,才可能真正缓解技术挑战。

但政府监管有时也会呈现国家安全的倾斜要求,甚至是政治利益的博弈动态。以2022年3月美国总统拜登签署的《关键基础设施网络事件报告法》(Cyber Incident Reporting for Critical Infrastructure Act)为例,该法案对关键基础设施的所有者和运营商规定了两项新的报告义务:其一,在72小时内向美国国土安全部下设的网络安全和基础设施安全局(Cybersecurity and Infrastructure Security Agency, CISA)报告重大网络事件;其二,在24小时内报告因勒索软件而支付赎金的事件。该法案要求网络安全和基础设施安全局汇总、分析和共享从接收报告中提炼的信息,以便为政府机构、国会、公司和公众提供对于不断变化的网络威胁格局的评估。当与非联邦实体和公众共享信息时,网络安全和基础设施安全局必须对所提交报告中的受害者进行匿名化处理。该法案强制规定了私人公司的报告义务,并为网络安全和基础设施安全局提供了大量资金,以巩固其作为

---

[1] See Mike Buchwald and Sean Newell, "Encouraging the Private Sector to Report Cyber Incidents to Law Enforcement", *Department of Justice Journal of Federal Law and Practice*, Vol.67, No.1(2019), p. 227.
[2] See Joe Doyle and Joseph Dickie, "Most US Citizens Want Government Agencies to Strengthen Cyber Defense Mechanisms to Protect their Digital Data", *Accenture Research Finds*, Apr. 10, 2017.

监测和应对美国关键基础设施网络安全威胁的领导地位。[1] 而法案能够快速在国会通过并经拜登总统签署成为正式法律的原因在于，拜登在2022年俄乌冲突爆发当日的讲话中谈到，"美国的利益可能会成为俄罗斯网络攻击的目标。如果俄罗斯对美国的公司或者关键基础设施进行网络攻击，美国必须及时作出回应。私人部门必须积极与政府机构合作，以提高应对俄罗斯网络攻击的能力"[2]。

智能技术打破了传统的国家边境的限制，世界各国均需要回应智能技术发展所引发的重重挑战，但国家主体的行政行为也经常受到政治利益左右，因而必须设置"个人权利保护"的底线条款，以避免政治系统对法律系统中个人权利保护的过度干扰。国家需要确保个人权利免受非技术发展的负面影响，但国家为行业自我监管所划定的基础原则通常较为宽松，进而为行业的自我监管提供了充分的行动空间。行业监管可以在设限范围之内积极发挥主动优势，制定出有利创新、体现业界思维的具体规则，从而实现权利保护与技术发展的良性互动。然而，国家监管具有法律和政治双重面相，二者不可避免地统一于国家行为过程中。当政治利益凌驾于法律目标之上时，法律运作则成为政治目标的实现手段。有政治学家认为，法律无法解决必须做什么这一问题，而政治回答了这一基础提问：法律需要根据政治目标拟定具体规则。[3] 智能时代中的个人数据隐私保护

---

[1] See Eversheds Sutherland LLP, The Cyber Incident Reporting for Critical Infrastructure Act of 2022, Mar. 79, 2022.

[2] White House, Remarks by President Biden on Russia's Unprovoked and Unjustified Attack on Ukraine, Feb. 24, 2022, https://www.whitehouse.gov/briefing-room/speeches-remarks/2022/02/24/remarks-by-president-biden-on-russias-unprovoked-and-unjustified-attack-on-ukraine/, last visited time 2022-07-09.

[3] See Larry Alexander, "Law and Politics: What is Their Relation?", *Harvard Journal of Law and Public Policy*, Vol.41, No.1(2018), p. 363.

也逐渐演变为一个涵盖各国政治目标、国家主权维护和国民经济发展的综合性话题,国家公权在为行业监管划定底线时需要时刻谨记:人是目的,而非工具,个人权利应当具有优先于其他利益的例外地位。

(三)禁止不足:强制执行与违规制裁

比例原则不仅能防止过分干预,而且在保护相互冲突的权利或利益需要时,也能防止干预不足。[1] 国家监管与行业自我监管的最大区别在于,国家监管可以强制执行,且对违规行为进行有效制裁。缺乏强制执行力是自我监管的最大缺陷,尽管行业组织可以采取取消会员资格等惩罚措施,但是其惩处力度远低于国家制裁的惩处力度。申言之,并非所有领域都可以完全独立地依赖行业的自我监管,[2]在行业自我监管疲弱之时,国家需要及时出现并承担强制执行与违规制裁的责任。

当公私利益出现挂钩、重叠,而私人公司拒绝合作时,国家有权通过立法、行政与司法等途径强力保证公私合作的展开,从而实现对行业监管的规制。以 2018 年《明确数据在海外的合法使用法案》(Clarifying Lawful Overseas Use of Data Act, CLOUD Act)为例,该法案主要对 1986 年颁布的《存储通信法案》(Stored Communication Act)进行了修订,明确了无论数据存储在美国还是美国以外,在搜查令或者传票的要求下,美国的科技公司都必须提供政府要求的数据。

---

[1] See Bernhard Schlink, "Proportionality", in Michel Rosenfeld and András Sajó (eds.), *The Oxford Handbook of Comparative Constitutional Law*, Oxford: Oxford University Press, 2012, p. 727.

[2] See Christopher T. Marsden, *Internet Co-Regulation: European Law, Regulatory Governance and Legitimacy in Cyberspace*, New York: Cambridge University Press, 2011, p. 219.

该法案的直接推动力是 Microsoft Corp. v. United States 案[1]，该案中，联邦政府向微软公司发布了一份搜查令，要求微软公司把存储在爱尔兰的特定名单的账户邮件信息转交给联邦政府，微软公司拒绝提供相关信息，并提起诉讼。微软公司认为，根据《存储通信法案》第2703 章（Section 2703），联邦政府无权强迫美国公司将存储在美国领土以外的数据提交给联邦政府。地区法院判定微软公司败诉，法院认为，1986 年《存储通信法案》所规定的搜查令（Stored Communication Act warrant）是不受地域限制的。后微软公司上诉，联邦第二巡回上诉法院支持了微软公司的诉求。随后美国司法部提出上诉，案件最终来到了最高法院。

然而，在最高法院还未审议案件时，国会就通过了《明确数据在海外的合法使用》，从而使该案的核心争议变得没有价值。微软公司必须根据搜查令的要求，向联邦政府提供特定账户的邮件信息。虽然有民权组织批评该法案"不强制要求联邦政府在提出数据请求时需要通知用户或地方政府，这加大了进行有意义监管的难度"[2]。但谷歌主席布拉德·史密斯（Brad Smith）依旧公开支持《明确数据在海外的合法使用》，认为该法案为"执法机构如何跨国界访问数据创建了一个现代法律框架"（creates a modern legal framework for how law enforcement agencies can access data across borders）。[3] 美国司法部则赞扬《明确数据在海外的合法使用》代表了一种有效地保护隐私和公民自由的新型方式：即使超出了请求国的地理范围，电子

---

[1] See Microsoft Corp. v. United States, 584 U.S. 1 (2018).
[2] Russell Brandom and Colin Lecher, "House Passes Controversial Legislation Giving the US More Access to Overseas Data", The Verge, Mar. 22, 2018.
[3] See Brad Smith, https://twitter.com/BradSmi, last visited time 2020-01-08.

数据依旧可以得到有效访问。[1] 然而,并非所有公私合作都能得到立法的直接肯定,在更为常见的情形中,行业监管以"软法"的形式补充了国家立法,[2] 而国家承担了自我监管所无法扮演的制裁者角色。

  国家对于违规行为的制裁措施是对行业自我监管的重要补充。以用户的数据隐私为例,在全球互联的时代中,个人的数据可能在不同的国家和区域中,被不同的系统读取和处理,这些系统所依赖的用户隐私协议受到国家法律和区域背景的限制,必然是不尽相同的。[3] 满足欧盟《通用数据保护条例》要求的用户隐私协议并不意味着一定满足美国联邦贸易委员会所提倡的最佳实践标准,当行业监管无法自发地处理用户协议的不适问题时,国家的制裁措施则成为强有力的推进措施。例如,为了避免消费者根据《加州消费者隐私法》对公司的疏忽提起诉讼,当公司决定进入加州市场时,必须首先进行用户隐私协议的合规修改,从而规避相应的惩罚措施。

  当私人公司明确承诺保护消费者个人隐私,但是未能兑现承诺时,联邦贸易委员会有权就私人公司的违规行为提起诉讼,指控其实施了被禁止的不公平和欺骗行为以及其他违反联邦法律的行为。作为数据隐私安全的联邦主管机构,联邦贸易委员会从未停止对于个人隐私保护不当的公司的执法行为。2022年5月,联邦贸易委员会认为Twitter公司欺骗性地使用超过1.4亿个用户的电子邮件地址和

---

[1] See U.S. Department of Justice, Promoting Public Safety, Privacy, and the Rule of Law Around the World: The Purpose and Impact of the CLOUD Act, Apr. 2019.
[2] See Linda Senden, "Soft Law, Self-Regulation and Co-Regulation in European Law: Where do They Meet?", *Electronic Journal of Comparative Law*, Vol.9(2005), p. 27.
[3] 在不同公司的(Facebook 和谷歌)的隐私政策中,"朋友"(friends)的定义便不尽相同。参见 Ian Brown and Christopher T. Marsden, *Regulating Code: Good Governance and Better Regulation in the Information Age*, Cambridge: The MIT Press, 2013, p. x。

电话号码,并允许广告商根据上述数据以锁定特定用户从中牟利。根据拟议的命令,Twitter 公司需要支付 1.5 亿美元的罚款。[1] 2021年 12 月,联邦贸易委员会认为在线广告公司 OpenX Technologies 违反了《儿童在线隐私保护法》,未经父母同意从 13 岁以下的未成年人处收集个人数据,并从不被跟踪的用户处违规收集了地理位置数据,因此要求其立即停止上述行为,以及支付 200 万美元的罚金。[2] 2021 年 5 月,联邦贸易委员会经调查发现,Everalbum 公司在使用面部识别技术方面欺骗消费者。尽管 Everalbum 公司承诺除非用户明确激活人脸识别功能,否则不会擅自开启人脸识别功能。然而在实际操作中,该公司在用户启动"朋友"功能时默认为所有用户开启了面部识别。联邦贸易委员会要求该公司立刻纠正不当行为,删除使用用户上传照片和视频的算法模型,并支付 4 万美元的罚金。[3] 上述案件只是联邦贸易委员会近期的部分执法表现,其监管行为未来仍将继续。

国家保护义务的两端设定同时推动了技术规制与权利保护的三方合作。无论是强制执行、违规制裁还是为行业监管划定底线,国家在三方合作中的角色始终应当保持谦抑。由于人工智能技术的复杂多变,三方合作也必然需要适当更新,但是国家对基础性原则的指引、推动合作的责任是无可替代的。

---

[1] See United States of America v. Twitter, Inc., FTC Matter/File Number 2023062, May 25, 2022.
[2] See United States of America v. OpenX Technologies, Inc., FTC Matter/File Number 1923019, Dec. 15, 2021.
[3] See Everalbum, Inc., In the Matter of, FTC Matter/File Number 1923 172, May 5, 2021.

第五章
美国人工智能领域基本权利保护的行业责任

美国人工智能领域基本权利的保护从压制型、自治型到回应型监管的演化路径,最终催生了元监管模式下的行业自我监管。行业自我监管主要包括私人公司的内部约束和行业组织的反身监管。私人公司通过内部规范与技术设计及时防范了越轨行为,而行业监管包括行业组织的标准划定以及第三方机构的认证监督,二者共同形成了行业监管的组织样态。尽管行业监管拥有反应迅速、技术亲近的天然优势,但是存在着自我规制的权力悖论,仍然需要外部力量的反思性支持。

一、权利保护的技术反思性支持

从压制型到自治型再到回应型法律的形式转变,引发了监管方式的转变:从命令控制式监管到自我监管再到元监管。脆弱与不稳定的命令控制式监管已经无法跟随技术潮流,逐步被自我监管代替。自我监管的优势无须多言,但自我监管的内部运作反思性也需要回应环境的变化,系统内部与社会环境并非绝对的割裂关系,元监管模式顺势成为符合技术发展的监管途径,而这也再次印证了国家监管的引导与支持角色。作为自我监管的基础性履职机构,私人公司的反思性运作方式权重极高。而联合国人权事务高级专员办事处公布（Office of the United Nations High Commissioner for Human Rights）的《工商企业与人权：实施联合国"保护、尊重和补救"框架的指导原则》（Guiding Principles on Business and Human Rights: Implementing the United Nations "Protect, Respect and Remedy" Framework）为平台公司履职提供了有力参考。

（一）自我监管正当性的逻辑演变

面对着转型中社会的多方风险，法律必然需要调节自身以回应风险。根据伯克利学派代表学者菲利普·诺内特（Philippe Nonet）与菲利普·塞尔兹尼克（Philip Selznick）的观点，法律的演化类型可以分为压制型法（Repressive Law）、自治型法（Autonomous Law）与回应型法（Responsive Law）。回应型法的出现诱发了回应型监管的出现，也助力了反思性法与元监管的诞生。压制型法意味着立法无须考量公民的利益，法律与政治系统合二为一，统治权力可以不受约束地动用强制力。当统治权力对被统治者的利益漠不关心时，即当法律倾向忽视这些利益或否认这些利益的合法性时，那么该法律就是压制性的。[1] 在压制型法的图景中，法律绝对地维护了统治权力，造成了法律独立判断与正义性的丧失，个人的主体地位是不稳定和脆弱的。压制型法的缺陷促成了自治型法的出现。压制型法服务于合法权利，但这一功能产生了内在压力，从而破坏了压制型法的内在结构，导致自治型法的出现。[2] 为了控制国家强制力，自治型法表达了一种"法治"而非"人治"的愿望，主要特点包括：法律与政治

---

[1] See Philippe Nonet and Philip Selznick, *Law and Society in Transition: Toward Responsive Law*, New York: Routledge, 2017, p. 29.
[2] See Gunther Teubner, "Substantive and Reflexive Elements in Modern Law", *Law and Society Review*, Vol.17(1983), pp. 247-248.

分离、法律秩序采取规制模型(model of rules)、程序是法律的中心、忠于法律(fidelity to law)意味着严格遵守实在法的规则。[1] 换言之,自治型法追求司法的独立性与个人的本位性,将国家强制力控制在一定的范围内。然而,自治型法并非白玉无瑕,自治型法为维护法律的绝对独立而牺牲了其他利益,特别是忽视了外部因素的发展,而且隐含着"个人必须严格遵守法律,同时个人又被容许参与变革法律"的悖论。[2] 因此,冈瑟·托伊布纳(Gunther Teubner)认为,自治型法发展了内部推理和参与的方式,打破了形式思维(formal thought)的边界,并产生了向回应型更强的法律系统转变的压力。[3]

作为压制型法与自治型法的发展结果,回应型法扬弃了压制型法与自治型法的优缺点,放弃了对绝对独立性的追求与对绝对开放性的压制,找寻到独立性与开放性的平衡点。回应型法在维护法律独立性的时刻,同样关注着外部环境的力量变化。即使发生冲突,对内完整性与对外开放性依旧可以相互支撑,也即回应型法将外部社会压力视为认识的来源与自我矫正的机会(sources of knowledge and opportunities for self-correction)。[4] 外部力量既可能纠正与改变法律制度的发展,也可能破坏法律的完整性,因而需要更为有效的法律

---

[1] See Philippe Nonet and Philip Selznick, *Law and Society in Transition: Toward Responsive Law*, New York: Routledge, 2017, pp. 53-54.

[2] 自治型法发展到一定程度也铸成了自反性的契机。因为自治型法在观念层次上是权利本位的,相应地在行为层次上强化了辩护的重要性——决断必须以辩护为基础;而强调辩护意味着法律是可以讨论的、权威是可以批评的。这里包含了一项悖论:个人必须严格遵守法律,同时个人又被容许参与变革法律。参见季卫东:"社会变革的法律模式"(代译序),载〔美〕诺内特、塞尔兹尼克:《转变中的法律与社会:迈向回应型法》,张志铭译,中国政法大学出版社 1994 年版,第 6 页。

[3] See Gunther Teubner, "Substantive and Reflexive Elements in Modern Law", *Law and Society Review*, Vol.17(1983), pp. 247-248.

[4] See Philippe Nonet and Philip Selznick, *Law and Society in Transition: Toward Responsive Law*, New York: Routledge, 2017, p. 77.

机构设计,而在诺内特与塞尔兹尼克的设计中,这意味着民间自治和民主参与的强化。[1] 因此,回应型法扩张了行业自我监管与公众参与的可能空间,也促成了回应型监管(Responsive Regulation)的产生。

传统的命令控制式监管(command-and-control regulation)[2]与压制型法存在类似的特点,通过政治强制力实施国家政策,而不论公司的自身意愿与现实能力,这在实践中造成了诸多不便与龃龉,逐渐被淘汰出现代国家的治理方式。替代命令控制式监管的两种治理方式是自我监管(self-regulation)与元监管(meta-regulation)。尽管自我监管与元监管并没有通识性定义,但自我监管的主要内涵在于非政府行为者的规则制定与规制执行,元监管的主要内核在于政府监管与自我监管二者的相互关系,也即不同监管主体之间的相互作用。[3] 如果从监管方式的四要素,即监管对象(target)、监管者(reg-

---

[1] 在回应型法中,作为社会变革的工具或条件的因素包括:能动主义、开放结构以及认知能力,而目的对手段的思考方式贯穿一切;这样会不会导致对行政扩张的纵容呢? 作者显然没有肯定行政优势的愿望,而希望通过民间自治与民主参与的强化来保证法制适应社会需求的弹性,这种设想在制度层面上能够实现吗? 参见季卫东:"社会变革的法律模式"(代译序),载〔美〕诺内特、塞尔兹尼克:《转变中的法律与社会:迈向回应型法》,张志铭译,中国政法大学出版社1994年版,第8页。回应型法并非正义领域的创造者,它的成就必须取决于公众的意愿和权力权威所能带来的资源。回应型法对于社会的回应途径主要分为两个方面:公众参与及政治参与、法律机构能力的提升。参见李晗:《回应社会,法律变革的飞跃:从压制迈向回应——评〈转变中的法律与社会:迈向回应型法〉》,载《政法论坛》2018年第2期,第189页。

[2] 监管的传统观点强调两个相反的条件:自由和控制。政府可以让公司完全按照自己的利益行事,也可以通过威胁采取制裁措施的方式,让公司的利益与整个社会的利益保持一致,从而剥夺公司的自由裁量权。后一种方法常常被贬义地描述为"命令控制"式监管。参见 Lori Snyder Bennear, "Are Management-Based Regulations Effective? Evidence from State Pollution Prevention Programs", *Journal of Policy Analysis and Management*, Vol.26(2007), pp. 327–348。

[3] See Cary Coglianese and Evan Mendelson, "Meta-Regulation and Self-Regulation", in Robert Baldwin et al. (eds.), *The Oxford Handbook of Regulation*, New York: Oxford University Press, 2010, p. 148.

ulator)、命令(command)和结果(consequences)四个方面考量,[1]自我监管意味着监管体系的监管对象,无论是通过私人公司还是行业协会,对自身施加了命令和后果;元监管则意味着外部监管机构有意地(而不是无意地)引导监管对象制定自己的内部监管措施,以应对公共问题。[2] 因此,与伯克利学派的法律演变类型相一致,命令控制式监管、自我监管和元监管分别对应了压制型法、自治型法和回应型法。元监管在肯定公司与行业自我监管的基础上,保留了自我监管的开放性,允许政府通过目的政策指引,使自我监管的目的与国家监管的公共目的趋同化。元监管下国家监管与行业监管的关系是一种双面指向的结构耦合。行业内部的自我反思性使行业内部可以良好地展开运作,却也产生了自我膨胀的内在压力。借助国家监管的反思性力量,行业监管可以消解扩张压力,同时回应外部环境的变化,并常态化地稳定行业自我监管的独立运作。

(二)私人公司保护基本权利的理由探寻

私人公司的基本权利保护责任并非全新的命题,本书所议的公司的基本权利保护责任与公司的人权责任并不存在根本性差异。由于各国之间未能就许多基本权利的内涵达成统一,而人权是主权国家基本权利的道德命题,基本权利是人权的制度体现,且大型跨国公司早已打破地理空间的束缚,故而本书以私人跨国公司的人权责任正当性来源为例,试图厘清私人公司基本权利保护

---

[1] See Cary Coglianese, "Engaging Business in the Regulation of Nanotechnology", in Christopher J. Bosso (eds.), *Governing Uncertainty: Environmental Regulation in the Age of Nanotechnology*, Washington: RFF Press, 2010, pp. 46-79.

[2] See Cary Coglianese and Evan Mendelson, "Meta-Regulation and Self-Regulation", in Robert Baldwin et al., (eds.), *The Oxford Handbook of Regulation*, New York: Oxford University Press, 2010, p. 150.

责任存在的理由。

早在 20 世纪 70 年代,伴随着新的国际经济秩序(New International Economic Order)的确立,[1] 非殖民化浪潮推动了跨国公司肩负保护人权的责任。1976 年,经济合作与发展组织(Organization for Economic Co-operation and Development, OECD)通过了《跨国公司指南》(Guidelines for Multinational Enterprises),要求跨国公司尊重受其活动影响的个人的人权。[2] 1977 年,国际劳工组织(International Labour Organization)通过了《关于跨国公司和社会政策的三方原则宣言》(Tripartite Declaration of Principles concerning Multinational Enterprises and Social Policy),同样确认了跨国公司尊重人权的责任。1992 年,联合国跨国公司委员会(Commission on Transnational Corporations)曾经提出一份《跨国公司行为守则草案》,该草案要求"跨国公司在其经营所在国尊重人权和基本自由"。但由于发达国家与发展中国家在这一问题上存在着巨大分歧,该草案并未能得到联合国大会的通过。[3] 尽管如此,联合国层面未能达成共识并没有阻碍跨国公司人权责任的进程。1999 年,时任联合国秘书长的科菲·安南(Kofi Annan)在达沃斯世界经济论坛(Davos World Economic

---

[1] 新的国际经济秩序(NIEO)是一些发展中国家在 20 世纪 70 年代通过联合国贸易和发展会议提出的一套建议,意在通过改善贸易条件、增加发展援助、减少发达国家关税和其他手段来维护发展中国家的利益,最终目的在于修订国际经济体系,使之有利于第三世界国家,并取代布雷顿森林体系(Bretton Woods system)。参见 United Nations General Assembly, Declaration on the Establishment of a New International Economic Order, May 1974, A/RES/S-6/3201。

[2] 此后该《指南》曾多次被修改,但是尊重人权的公司责任一直贯穿始终。参见 OECD, OECD Guidelines for Multinational Enterprises, 2011 Edition, "Enterprises, regardless of their size, sector, operational context, ownership and structure, should respect human rights wherever they operate"。

[3] See Nicola M.C.P. Jägers, *Corporate Human Rights Obligations: in Search of Accountability*, Antwerpen: intersentia, 2002, pp. 119-124.

Forum)上提出了联合国全球契约(Global Compact)倡议,该倡议的原则一要求公司支持并尊重国际承认的人权保护,原则二要求公司应当确保自己不会参与到人权侵犯活动之中。[1]

此后,联合国促进和保护人权小组委员会(United Nations Sub-Commission on the Promotion and Protection of Human Rights)于2003年批准了《跨国公司和其他商业公司在人权方面的责任规范》(Norms on the Responsibilities of Transnational Corporations and Other Business Enterprises with regard to Human Rights)(以下简称《责任规范》)。[2]《责任规范》开篇第1条写明:各国负有促进、确保实现、尊重、确保尊重和保护国际、国内法所承认的人权的首要义务,包括确保跨国公司和其他商业公司尊重人权。跨国公司和其他商业公司有责任在其各自的活动和影响范围内,确保实现、尊重和保护国际、国内法所承认的人权,包括土著人民和其他脆弱群体的权利和利益。[3] 而这也是联合国首次将跨国公司的人权义务提升至承认、尊重与保护的三级层次,并将"跨国公司的义务从自愿性提高至非

---

[1] See Secretary-General Proposes Global Compact on Human Rights, Labour, Environment, in Address to World Economic Forum in Davos, Press Release SG/SM/6881, Feb. 1, 1999.

[2] See Norms on the Responsibilities of Transnational Corporations and Other Business Enterprises with Regard to Human Rights, U.N. Doc. E/CN.4/Sub.2/2003/12/Rev.2 (2003).

[3] See States have the primary responsibility to promote, secure the fulfillment of, respect, ensure respect of and protect human rights recognized in international as well as national law, including ensuring that transnational corporations and other business enterprises respect human rights. Within their respective spheres of activity and influence, transnational corporations and other business enterprises have the obligation to promote, secure the fulfillment of, respect, ensure respect of and protect human rights recognized in international as well as national law, including the rights and interests of indigenous peoples and other vulnerable groups. Norms on the Responsibilities of Transnational Corporations and Other Business Enterprises with Regard to Human Rights, U.N. Doc. E/CN.4/Sub.2/2003/12/Rev.2 (2003), Article A.1.

自愿性"。[1] 但正是由于《责任规范》的私人义务强制性,且无法配合各个主权国家现有规范的约束,该《责任规范》一度被搁置,[2] 直至 2011 年,联合国人权理事会(United Nations Human Rights Council)通过《工商企业与人权:实施联合国"保护、尊重和补救"框架的指导原则》(以下简称《指导原则》),将跨国公司的人权义务改为自愿性,且限定于尊重人权的责任。[3] 学界对这一限制性更改的原因莫衷一是,而为避免争议过大、努力达成共识必然是原因之一。虽然语词不尽一致,但是公司负有尊重、促进并实现人权的责任是毋庸置疑的。[4] 公司担负人权责任的主要理由包括但不限于:现实推动、道德要求和反向支持,下文将分而述之。

第一,全球化、私有化与碎片化等现实因素使公司人权责任不可避免。首先,全球化意味着大型跨国公司可能比某些主权国家要控制更多的资源,大型跨国公司的全球影响力甚至可以压倒东道国的主动性。对于许多发展中国家而言,国家的政策倾向为自由市场和外商投资提供便利条件,忽视了政策对于边缘化群体的人权影

---

[1] See David Weissbrodt and Muria Kruger, "Norms on the Responsibilities of Transnational Corporations and Other Business Enterprises with Regard to Human Rights", *The American Journal of International Law*, Vol.97(2003), p. 913.

[2] See Radu Mares, "A Rejoinder to G. Skinner's Rethinking Limited Liability of Parent Corporations for Foreign Subsidiaries' Violations of International Human Rights Law", *Washington and Lee Law Review Online*, Vol.73(2016), pp. 117-158.

[3] 《工商公司与人权:实施联合国"保护、尊重和补救"框架的指导原则》的三项主要内容分别为:国家保护人权的义务、公司尊重人权的责任和获得补救的方式,后文将对该《指导原则》进行详细论述。

[4] See Fiona McLeay, "Corporate Codes of Conduct and the Human Rights Accountability of Transnational Corporations: A Small Piece of a Larger Puzzle", in Oliver De Schutter (ed.), *Transnational Corporations and Human Rights*, Oxford: Hart Publishing, 2006, pp. 219-240.

响。[1] 其次,全球化进程中最小政府原则(minimal government)放松了对私人权力的管制,并依赖自由市场作为最有效和最适当的价值分配机制,[2] 这促使私人力量日渐庞大,并在某些领域具有抗衡国家力量的可能性。最后,全球化加剧了宪法的碎片化,基本权利在全球社会无国家领域(特别是在与跨国组织有关的领域)的实现,有赖非国家集体行动者的肯定与践行。[3] 这也造成了个人在面对大型公司时没有充足的交涉能力与反制力,存在着类似国家/个人式的地位不对等。因此,现实因素促使公司不得不肩负尊重与保护基本权利的责任,从而满足"社会期望"(social expectations)[4]。

第二,大多数商业伦理学家认为,人权的责任对象并不仅仅取决于那些签署了国际法律文件的主体,而且取决于人类或理性存在的某些特征,或是假设的社会契约。这种观点的前提是,公司可以是道德的代理人,并承担道德责任。[5] 作为道德权利的人权无须多言,其也为公司的人权义务提供了一个适当而深刻的基础,特别是当其范围限定于自由、安全和生存等基本权利时。基本权利是实现其他权利所必需的权利,是体面的人类生活所必需的权利。基本权利

---

[1] See Andrew Clapham, *Human Rights Obligations of Non-State Actors*, New York: Oxford University Press, 2006, p. 4.
[2] See Philip Alston, "The Myopia of the Handmaidens: International Lawyers and Globalization", *European Journal of International Law*, Vol.8(1997), pp. 435-448.
[3] 关于跨国宪法碎片化问题,参见 Gunther Teubner, *Constitutional Fragments: Societal Constitutionalism and Globalization*, translated by Gareth Norbury, Oxford: Oxford University Press, 2012, pp. 73-123。
[4] 关于更多公司人权责任的"社会期望"论述,参见 David Bilchitz and Surya Deva, "The Human Rights Obligations of Business: A Critical Framework for the Future", in Surya Deva and David Bilchitz (eds.), *Human Rights Obligations of Business: Beyond the Corporate Responsibility to Respect*, Cambridge: Cambridge University Press, 2013, pp. 1-26。
[5] See George G. Brenkert, "Business Ethics and Human Rights: An Overview", *Business and Human Rights Journal*, Vol.1(2016), pp. 277-306.

以侧面约束的形式存在,框定了公司合法追求经济目标的道德空间。私人公司最为基本的人权义务包括避免强迫劳动、贩卖人口、体罚、监禁、歧视、压制其组织自由或因安全标准低下而造成人员的死亡或伤害。[1] 因此,为实现社会利益而建立的实体(私人公司)[2]应该有义务避免它可能带来的严重社会危害。

第三,保护基本权利反向促进了私人公司的贸易繁荣。著名经济学家米尔顿·弗里德曼(Milton Friedman)认为,公司唯一的社会责任是在游戏规则的约束下,避免欺骗和造假,在开放自由的市场中利用资源和活动以提高经济利润。[3] 跨国公司尊重人权的直接好处是促进、保护和实现集体谈判权、禁止童工、强迫劳动和歧视等核心的劳工权利,其间接好处在于通过树立榜样以鼓励对人权的普遍性遵守。[4] 更进一步,对基本权利保护义务的普遍遵守有利于促进正常秩序的建立,并反向促进商业贸易的繁荣。以人工智能数据透明模型(AI Data Transparency Model)为例,[5] 人工智能数据透明模

---

[1] 这也包括避免当地环境遭受过度污染等义务。参见 Denis G. Arnold, "Corporations and Human Rights Obligations", *Business and Human Rights Journal*, Vol.1(2016), pp. 255-275。

[2] 从本质上讲,公司的创立目的涉及社会利益,公司可以鼓励个人承担更多的风险,刺激创新,为更大的竞争提供催化剂。这些好处反过来刺激经济增长,增加社会财富,创造更多的就业机会,最终改善个人的生活质量。参见 David Bilchitz, "Do Corporations Have Positive Fundamental Rights Obligations?", *Theoria: A Journal of Social and Political Theory*, Vol.57(2010), p. 9。

[3] See Milton Friedman, "The Social Responsibility of Business is to Increase its Profits", *New York Times*, Sept. 13, 1970.

[4] See Fiona McLeay, "Corporate Codes of Conduct and the Human Rights Accountability of Transnational Corporations: A Small Piece of a Larger Puzzle", in Olivier De Schutter (ed.), *Transnational Corporations and Human Rights*, Oxford: Hart Publishing, 2006, pp. 219-240.

[5] 人工智能数据透明模型包括四个主要部分:第一,人工智能系统行业的利益相关者应该根据收集的数据类型和滥用风险,对人工智能系统所接触的数据进行审计和检查。第二,利益相关者应该保留训练人工智能的数据,以便审查人工智能(转下页)

型本质上是对目前市场上第三方认证制度的模仿,比如有机食品认证等。人工智能系统如果获得了数据透明模型的认证,则意味着数据从收集到处理的全过程均符合一定的透明标准,出现歧视结果的可能性更小,可以成为消费者的优先选择,从而促进私人公司的贸易繁荣。对于人工智能的开发商而言,寻求数据透明模型的认证也可以获得一个有条件的豁免。因为人工智能程序已经满足了一定的行业标准,如果人工智能仍然发生意外或造成损害,开发商不必承担全部的责任,所以该认证也为开发商提供了一个责任减轻的安全港,从而激励了技术的发展创新。

总而言之,私人公司保护基本权利的理由可以参考跨国公司人权责任的缘由。首先,全球化、私人化和碎片化趋势使私人公司成为势能巨大的非国家集体行为者。其次,基本权利的道德属性要求社会活动的参与者担负起一定的责任。最后,基本权利的肯定保护与私人公司的经济发展可以达成良性循环的动态平衡,保护基本权利并不一定意味着削减私人公司的经济自由,二者可以在全球化语境中实现共同繁荣。

(三)《联合国工商业与人权指导原则》的公司人权责任

2011年,联合国人权事务高级专员办事处(Office of the United Nations High Commissioner for Human Rights)发布的《指导原则》将公司负有的人权责任限定于:不主动侵害人权、人权尽责以及提供非国家救济方式,下文将逐一讨论。

(接上页)系统的开发过程。第三,审计应标准化,并由独立的第三方进行,审计的结果由第三方负责。第四,透明模型提供了一个安全港,人工智能系统制造商应该在有限的情况下享受一些责任豁免。参见 Shlomit Yanisky-Ravid and Sean K. Hallisey, "'Equality and Privacy by Design': A New Model of Artificial Intelligence Data Transparency via Auditing, Certification, and Safe Harbor Regimes", *Fordham Urban Law Journal*, Vol.46(2019), p. 474。

《指导原则》将公司的人权责任限定于消极责任,也即不主动侵害人权。《指导原则》第 11 条要求公司应尊重人权,避免侵犯人权的行为,并在自身卷入时,及时消除其负面影响。由此,《指导原则》将公司的人权责任独立于国家的人权义务,并限定于消极的不侵犯责任。[1]《指导原则》第 13 条要求公司不仅需要避免自身造成的人权侵害,且需要为与其业务、产品与服务直接关联的商业关系所造成的负面影响负责。因此,《指导原则》设定的公司人权责任的表现不仅包括作为,也包括不作为。公司不仅需要对自身的行为(或不行为)负责,也需要对其产业链中的他方行为负责。[2]《指导原则》第 23 条要求跨国公司在经营地环境恶劣而无法履行人权责任时,仍应尽力尊重国际公认的人权,[3]并将造成或加剧侵犯人权的行为视为违法。[4] 就《指导原则》的文本规范而言,《指导原则》并没有明确公司的强制性人权义务(binding obligations),反而使用了人权责任(responsibilities)这一表达。因此,《指导原则》将公司的人权责任重点放置于消极的不侵犯人权,而不是积极地防止第三方侵犯人权。虽然公司有时可能需要采取积极行动来处理不利的人权影响,但任何此类行动的重点都与避免伤害有关。这种方法降低了对于公司人

---

[1] See OHCHR, Guiding Principles on Business and Human Rights: Implementing the United Nations "Protect, Respect and Remedy" Framework, Commentary on Principle 11.

[2] See OHCHR, Guiding Principles on Business and Human Rights: Implementing the United Nations "Protect, Respect and Remedy" Framework, Commentary on Principle 13.

[3] 根据《指导原则》第 12 条的规定,国际公认的人权在最低程度上可被理解为《国际人权宪章》(International Bill of Human Rights)以及国际劳工组织的《工作中基本原则和权利宣言》(Declaration on Fundamental Principles and Rights at Work)所载明的各项基本权利。参见 OHCHR, Guiding Principles on Business and Human Rights: Implementing the United Nations "Protect, Respect and Remedy" Framework, Principle 12。

[4] See OHCHR, Guiding Principles on Business and Human Rights: Implementing the United Nations "Protect, Respect and Remedy" Framework, Commentary on Principle 23.

权责任的期望,过于片面地限制了公司的人权责任,从而招致了众多批评。[1] 实践经验表明,积极责任与消极责任难以被严格区分,《指导原则》过于理想化地分割了公司的人权责任,反而造成责任适用的缺失,使公司人权责任难以得到全部实现。[2]

人权尽责(Human Rights Due Diligence)[3]是《指导原则》最为核心的制度设计。《指导原则》第 15 条要求公司制定政策并采取措施以确定、防止和缓解人权影响,而人权尽责为首要要求。[4]《指导原则》第 17—21 条详细阐明了人权尽责的基准与底线以及必要内容。人权尽责的基准与底线要求人权尽责应在商业活动开始时尽早启动,以评估实际和可能的人权影响,评估应最大化涵盖商业活动的各个方面,包括与其业务、产品或服务直接相关的负面影响,公司应当根据评估结果采取相应行动,并进行持续追踪,且公司的处理方案应当对外公开通报。[5]《指导原则》第 18 条要求

---

[1] See David Bilchitz and Surya Deva, "The Human Rights Obligations of Business: A Critical Framework for the Future", in Surya Deva and David Bilchitz (eds.), *Human Rights Obligations of Business: Beyond the Corporate Responsibility to Respect*, Cambridge: Cambridge University Press, 2013, p. 15.

[2] 以数据隐私为例,跨国公司应有积极保护用户数据免于第三方的随意获取的责任,然而根据《指导原则》所言,跨国公司并不享有这一责任,这导致了责任真空的出现。关于更多《指导原则》的批判性讨论,参见 David Bilchitz, "A Chasm between 'is' and 'ought'? A Critique of the Normative Foundations of the SRSG's Framework and the Guiding Principles", in Surya Deva and David Bilchitz (eds.), *Human Rights Obligations of Business: Beyond the Corporate Responsibility to Respect*, Cambridge: Cambridge University Press, 2013, pp. 107-137。

[3] Human Rights Due Diligence 也可直译为"人权的应有注意"或者"人权的尽职调查",本书采用了中文官方译名,实践中也有学者称其为"人权尽调"。参见杨松才:《论〈联合国工商业与人权指导原则〉下的公司人权责任》,载《广州大学学报(社会科学版)》2014 年第 11 期,第 19—25 页。

[4] See OHCHR, Guiding Principles on Business and Human Rights: Implementing the United Nations "Protect, Respect and Remedy" Framework, Commentary on Principle 15.

[5] See OHCHR, Guiding Principles on Business and Human Rights: Implementing the United Nations "Protect, Respect and Remedy" Framework, Commentary on Principle 17.

人权尽责评估需要借助内部和外部的专业人权知识,并酌情与利益相关方进行磋商;第 19 条要求公司及时根据人权尽责评估的结果采取适当行动,[1]以缓解甚至消除人权的负面影响;第 20 条要求公司追踪其对策的有效性;第 21 条要求公司公开提供人权尽责报告,以通报公司如何应对人权的负面影响。通报可以采用包括在线对话、多方会谈、书面报告的多种形式,但如果存在严重的人权影响风险,公司必须作出正式报告(formal reporting)。正式报告应该涵盖公司如何确定和处理对人权有不利影响的主题和指标(topics and indicators)。[2]

人权尽责被视为公司尊重人权的基石。对于权利主体而言,人权尽责与其他公司尽职调查程序的不同在于,其关注的重点是权利主体的风险,而不是公司的业务风险,[3]从而更为完整地描绘出公司的权利责任需求。尽管人权尽责要求公司确定实际或潜在的人权影响、采取行动解决这些影响,并跟踪行动的有效性,但这并不意味着每个公司都需要采取相同的人权尽责方式。公司规模、人权影响的程度、经营环境以及业务发展,都可能使人权尽责方式发生改变,从而更为针对性地实现纠偏预期。实证分析的结果印证了人权尽责的积极影响,履行人权尽责的公司较未履行的公司更为准确地

---

[1] 适当的行动将视情况而定:(1)该公司是否造成或促成不利影响,或是否仅仅因为其影响通过业务关系直接与其业务、产品或服务有关而涉及该公司;(2)其在解决不利影响方面的影响力。OHCHR, Guiding Principles on Business and Human Rights: Implementing the United Nations "Protect, Respect and Remedy" Framework, Commentary on Principle 19.

[2] See OHCHR, Guiding Principles on Business and Human Rights: Implementing the United Nations "Protect, Respect and Remedy" Framework, Commentary on Principle 21.

[3] See Josh Gibson et al., "Business and Human Rights: Current and Future Challenges", *Human Rights Defender*, Vol.28(2019), pp. 4-7.

判定了人权的不利影响。[1] 尽管这并不等同于公司必然能够削减随后的不利影响,但其依旧是迈向权利保护终点的积极进步。

对于公司自身而言,人权尽责的重要内容在于避免"共谋"(complicity)。"共谋"意味着公司促成或被认为促成了第三方造成的不利人权影响。具体而言,当公司从供应链中的第三方行为中获利时,便可能被认定为"共谋"。[2] 英美法系的立法发展显示,直接强加民事或刑事责任于领导公司,以要求其为供应链中其他公司的行为负责,是一项难以达成的理论设计。[3] 然而,供应链中的人权侵犯问题日渐激化,大型公司需要为避免伤害他人权利而采取谨慎态度。作为尽责调查的一部分,公司将考虑"与自身活动相连的关系主体(如商业伙伴、供应商、国家机构和其他非国家行为者等)是否加剧或产生了人权侵害,公司与其相关关系将要走多远或走多深取决于具体评估"[4]。公司可以通过将普遍承认的权利基准融入其调查过程,及时获悉并预防共谋的风险,避免冗杂的责任束缚。

由于人权侵害不可能在短期内被彻底消除,《指导原则》要求公司提供非国家的申诉机制。虽然《指导原则》第25条将人权的申诉

---

[1] See Larry Catá Backer, "Moving Forward the UN Guiding Principles for Business and Human Rights: Between Enterprise Social Norm, State Domestic Legal Orders, and the Treaty Law That Might Bind Them All", *Fordham International Law Journal*, Vol.38 (2015), p.221.

[2] See OHCHR, Guiding Principles on Business and Human Rights: Implementing the United Nations "Protect, Respect and Remedy" Framework, Commentary on Principle 17.

[3] See Justine Nolan, "Business and Human Rights: The Challenge of Putting Principles into Practice and Regulating Global Supply Chains", *Alternative Law Journal*, Vol.42(2017), p.46.

[4] Sabine Michalowski, "Due Diligence and Complicity: A Relationship in Need of Clarification", in Surya Deva and David Bilchitz (eds.), *Human Rights Obligations of Business: Beyond the Corporate Responsibility to Respect*, Cambridge: Cambridge University Press, 2013, p.222.

与补救机制主要交由国家建构,但是第28条所规定的非国家申诉机制,则主要交由公司与行业组织落实。[1]《指导原则》第29条要求公司建立有效的业务层面申诉机制(operational-level grievance mechanisms),以便申诉得到及时处理和补救;第31条设定了非国家申诉机制的有效性标准,具体包括合法性、可获得性、可预测性、平等性、透明度、权利兼容和持续学习,业务层面的申诉机制还需要保障多方参与和对话,以充分满足利益相关群体的需求。[2] 就文本规范而言,《指导原则》更倾向非司法途径而不是司法救济,并积极重视非司法救济机制的"有效性标准",却几乎没有尝试为各国争取政策选择,以减少众所周知的司法救济障碍;[3]就实践经验而言,《指导原则》没能充分关注到受害者的能力不足,补救措施过于薄弱,因而难以弥补受害者的实际损害。[4] 尽管批评之声不绝于耳,但是《指导原则》寻求国家与公司合作的倾向应当得到善意肯定。[5]

虽然《指导原则》存在着种种不足,但是其制度设计依旧熠熠生辉。《指导原则》为达成共识而将公司的人权责任限定于消极责

---

[1] 非国家申诉机制的另一个实施主体是区域和国际人权机构。OHCHR, Guiding Principles on Business and Human Rights: Implementing the United Nations "Protect, Respect and Remedy" Framework, Commentary on Principle 28.

[2] See OHCHR, Guiding Principles on Business and Human Rights: Implementing the United Nations "Protect, Respect and Remedy" Framework, Commentary on Principle 31.

[3] See David Bilchitz and Surya Deva, "The Human Rights Obligations of Business: A Critical Framework for the Future", in Surya Deva and David Bilchitz (eds.), *Human Rights Obligations of Business: Beyond the Corporate Responsibility to Respect*, Cambridge: Cambridge University Press, 2013, p. 16.

[4] See International Federation for Human Rights, Corporate Accountability for Human Rights Abuses: A Guide for Victims and NGOs on Recourse Mechanisms(3rd edition), 2016, p. 29.

[5] 关于《指导原则》中国家、公司和社会责任的互动,参见 Larry Catá Backer, "Moving Forward the UN Guiding Principles for Business and Human Rights: Between Enterprise Social Norm, State Domestic Legal Orders, and the Treaty Law That Might Bind Them All", *Fordham International Law Journal*, Vol.38(2015), pp. 457-542。

任,但由于积极责任与消极责任并非泾渭分明,公司的人权责任履行实际上并不仅仅局限于消极责任。《指导原则》中的人权尽责制度为公司实践提供了重要参考,评估、行动、追踪的逻辑层层递进,成为《指导原则》最为瞩目的制度创设。《指导原则》也体现出国家与公司的合作互动关系,从而最大限度地保障了个人的基本权利。

二、平台公司的先导政策与保护实践

与联合国人权理事会通过的《指导原则》一脉相承,《多伦多宣言》建议私人公司承担基本权利的尽职调查义务。在履行职责的过程中,各大科技公司的政策取向与侧重不尽相同,但均表达了预先通过设计保护权利的态度,为自我行为设定约束框架。只有当科技公司遵循了内部反思性的运作要求,行业监管才能真正获得一个良性监管环境,在保护个人权利的同时,促进技术的创新。[1]

(一)《多伦多宣言》提倡的权利尽责义务

2018年5月16日,多家著名非政府机构[2]联合发表了《多伦多宣言》,旨在呼吁政府和私营部门行动者(Private Sector Actors)在应用机器学习时,尊重平等权,并践行反歧视原则。《多伦多宣言》认为,有越来越多的证据表明,机器学习系统可能是不透明的(包括无法解释的过程),如果在没有必要的保障措施的情况下应用该系统,可能会造成歧视性或其他压迫性后果。

《多伦多宣言》首先对国家和私营部门作出了共同的要求。随着机器歧视对平等权挑战的出现,国家和私营部门的行动者都需要探

---

[1] See Grant Nelson, "Federal, State, and Self-Regulation Strategies for Data Collection and Use", *Federal Communications Law Journal*, Vol.70(2018), p. 313.

[2] 具体包括 Human Rights Watch, Accessnow, Amnesty International, Wikimedia Foundation 等 NGOs。

寻保护权利的新型方法。无论是公共还是私人参与者,都必须在机器学习技术的设计、开发和应用中防止和减轻歧视风险。与联合国《指导原则》相吻合,私营部门行动者的责任是履行人权尽责(human rights due diligence)。为履行这一责任,私营部门的行动者需要不断采取积极和及时的方法,确保他们不会造成或助长侵犯权利的行为,这一过程被称为人权尽责。开发和部署机器学习系统的私营部门行动者,应遵循人权尽责框架,以避免助长或加强歧视,更广泛地尊重基本权利。私营部门行动者履行"人权尽责"的步骤是:

首先,识别潜在的歧视结果(Identify potential discriminatory outcomes)。私营部门行动者应评估人工智能系统侵犯基本权利的风险。为此,私人行动者必须查明直接和间接的伤害,以包容的方式与相关利益攸关方进行磋商,特别是与任何受影响的团体、独立的权利组织和专家进行磋商。

其次,采取有效的行动,防止和减轻歧视,并跟踪回应(Take effective action to prevent and mitigate discrimination and track responses)。在确定了可能的风险之后,下一步是预防这些风险。对于机器学习系统的开发人员而言,这需要:(1)在模型的设计、决定使用哪些培训数据以及系统的影响方面纠正歧视;(2)追求多样性、公平性和其他包容手段,通过设计来识别偏见,防止无意的歧视;(3)将可能造成歧视和权利侵犯的系统提交独立第三方审计;[1](4)私营部门行动者应追踪回应,达成反馈循环。

最后,保持机器学习系统中识别、预防和减轻歧视的努力透明化(Be transparent about efforts to identify, prevent and mitigate against

---

[1] 如果歧视或侵犯权利的风险被评估为过高或无法减轻,私营部门行动者不应在这方面部署机器学习系统。

discrimination in machine learning systems)。透明度是人权尽责的一个关键组成部分,包括"向可能受到影响的个人、团体以及其他相关利益方提供透明度和问责制的衡量标准"。[1]保持透明度的方式包括但不限于:(1)披露公司已识别的风险和具体歧视实例的信息;(2)在具有歧视风险的情况下,发布详细介绍机器学习及其功能的技术规范,包括所使用的培训数据样本和数据来源的详细信息;(3)确保在发生歧视的情况后,及时告知相关方(包括受影响的个人)歧视的危害,以及他们获得补救的途径。

此外,个人必须拥有获得补救的权利。设计和应用机器学习系统的公司和私营部门行动者应采取行动,确保个人和团体能够获得有意义的、有效的补救措施。例如,这可以包括:基于对个人或社会产生的负面影响建立明确、独立、明显的补救程序以及在机构中指定负责对此类问题迅速提供补救之岗位,各方应当能够对任何补救的决定进行有效的申诉,而这些补救的决定必须接受司法审查。若使用的机器学习系统危及个人权利,可能会对确保人们获得补救的权利构成挑战。当提出各种决定建议、作出或执行决定的机器学习系统在司法系统中被使用时,挑战尤为严峻,因为司法系统正是负责保障各项权利,包括获得有效补救的权利的系统。《多伦多宣言》的最后部分明确了国家需要确保个人得到救济的机会。可以说,《多伦多宣言》体现了元监管模式下的公私互动要求,私人公司依照人权尽责原则研发智能技术,而在私人公司行为不足时,国家主体需要为个人权利保护兜底。

《多伦多宣言》为算法的行业监管提供了参考范本,权利尽责也成为科技公司平衡技术发展与权利保护的思维导图。权利尽责正在

---

[1] See UN Guiding Principles on Business and Human Rights, Principle 21.

成为负责任的公司在采取行动时的全球正统观念,权利尽责为国际社会提供了一条积极的前进道路,私人公司能够在全球化经济中有效地概念化和具体化符合人权保护要求的商业行为。[1] 私人公司的经济谋利行为与个人权利保护通常无关,有时甚至是对立关系。但是私人公司可以通过内部管理系统以及与供应商和服务提供商的合同,将其自身转变为监管机构,从而实现个人权利保护的公共目标。元监管下的公司权利尽责将人权保护内化于公司政策目标,"不仅塑造了公司产出,更塑造了公司良知"[2]。元监管模式下的私人公司依旧对外部监管保持开放,行政部门可以通过激励制度,使私人公司践行个人权利保护的价值取向。元监管没有限定特殊的监管工具,而是为监管框架的设计制定了原则,这些原则至少包括:其一,将人权尽责调查扎根于公司尊重人权的责任中,鼓励企业不断将尊重人权纳入内部运作;其二,私人公司应当主动披露有关个人权利保护的重要信息,提升监管流程的透明度;其三,私人公司应与潜在受影响的群体和其他利益相关者进行有意义的协商,知悉并改进权利尽责行动,但协商的次数、时间和地点可以由私人公司自行决定;其四,私人公司仍需要为不当行为承担可能的民事和刑事责任,或者接受行政处罚。[3] 权利尽责并非智能时代的特殊产物,将对平等权、数据隐私等权利的保护视为公司的行为指南,在外部问责的最终框架内,有助于真正实现平等权、数据隐私在智能应用中的落地生根。

---

[1] See Ingrid Landau, "Human Rights Due Diligence and the Risk of Cosmetic Compliance", *Melbourne Journal of International Law*, Vol.20(2019), p. 2.

[2] Christine Parker, "Meta-Regulation: Legal Accountability for Corporate Social Responsibility", in Doreen McBarnet, Aurora Voiculescu and Tom Campbell (eds.), *The New Corporate Accountability: Corporate Social Responsibility and the Law*, New York: Cambridge University Press, 2007, p. 209.

[3] See Ingrid Landau, "Human Rights Due Diligence and the Risk of Cosmetic Compliance", *Melbourne Journal of International Law*, Vol.20(2019), pp. 19-24.

《指导原则》以及《多伦多宣言》不但是公司人权领域的重要里程碑,更是智能技术主体观察并保护人权的构建起点。智能主体不仅需要直接根据国际、国内法律的刚性要求制定人权保护规则,而且需要主动思考政府等其他主体使用人工智能技术时的人权框架。社会公众和人工智能开发人员应该共同努力,帮助评估智能应用的人权风险,并预测弱势群体的需求。唯有在利益各方共同努力的前提下,才有可能避免或尽量减少使用人工智能所导致的侵权行为。[1]

(二)侧重不同的政策声明

科技公司的内部努力是自我监管最为有效的实施途径。[2] 无论是公司的隐私政策抑或是白皮书声明,均为公司权利保护实践奠定了基础。尽管公司实践可能由于多方掣肘而被限定于风险最小化实践,但是其所体现的坚持寻求解决方案的态度将成为个人权利保护的重要根基。

绝大多数科技公司都发表了内部的隐私政策,[3]科技公司会在用户访问官网的时候,以弹窗的方式提醒用户是否接受内部的隐私和 cookies 政策。以谷歌、苹果和 Facebook 公司的隐私政策为例,谷歌倾向"拥抱数据",苹果倾向"拒绝数据",而 Facebook 倾向"否认数据"。[4] 谷歌安全中心(Google Safety Center)的官网上写道,"当用户选择谷歌服务时,意味着用户相信谷歌,谷歌有义务在收集使用

---

[1] See Larysa Soroka and Kseniia Kurkova, "Artificial Intelligence and Space Technologies: Legal, Ethical and Technological Issues", *Advanced Space Law*, Vol.3(2019), p. 138.
[2] See Federal Trade Commission, Privacy Online: A Report to Congress, Jun. 1998.
[3] 早在 2002 年,世界五百强公司中已经有超过 50% 的公司公布了在线隐私政策。参见 Chang Liu and Kirk P. Arnett, "An Examination of Privacy Policies in Fortune 500 Web Sites", *American Journal of Business*, Vol.17(2002), pp. 13-22。
[4] See Jeremiah Lam, "How Apple, Google, and Facebook View Privacy Differently", *The Startup*, Jul. 6, 2019.

过程中保障数据的透明度,为用户提供更好的服务"。这也就意味着,如果某人使用的谷歌产品足够多,谷歌可能比他更了解他。因此,谷歌的数据隐私政策更加偏向积极地拥抱数据。苹果公司主打的市场营销口号则是"隐私很重要"(Privacy Matters)。苹果公司甚至完全拒绝收集用户的个人数据,正如前文所提到的,即使公权力机构要求苹果公司解锁已经加密的苹果手机,苹果公司的态度也是拒绝的。有调研结果表明,在众多科技公司之中,保护用户隐私的最佳公司是苹果,它只保留维护用户账户所必需的数据。[1] 然而,保护个人隐私的费用是昂贵的,与谷歌免费的全套产品体验不同,苹果手机的价格一直居高不下。Facebook 公司则与上述二者不同。由于 Facebook 公司主要的营利方式依赖与第三方共享数据,从而使第三方可以进行针对性的广告投放。因此,Facebook 公司的隐私政策,更多关注的是个人数据是如何被分享的(How is this information shared)。由此可见,Facebook 公司的隐私政策是这三大公司中最为市场化的政策,尽管它承诺保护用户的数据隐私。

  智能科技公司的数据隐私包括但不限于用户的个人数据,此外还包括其雇员的个人数据。双重数据隐私的保护不仅关涉个人权利,更关系着公司安全,权利保护和公司发展是可以互相促进的双向循环。数据隐私保护优秀的公司不仅维护了个人的数据隐私,提升了公司发展的安全性,而且反向提升了消费者对于公司的信任,推动了科技公司的长足繁荣。消费者的个人数据对于商业公司价值重大,许多组织正在使用消费者数据以更好地了解消费者的痛点和未满足的需求。数据分析有助于公司开发新型产品服务,推行个性化

---

[1] See Aliza Vigderman and Gabe Turner, "The Data Big Tech Companies Have On You," *Security*, Mar. 23, 2022.

广告和营销,数字广告的全球总价值预估为 3000 亿美元。[1] 体量庞大的个人数据使消费者面临着算法推送、身份盗窃甚至是敲诈勒索的风险,而这并非受害者的全部组成,科技公司所掌握的雇员数据一旦被泄漏,雇员甚至会遭受更为严峻的犯罪风险。根据 2022 年 Verizon 的数据泄漏调查报告显示,82% 的数据泄露事件的原因在于访问个人数据系统的权限被暴露。[2] 科技公司需要善用技术手段实现数据安全,具体途径包括但不限于:通过高级跟踪拦截器停止收集可用于精准推送的个人数据,使用公共 Wi-Fi 甚至家庭网络的个人 VPN 从而挫败数据跟踪与捕获,利用密码检查器了解密码暴露情况,鼓励个人及时修改高风险或者简单的密码,以及自动删除不被需要的个人数据。[3] 谷歌正准备追随苹果、微软和 Mozilla 的脚步,在 2023 年消除第三方 cookies,并提出隐私沙盒(Privacy Sandbox)计划,通过限制广告商收集、交换和使用用户数据,降低其对特定受众投放广告的能力,使个性化广告操作变得复杂烦琐。[4] 保护个人数据安全不仅可以降低权利侵害的损失,而且有助于雇员将提起救济的时间用于公司工作,尽早实现公司的经济目标,消费者也更倾向选择隐私保护良好的科技公司所提供的服务。在成本收益的综合视角中,投资数据隐私计划是科技公司的高回报项目。

打破黑箱的原则声明同样值得关注。2018 年 6 月,谷歌曾发表一份关于人工智能的原则声明(AI at Google: our principles)。谷歌

---

[1] See Venky Anant et al., "The Consumer-Data Opportunity and the Privacy Imperative", *McKinsey*, Apr. 27, 2020.
[2] See Verizon, Data Breach Investigations Report, May 24, 2022, p. 7.
[3] See IDX, Big Tech Risks Personal Data Privacy and Corporate Security, Jun. 29, 2021.
[4] See Kendra Clark, "Will Tech Companies or Regulators have the Final Say in our Privacy Debate?", *The Drum*, Nov. 16, 2021.

提出了内部研发的 7 项原则:(1)有利于社会;(2)避免制造或加强不公平的偏见;(3)安全地建造和测试;(4)对人类负责(Be accountable to people);(5)融入隐私设计原则;(6)坚持科学的高标准化;(7)让应用技术符合以上标准。[1] 2019 年 2 月,谷歌公布的《人工智能监管意见的白皮书》(Perspectives on Issues in AI Governance),再次重申要建立一个可解释的标准(Explainability Standards)以打破算法的神秘黑箱,让个人可以接受人工智能的预测结果,从而加强公众对人工智能的信心。

除了在理论原则层面坚持提升算法的透明度,谷歌也做过切实的尝试。2014 年,谷歌在收购 DeepMind 时,承诺成立一个内部的伦理委员会(ethics board),以审查人工智能设计与应用的伦理问题,但该委员会一直是秘密的。[2] 2019 年 3 月,谷歌设立了外部的咨询委员会(Advanced Technology External Advisory Council),以帮助谷歌在研发人工智能时听取更多的外部意见,更好地履行自己的人工智能准则。[3] 然而,该委员会设立不到一个月,便被谷歌解散。[4] 由上可见,谷歌等大型公司已经意识到算法黑箱问题的弊端,也在试图提高算法的透明度,让公众可以接受算法的预测结果,但是由于同行竞争的激烈性、参考先例的缺失性等因素,这一过程充满着崎岖与挫败,可能需要不断地推翻与重来。

科技公司的实践也许无法完全达成预期结果,但技术主体的自我

---

[1] See Sundar Pichai, *CEO of Google*, AI at Google: Our Principles, Jun. 7, 2018.
[2] See Evan Selinger, "Inside Google's Mysterious Ethics Board", *Forbes*, Feb. 3, 2014.
[3] See Kent Walker, An External Advisory Council to Help Advance the Responsible Development of AI, Mar. 26, 2019.
[4] 谷歌给出的解散理由是:"很明显,在目前的环境下,外部咨询委员会不能像我们想要的那样运行。所以我们要结束委员会,重新开始。我们将继续应对人工智能所提出的挑战,并将寻找不同的方法来听取外界对这些问题的意见。"参见 Kelsey Piper, " Exclusive: Google Cancels AI Ethics Board in Response to Outcry", *Vox*, Apr. 4, 2019。

约束仍旧是数字世界中不可代替的监管方式。以2020年数字权利企业责任指数排名(2020 Ranking Digital Rights Corporate Accountability Index)研究为例,该研究通过考察微软、苹果、Facebook以及亚马逊等大型跨国科技公司的人权保护实践,认为Facebook是唯一对其广告推送进行人权影响评估的公司,但其评估范围依然有限。Facebook的评估活动是在前期众多民事诉讼的促成下开展的,Facebook的系统允许广告商选择他们想要瞄准的"种族亲和性群体"(ethnic affinity groups),以及他们想要排除的"种族亲和性群体",从而减轻了定向推送广告的歧视结果。调查人员同时强调,Facebook缓解歧视结果的努力仍处于初级阶段,调研人员并未获得相关程序的全部细节。[1] 尽管道德承诺已经成为科技公司的标准回应,但是道德承诺并不具有强制执行力,某些科技公司往往将其视作技术运行的口头倡议,并未真正实现算法可视化和隐私优先化。雪上加霜的是,知识产权规则往往为科技公司拒绝提升透明度提供了法律支持。现代法律在确保算法透明度和可追责方面仍有诸多不足,普通公众、监管人员与技术主体之间的信息不对称更是加剧了外部监管的难度。私人公司在隐私保护、正当程序和非歧视化进程中,发挥着难以磨灭的重要作用。因此,国家主体必须考虑通过责任豁免、税收激励等途径,进一步引导科技公司的自我治理,并在技术治理不足时补充空缺。

(三)通过设计的安全保障

由于自动车辆的责任分配最终是由法律所决定,私人公司、行业

---

[1] See Ellery Roberts Biddle and Jie Zhang, Moving Fast and Breaking Us All: Big Tech's Unaccountable Algorithms, 2020 Ranking Digital Rights Corporate Accountability Index, Feb. 24, 2021.

机构只能向立法机关提出自己的建议,无法进行终局性裁断,所以本书暂且不论自动车辆责任分配中行业组织的作用,而是从责任分配的源头出发,探析科技公司如何解决自动驾驶车辆中的安全问题。

以著名的自动驾驶车辆研发公司特斯拉(Tesla)为例,特斯拉的部分车辆(如 Model X、Model S、Model 3)已经配备了驾驶辅助系统(Tesla Autopilot)[1],而在美国政府的新车评估计划中,Model S、Model X 和 Model 3 的受伤概率是所有测试车辆中最低的。特斯拉声称,这在很大程度上与安装在汽车地板上的电池组的刚性强化结构有关,该结构为车辆提供了非凡的强度、巨大的皱纹区和独特的低重心。由于其强度偏高,特斯拉的电池组很少在事故中受到严重损坏。而且在极不可能发生火灾的情况下,电池组的最新设计确保其安全系统按预期工作,将火灾隔离在电池内的特定区域,并从乘客舱和车辆中排出热量。[2] 2014 年 9 月之后生产的特斯拉都配备了主动的安全功能(Active Safety Features)。由于每一辆特斯拉都是联网的,特斯拉能够利用全球车辆的数十亿英里真实数据——其中超过10 亿英里数据是由自动驾驶设备提供的——来了解事故发生的不同方式。然后根据数据反馈,开发相应的功能,帮助特斯拉车辆减轻或避免事故。通过无线软件的更新,制造商能够在车辆交付后很长时间内,继续增强安全功能。

2018 年 10 月,特斯拉开始主动发布季度安全数据,向公众提供有关车辆的重要安全信息。2019 年 7 月,特斯拉也开始主动发布有关车辆火灾的数据。一方面,特斯拉收集的每辆自动驾驶或手动驾

---

[1] Tesla Autopilot 具有车道定心、自适应巡航控制、自动停车、自动换车道,以及将停在车库或停车位的车辆召唤出来的能力。
[2] See The Tesla Team, Model 3 Achieves the Lowest Probability of Injury of Any Vehicle Ever Tested by NHTSA, Oct. 7, 2018.

驶车辆的行驶里程以及相关数据都经过了匿名化处理从而保护乘客隐私;另一方面,特斯拉收集了所有在撞击前5秒内自动驾驶失效的事故。以及所有事故警报显示有安全气囊或其他主动安全装置触发的事故。特斯拉声称,"其中很多轻微事故甚至不足以被警方调查"[1]。根据其发布的信息,尽管特斯拉有发生车祸的可能性,但是其概率仍然远低于人类驾驶员。特斯拉2021年第四季度的安全报告显示,在Autopilot自动辅助驾驶参与的情况下,每431万英里行驶里程中会出现一次事故。相比之下,在没有自动辅助驾驶参与的情况下,美国国家公路交通安全管理局的最新数据显示,在美国每48.4万英里行驶里程就有一次车祸发生。[2]

根据特斯拉发布的2021年影响报告(Impact Report 2021),特斯拉正在构建以隐私和安全为核心的产品,其相信负责任的数据管理和透明度是持续创新的先决条件。特斯拉公司通过在其产品中提供信息和用户控制来履行这一义务,允许客户选择如何收集和使用他们的个人数据。特斯拉的隐私原则包括自始至终在产品中建立隐私,让客户选择自己的数据,通过透明度保持信任以及保护个人数据。特斯拉将实施严格的控制标准,旨在保护特斯拉数据环境的安全、保密性和完整性。特斯拉还采用了设计中的安全性风险评估项目(Safety in Design Risk Assessment),该项目考虑包括设计、施工(和调试)、运营、维护、修改和拆除阶段在内的整个生命周期,将基于设定特征而造成的风险伤害登记成册,并将已经确定了但无法在设计阶段化解的剩余风险,转交给其他利益主体以便后续处理。

---

[1] Tesla Vehicle Safety Report, https://www.tesla.com/VehicleSafetyReport, last visited time 2019-09-29.

[2] See Tesla Vehicle Safety Report, https://www.tesla.com/VehicleSafetyReport, last visited time 2022-07-19.

尽管特斯拉公司发布了良好的隐私和安全承诺,但是其依然招致了公众的隐私质疑。以特斯拉的哨兵模式(Sentry Mode)为例,该模式适用于特斯拉的多种车型,记录试图闯入或破坏车辆的行为。作为一项额外的安全功能,哨兵模式还可以记录与车辆距离相近的事件、个人和物体,任何靠近车辆的行人都可能触发特斯拉车辆的哨兵模式。与特斯拉宣称的安全系统不同,不少专家认为哨兵模式是一种监视系统,而且许多哨兵模式记录下的视频被公开发布于社交媒体,引发了关于隐私的众多质疑。[1] 解决隐私关注的答案也许仍旧隐藏于算法之中,算法应当可以分析哨兵模式所记录的视频内容是否构成了车辆安全威胁,并及时删除无用的车辆环境记录视频,从而协调安全与隐私的双重政策目标。

正如没有任何技术可以保障车祸永不发生,也没有任何算法可以保障风险永不降临。在保险行业还未完全开放自动驾驶车辆投保时,特斯拉已经尝试进入车辆保险领域。2019年8月28日,特斯拉开始在加州销售自己的车辆保险计划。特斯拉将其保险描述为"具有竞争力的保险产品,还为特斯拉车主提供高达20%的费率减免,在某些情况下甚至高达30%"。而低价保费的原因是,特斯拉最为了解自己的车辆,特斯拉能够利用自动驾驶车辆的先进技术、安全性和可服务性,以更低的成本提供保险。[2] 在自动驾驶车辆保险行业发展的初始阶段,由自动驾驶车辆制造商为自动驾驶车辆提供保险,不失为可供选择的应急方案。

---

[1] See Eliron Ekstein, "What Tesla's Sentry Mode Can Teach Us About The Privacy Versus Security Debate", *Forbes*, May 26, 2022.
[2] See The Tesla Team, Introducing Tesla Insurance, Aug. 28, 2019.

三、行业组织的权利共识与标准设定

由于技术全球化的趋势不可逆转,国际行业组织的体量与日俱增。以代表性行业组织为例,行业组织通过实践沉淀,达成权利共识,从而为人工智能的权利保护设定基础标准。电子广告联盟是网络隐私保护的前沿组织,电气电子工程师学会(Institute of Electrical and Electronics Engineers, IEEE)是广为认可的技术专业人士协会,国际标准化组织是行业标准的权威组织,而第三方认证机构则为消费者提供了优先选择。虽然行业组织的成立时间、目标对象与执行方式并不相同,但均体现出实践导向的行业自我反思态势。

(一)电子广告联盟的隐私标准与问责

1994年,第一个数字横幅广告的发布意味着数字媒体革命的诞生。在大数据和数字媒体革命的驱动下,在线广告和电子商务正呈现出指数级增长。在线广告跳出了电视广告30秒的时间限制,以全新的方式表达品牌优势及卖点。[1] 在电子商务的辅助下,消费者可以简单便利地在线上购买任何需要的东西。然而,数字广告的缺陷也在媒体革命的进程中逐渐展现,个人的数据隐私成为便捷服务的牺牲品,消费者无法知晓在线广告的运作方式,个人的数字生活被电子广告轰炸式入侵,甚至出现了针对性的欺诈广告。由于电子广告令人生厌、具有破坏性、引发安全顾虑以及影响网速等,不少消费者会选择安装广告拦截器,以拒绝在线广告的弹出。[2] 在消费者个人的主动维权之外,在线广告行业的自我监管成为应对上述危机的重

---

[1] See Marc Pritchard, "Half My Digital Advertising is Wasted", *Journal of Marketing*, Vol. 85, No.1(2021), p. 26.
[2] See Mimi An, "Why People Block Ads (And What It Means for Marketers and Advertisers)", *HubSpot*, Jul. 13, 2016.

要方案。数字行业可以制定自己的道德守则和标准,并监督各个公司遵守道德守则和标准的情况。[1] 自我监管可以通过技术手段达成公司合规,但是追逐经济利益仍旧是大部分私人公司的首要目标,因而行业监管为私人公司的逐利行为设置了个人权利的限制规则,私人公司需要在满足限制规则的前提下,开启在不同领域的经济利益探索。当私人公司违反行业监管限制之时,可能受到技术群体的内部惩罚,甚至面临国家主体的行政制裁。

2009年,美国联邦贸易委员会开始调查互联网在线广告侵犯隐私的问题,并建议该行业制定自律准则。美国广告代理商协会(American Association of Advertising Agencies)、美国广告商协会(Association of National Advertisers)、美国广告联盟(American Advertising Federation)、直接营销协会(Direct Marketing Association)、互动广告局(Interactive Advertising Bureau)、商务促进局(Better Business Bureau)和网络广告计划(Network Advertising Initiative)集结在一起,形成了在线行为广告的自我监管项目,管理这个项目的组织被称为电子广告联盟(Digital Advertising Alliance, DAA)。电子广告联盟建立并实施了行业尽责的隐私实践,比如适用于桌面、移动网络以及移动应用程序环境中的多站点数据收集原则。

2010年10月,电子广告联盟启动了AdChoices项目。该项目呼吁广告公司建立并实施负责任的隐私做法,从而增强隐私的透明度和消费者的控制能力。由于在线行为广告主要依赖收集消费者的兴趣数据,AdChoices项目要求,广告公司需要向消费者表明,何时收集或使用个人数据。通过点击图标(通常可以在在线广告的右上角找

---

[1] See Luciano Floridi, "The End of an Era: from Self-Regulation to Hard Law for the Digital Industry", *Philosophy and Technology*, Vol.34(2021), p. 620.

到），消费者可以了解更多关于广告公司收集数据的信息，并能够选择退出（opt-out）。[1] 该项目已经获得了超过 200 个参与方的履行，其中包括 Facebook、谷歌、微软、雅虎等大型公司。[2] 作为全球性行业协会，AdChoices 项目在欧洲也有广泛的影响力。在 TRUSTe 所统计的十个欧洲国家中，2015 年 12 月有 1/4 的消费者点击过选择退出图标。[3]

此外，电子广告联盟还拥有一系列关于保护消费者数据隐私的行业守则，包括《网络行为广告的自我监管原则》（Self-Regulatory Principles for Online Behavioral Advertising）、《多站点数据的自我监管原则》（Self-Regulatory Principles for Multi-Site Data）、《自我监管原则在移动环境中的应用》（Application of Self-Regulatory Principles to the Mobile Environment）、《对跨设备使用的数据应用电子广告联盟的透明和控制原则》（Application of the DAA Principles of Transparency and Control to Data Used Across Devices）和《在政治广告中应用电子广告联盟的透明度和问责制原则》（Application of the DAA Principles of Transparency & Accountability to Political Advertising）。如果消费者发现某公司违反了上述原则，可以在线向国家商业促进项目局（Better Business Bureau National Program, BBBNP）或数据营销和分析以及国家广告商协会（Data Marketing and Analytics and Association of National Advertisers, DMA-ANA）投诉，从而开始进一步调查

---

[1] See Digital Advertising Alliance, Webchoices Browser Check, http://optout.aboutads.info/?c=2&lang=EN, last visited time 2019-09-26.
[2] See Digital Advertising Alliance, Companies Using the AdChoices Icon in the US, https://digitaladvertisingalliance.org/participating, last visited time 2019-09-26.
[3] See EDAA and TRUSTe, New Research Shows Growing Awareness of the OBA Icon, and Understanding of this EU Industry Initiative to Give Control Over Targeted Advertising Choices, Dec. 16, 2015.

和处理。

以国家商业促进项目局为例,国家商业促进项目局在接受投诉后,将启动问责程序。国家商业促进项目局首先将向相关网站公司发出调查函,在得到公司的回复函后,如果需要进一步审查,国家商业促进项目局需要在正式审查结束时,公开发布一项决定,详细说明审查的性质及其结果,并发布一份新闻简报以概述该决定,这项决定也将成为行业协会中全部公司的行为指导。[1] 如果公司拒绝配合国家商业促进项目局的调查与审查,可能会被移交至相关的政府机构,由政府机构负责后续的工作。[2] 总体而言,电子广告联盟的监管反应迅速,也不会过度抑制科技公司的创新,但存在的弊端是缺乏强制的执行能力,因而需要国家力量的外部支持。

(二)电气电子工程师学会的数据保护关注

电气电子工程师学会目前是全球最大的专业技术人员协会,其在全球160多个国家拥有超过42万名会员,它的目标是促进电气和电子工程、电信、计算机工程等相关学科的教育和进步。[3] 电气电子工程师学会在电信、计算机等领域的影响力巨大,其所通过的行业标准,是每一名会员必须遵守的规则。[4] 而电气电子工程师学会所

---

[1] 例如2019年9月5日的FitNow公司案,最终的决定是令电子广告联盟的自我监管原则涵盖跨网站或移动应用程序中从事定向广告的实体。授权第三方通过其应用程序收集数据以供定向广告使用的移动应用程序发布者,必须向用户提供通知和增强通知,如移动指南(Mobile Guidance)中所述。此外,如果一家公司允许第三方为定向广告收集精确的位置数据,它必须在标准通知和增强通知之外,为用户提供知情同意的机会。参见 Digital Advertising Accountability Program Formal Review, 2019。
[2] See BBB National Programs, Accountability Program Decisions and Guidance, 2019.
[3] 关于电气电子工程师学会的更多介绍,参见 About IEEE, https://www.ieee.org/about/index.html, last visited time 2019-09-26。
[4] 电气电子工程师学会曾在2019年5月实施对华为的禁令(HUAWEI Ban),但在2019年6月3日,电气电子工程师学会宣布已经解除了对华为的禁令。

制定的规则,是由会员投票所表决的,会员可以对学会的规则的制定提出自己的意见和建议。

有鉴于电子时代个人数据隐私受侵害问题的不断恶化,国际标准化组织(International Organization for Standardization)和国际电工委员会(International Electrotechnical Commission)在2011年颁布了《ISO/IEC29100:2011隐私框架》(ISO/IEC29100: 2011 Privacy framework),为个人可识别信息(PII)的保护提供了一个框架标准。[1] 具体而言,该标准指定了常用的隐私术语,界定了行动者及其在处理个人识别资料方面的角色,描述了保护隐私的考虑,为信息科技的隐私原则提供了参考资料。《ISO/IEC 29100:2011隐私框架》适用于涉及指定、采购、架构、设计、开发、测试、维护、管理、操作信息和通信技术系统的自然人和组织。由于电气电子工程师学会与国际标准化组织和国际电工委员会的紧密合作关系,这份标准在实践中得到了电气电子工程师学会会员的广泛遵守。

2016年12月7日,电气电子工程师学会开始着手制定一份独立的数据隐私进程标准(P7002-Data Privacy Process),[2] 并于2022年2月9日经董事会批准,于2022年4月19日公开发布(IEEE 7002-2022)。该标准定义了系统及软件工程中的数据需求,特别是使用员工、客户或其他外部用户个人数据的需求。该标准要求在产品的生命周期(从策略到开发),都要确保数据的安全与价值。通过特定的程序图表和检查列表,用户能够对其特定的隐私实践进行符合性评估,也即

---

[1] 此外,国际标准化组织和国际电工委员会也曾发布《ISO/IEC 29101:2018 隐私架构框架》(ISO/IEC 29101: 2018 Privacy Architecture Framework),明确了处理个人可识别数据的实体应满足的技术规范。
[2] See IEEE, P7002-Data Privacy Process, https://standards.ieee.org/project/7002.html., last visited time 2020-02-08.

隐私影响评估(Privacy Impact Assessments),用以确定哪些过程需要隐私控制和措施,并确认这些控制和措施是否到位。隐私影响评估已经被欧盟《通用数据保护条例》明文承认,《通用数据保护条例》所要求的隐私影响评估包括:(1)对设想的处理及其目标的系统描述,包括数据控制者追求的合法利益;(2)就确定的目标评估处理方法的合比例性;(3)对数据主体权利和自由的风险评估。[1] 隐私影响评估的逻辑预期在于要求技术主体主动合规,从而避免对个人数据隐私权利的不当侵害。由于电气电子工程师学会的重大影响力,该标准可以通过规范技术程序的设计,有效地保护个人的数据隐私。

在美国宪法的语境中,可能有观点质疑技术主体进行隐私影响评估将会间接侵害言论自由,因为技术主体需要对算法决策系统进行实质性内容审查,甚至会导致算法决策系统的最终结果与技术主体的本意相悖。然而,隐私影响评估并不强迫技术主体发表违反其意愿的算法决策结果,隐私影响评估的关注重心在于通过提升透明度、自我检查等方式减弱算法决策对于个人权利的负面干扰,而不是刻意改变技术主体的运作方式。[2] 隐私影响评估非但没有侵害私人公司的言论自由,反而通过行业技术标准认证,提升了私人公司品牌的知名度以及公众的信任度,是符合公司经济发展与权利保护需求的技术配置。

尽管电气电子工程师学会的标准缺乏强制执行力,但在行业实践中担任着"软法"角色,程序员在编写程序时,势必需要遵循电气电

---

[1] See General Data Protection Regulation, Article 35.
[2] See Yifat Nahmias and Maayan Perel, "The Oversight of Content Moderation by AI: Impact Assessments and Their Limitations", *Harvard Journal on Legislation*, Vol.58, No.1 (2021), p. 174.

子工程师学会所设定的标准。技术主体的主动合规不仅消解了后续个人主体的维权成本,而且增强了消费者的认同感,促进了私人公司的经济繁荣。可以说,电气电子工程师学会的数据隐私保护标准是值得肯定的个人数据保护的行业规则代表。

(三)国际标准化组织的安全保护框架

早在 1992 年,国际标准化组织(International Organization for Standardization, ISO)便发布了关于智慧交通系统的行业标准《ISO/TC 204:智能运输系统》(ISO/TC 204: Intelligent Transport Systems),涉及城市和乡村的地面交通信息、通信和控制系统标准化,特别是智慧交通系统中的多式联运、旅客信息、交通管理、公共交通、商业交通、应急服务和商业服务。而车辆内部的交通信息和控制系统则由《ISO/TC22:道路车辆》(ISO/TC22: Road vehicles)系列标准负责。

2011 年,国际标准化组织颁布了《ISO 26262》,又称《道路车辆:功能安全》(Road vehicles-Functional safety)。2018 年,国际标准化组织又对该标准作出了符合自动驾驶车辆研发趋势的调整,是目前适用于车辆电气和电子系统功能安全的国际标准。《ISO 26262》描述了一个功能安全的框架,以帮助与安全相关的电气和电子系统的研发。具体而言,《ISO 26262》标准提供了从概念开发到产品结束的全生命周期过程中的规则和建议。它详细说明了如何为系统或组件分配可接受的风险级别,并要求记录整个测试过程。《ISO 26262》的一般性规则包括:(1)车辆安全生命周期标准,并支持在生命周期阶段进行精准化调整(tailor);(2)车辆安全完整性级别(Automotive Safety Integrity Levels, ASILs)是基于车辆不同风险以确定风险类别的方法;(3)车辆安全完整性级别不同类别的必要安全标准,包括明确可接受的剩余风险;(4)验证和确认的标准,以确保自动驾驶车辆达到足够和可接受的安全水平。此外,该标准还明确了系统软件和硬件的安全标准,以及测试工具的标准等。[1]

2019年1月,国际标准化组织发布了《道路车辆:预期功能的安全性》(Road vehicles-Safety of the intended functionality, ISO/PAS 21448:2109)。预期功能的安全性是指,不存在由于预期功能的性能不足或可预见的人为滥用所造成的不合理风险。这份标准旨在应用于感知环境的复杂传感器和算法,特别是在紧急干预系统、驾驶员辅助系统和一、二级自动化车辆之中。相较公司标准的"各自为政",自动驾驶车辆的行业安全标准更为普适,并随着行业先进技术的发展而不断更新,减少了自动驾驶车辆技术标准的松散分离。

2019年国际标准化组织发布了《ISO 27701:国际数据隐私标准》(ISO 27701: the international standard for data privacy)(以下简称《ISO 27701》)。该标准脱胎于2005年的《ISO/IEC 27001:信息安全管理系统要求》(ISO/IEC 27001: Information Security Management Systems Requirements)(以下简称《ISO/IEC 27001》)。《ISO/IEC 27001》提供了通过采用信息安全管理系统,以帮助行业组织系统高效地保护其信息安全的框架。《ISO/IEC 27001》的基本目标是保护信息的三个方面:其一,保密性(confidentiality),只有授权人员才有权访问信息。其二,完整性(integrity),只有授权人员才能更改信息。其三,可获得性(availability),授权人员在必要条件下可以无障碍访问信息。《ISO/IEC 27001》的应用过程是通过找出信息中可能出现的潜在问题(风险评估),以确定需要做些什么来防止此类问题发生(风险缓解或风险处理),体现出风险管理的底层逻辑。延续这一逻辑,《ISO 27701》在《ISO/IEC 27001》的要求之上,尤其关注个人可识

---

[1] See National Instruments, What is the ISO 26262 Functional Safety Standard?, Mar. 5, 2019.

别信息的风险管理,并且为公司或组织遵守欧盟《通用数据保护条例》提供了合规辅助。《ISO 27701》还明确区分了数据控制者和数据处理者(Controllers and Processors),对二者的责任要求不尽相同。例如,如果 X 公司将发放工资的责任外包给第三方,那么 X 公司是数据控制者,可以明确工资单的员工姓名、工资数额以及付款时间,而第三方则是数据处理者,提供保存员工数据的智能系统。[1] 数据控制者的责任包括:创建隐私声明,确保个人可以行使其数据权利,以及确保数据处理符合《通用数据保护条例》所规定的默认的设计隐私原则。数据处理者的责任包括:遵守控制者设定的目标,降低数据过度处理或没有合法依据处理的风险,提供必要信息以帮助控制者实现数据主体的访问请求,以及如果个人数据在不同司法管辖区之间传输,提前通知数据主体。

上述标准不仅为公司提供了必要的专业知识,公司也可以通过获得国际标准化组织认证的方式,向消费者及合作伙伴证明其保护了特定领域的安全。个人可以通过参加课程、完成考试获得国际标准化组织的认证,从而在求职时向雇主证明自己的安全技能。国际标准化组织的多数标准已经在世界范围内得到了广泛承认,在智能科技打破国家边界的情境中,国际标准化组织的安全认证可以成为科技公司普遍采用的应对方案。

(四)第三方认证的权利保护优先推荐

第三方认证为消费者提供了优先选择的公司范围,通过资源整合式分析与判断,第三方认证机构可以识别出市场中有效保护个人权利、增进社会福祉的公司机构,该公司机构通常成为个人的优先选

---

[1] See Luke Irwin, "An introduction to ISO 27701: the International Standard for Data Privacy", *IT Governance*, Apr. 20, 2021.

择对象。以国际隐私专业人士协会(International Association of Privacy Professionals, IAPP)为例,该协会是一个非营利性、非倡导性的会员协会。它为隐私专业人士提供了一个论坛,从而分享最佳实践、追踪行业趋势、推动隐私管理议题、规范隐私专业人士的名称,并就谋求信息隐私领域的职业机会提供教育指引。[1]国际隐私专业人士协会成立于2000年,前身为隐私官协会(Privacy Officers Association)。2002年,隐私官协会与公司隐私官协会(Association of Corporate Privacy Officers)合并,成立了国际隐私官协会(International Association of Privacy Officers)。2003年该协会更名为国际隐私专业人士协会(International Association of Privacy Professionals),以反映一项更广泛的使命,即除了首席隐私官,还纳入了从事与隐私有关任务的公司人员。[2] 2012年,该协会的会员人数达到1万人;2018年,会员人数超过了4万人,而会员人数在这期间激增的重要原因在于欧盟《通用数据保护条例》的出台。[3]

国际隐私专业人士协会最重要的业务在于其所创建的国际隐私认证项目,其中信息隐私专业认证(Certified Information Privacy Professional, CIPP)、信息隐私经理人认证(Certified Information Privacy Manager, CIPM)和信息隐私技术专家认证(Certified Information Privacy Technologist, CIPT)已经获得美国国家标准机构(American National Standards Institute)的承认。[4] 国际隐私专业人士协会的认证

---

[1] See About the IAPP, https://iapp.org/about/, last visited time 2019-09-26.
[2] See Jennifer Maselli, "Privacy Group Focuses on RFID", *RFID Journal*, Aug. 25, 2003.
[3] See J. Trevor Hughes, "GDPR Day 1: Reflections on What the Heck Just Happened?", *IAPP Privacy Perspectives*, May 25, 2018.
[4] See American National Standards Institute, Accreditation Dictionary (ANSI/ISO/IEC 17024), Aug. 5, 2015.

也被称为验证信息隐私的专业黄金标准(the gold standard)。[1] 具体而言,国际隐私专业人士协会的认证项目[2]包括:

第一,信息隐私专业认证。信息隐私专业认证的关注点在于主体是否了解管辖区的法律规则和隐私标准(The WHAT Laws and Regulations)。如果主体通过了信息隐私专业认证的考试,则意味着主体已经对隐私和数据保护法律和实践基本了解,包括管辖区的法律规则及其执行模式、基本隐私概念及原则,以及处理和传输数据的法律要求。由于管辖区的不同,信息隐私专业认证细分为亚洲(CIPP/A)、加拿大(CIPP/C)、欧洲(CIPP/E)、美国(CIPP/US)。

第二,信息隐私经理人认证。信息隐私经理人认证关注的是主体在组织中如何通过各种途径管理隐私(The HOW Operations)。当主体获得信息隐私经理人认证后,表明主体不仅知晓隐私规则,还了解如何使用它为主体所在的组织工作。质言之,当涉及隐私问题时,获得信息隐私经理人认证的人员是公司或组织日常操作的首选人员。信息隐私经理人认证需要通过考试认证,考试的内容包括但不限于:如何创造一个隐私保护的公司视角、如何组建一个隐私团队、如何发展和执行一个隐私项目框架以及如何与各方利益者沟通等。

第三,信息隐私技术专家认证。2014年推出的信息隐私技术专家认证的关注要点是主体是否知道管理隐私的技术要求(The HOW Technology)。信息隐私技术专家认证默认的假设是:只有技术专业人士才能在智能产品和服务的全阶段保障数据隐私。与信息隐私经

---

[1] See Jared Coseglia, "The Power of Certifications in the Legal Industry", *Law Journal Newsletter*, May 2018.
[2] 以下关于国际隐私专业人士协会认证项目的介绍,参见其官网,https://iapp.org/certify/programs/, last visited time 2019-09-26。

理人认证一样,信息隐私技术专家认证也需要考试认证,考试的内容包括但不限于:影响智能技术的关键隐私概念和实践、消费者的隐私期待和责任、如何将隐私融入智能产品和服务的早期阶段、如何建立数据收集和转移的隐私实践、如何在物联网中抢占隐私保护先机、如何将隐私因素纳入数据分类和云计算以及人脸识别和监控等新兴技术中的隐私问题等。2020年初,信息隐私技术专家认证的考试内容中增加了"隐私工程"和"隐私设计的方法论"[1]两个领域。

第四,隐私法律专家(Privacy Law Specialist, PLS)。2018年,国际隐私专业人士协会还开展了隐私法律专家项目,[2]该项目得到了美国律师协会(ABA)的承认。获得隐私法律专家的认证,意味着该律师成为隐私法领域的精英。获得隐私法律专家认证的前提条件是:(1)在美国至少一个州成为声誉良好的执业律师;(2)已经获得美国(CIPP/US)认证和信息隐私经理人认证或信息隐私技术专家认证;(3)通过国际隐私专业人士协会的隐私法律专家伦理考试,或者取得美国多州职业责任考试(Multistate Professional Responsibility Examination)[3]80分以上的成绩;(4)"持续和实质性"地参与隐私法

---

[1] 具体包括:隐私风险模型和框架,敏感价值设计,信息技术专业的隐私责任,入侵、决策干预和自我代表,软件安全,面向数据的策略,面向过程的策略,组织中的隐私工程角色,隐私工程目标,隐私设计模式,软件中的隐私风险,隐私设计(PbD)过程,隐私设计过程保持警觉,移动社交计算。英文表述为:Privacy risk models and frameworks; Value-sensitive design; Privacy responsibilities of the IT professional; Intrusion, decisional Interference and self-representation; Software security; Data-oriented strategies; Process-oriented strategies; The privacy engineering role in the organization; Privacy engineering objectives; Privacy design patterns; Privacy risks in software; The Privacy by Design (PbD) process; Ongoing vigilance of PbD; Mobile social computing。
[2] 关于隐私法律专家项目的更多介绍,参见 https://iapp.org/pls/, last visited time 2019-09-26。
[3] 美国多州职业责任考试(Multistate Professional Responsibility Examination)是由美国律师资格考试大会(National Conference of Bar Examiners)创设的一项考试,主要衡量申请人对律师职业伦理知识的了解程度。

实践(至少占过去 3 年全职实践的 25%);(5)在申请前的 3 年内,至少接受过 36 小时的隐私法教育;(6)提供至少 5 份来自律师、客户或法官的同行推荐信。

第五,信息隐私专员认证(Fellow of Information Privacy, FIP)。信息隐私专员认证是专为取得信息隐私专业认证资格,而且已经获得信息隐私经理人认证或信息隐私技术专家认证资格的人士设置的。申请人须证明自己至少有 3 年的工作经验,其中至少 50% 的工作内容围绕着信息隐私展开。申请该认证还需要 3 名同行的推荐信。通过信息隐私专员认证意味着,该主体已经拥有了关于隐私法、隐私程序管理和基本数据保护实践的全面知识。[1]

获得国际隐私专业人士协会认证意味着该主体在隐私保护的知识储备和基本能力方面优于其他主体。消费者个人在进行选择时,可以优先选择具备国际隐私专业人士协会认证的主体,或者是公司组成人员中获得国际隐私专业人士协会认证人数更多的公司。由此可见,行业组织可以保持监管与创新的联系,行业集体行动可以改变人工智能囚徒困境中的激励机制,并将成为人工智能领域的主要监管方式。[2] 数据隐私的第三方认证具有双重的制度优势,一方面,获得第三方认证的产品比同类竞品接受了更多的行业标准审查,算法透明度往往能够达到平均值以上水平,在消费者无法跨越技术鸿沟去了解算法运作机理的状态下,第三方认证能够较好地保护消费者的数据安全;另一方面,第三方认证节省了科技公司自我证明的时间成本,提升了消费者对该公司的信任度,在卖家和买家之间建

---

[1] 关于信息隐私专员认证的更多介绍,参见 https://iapp.org/certify/fip/, last visited time 2019-09-26。
[2] See Gijs Leenders, "The Regulation of Artificial Intelligence: A Case Study of the Partnership on AI", *Medium*, Apr. 13, 2019.

立起便捷通道,科技公司在商业声誉方面获赞的同时,经济利益目标也能同步实现。作为技术行业自我监管代表的第三方认证,不仅识别并减轻了科技公司滥用技术的可能性,而且推动了科技公司经济的良性发展。

然而,行业监管仍需要其他各方的配合。分析表明,监管算法需要广泛的参与者、多层次的工具,并没有一劳永逸(one-size-fits-all)的方案。[1]监管人工智能需要治理工具和不同参与者之间的相互作用,人工智能的行业监管仍需要国家监管的支持以及公众参与的辅助。正如前文所述,人工智能技术的自我监管已然在数字时代中展开并延伸,当算法应用在社会系统中弊端频发时,期冀技术主体自我优化、降低风险固然是有效的规制路径,但是自我监管难以完美地如愿景般展开。面对自我监管的监督不力、无法强制等缺陷,寻求行政主体的外部监督应是必然选择。行政主体虽不能像技术主体般直接发现并解决问题,但其可以在负面结果产生之后,通过处罚制裁、救济赔偿等途径恢复原本的权利状态。公众主体的外部监督也许不如技术主体直接迅速,也不如行政主体强力有效,但其可以充分反映消费者主体的需求,并推动行业监管和行政监管向着符合人类社会主观意愿的方向前行。在行政主体、公众主体的共同支持下,行业监管方能更为充分地发挥实效。

---

[1] See Florian Saurwein et al., "Governance of Algorithms: Options and Limitations", *Info*, Vol.17(2015), p. 44.

第六章
美国人工智能领域基本权利保护的公众参与

当前个人参与人工智能领域基本权利的保护,主要通过消费者组织的形式(公众参与)呈现于社会之中。无论是作为主体间理性商谈的公众参与,抑或是作为三方监管补充与协调的公众参与,都需要个人素养的智识支撑。从参与规则制定过程到监督规则执行效果,全景参与下的公众角色需要充分地表达自我的真实意愿,才有可能达成形式与实质的规范有效性。而个人的权利行使也应受到边界限制,为技术发展留下足额空间,从而彰显三方合作的理论魅力。

一、公众参与的理论面相

缺少公众参与的社会规范至多具有形式的合法性,而缺乏实质的合法性。为保障社会规范得到自下而上的普遍遵守,社会规范的制定过程需要不断优化,以期无限接近哈贝马斯所设想的理想商谈情景。作为主体间理性商谈的公众参与,不仅弥补了国家监管与行业监管效率低下、有失公平的缺陷,而且调和了三者力量的配比,有助于达成三方监管的良性互动。

(一)作为主体间理性商谈的公众参与

公众参与的理论来源可以追溯至哈贝马斯的商谈原则。以韦伯的目的/价值理性和形式/实质理性为源头,批判式理解帕森斯和卢曼的社会系统分化理论,哈贝马斯利用语用学研究成果,从主体间维度创造性地提出了交往行为理论。交往行为理论认为,交往行为可以在主体间理性商谈的基础上,在多元沟通中追求同一共识,从而得到超越局部时空的并被普遍遵守的价值与规范。[1] 由此便引出了商谈原则,"只有当所有受到规范影响的参与者通过理性商谈同意时,行为规范才是有效的"[2]。商谈原则的拆解内涵包括:其一,对于遵守规范的个体而言,只有被个体同意的规范才是正当的。其二,只有个体通过理性商谈而达成的同意才是正当的。其三,如果个体通过理性商谈同意了某项规范,那么需要自愿遵守该规范,并接受规范的全部影响,也即如果个人遵守一项规范,会对个人的利益和价值取向产生可预见的后果和负面影响,但个人能够不受强迫地自愿接受该不良结果时,那么该规范才是有效的。[3]

如果规范的正当性源于主体间商谈结果,那么商谈的过程与环境至关重要,[4]哈贝马斯继而提出了理想商谈过程的四要素:(1)任

---

[1] 命题和规范所要求的有效性超越了时间和空间("消灭"了空间和时间);但要求其总是在一定的时间和空间范围内、总是在一定的语境中被提出,并且要用实际的行动后果来加以接受或予以拒绝。阿佩尔曾形象地称为现实的交往共同体与理想的交往共同体的交织。参见〔德〕于尔根·哈贝马斯:《现代性的哲学话语》,曹卫东等译,译林出版社2004年版,第375页。

[2] Jürgen Habermas, *Between Facts and Norms: Contributions to a Discourse Theory of Law and Democracy*, translated by William Rehg, Cambridge: The MIT Press, 1996, p. 107.

[3] See Jürgen Habermas, *The Inclusion of the Other*, Ciaran Cronin and Pablo De Greiff (eds.), Cambridge: The MIT Press, 1998, p. 42.

[4] 通过商谈而形成的规则,其正当性不在于规则是否符合某种实体性标准,也不在于是否出自某种权威,更不在于个人的主观偏好,而在于相关人们参与规则的形成过程,在于商谈程序的合理性,在于商谈结果的可接受性,而商谈结果的可接受性很大程度取决于商谈程序的合理性和公正性。参见高鸿钧:《走向交往理性的政治哲学和法学理论(上)——哈贝马斯的民主法治思想及对中国的借鉴意义》,载《政法论坛》2008年第5期,第20页。

何能够作出相关贡献的个人不得被排除在外;(2)所有参与者都拥有平等的机会作出贡献;(3)参与者应当真诚无欺骗地作出表达;(4)沟通不受外部或内部力量的限制,个人坚持的立场与主张只能由论证的理性力量支持。[1] 也就是说,只有环境充分开放、公众平等参与、真诚对话、自由沟通,才能达成理想化的商谈结果。而在现代风险社会中,哈贝马斯纯粹理想化的商谈过程是近乎难以达成的,但这并不意味着否定哈贝马斯的商谈理论,[2] 而是需要向理想情境无限接近,以求得到普遍遵循的规范共识。

哈贝马斯的商谈理论经久不衰,其所呈现出的民主模式在智能时代仍有适用意义。智能时代的诸多权利问题横跨了公私领域,作为回应的法律规则制定同样无法逃离理性商谈。延续哈贝马斯的观点,法律的事实性源于国家强制力的推行,而法律的有效性源于法律成为值得主体遵守的规则。继而,法律成为主体值得遵守的规则的先决条件是,法律的制定需要公众参与协商,且协商过程需要不断向理想过程改进,而这一过程正是公众参与理想模式的不断优化。智能技术为公众创造了虚拟维度的学习、工作和社交场所,Facebook创始人扎克伯格所提出的"元宇宙"概念更是将自然人的全部行为活动数字化。尽管元宇宙的实现仍有赖智能科技的进一步发展与普及,但其无疑反映出智能环境对于人类生活的重要意义。自然人主体难以知悉智能环境运作的隐藏逻辑,只能被动接受黑箱算法所作出的自动化决策,常常陷于弱势地位,无法参与智能环境中的公共事

---

[1] See Jürgen Habermas, *The Inclusion of the Other*, Ciaran Cronin and Pablo De Greiff (eds.), Cambridge: The MIT Press, 1998, p. 44.
[2] "理想言谈情境"与商谈原则之间并非因果性关系,而是相互构成的关系。参见高鸿钧:《走向交往理性的政治哲学和法学理论(上)——哈贝马斯的民主法治思想及对中国的借鉴意义》,载《政法论坛》2008年第5期,第20—21页。

务讨论与决策,因而必须加强智能环境中的公共意见占比,唯有公众讨论且参与的公共决策方才具有正当性。为保障智能环境中公共事务的民主化属性,依旧需要将普通公众放置于哈贝马斯所设想的理想商谈情境中,保持商谈环境充分开放,普通公众可以平等地参与、真诚地表达自己的观点并且自由地与其他主体沟通,从而避免科技公司利用技术肆意侵入个人的权利领地。正如发展智能技术的本意在于服务人类而非毁灭人类,智能环境中的公众决策的意义在于维护个人权利且尽可能推动智能科技的良善发展,公共决策的过程构建必须走进公众而非排斥公众,商谈理论为个人主体参与智能时代的公共决策提供了理论通道。

(二)作为补充与协调的公众参与

人工智能时代不存在绝对单一的监管政策,市场与国家的相互协调与相互支撑,充分展示了私人力量对传统国家力量的补充与协调。当代的监管理念强调政府和非政府机构之间的相互依赖,随着时间的推移,政府的作用逐渐减弱,并通过谈判来协调或管理不同领域的监管脉络。[1] 现实社会的监管图景是不同领域中监管政策的纠缠与重叠,国家监管、行业监管与公众参与共同形成监管图景中角色不同、职责不同的金字塔式结构。这种金字塔式结构的稳定性源于无限接近的理性商谈情景,不同领域的参与者被平等地纳入监管图景,各方参与者周期性地就特定问题进行高质量的沟通。这种相互联系的根源在于,没有单一的组织或机构能够找到并实施解决社会所遇问题的方法,共享目标的组织和机构也必须通过部分共享资

---

[1] See P. Cloke Milbourne et al., "Partnership and Policy Networks in Rural Local Governance: Homelessness in Taunton", *Public Administration*, Vol.78(2000), pp. 111-133.

源和权力来实现目标。[1] 人工智能技术打破了国家疆域的强制阻隔,全球范围内的多样性因素如洪水般翻涌而至,多样性的分裂与对立造成了单一监管模式的崩塌,共同体管理政策的制定必须听取个人、行业的多方意见,从而达成具有社会凝聚力的制度设计。而在这一过程之中,努力通过公众参与机制提升公共政策对服务对象的响应力度,[2]成为关键性发展环节。

将公众纳入共同体治理可以有效地补充国家监管的失灵与不足。[3]公民社会的复杂性催生了参与型治理的交互模型,从而引发了社会决策的多维度思考。[4]公众参与需要国家投入成本,包括提供信息共享、主动向公众咨询意见并且扩展沟通渠道。同时,公共参与为社会治理提供了新的资源,[5]公众参与的积极效果反向弥补了国家成本。首先,信息、咨询和沟通意味着政府成为不断学习的机构,可以在商谈基础上获得良好的政策,由于公众参与的认同感,执行政策的阻力也将被削弱。其次,政府的公众信任度将得到提升,信息、咨询和沟通使公众有机会了解并参与到政府的政策制定中,促使公众更愿意接受政策的结果,而政府所表达出的开放性也将收获公

---

[1] See Barbara C. Crosby and John M. Bryson, *Leadership for the Common Good: Tackling Public Problems in a Shared-Power World*, San Francisco: Jossey-Bass, 2005, pp. 3-33.

[2] See W. Robert Lovan, Michael Murray and Ron Shaffer, "Participatory Governance in a Changing World", in W. Robert Lovan et al. (eds.), *Participatory Governance: Planning, Conflict Mediation and Public Decision-Making in Civil Society*, New York: Routledge, 2016, p. 5.

[3] See Samuel Bowles and Herbert Gintis, "Social Capital and Community Governance", *The Economic Journal*, Vol.112(2002), pp. 419-436.

[4] See W. Robert Lovan, Michael Murray and Ron Shaffer, "Participatory Governance in a Changing World", in W. Robert Lovan et al. (eds.), *Participatory Governance: Planning, Conflict Mediation and Public Decision-Making in Civil Society*, New York: Routledge, 2016, p. 3.

[5] See Derrick Purdue, "Neighbourhood Governance: Leadership, Trust and Social Capital", *Urban Studies*, Vol.38(2001), pp. 2211-2224.

众的信任。最后,信息、咨询和沟通使政府更加透明和负责,从而推动了公共民主的良性发展。[1]

美国近40年风险决策中公共参与形式的演变,充分反映出其补充决策、协调利益的预设功能。在20世纪70年代以前,公众参与的形式主要局限于公开听证会。公开听证会出现于20世纪初,是告知和收集公众对拟议法律的意见,并对行政治理进行民主检查的一种手段。公开听证会是法律规定的机构行为,几乎没有学习或对话的空间。随着时间的推移,公开听证会逐渐被视为形式上的过程,很大程度上缺乏对决策的实质性影响。[2] 自20世纪80年代起,美国政府在制定行政决策时开始基于道德原因主动寻求公众意见,虽然此时就公众意见如何规范化地影响行政决策并无明令规定,但是受到影响的普通公众会被允许对可能的风险决策发表建议。以1983年的环保决策为例,美国环保局制定了无机砷排放标准,塔科马市(Tacoma)的一家铜冶炼厂的无机砷排放量远高于排放标准,美国环保局认为必须关闭该工厂方能控制环境污染风险。然而,关闭工厂可能影响当地经济发展水平,引发工人失业浪潮,甚至诱发其他未知影响。时任美国环保局局长威廉·拉克休斯(William Ruckleshouse)坚持认为不应该由环保局做出选择,正确的道德方案是让受影响的公众做出决定。虽然工厂在这一过程完成之前就关闭了,但是环保局为受影响的公众参与风险决策提出了强有力的道德理由。[3] 从20世纪90年代开始,公众参与的形式开始

---

[1] 关于公众参与的优势详解,参见 OECD Handbook on Information, Consultation and Public Participation in Policy-Making, Citizens as Partners, 2001, pp. 15-25。
[2] See Barry Checkoway, "The politics of public hearings", *The Journal of Applied Behavioral Science*, Vol.17, No.4 (1981), pp. 566-582.
[3] See Thomas Webler and Seth Tuler, "Four Decades of Public Participation in Risk Decision Making", *Risk Analysis*, Vol.41, No.3(2021), p. 504.

表现为公私对话,俄勒冈州和加州的阿普尔盖特伙伴关系(Applegate Partnership)则是公私对话的代表性实例。环保人士与伐木工人就能否在分水岭地区开采木材爆发了冲突。1992年一位环保人士开始与伐木工人交谈,伐木工人也开始逐渐认同环保原则在林业开采领域的使用,后来美国林务局(U.S. Forest Service)也加入了谈话过程,并将此模式命名为阿普尔盖特伙伴关系。美国林务局的评估结果表明,利益相关者之间的信任与尊重,使成见和误解让位于共同的目标,阿普尔盖特伙伴关系减少了群体冲突,改善了群体关系,并以更大的包容性增加了群体合作。[1] 然而,公私对话在实践过程中存在着适用争议,究竟是当地公众的生活体验更为重要,还是技术主体的知识见解更为优先?对话过程中会不会产生政治干预科学的负面事件?在种种的质疑声中,分析审议(analysis and deliberation)形式应运而生。技术专家负责对问题进行分析并提出解决方案,利益相关方负责就解决方案进行审议,各方虽然职责不同,但是仍然互相支持,并试图达成兼顾各方利益的最佳方案。[2] 无论是公开听证会、公私对话还是分析审议形式,均充分反映出各方主体为了共同的利益目标,互相倾听意见并尊重各方利益,从而为法律与政策的完善贡献智识支持。

　　法律与政策的制定已然成为国家、行业和公众的三方交互过程,各方都将关注的信息和资源带到共同监管网络之中,而三方的力量比例需要不断地调和。绝对的国家监管将导致效率低下,绝对的行业监管将导致公平分配的失败,绝对的公众自治将导致代议制民

---

[1] See Thomas Webler and Seth Tuler, "Four Decades of Public Participation in Risk Decision Making", *Risk Analysis*, Vol.41, No.3(2021), p. 506.

[2] See Thomas Webler and Seth Tuler, "Four Decades of Public Participation in Risk Decision Making", *Risk Analysis*, Vol.41, No.3(2021), p. 508.

主的失败,三者的监管权重必然在时代的改变中动态地得到调整。国家、行业和公众都可能发起交互式公共决策,随后开展围绕合作关系的结果导向行动。至关重要的是,社会公共决策的质量将取决于利益攸关方将其参与视为共同责任的程度,[1]而在当前公众参与程度较低的条件下,国家与行业应当提高公众参与意识,增设公众参与途径,从而缓和公众参与缺位的负面影响。最后需要说明的是,尽管国家监管在这一图景中的力量配比有所减少,但是在所有参与者的利益协商过程中,国家依然操纵着政策的主导方向。

二、公众事前参与的路径分析

即使国家和行业为个人提供了形式丰富的共享、反馈和交流途径,但是如果个人缺乏相应的知识素养,任何理想的制度设计都将是无效的。因此,个人必须主动提升知识素养,在人工智能时代,知识素养集中体现为算法素养。提升个人算法素养的方式包括以学习为本位的知识积累和以参与为本位的知识合作。而消费者组织和非营利组织的联合诉求,凝聚了个人意志,以更为雄厚的方式向国家与行业表达公众意愿。

(一)提高个人算法素养

算法素养的定义与时代的动态变化相关,但其主要关注收集数据的能力和理解数据被处理的能力。提升算法素养,需要个人以主动积极的态度学习相关内容,以合作共享的态度参与算法技术组织的相关项目。通过学习和参与的并进,个人方能逐步获取公众参与

---

[1] See W. Robert Lovan, Michael Murray and Ron Shaffer, "Participatory Governance in a Changing World", in W. Robert Lovan et al. (eds.), *Participatory Governance: Planning, Conflict Mediation and Public Decision-Making in Civil Society*, New York: Routledge, 2016, p. 17.

所需的基本算法素养。

1. 学习本位的提升方式

打破黑箱算法并不能完全依靠提升算法的透明度,由于个人算法素养(algorithmic literacy)的缺失,即使算法被公开,很多个人也无法理解算法的含义。因此,提高个人的算法素养,对于理解算法透明度有着重要的帮助。算法素养的定义繁多。有学者认为,算法素养包括"个人能够了解信息浪潮,并感知个人或他人何时或是否被边缘化"[1]。也有观点认为,算法素养包括:其一,认识到计算机编程的固有偏见;其二,批判性评估网上收到的信息,而不是假设排名最高的信息是"最好的"信息;其三,理解与数字平台打交道需要牺牲一定程度的隐私。[2] 还有学者从个人浏览网络信息的维度出发,提出算法素养意味着个人知悉算法在网络应用程序、平台和服务中的使用,了解算法的工作原理,能够批判性地评估算法决策,并具备应对甚至影响算法操作的技能。认知与行为维度的双重结合使互联网用户能够以自决的方式理解、评估和应对算法。这意味着个人能够在算法决策的环境中修改预定义的设置,例如在社交媒体新闻提要或搜索引擎中,通过人为策略更改算法的输出,比较不同算法决策的结果,并保护个人的隐私。[3] 除上所述,算法素养还可以类比数字素养(Digital literacy)的定义。数字素养是指一个人通过各种数字平台

---

[1] World Wide Web Foundation, Algorithmic Accountability: Applying the Concept to Different Country Contexts, Jul. 2017.
[2] See Critical Digital Literacies: Algorithmic Literacy, https://prattlis.libguides.com/c.php?g= 874561&p=6323729, last visited time 2019-10-05.
[3] See Leyla Dogruel et al., "Development and Validation of an Algorithm Literacy Scale for Internet Users", *Communication Methods and Measures*, Vol.16, Issue 2(2022), pp. 115-133.

上的文字和其他信息,来发现、评估和撰写清晰信息的能力。[1] 但是算法素养超过了数字素养的定义,前者还包括分析统计数据的能力,比如确定新闻报道的真实性,知悉定向广告推荐的原因等。因此,算法素养至少需要包括理解数据是如何被处理的能力和处理数据的能力,而这也正是算法素养的两重内涵:批判性分析和创造力。批判性分析包括识别算法在决策中的应用,以及它们在各种设置和特定环境中的应用目的;创造力包括为特定目的设立、创造和使用算法。[2]

提升个人的算法素养,最为基础的途径是主动学习。普通个人提高算法素养的方式可能包括:首先,参与算法模拟。在理解复杂系统的基础上,创建参与性活动,让个人成为算法操作的数据。例如,将一间教室的学习者按地理位置分成几组,然后讨论每个子组与整个教室在地理多样性上有何不同;个人可以开发自己的"行走算法"来探索户外空间,并互相测试。这些具体化的模拟可以帮助公众理解算法,特别是复杂的数据授权问题。其次,逆向追踪算法。学习者搜索相同的内容并比较不同个人的个性化算法结果,尝试推测不同结果的原因。通过逆向追踪算法,个人可以从一个算法过程的结果,回溯它的源数据点,而这一过程正是隐匿于公众视野的"黑箱"。[3] 最后,参与专业组织学习培训。个人可以通过积极参与专业组织,以获得组织内部的知识共享与课程培训。以人工智能与法

---

[1] See Henry Jenkins et al., *Confronting the Challenges of Participatory Culture: Media Education for the 21st Century*, Cambridge: The MIT Press, 2009, pp. xi-xv.

[2] See Michael Ridley and Danica Pawlick-Potts, "Algorithmic Literacy and the Role for Libraries", *Information Technology and Libraries (Online)*, Vol.40(2021), p. 4.

[3] 关于提高算法素养的更多方式,参见 Catherine D'Ignazio, and Rahul Bhargava, "Approaches to building big data literacy", Proceedings of the Bloomberg Data for Good Exchange Conference, 2015, pp. 3-5。

律国际组织为例(International Association for Artificial Intelligence and Law, IAAIL),个人可以通过邮件登记注册成为该组织的会员,进而参与该组织每两年举办一次的人工智能与法律国际会议,获得关于人工智能与法律的前沿知识。[1]

学校阶段的算法普及教育更应处于优先发展地位。未成年的学生群体与互联网世界同样保持着密切的互动关系,学生们大都经历过算法的个性化推送,无论其是否在主观上意识到算法操作。无形的算法可以追踪学生们在互联网中的行踪轨迹和行为偏好,在学生塑造价值观的关键时期,算法推荐正悄无声息地影响着学生的人生观、价值观和世界观,甚至试图改变学生的政治倾向。在此风险之中,学生必须理解算法运作,明确究竟是谁在暗中塑造和影响自身的观点。[2] 有学者为了探究学生如何参与算法平台,以及学生对算法平台有何认识,便对通信专业的学生进行了课堂研究。研究结果表明,学生们确实对算法平台的功能有一些基本的认识,但直到他们被要求撰写关于他们参与的内容时,才会发现他们的认识仍是表层的、肤浅的。当他们能够反思自己的活动时,学生们转向了更具批判性和修辞性的回应。比如学生塔米明白,当她比其他人更频繁地点赞或与某些文件互动时,算法会更多地向她推送相似文件。由于刚刚发生的一连串名人自杀事件,她分享了自杀网站上的系列内容,当她分享完毕后,Facebook 选择推送了更多类似的新闻内容。学生玛丽

---

[1] 具体包括:法律推理的正式模型、论证和决策的计算模型、证据推理的计算模型、多主体系统中的法律推理、可执行的立法模式、自动法律文本分类和摘要、从法律数据库和文本中自动提取信息、机器学习和数据挖掘的电子发现和其他法律应用、基于概念或模型的法律信息检索等。参见 IAAIL Membership, http://www.iaail.org/?q=page/membership, and IAAIL About, http://www.iaail.org/?q=page/about, last visited time 2020-01-16。

[2] See Alison J. et al., Information Literacy in the Age of Algorithms, Project Information Literacy, Jan. 15, 2020, p. 13.

写道:"我喜欢或评论最多的账户是反复出现的账户,我理解了平台代理的重复推送。"虽然其中一些可能被归为对算法的基本理解,但学生们在课堂研究过程中看到了自己在算法运作中的角色。[1] 伴随着算法应用的蔓延,普通个人越来越需要算法素养以理解并使用算法,学校阶段的课堂教学则成为培育算法素养的首要阶段。课堂教学不仅能帮助学生流畅地使用算法应用,更能促进学生对于算法的批判性理解。

2. 参与本位的提升方式

个人自身的主动学习固然重要,但是提高个人的算法素养还需要国家、行业等其他领域的支持,比如免费普及算法知识、为新手创造学习工具、建立算法学习杂志等。作为传统的知识传播代表性主体,图书馆在提升个人算法素养的计划中仍然承担着不可忽视的作用。图书馆的算法素养计划有两类普通受众:图书馆所服务的主体和图书馆的工作人员。对于服务主体而言,算法素养计划以意识影响、技能开发以及应用使用为中心。通过研讨会、实验室、创客空间(makerspaces)、消费者清单等方式,图书馆可以提供符合适合年龄和服务对象需求的学习资源。对于图书馆的工作人员而言,还需要进一步关注监管问题、系统开发以及地方和国家信息基础设施革新方面的宣传。图书馆工作人员可以领导和参与旨在影响政府、公共机构、商业系统和服务提供商以及其他有关算法素养的宣传计划。图书馆可以与学校以及其他公益组织加强合作,开展算法扫盲项目,例如算法素养计划(algorithmliteracy.org)和为了每个人的人工智能(AI

---

[1] See Abby Koenig, "The Algorithms Know Me and I Know Them: Using Student Journals to Uncover Algorithmic Literacy Awareness", *Computers and Composition (Online)*, Vol. 40(2020), pp. 1–9.

For Anyone）。[1]

不止是图书馆等传统主体,非政府机构的数据技术人员组织的作用也在日益增强,此类组织为算法素养不高的个人和组织提供了熟悉算法的便捷途径,DataKind 即为一例。[2]

DataKind 认为,数据可以被挖掘、理解和利用,个人可以从数据中获得关于世界的新见解。然而,大多数社会组织没有足够的预算或人员来充分利用数据,许多数据科学家也没有意识到他们的技能有多么宝贵。DataKind 将具有高度影响力的组织与优秀的数据科学家集合在一起,从而将数据科学用于服务人类。[3] 从一小时的活动到长达一年的活动,DataKind 设计了一些项目,使数据科学家和社会变革者能够共同应对严峻的人道主义挑战。DataKind 的工作内容是,帮助组织制定基于数据的高效决策,并提高他们的数据素养。以 DataDives 活动为例,合作代表（Partner Representatives）与志愿人员（包括数据科学家、开发人员和设计人员）组成的团队一起工作,挖掘数据并深入了解。志愿者可以通过分析数据,为合作代表提供初步的建议,以指导他们的工作。[4]

总体而言,DataKind 在普通个人（组织）和专业的数据人员之间搭建了一座沟通的桥梁,数据专家可以为普通个人（组织）分析数据,包括分析数据背后的黑箱算法,而无需个人在算法的专业知识上耗费过多的时间成本。类似 DataKind 的组织机构,为打破算法黑箱

---

[1] See Michael Ridley and Danica Pawlick-Potts,"Algorithmic Literacy and the Role for Libraries", *Information Technology and Libraries (Online)*, Vol.40(2021), pp. 6-7.
[2] See DataKind 成立于 2011 年,总部设在纽约,在班加罗尔、旧金山、新加坡和华盛顿设有分部。DataKind, Our Story, https://www.datakind.org/our-story, last visited time 2020-01-16.
[3] See DataKind, About Us, https://www.datakind.org/about, last visited time 2020-01-16.
[4] See DataKind, DataDives, https://www.datakind.org/datadives, last visited time 2020-01-16.

提供了更为有利的途径。相较个人的努力猜测,专业人员的解答更为准确与缜密,也有效节约了个人时间成本。在此过程中,数据科学家更为深入地探讨了算法决策的影响,与个人(组织)开展了有意义的对话,并且衡量了算法决策的准确性和可能的影响。

(二)参与规则制定过程

由于个人存在着能力单薄的先天缺陷,消费者组织、非营利性组织弥补了这一不足,后者通过集体力量反映出个人的监管意愿。尽管种类繁多的消费者组织、非营利性组织的关注点不尽相同,但绝大多数的组织对于技术发展都秉持保守态度,要求制造商提高权利保护基准,呼吁国家和行业进行及时有效的监管与回应。

1. 消费者组织的监管建议

无论是国家监管还是行业规制,都需要聆听消费者个人的需求与建议,个人需要参与到权利保护的运作之中。算法素养的提升为个人参与提供了有效的知识支撑。然而个人的力量薄弱,凝聚个体力量的消费者组织的联合诉求更能逻辑清晰地反映消费者的真实意愿,从而对抗权利的侵害行为。

2019年1月,包括电子隐私信息中心(Electronic Privacy Information Center, EPIC)、电子民主中心(Center for Digital Democracy)在内的多家消费者组织发表了《就是现在:在美国建立一个全面保护隐私和数字权利的框架》(The Time is Now: A Framework for Comprehensive Privacy Protection and Digital Rights in the United States),要求联邦政府成立一个全新的联邦机构负责数据隐私保护,同时为科技公司处理个人数据设置底线。具体诉求包括:(1)制定基线式联邦立法;(2)履行公平信息实践原则;(3)建立一个数据保护机构,该机构负责审查高风险数据处理的社会、伦理和经济影响,并监督后续的影响评估;(4)确保强有力的执法;(5)开展算法监管,促进公平公正的数据实践;(6)禁止使用"要么接受,要么放弃"(Take It or Leave It)的条款;(7)促进隐私保护的技术创新,联邦法律应该要求公司对隐私和安全采取创新的保护方法,尤其是通过设计保护隐私与安全;(8)限制政府查阅个人数据。

消费者组织的联合诉求虽然并不能直接转化为实践标准,但其提出的内容反映出目前消费者数据保护的迫切需求,是国家监管与行业规制的重要参考。电子隐私信息中心还曾于2014年公布了《学生隐私权利法》意见稿,建议根据《消费者隐私权法》(Consumer Privacy Bill of Rights),构建一个可强制执行的学生隐私和数据安全框架,[1]具体涵盖了访问和修改原则、集中收集原则、尊重情境原则、透明度和问责制等原则性制度构想。2019年8月1日,电子隐私信息中心还就联邦贸易委员会对金融机构数据安全保障规则的更新提案,向联邦贸易委员会提出了意见,并得到了联邦贸易委员会的确认。[2] 2022年6月,电子隐私信息中心致函谷歌首席执行官桑德尔·皮查伊(Sundar Pichai)呼吁谷歌停止收集并存储用户的位置数据,以避免堕胎违宪判决生效后,执法官员获得法院命令迫使谷歌交出用户的位置数据以打击堕胎行为[3];电子隐私信息中心支持了参议员罗杰·威克(Roger Wicker)等于2022年提出的《美国数据隐私和保护法》,该法案为收集和使用个人数据的公司设定数据最小化义务,要求对特别敏感的数据和未成年人数据施加特殊保护,建立数字

---

[1] See EPIC, Student Privacy Bill of Rights, https://epic.org/privacy/student/bill-of-rights.html, last visited time 2020-01-16.
[2] See EPIC, Comments of the Electronic Privacy Information Center to the Federal Trade Commission: Standards for Safeguarding Customer Information Request for Public Comment, Aug. 1, 2019.
[3] See EPIC, Letter to Google on Location Data and Abortion Access, Jun. 1, 2022.

民事权利保障,允许个人选择退出个性化广告,并将法案执行权赋予联邦贸易委员会、州总检察长以及在某些情况下的个人。电子隐私信息中心同时建议国会:(1)限制个人数据的收集和使用;(2)禁止歧视性使用数据;(3)要求算法公平和可问责;(4)禁止操纵性设计和不公平的营销行为;(5)限制政府对个人数据的访问;(6)规定私人诉讼权;(7)维护各州颁布更严格条款的权利;(8)建立联邦数据保护机构来执行这些新规则。[1] 同年7月,电子隐私信息中心还同其他几家消费者保护组织联合致函联邦贸易委员会,敦促其对谷歌的账户注册流程展开调查。电子隐私信息中心认为,谷歌账户注册框架向消费者隐藏了跟踪信息,采用黑暗模式(dark patterns)操纵消费者接受默认的侵入性跟踪,并使选择退出比接受跟踪更困难和更耗时。[2] 电子隐私信息中心自1994年成立以来,便将"隐私是一项基本权利""互联网中的权利保护标准应由个人制定""以负责任的方式使用技术"视为共同认可的指导原则。[3] 在未来的场景中,电子隐私信息中心还将代表消费者群体就信息时代中的数据隐私、言论自由、民主价值等问题发表更多的观点与意见。

其他消费者组织也在积极地发表监管意见,推动符合个人权利保护的政策出台。例如,电子前沿基金会(Electronic Frontier Foundation, EFF)一直在积极推动《电子邮件隐私法案》(Email Privacy Act)的出台。这一法案的直接推动案件是 United States v. Warshak 案[4],在该案中,第六巡回法庭要求政府在获得个人在线存储的邮

---

[1] See EPIC, Bipartisan Privacy Legislation Announced, Jun. 3, 2022.
[2] See EPIC, U.S. Consumer Groups Urge FTC to Investigate Google Account Sign-Up Practices, Jul. 1, 2022.
[3] See EPIC, About Us, https://epic.org/about/, last visited time 2022-7-18.
[4] See United States v. Warshak, 631 F. 3d 266 (6th Cir. 2010).

件信息之前,必须获得搜查令(warrant)许可。因此,该法案的重要内容是,要求美国司法部和美国证券交易监督委员会(Securities and Exchange Commission, SEC)等相关部门在获得搜查令后,方能访问个人180多天前的电子邮件、云存储中的数据和其他通信数据。但该法案只于2017年在众议院通过,最终并未得到参议院的认可。电子前沿基金会曾经发表声明,认为众议院通过该法案是"用户隐私的胜利"(a win for user's privacy),并敦促参议院在不削弱修正案的情况下批准该法案。[1] 尽管消费者组织的联合声明和立法建议难以直接转化为法律或行政规范,但是其所投射出的公众参与倾向,有助于及时弥合公私监管的个人鸿沟。

2. 非营利性组织的安全诉求

消费者及其他的非营利性组织可以提炼出消费者个人的需求与意见,从而向自动驾驶车辆制造商以及政府监管部门提出建议。下文以代表性的私人组织为例,通过介绍私人组织为车辆安全做出的努力,试图阐明自动驾驶车辆行业中公共参与的重要性。

第一,车辆安全中心(The Center for Auto Safety)。成立于1970年的车辆安全中心是一家主要关注车辆安全的非营利性消费者组织。通过公开要求和司法诉讼等途径,车辆安全中心一直在向美国国家公路交通安全管理局和车辆制造商施压,从而更好地保护消费者,特别是驾驶员的安全。在过去的50年间,车辆安全中心最引以为傲的是,促进了"柠檬法"(lemon law)[2]在美国各州的适用。此

---

[1] See Sophia Cope, House Advances Email Privacy Act, Setting the Stage for Vital Privacy Reform, *Electronic Frontier Foundation*, Apr. 27, 2016.
[2] 柠檬指的是在购买后有实质性缺陷,并且在几次合理的修缮后依旧保有缺陷的车辆。虽然各州柠檬法的规定不尽相同,但共同之处在于为购买到柠檬车辆的消费者提供更为便利的退款或更换服务。

外,车辆安全中心还促成了大量的车辆召回行动,例如在 2018 年召回的一批 Chrysler Pacifica 品牌的小型货车中发动机不良的瑕疵车辆。[1]

近年来,该中心开始密切关注着自动驾驶车辆的问题,并且成立了"自动驾驶车辆安全项目:让安全成为优先考虑"(Autonomous Vehicle Safety Project: Making AV Safety a Priority)。同时,该中心时刻关注着自动驾驶车辆的安全问题,并且积极对美国国家公路交通安全管理局的规则发表意见和建议,代表消费者群体发声。2018 年 8 月 28 日,该中心要求美国国家公路交通安全管理局为自动驾驶车辆制定新的安全标准,而不是修改已有的联邦车辆安全标准。[2] 2019 年 5 月 20 日,该中心还向美国国家公路交通安全管理局提交了一份意见,建议美国国家公路交通安全管理局拒绝通用公司和 Nuro 公司提交的请愿书。通用公司和 Nuro 公司在请愿书中请求对刹车板和方向盘设置一些临时豁免,从而有利于自动驾驶车辆的道路测试。该中心建议驳回这些申请,一方面的原因是出于对安全的深切担忧,因为这些申请未能证明其如何确保公共安全;另一方面的原因是美国国家公路交通安全管理局未能遵循通知和评论程序(notice and comment procedure)。[3] 2019 年 7 月 19 日,该中心还向美国国家公路交通安全管理局提供了一份报告,要求美国国家公路交通安全管理局扩大高级驾驶员辅助系统的拟议研究,将所有驾驶员年龄组纳

---

[1] See The Center for Auto Safety, About the Center, https://www.autosafety.org/about-cas/, last visited time 2020-01-16.
[2] See The Center for Auto Safety, Center for Auto Safety Pushes NHTSA to Write New Rules Instead of Revising Existing Standards to Accommodate Driverless Vehicles, Aug. 28, 2019.
[3] See The Center for Auto Safety, Center for Auto Safety Calls on NHTSA to Reject GM and Nuro Exemptions from Federal Safety Standards, May 20, 2019.

入研究范围。[1] 2019年9月4日,在美国国家交通安全委员会(National Transportation Safety Board)发布了关于特斯拉车辆的2018年1月事故的调查报告之后,该中心发表了声明,要求美国国家公路交通安全管理局及时召回特斯拉不合格的自动驾驶车辆(AutoPilot)。该中心认为,在驾驶员缺乏关注时,加速撞上一辆停着的消防车的自动驾驶车辆是有缺陷且危险的。任何鼓励这种行为的公司都应该承担责任,任何不采取行动的机构都应对下一次致命事件承担同等责任。[2] 2021年1月,美国国家公路交通安全管理局更新了其车辆安全规则,使具有自动驾驶能力的车辆免受一些乘客安全要求的限制,以便利自动驾驶技术的发展。这是联邦安全标准为适应自动驾驶技术的一次重大革新,美国国家公路交通安全管理局副局长詹姆斯·欧文斯(James Owens)表示,90%以上的严重事故是由驾驶员的失误造成的,必须消除不必要的技术障碍,以帮助拯救生命。但是车辆安全中心执行主任贾森·莱文(Jason Levine)认为,美国国家公路交通安全管理局坚持通过修改规则以快速部署自动驾驶车辆,而不是承认自动驾驶车辆的独特性,这也许是促进自动驾驶车辆应用的最快方式,但这并不是保护消费者安全的最佳方案。[3]

---

[1] 该中心指出,美国有2亿多名注册司机,年龄从16岁到90岁不等,确保所有年龄段的司机都能理解驾驶员辅助系统将是研究的关键。然而,尽管25岁以下和55岁以上的司机共占驾驶人口的49%,目前研究的信息收集却仅限于25—54岁的年龄段,而且缺乏明确的理由。此外,在美国,65岁以上的人群是增长最快的人群之一。到2030年,他们预计将占美国人口的26%。为了最大限度地发挥驾驶员辅助系统的价值,该中心建议扩大潜在参与者的群体,以更充分地反映司机的多样性。参见the Center for Auto Sacfety, Center Calls On NHTSA To Expand Proposed Advanced Driver Assistance System Study To Include All Driver Age Groups, Jul. 19, 2019。
[2] See the Center for Auto Sacfety, Center for Auto Safety Calls for Tesla Recall after NTSB Report, Sept. 4, 2019.
[3] See Riley Beggin, "Self-Driving Vehicles Allowed to Skip Some Crash Safety Standards under New Rule", *The Detroit News*, Jan. 14, 2021.

第二,消费者权益监察组织(Consumer Watchdog)。消费者权益监察组织[前身为纳税人和消费者权益基金会(Foundation for Taxpayer and Consumer Rights)],是一个成立于1985年的非营利性消费者组织,旨在维护纳税人和消费者的利益。近年来,该组织一直关注着自动驾驶车辆的安全和隐私问题,并且对自动驾驶车辆的应用持消极态度。该组织通过各种公开途径表达自己的不安与质疑,并建议研发公司在自动驾驶车辆未能达到充分的安全标准时,停止部署商业使用。

消费者权益监察组织一直要求提升自动驾驶车辆测试的透明度,有针对性地制定应对政策以保障车辆安全。2016年,当自动驾驶车辆开始进行道路测试时,消费者权益监察组织建议美国国家公路交通安全管理局拒绝为谷歌的自动驾驶车辆提供快速通道,并提出了一系列问题要求谷歌和美国国家公路交通安全管理局正面回应。例如,谷歌是否会发布一份完整的自动驾驶车辆还不能理解或处理的问题的清单,以及美国国家公路交通安全管理局将如何处理这些问题?谷歌是否同意公开发布其自动驾驶车辆的算法?这些算法可以说明自动驾驶车辆如何编程,在潜在的碰撞发生时车辆将如何选择,会优先考虑车内乘客的安全还是行人的安全等。[1] 2017年,消费者权益监察组织隐私与技术项目主任约翰·M. 辛普森(John M. Simpson)曾以该组织之名向 Uber 公司发出函件,敦促 Uber 公司披露其自动驾驶车队的细节。[2] 2017年,消费者权益监察组织还向加州车辆管理局发出投诉,要求其禁止 Uber 旗下的 Otto

---

[1] See Alex Perrone, "Google and NHTSA Clash With Consumer Watchdog About Driverless Cars", *Endurance*, Mar. 8, 2019.
[2] See Consumer Watchdog's Letter to Uber at full text, Jan. 5, 2017, https://www.consumerwatchdog.org/resources/ltrkalanick010417.pdf, last visited time 2020−01−16.

自动驾驶卡车进行道路测试。在正式的投诉中,该组织认为,根据现行法规,超过 1 万磅的自动驾驶车辆不能在该州进行测试。Otto 的自动驾驶卡车在这两个方面(超重以及不安全)都失败了。加州车辆管理局应当撤销曾经颁发给 Uber 的上路测试许可。[1] 消费者权益监察组织还曾对政府车辆安全官员与自动驾驶车辆制造商之间的"旋转门"(revolving door)发出警告。该组织担心,政府高级官员定期转岗进入自动驾驶车辆行业可能会削弱公众对于行业监管的信心。[2]

一言以蔽之,多数非营利性组织对自动驾驶技术抱有怀疑态度。与政府机构和研发公司的积极态度相比,持消极态度的非营利性组织可以为自动驾驶技术的安全发展提出更为犀利的针对性意见,从而提升自动驾驶技术的安全水平,保护个人的权利。

三、公众事后响应的形式解析

与事前参与的主体角色相似,消费者以及非营利性组织依旧为个人参与提供了重要的集体力量作为支撑。规则的制定以及规则的执行均难以逃避公众的外部监督。个人权利的行使同样是事后纠偏的重要途径,但是个人权利的行使应受到权利边界的限制,从而谨慎地为技术发展预留空间。

---

[1] See Consumer Watchdog's Formal Complaint to California DMV, https://www.consumer-watchdog.org/sites/default/files/resources/ltrdmv020717.pdf, last visited time 2020-01-16.
[2] 该组织还提到,Uber 最近聘任了前国家公路交通安全管理局高级官员纳特·比斯(Nat Beuse),该组织表示,Beuse 是"至少第六位"离开政府职位为自动驾驶车辆制造商工作的官员。消费者权益监察组织隐私与技术项目主任约翰·辛普森(John Simpson)认为,"当编写规则的人为规则所制约的公司而工作时,就不能相信规则会保护消费者的安全。"参见 John M. Simpson, "Consumer Watchdog Warns Continuing Revolving Door of Senior Government Auto Safety Officials to Robot Car Makers Undercuts Public's Trust in Regulations", *PR Newswire*, Dec. 3, 2018。

(一)规则执行的外部监督

公众参与的事后途径主要包括干预规则制定、监督规则执行,并在规则实施不良时通过申诉或申请,以促进规则的实然展开。在此过程中,消费者以及非营利性组织依然扮演着不容忽视的集体角色,为规则的良好制定与执行提供外部动力。

第一,电子隐私信息中心的干预与申请。电子隐私信息中心(Electronic Privacy Information Center, EPIC)是位于华盛顿特区的一个非营利性消费者利益研究中心。电子隐私信息中心定期向联邦法院提交"法庭之友"(amicus briefs)的简报,追踪公开的案件,并在国会和司法机构面前就新出现的隐私和公民自由问题发表观点。[1] 电子隐私信息中心设有专门的消费者隐私保护项目(Consumer Privacy Project),以倡导保护消费者和互联网用户的权利,特别是保护消费者的个人数据和在数字市场中的自主权。电子隐私信息中心积极促进公平信息实践原则的实施和执行,支持消费者隐私保护法的出台。[2] 电子隐私信息中心经常代表消费者向联邦贸易委员会投诉商业实体的违规行为,也会参与数据隐私的司法诉讼。

电子隐私信息中心在促进联邦贸易委员会处理新出现的隐私问题和保护消费者隐私权方面发挥了积极作用。自设立之初,电子隐私信息中心就致力于确保联邦贸易委员会、联邦通信委员会和其他机构保护消费者和互联网用户的隐私。例如,电子隐私信息中心对

---

[1] 电子隐私信息中心成立于1994年,旨在促进公众关注新出现的隐私和公民自由问题,并在信息时代保护隐私、言论自由和民主价值观。电子隐私信息中心开展了广泛的项目活动,包括政策研究、公共教育、会议、诉讼、出版和宣传等。参见 EPIC, About EPIC, https://epic.org/epic/about.html, last visited time 2019-10-03。

[2] See EPIC, EPIC Consumer Privacy Project, https://epic.org/privacy/consumer/, last visited time 2019-10-03。

谷歌 Buzz 的投诉,[1]为联邦贸易委员会随后的调查与和解提供了基础,联邦贸易委员会在调查中证实,"谷歌在推出 Buzz 时使用了欺骗手段,违反了自己对消费者的隐私承诺"[2]。2019 年 7 月 26 日,电子隐私信息中心向 FTC-Facebook 案提出挑战,要求法庭听取隐私组织的意见。该案件涉及联邦贸易委员会和 Facebook 之间拟议的和解,电子隐私信息中心认为,和解协议"不充分、不合理、不恰当"。根据电子隐私信息中心的分析,和解协议将消除联邦贸易委员针对 Facebook 的 26000 多起消费者投诉。[3]

与此同时,电子隐私信息中心还设有"算法透明度:结束秘密侧写"(Algorithmic Transparency: End Secret Profiling)项目。电子隐私信息中心认为,随着越来越多的决策由算法处理,这些过程变得更加不透明和不可靠。公众有权知晓影响他们生活的数据处理过程,进而纠正错误并质疑算法作出的决定。例如,算法透明度在解决 Facebook 干预 2016 年美国总统大选的问题上发挥了关键作用。一定意义上,算法的透明度对于捍卫基本权利和民主至关重要。

电子隐私信息中心始终关注着政府的黑箱算法问题,并积极要求政府遵循规则,开放算法数据和程序。2014 年,在 EPIC v. Customs and Border Protection 案[4]中,电子隐私信息中心成功起诉了美国海关和边境保护局(U.S. Customs and Border Protection),要求其提供与旅行者秘密风险评估相关的文件。电子隐私信息中心还根据《信息

---

[1] Buzz 是谷歌推出的一款与 Gmail 相关的社交服务,EPIC 质疑,谷歌可能违反了《电子通信隐私法》,在没有得到适当同意的情况下便公开了地址簿联系人。
[2] EPIC, EPIC Consumer Privacy Project, https://epic.org/privacy/consumer/, last visited time 2019-10-03.
[3] See EPIC, Challenge to FTC/Facebook 2019 Settlement, Jul. 26, 2019.
[4] See EPIC v. Customs and Border Protection, No. 14-cv-01217 (D.D.C. filed Jul. 18, 2014).

自由法》(Freedom of Information Act)向美国国土安全部的科学与技术理事会(Science & Technology Directorate)提交了 3 份申请,要求后者提供有关该局 FAST 项目的信息。FAST 是一种"少数派报告"(Minority Report)式的行动,旨在确定某一没有任何犯罪嫌疑的个人未来可能实施犯罪行为的概率。FAST 项目使用了一种新型传感器阵列(a new sensor array),这种传感器阵列被用于对未被怀疑犯有任何罪行的个人进行秘密监视。传感器秘密收集和记录个人数据,包括视频图像、音频记录、心血管信号等。电子隐私信息中心在 2011 年 6 月提交第一个申请后,收到了几份响应性文件,包括电子邮件和项目描述。电子隐私信息中心在 2011 年 8 月提交了第二份后续申请,并获得了第一批文件中提到的"隐私阈值分析"(Privacy Threshold Analysis)。

电子隐私信息中心同时关注着刑事司法系统中的算法透明度问题。风险评估工具已经开始在全美的刑事案件中被使用。惩教人员选择性制裁的管理分析旨在评估个人风险水平和犯罪可能性,COMPAS 考虑的因素包括个人的社会度、犯罪联系和犯罪个性。定罪后风险评估系统(Post-Conviction Risk Assessment)同样利用个人的犯罪史、教育、就业和社交网络等数据以分析得出关于犯罪风险的最终结论。电子隐私信息中心根据各州的法律,已经申请获得了部分州的刑事司法自动化决策的算法公开。[1]

第二,电子前沿基金会的法庭简报与建议。电子前沿基金会(Electronic Frontier Foundation, EFF)是一个总部设在旧金山的非营利性消费者权益组织。电子前沿基金会成立于 1990 年,旨在通过影响

---

[1] 具体包括密苏里州和威斯康星州的部分算法。参见 EPIC, Algorithms in the Criminal Justice System, https://epic.org/algorithmic-transparency/crim-justice/, last visited time 2019-10-05。

诉讼、分析政策、基层行动和发展技术，促进保护用户的隐私和言论自由。[1]

电子前沿基金会一直在司法诉讼中为捍卫个人的数据权利而努力。早在 2006 年，加州上诉法院裁定支持电子前沿基金会代表 3 名在线记者提出的申诉，认为网络记者与线下记者一样拥有保护消息来源机密的权利。[2] 在 Carpenter v. United States 案[3]中，电子前沿基金会为该案提交了一份"法庭之友"的简报，敦促法院重新审视《美国宪法第四修正案》如何适用于手机公司等第三方收集的数据的问题。在其具有里程碑意义的 5∶4 的判决中，美国联邦最高法院同意了电子前沿基金会的论点，甚至引用了法庭之友的简报摘要。美国联邦最高法院认为《美国宪法第四修正案》所保护的数据，包括与第三方共享的位置数据。美国联邦最高法院承认，位置信息创造了一个"多年来每天、每时、每刻关于一个人的实际存在的详细编年史"(detailed chronicle of a person's physical presence compiled every day, every moment over years)。因此，警方必须获得搜查令才能接触该信息。电子前沿基金会没有因为一起案件的胜利而停止前进的脚步，电子前沿基金会正在挑战 Carpenter 案的应用范围，敦促法院将其应用于第三方存储的其他数据。此外，电子前沿基金会密切关注自动车牌阅读器(automatic license plate readers)技术，也即安装在电线杆、警车甚至私人车辆上的摄像头，其扫描所有经过的车牌并记录其时间、日期和位置。电子前沿基金会已经在发生的诉讼案件中提

---

[1] EFF 的会员资格门槛极低，只要向 EFF 捐款一次（无论金额大小），个人就可拥有 EFF 为期 12 个月的会员资格。参见 EFF, About EFF, https://www.eff.org/about, last visited time 2019-10-04。

[2] See Apple v. Does, Santa Clara County Super. Ct. No. CV032178 (2006).

[3] See Carpenter v. United States, 585 U.S. 1 (2018).

交了法庭之友的简报,对未经授权获取这些车辆数据的行为提出了挑战。[1]

电子前沿基金会也曾试图从软件开发层面保护用户的数据安全和隐私。2014年,电子前沿基金会开发了安全消息计分卡(Secure Messaging Scorecard)项目,对各类应用程序和工具进行打分评估,评估的标准包括数据在传输过程中是否被加密,代码是否受到了监督等。但是该项目低估了问题的复杂性,并没有取得设想中的效果。后于2018年,电子前沿基金会发布了《监控的自我反击指南》(Surveillance Self-Defense),为个人提供了关于如何下载、配置和使用通信应用程序以尽力避免被监控的专业建议。

虽然有评论家批评电子前沿基金会的客观中立性,因为电子前沿基金会曾经接受了谷歌和Facebook的资金援助,在谷歌和Facebook的很多用户隐私问题上选择了沉默。但这并不妨碍电子前沿基金会成为目前最具影响力的消费者自我保护机构,电子前沿基金会仍然是揭露Facebook泄漏个人数据丑闻的主要功臣之一。[2]

(二)个人权利的行使与边界

智能技术挑战了个人权利的传统保护方式,不少国家陆续通过立法等形式肯定了公民保护自身利益的新型权利。个人应当积极行使数字权利,应对智能技术对于个人权利的冲击与挑战,提升技术的人文主义关怀。但是个人权利的行使并非没有边界,个人权利的行使应当受到内部与外部的限制,从而无限接近权利与技术的理想平衡状态,在维护个人利益最大化的同时,实现智能技术发展的高速化。

---

[1] See Jen Lynch, EFF and the Carpenter Victory, EFF Annual Report: 2018.
[2] See Yasha Levine, All EFF'd Up, *The Baffler*, Jul. 2018.

以欧盟《通用数据保护条例》为例,该条例虽然以赋予个人数据权利为主线,但个人数据权利的行使依然需要符合情境要求。《通用数据保护条例》赋予了个人要求数据控制者对算法决策进行解释的权利。根据该条例第22条[1]和Recital[2]第71条的规定,数据主体有权质疑并获得关于自动决策的解释。[3] 此外,《通用数据保护条例》第13条规定了直接从个人处收集数据时的一系列通知(权利)要求;第14条规定了从第三方收集个人数据时,类似的通知(权利)要求;第15条规定了个人对数据控制者持有的数据的访问权。因此,个人拥有算法决策的知情权,也拥有要求解释的权利。然而,这并不意味着一旦个人提出申请,数据控制者就需要公开全部的算法代码和数据。《通用数据保护条例》第12条要求控制者提供清楚的沟通,以确保个人可以根据收到的信息采取行动,其目的是防止数据控制者向个人提供大量无用的、不必要的信息,造成信息泛滥或

---

[1] 《通用数据保护条例》第22条(自动化的个人决策,包括侧写)第1款规定:数据主体有权不受完全基于自动处理的决策影响,如果该等决定会对其产生法律影响,或对其产生类似的重大影响。第2款规定:在下列情形下,第1款不适用,如果这个决策(a)为数据主体与数据控制者之间订立或履行合约所必需的;(b)是由管辖数据控制者的联盟或国家的法律授权,并制定适当措施保障数据主体的权利、自由及合法权益;或(c)基于数据主体的明确同意。第3款规定:在涉及第2款a项和c项的情形时,数据控制者就需要实施适当的措施(suitable safeguards)来保障数据主体的权利、自由和合法利益,数据主体至少有权通过数据控制方的人为干预,来表达自己的观点,并提出异议。
[2] Recital是欧盟《通用数据保护条例》的解释性序言条款,并不具备直接的法律约束力,但是当欧盟《通用数据保护条例》具体条款出现模糊不清时,Recital通常被用作权威的解释。参见Margot E. Kaminski, "The Right to Explanation, Explained", *Berkeley Technology Law Journal*, Vol.34(2019), pp. 193-194。
[3] See Recital 71 of GDPR, In any case, such processing should be subject to suitable safeguards, which should include specific information to the data subject and the right to obtain human intervention, to express his or her point of view, to obtain an explanation of the decision reached after such assessment and to challenge the decision.

信息模糊,也即数据控制者需要向个人提供易于理解的沟通。[1]《通用数据保护条例》赋予了个人要求算法透明度的和获得解释的权利,作为数据行业的弱势方,从保护数据和监督算法的立场出发,个人应该主动利用被赋予的权利,进而更好地提升自动化决策的透明度。

但是个人权利的行使存在边界,就算法解释权的行使而言,算法解释权受到内力与外力的双重约束。从内部视角出发,算法解释权的行使条件在于《通用数据保护条例》第22条所设定的非合同要求等,算法解释权的行使不应破坏市场经济自由。权利构成天然地受制于内在界限,一旦权利的行使超出了特定条件,便意味着超出了权利的边界。从外部视角出发,算法解释权的行使不得侵害科技公司的商业秘密等知识产权保护,也不得侵害公共利益以及其他个人的权利。立法赋予个人以数据权利,是从第三方视角平衡科技与权利的冲突矛盾,从而达到定分止争的效果。但是,法律的理性要求个人在行使权利时不得逾越权利的边界,从而为技术的发展保留空间。

---

[1] See Margot E. Kaminski, "The Right to Explanation, Explained", *Berkeley Technology Law Journal*, Vol.34(2019), p. 212.

第七章
美国人工智能领域基本权利保护的经验启示

人工智能与法律的相互影响同样是国内学界关注的焦点。无论是数据保护、黑箱算法抑或是自动驾驶，都已然成为全球层面的通识问题。各国的制度文化、社会背景差异虽大，但技术与权利的冲突问题仍然存在共性。一味痴迷美国式权利保护固然脱离本土而不可取，但全盘否定美国式技术规制与权利保护的历史经验同样过于武断。在美国的既有经验中汲取营养，避免重蹈美国式覆辙，方是对待美国叙事的应然态度。隐私理论、设计理论的完善为制度更新提供了智力支持，美国政府的审慎谦抑态度为技术发展提供宽松氛围，消费者主体的场景定位深挖传统权利的保护方式，进而避免了权利保护被束之高阁。然而，国家行为理论使侵犯私人宪法权利逃出宪法约束，软性监管的不足与立法缺失的弱点，同样有待重新解读与适用。对于我国而言，选择性吸收其中的规制与保护经验，形成三方合作下事前、事后全程的权利保护，应是比较视野下的最优选择。

一、经验：隐私理论完善下的谨慎规制与实践反思

法学理论无法存在于绝对的真空中，其需要落地转化的及时反馈，从而不断调整并更新自身。隐私理论的演变走向见证了人工智能场景的发展变革,同时其也是当前数据隐私保护的基础命题。情境脉络完整性理论所投射出的场景化动态研判态度,为规制理论提供了参照性反思。在理论的落地过程中,美国政府的谨慎监管态度为技术发展提供了创新空间。在必须监管的领域中,消费者数据主体的身份设定利用并发展了既存制度,从而缓解了制度再设计的压力;而未成年人数据的二元预设,从未成年人与监护人的双重维度出发,着力实现对未成年人数据的严格保护。

(一)隐私理论的演变走向

理论的完善是实践前行的基点,而隐私理论的完善是数据保护的核心,无论是前述的算法影响评估还是数据保护影响评估,都离不开隐私的学理定义问题。传统的隐私第三方原则无法适当地回应技术的发难,如何系统地判定某一行为是否存在侵犯个人隐私的风险,需要动态的、场景化的隐私界定,而这被称为情境脉络完整性理论(Contextual Integrity)。

情境脉络完整性理论的基础命题是,各个领域的信息均受到信息流通(information flow)规则的约束,没有任何领域的信息是可以肆意而不受约束的。[1] 个人在生活中作出的所有决定都是发生在具有一定的政治、习俗和文化期望的情境之中,情境为隐私的情境脉络完整性理论提供了平台。情境脉络完整性理论的核心要点在于,某一特定行为是否被认定为侵犯隐私,取决于多个变量的作用,具体包括:情境或上下文的性质;与该情境相关的信息的性质;接收信息的代理人的角色;代理人与信息主体的关系;在何种条件

---

[1] See Helen Nissenbaum, "Privacy as Contextual Integrity", *Washington Law Review*, Vol. 79(2004), p. 137.

下,信息被主体共享;以及进一步传播的条件。[1] 简言之,情境脉络完整性理论认为,不同的情境脉络塑造了不同场景下的信息流动规范,这些规范又决定了什么样的信息使用行为能够被评价为适当的。[2]

情境脉络完整性理论最初提出了四项核心概念:信息规范、适当性、行为主体和传播原则(informational norms, appropriateness, roles, and principles of transmission)。其中适当性指的是收集某一类型的信息是否符合相关的信息规范。例如,在银行经理职位的面试中,收集有关申请人婚姻状况的信息是不合适的,但在恋爱的情境中是合适的。随着情境脉络完整性理论的不断完善,适当性标准逐渐被传播原则的内涵覆盖。[3] 因此,情境脉络完整性理论的核心概念被缩减为三项:信息规范、行为主体和传播原则。然而,这三项概念之间并不是一种静态的和谐,因为随着时间的推移,条件会改变,环境和规范也会随之变化,这三项概念也可能发生不同程度的变化。[4]

信息规范(informational norms or information types)指的是不同情境中信息的类型变量,比如医疗诊断、法庭裁判、投票结果等。而姓名、性别等基本的信息类型几乎存在于全部情境中。行为主体(roles or actors)指的是信息的发送方和接受方,这与主体在不同情境中扮演的角色相关,例如医生与病人、法官与嫌疑人等。在更为复

---

[1] See Helen Nissenbaum, "Privacy as Contextual Integrity", *Washington Law Review*, Vol. 79(2004), pp. 137-138.
[2] 倪蕴帷:《隐私权在美国法中的理论演进与概念重构——基于情境脉络完整性理论的分析及其对中国法的启示》,载《政治与法律》2019年第10期,第157页。
[3] See Adam Barth et al., "Privacy and Contextual Integrity: Framework and Applications", 2006 IEEE Symposium on Security and Privacy, pp. 184-198.
[4] See Helen Nissenbaum, *Privacy in Context: Technology, Policy and the Integrity of Social Life*, Stanford: Stanford University Press, 2010, p. 231.

杂的情境中,还包括非国家集体行为者,例如公司、机构等。传播原则(transmission principle)指的是不同情境中信息流通的规则。例如个人申请银行的信用贷款,银行可以根据个人的申请书,向信用报告机构调取个人的金融数据,此时信息流通的原则是申请人的个人同意。而在其他的场景中,信息传播的原则还包括信任、第三方授权、法律要求、购买、互惠、身份验证等。[1]

情境脉络完整性理论为隐私的规范性预期构建了模型,当行为主体的信息规范符合特定情境中的传播原则时,个人的隐私权便得到了实现;反之,个人的隐私权便遭受了侵害。在该理论的预期模型中,技术发展与隐私第三方原则的矛盾不复存在。与传统的二分法(如"披露/不披露""私人/公共")相比,情境脉络完整性理论为隐私的判断提供了更精确的视角。[2] 情境脉络完整性理论的核心能够捕捉个人信息之于隐私的意义,并预测人们对新技术的反应态度。在智能时代中,网络浏览器cookies、生物识别和地理位置等监控技术无处不在,这使情境脉络完整性理论的重要性日渐提升,违背目的情境中信息规范传播原则的行为可能被视为隐私侵犯。比如,天气应用程序需要识别用户的位置才能提供准确的预测,该应用程序的功能取决于对位置信息的访问,相比之下,银行应用程序不需要通过跟踪用户的位置来提供账户余额,因此,银行应用程序收集地理位置信息可能构成隐私侵犯。[3] 在新冠肺炎疫情防控之中,情境脉络完整性理论同样为个人隐私权的实现提供了理论指南。有学者在佛兰德

---

[1] See Helen Nissenbaum, "Respecting Context to Protect Privacy: Why Meaning Matters", *Science and Engineering Ethics*, Vol.24(2018), pp. 831-852.
[2] See Helen Nissenbaum, *Privacy in Context: Technology, Policy and the Integrity of Social Life*, Stanford: Stanford University Press, 2010, pp. 233-238.
[3] See Gwen Shaffer, "Applying a Contextual Integrity Framework to Privacy Policies for Smart Technologies", *Journal of Information Policy*, Vol.11(2021), p. 228.

斯(Flanders)进行了一项在线调查,得出的结论是:在通过智能技术追踪新冠疫情接触者的过程中,不同类型的数据对于个人主体的隐私意义不同,其对于实现疫情防控目标的贡献程度也不一致。就定位密切接触者而言,收集接近的位置数据(手机基站数据)比精准的个人位置数据(手机蓝牙数据)更为合适,精准的个人位置数据更具有个人主体的隐私价值。[1] 因而,在行政主体出于疫情防控等公共目的应用智能技术追踪密切接触者时,使用接近位置数据更有利于保护个人隐私,同时也能达成定位防控的目标。

有鉴于情境脉络完整性理论高度的时代适配性,情境脉络完整性理论正在成为普适的隐私(数据)保护理论。美国现行的《医疗保险可携带性与责任法案》(Health Insurance Portability and Accountability Act)、《儿童在线隐私保护法》(Children's Online Privacy Protection Act)以及《金融服务现代化法案》(Gramm-Leach-Bliley Act)已经或多或少体现出情境脉络完整性理论的构成要求。[2] 2012年,奥巴马政府提出的《消费者隐私权利法案》(Consumer Privacy Bill of Rights)中的第三条隐私保护原则[3]便是尊重隐私的情境(Respect for Context)。具体而言,公司收集、使用和披露个人数据的方式需要与消费者提供数据的情境相一致。尽管欧盟《通用数据保护条例》没有直接使用尊重隐私情境(respect for context)的表述,但是多次使用

---

[1] See Marijn Martens, "Applying Contextual Integrity to Digital Contact Tracing and Automated Triage for Hospitals during COVID-19", *Technology in Society*, Vol.67(2021), p. 101748.
[2] See Adam Barth et al., "Privacy and Contextual Integrity: Framework and Applications", 2006 IEEE Symposium on Security and Privacy, p. 7.
[3] 该法案的保护原则建立在公平信息实践原则的基础之上,其他原则包括个人控制、透明度、安全性、可获得与准确度、关注收集、问责性。参见 The White House, Consumer Data Privacy in a Networked World: A Framework for Protecting Privacy and Promoting Innovation in the Global Digital Economy, Feb. 2012, pp. 1-3。

了"context"一词,强调数据主体之间的交互,以及数据主体和具体情境的交互。相较欧盟之前的数据保护规则,《通用数据保护条例》对待情境脉络完整性理论保持着更为开放的态度。[1] 参议员罗杰·威克等于2022年所提出的《美国数据隐私和保护法》(American Data Privacy and Protection Act)第101部分同样提出了基于个人与服务背景的数据收集最小化原则。随着未来数据保护场景的复杂化与叠层化,情境脉络完整性理论的接受度将更为提升,这将为数据保护提供坚实的理论支持。

(二)政府当局的审慎监管

美国政府当局虽然密切关注着人工智能技术的发展,但是始终秉持着最小化干预技术的态度。2020年1月8日,特朗普政府首席技术官(chief technology officer)迈克尔·科雷特西奥斯(Michael Kratsios)在拉斯维加斯举办的消费者电子产品展会(Consumer Electronics Show)上宣布了关于人工智能发展与使用的10项监管原则,旨在避免政府当局的过度干预,并号召欧盟放弃扼杀创新的监管方式。[2] 随后,白宫官方网站发布了名为《人工智能应用的规范指南》(Guidance for Regulation of Artificial Intelligence Applications)的备忘录,[3] 深入说明了10项监管原则的要素。

根据特朗普政府13859号行政命令,美国政府的政策必须确保

---

[1] See Audrey Guinchard, "Taking Proportionality Seriously: The Use of Contextual Integrity for a more Informed and Transparent Analysis in EU Data Protection Law", *European Law Journal*, Vol.24(2018), p. 452.

[2] See David Shepardson, "White House Proposes Regulatory Principles to Govern AI Use", *Reuters*, Jan. 7, 2020.

[3] See The White House, Draft OMB Memo: Guidance for Regulation of Artificial Intelligence Applications, https://www.whitehouse.gov/wp-content/uploads/2020/01/Draft-OMB-Memo-on-Regulation-of-AI-1-7-19.pdf, last visited time 2020-01-08.

美国在人工智能领域的领导者地位。而开发和部署人工智能需要一种新型监管方法,这种方法可以促进技术创新并产生公众信任,并减少开发和部署人工智能的不必要障碍。因此,联邦机构应该在对人工智能采取任何监管行动之前进行风险评估和成本效益分析,建立一个灵活的监管框架,而不是"一刀切"地监管。特别是,如果某一人工智能具体领域的国家性标准是非必要的(not essential),那么相关机构应当放弃监管行动。具体而言,各联邦机构在监管人工智能的发展和部署时,应当遵循以下10项原则:

第一,公众对人工智能的信任(Public Trust in AI)。公众对于人工智能的信任是人工智能技术发展的重要支撑。第二,公众参与(Public Participation)。联邦机构应当在合法的范围内,为公众提供充足的参与规则制定的机会,且及时告知公众相关情况,提高公众的认知能力。第三,科学诚信与信息质量(Scientific Integrity and Information Quality)。科学诚信原则应当是各机构制定人工智能监管方法的基础,为保障人工智能得到可靠的预期结果,训练人工智能系统的数据必须具备足够的质量。第四,风险评估与管理(Risk Assessment and Management)。政府机构必须衡量所有技术应用的风险,确定哪些风险是可接受的,哪些是不可接受的,而人工智能风险评估的结果将成为监管方式的重要参考。第五,收益与成本(Benefits and Costs)。政府机构在考虑人工智能应用时,必须努力做到收益最大化,并深刻考虑社会成本、效益和分配结果。第六,灵活性(Flexibility)。各政府机构应采用灵活的监管方式,以适应人工智能应用的变化与革新。第七,公平和不歧视(Fairness and Non-Discrimination)。各政府机构应当以透明的方式考虑人工智能应用可能对歧视的影响。第八,公开和透明度(Disclosure and Transparency)。公开和透明度有助于增强公众对人工智能应用的信心。第九,安全与安心(Safety and Security)。[1] 各政府机构应当保障人工智能从设计开发到部署应用阶段的安全性,并特别注意技术所处理、存储、传输的数据的保密性、完整性和可用性。第十,相互协调(Interagency Coordination)。各政府机构应当相互协调、分享经验,确保人工智能政策的一致性与可预见性,同时保护公民的隐私、自由等权利。

在明确分析了这10项监管原则之后,该备忘录还列举了非监管方式(non-regulatory approaches)的例子,例如为特定行业提供指导或构建框架(Sector-Specific Policy Guidance or Frameworks)、开展试点项目和实验(Pilot Programs and Experiments)以及自愿协商达成标准(Voluntary Consensus Standards)等。而根据欧盟未来科学和技术小组的意见,政府非监管式干预的途径还包括支持妥当行为、资金激励和税收调节等。[2] 早在2010年,美国《政府绩效和结果现代化法案》(Government Performance and Results Modernization Act)已经关注了政府机构公共咨询的展开,积极鼓励内部和外部相关利益者参与公共项目的制定。这些行动并不是直接的监管行动,却可以通过反射效果,更为顺畅地达成监管目的。

拜登在继任美国总统之后,明确支持了于2021年成为国家正式法律的《美国人工智能倡议》(AI Initiative Act),重点关注推动人工智能创新、推进值得信赖的人工智能、通过人工智能创造新的教育和培训机会、通过新技术改善现有基础设施、促进联邦和私营部门利用人工智能

---

[1] 安全(safety)意味着免于具体危险,安心(security)则意味着消除危险以保障个人权利的制度目标。参见〔日〕森英树:《宪法学上的"安全"与"安心"》,王贵松译,载《宪政与行政法治评论》2011年第5卷,第66—82页。
[2] See Panel for the Future of Science and Technology, A Governance Framework for Algorithmic Accountability and Transparency, Mar. 2019, p. 45.

改善现有系统,以及塑造支持人工智能发展的国际环境等六大领域。2022年4月,美国商务部(U.S. Department of Commerce)和国家标准研究所(National Institute on Standards)宣布了首届国家人工智能咨询委员会(National Artificial Intelligence Advisory Committee, NAIAC)的成员,其任务是就如何推进国家人工智能治理工作向拜登政府提供咨询。在国家人工智能咨询委员会2022年5月4日的第一次会议上,其讨论了人工智能的使用与美国竞争力、劳动力有关的问题,以及美国是否对人工智能系统进行了充分的监督。[1] 拜登的科学顾问埃里克·兰德(Eric Lander)还曾公开呼吁制定《美国人工智能权利法案》(AI Bill of Rights),并认为"美国公民有权知道人工智能何时以及如何影响公民权利和自由决定,确保美国公民不受人工智能的歧视性影响,并在受到不当影响后有权提起索赔"[2]。但是其所倡导的《美国人工智能权利法案》尚未出台,美国对于人工智能技术的监管仍以非强制法律为主,依赖行政命令等软法途径监管审查科技公司。

总体而言,美国政府对待人工智能技术的监管秉持着谦抑态度,将政府监管视作技术发展的可能阻力。如果各级政府试图采取技术监管措施,则必须考虑上述10项基本原则,并进行监管的影响评估。美国政府依旧选择为人工智能技术发展保留充分空间,拒绝对人工智能技术进行过度监管束缚。

(三)数据主体的身份定位

数据主体可能因身份、年龄等因素的影响,而被判定为需要不同

---

[1] See Nicol Turner Lee and Samantha Lai, "The U.S. Can Improve its AI Governance Strategy by Addressing Online Biases", *TechTank*, May 17, 2022.

[2] Eric Lander and Alondra Nelson, "Americans Need a Bill of Rights for an AI-Powered World", *Wired*, Oct. 8, 2021.

层级的数据保护。美国并没有跟随欧盟的脚步,创设全新的"数据主体",而是改造并发展了数字时代中常见的个人消费者身份,延续展开现有的消费者权利保护路径,尽力维护科技公司的技术创新,并监管处罚违规行为。对于需要额外关注的未成年人而言,数据权利的行使通常需要本人及监护人的二元知情同意,从而更为有效地实现保护目的。

第一,以消费者为主的数据主体身份设定。与欧盟《通用数据保护条例》所预设的广泛的"数据主体"不同,美国的数据保护主体主要表现为"消费者"身份。有学者认为,"数据主体"这一术语具有概念上的不确定性、规范地位的不确定性以及实施质效的不确定性。[1] 而美国并没有重新拟制一份全新的数据主体身份,而是利用业已存在的消费者数据保护脉络继续前行。在此过程中,虽然存在着不同领域的多元监管,但是联邦贸易委员会在人工智能领域的数据保护角色毋庸置疑。根据《联邦贸易委员会法》第五章(Section 5)的"不公平和欺诈"条款的规定,联邦贸易委员会实际上获得了广泛的数据安全和数据隐私保护的执行权力。[2] 联邦贸易委员会的数据保护运作逻辑在于公司与消费者的互动关系,无论是公司的隐私政策整改,还是对公司的经济处罚,均存在消费者作为数据主体的身影。更为直接的是奥巴马政府提出的《消费者隐私权利法案》与《加州消费者隐私法》,二者在名称中便框定消费者为数据保护的主体。已经生效的《加州消费者隐私法》所规定的消费者虽然限于加州的居民(residents),但是根据《加州法规》第 18 章第 17014 部分(Sec-

---

[1] 刘泽刚:《大数据隐私的身份悖谬及其法律对策》,载《浙江社会科学》2019 年第 12 期,第 21—30 页。
[2] See Hartzog Woodrow and Daniel J. Solove, "The Scope and Potential of FTC Data Protection", *George Washington Law Review*, Vol.83(2015), pp. 2230-2277.

tion 17014 of Title 18 of the California Code of Regulations),在加州居住的美国公民和以合法身份长期或短期生活在加州的非美国公民,均可以被认定为加州的居民。实际上该法案所针对的消费者主体可以涵盖绝大多数居住在加州的个人。《加州消费者隐私法》公布之后,美国其他各州也陆续通过了类似的消费者隐私保护法案,代表性的法案包括《弗吉尼亚州消费者数据保护法》(Virginia Consumer Data Protection Act)和《科罗拉多州隐私法》(Colorado Privacy Act)。这两部法案对于消费者的认定也覆盖了绝大多数在两州工作和生活的居民。

以消费者作为数据主体的身份设定,是立足美国数据保护分散实践的良性选择,避免了重新设定数据主体的不确定性与过度开支。尽管个人数据种类繁多,但是人工智能领域中的数据保护需求主要浮现于商业领域,个人主体通常在数字空间中表现为消费者主体。消费者主体的身份设定,一方面解决了关键领域中的数据隐私问题,身份欺诈、个性化广告、算法歧视等棘手问题多数能够通过对消费者的权利维护得到一定程度的解决;另一方面延续固有的权利保护主体逻辑,能够最大程度减轻数据保护与现存制度的龃龉,在迎合技术发展潮流的过程中顺利实现个人数据权利的规范保障,防止数据保护造成不必要的制度成本,是经济学逻辑下的最佳选择。在联邦性数据隐私法律迟迟未能出台之际,以消费者为主的数据主体身份设定回应了个人数据的隐私需求,成为美国人工智能领域中权利保护的特色。

第二,未成年人数据保护的二元设定。由于未成年人的年龄、心理、能力的特殊性,其权利通常由监护人或代理人代为行使。以前文提到的《家庭教育权利和隐私法案》为例,1974年的《家庭教育权利和隐私法案》通过设置（学生或家长的）同意许可程序，限制学生教育记录（education records）的公开。教育记录是由教育机构管理的、与学生直接相关的数据档案、文件和其他材料，但并不包括学校教师及其他人对于学生的观察和评价。[1] 此外，对于学生的目录信息（Directory Information）[2]，如果家长或学生没有选择退出（opt out），则学校可以向公众公开。除同意或拒绝公开教育数据的权利之外，《家庭教育权利和隐私法案》还列举了核查学习成绩、更改不准确或错误数据、就违规行为提起申诉等权利。在学生未满18周岁或未进入大学学习之前，《家庭教育权利和隐私法案》所列举的权利归属于学生的父母或监护人，在学生进入大学或满18周岁后，权利主体变为学生个人。

2000年生效的《儿童在线隐私保护法》同样将儿童在线数据的控制权交至儿童父母或其监护人。未能得到父母或监护人的统一许可，网络服务提供者不得收集未满13周岁的儿童的在线数据。[3] 2019年由参议员爱德华·约翰·马基和乔希·霍利提出的《儿童在线隐私保护法》修正案更是细化了未成年人的年龄要求。具体而言，该修正案要求网络服务提供者必须获得13—15周岁未成年人本人而非父母的同意，方可收集其个人数据。此外，该修正案设置了"橡皮擦按钮"（Eraser Button），如果父母或者未成年人决定清除服务商收集的全部未成年人数据，服务商不得以此为理由而拒绝向其

---

[1] 宪法不可能禁止对一名学生的事实进行评论或讨论。参见 Frasca v. Andrews, 463 F. Supp. 1043, 1050 (E.D.N.Y. 1979)。

[2] 目录信息包括学生的姓名、地址、电话号码、出生日期、出勤记录等。参见 20 U.S.C. § 1232g(b)(5)。

[3] 2019年2月，著名的短视频应用抖音海外版（TikTok）因未能得到父母的明确同意而收集13周岁以下未成年人的个人数据，而被联邦贸易委员会罚款570万美元。参见 FTC, Video Social Networking App Musical.ly Agrees to Settle FTC Allegations That it Violated Children's Privacy Law, Feb. 27, 2019。

提供服务。[1]

由上可见,未成年人数据的二元(未成年人本人及监护人)设定,已然成为美国未成年人数据保护的前置条款,以期实现对未成年人数据的隐私及安全的双重保护。不只美国,欧盟《通用数据保护条例》同样认可了未成年人数据的二元同意。《通用数据保护条例》所设定的默认同意年龄是16周岁,个别成员国可以通过法律将这一年龄降为不低于13周岁。在未成年人未达到默认同意的年龄之前,数据处理者必须获取监护人的同意方可收集、处理未成年人数据,且未成年人数据必须满足严格的保护要求。未成年人数据的二元设定原则充分反映出法律的家长主义传统,将未成年人的数据利益放置于优先且严格的受保护地位。

二、不足:国家行为理论束缚中的软性监管与立法缺失

国家行为理论一直被视为基本权利第三人效力的概念泥潭,绝大多数私人公司难以被认定为国家行为者,继而造成了权利侵害行为的肆意增长。作为软性监管方式的税收调节虽然呈现上升趋势,但其作用仍然有待进一步提升。而立法缺失也导致技术繁荣以权利牺牲为代价,放任了实践中责任分配难题的野蛮生长。

(一)国家行为理论的故步自封

基本权利的侵犯主体已经不仅仅局限于国家主体,互联网科技公司正在成为基本权利侵犯的重要主体。以搜索引擎为例,搜索引擎的自动填充有时可以准确地补充用户想要继续输入的内容,提高了用户的体验感。然而,当用户搜索自己的姓名时,谷歌的自动填充

---

[1] See Senators Markey and Hawley Introduce Bipartisan Legislation to Update Children's Online Privacy Rules, Mar. 12, 2019.

可能显示的是负面单词,比如名誉诽谤等虚假信息。即使用户确实发现了一个诽谤网站,用户也只能对该诽谤网站进行起诉,而不能对作为搜索引擎的谷歌提起诉讼。[1] 尽管此时用户的名誉已经受到了损害,但搜索引擎的中立性依旧庇护它逃离了责任的追究。[2] 有鉴于此,有学者建议,在未能清晰界定搜索引擎的法律责任之前,可以先通过改进算法的方式,从源头消灭诽谤性算法推荐,比如当用户搜索个人姓名时,谷歌可以提示,某个网站正在对你的姓名作出可疑的诽谤。[3]

与少数的虚假自动填充不同,多数情况下,搜索引擎都能准确地预知用户的想法与喜好,而这种预测的基础建立在大规模的机器监视(machine surveillance)之上。可能有人认为"机器监视本质上是无害的,就像狗看到人类走出淋浴间一样"[4],但更多的学者还是对机器监视持怀疑态度,尤其是机器监视可能对隐私造成严重的侵犯。更进一步,黑箱算法刺激了算法的独裁。[5] 个人在互联网的话语权也被大型科技公司控制,科技公司通过技术优势,可以轻而易举地对用户的言论进行审查,从而挑选并删除特定的言论。言论自由的最大威胁者已经不仅仅是公权力机关,而是并立的大型科技公司与公

---

[1] See Frank Pasquale, *The Black Box Society: The Secret Algorithms That Control Money and Information*, Cambridge: Harvard University Press, 2015, p. 54.

[2] See Stavroula Karapapa and Maurizio Borghi, "Search Engine Liability of Autocomplete Suggestions: Personality, Privacy and the Power of Algorithm", *International Journal of Law and Information Technology*, Vol.23(2015), p. 289.

[3] See Seema Ghatnekar, "Injury By Algorithm: A Look Into Google's Liability For Defamatory Autocompleted Search Suggestion", *Loyola of Los Angeles Entertainment Law Review*, Vol.33(2012), p. 203.

[4] Peter Margulies, "Surveillance by Algorithm: The NSA, Computerized Intelligence Collection, and Human Rights", *Florida Law Review*, Vol.68(2016), p. 1045.

[5] See Gianluigi Fioriglio, "Freedom, Authority and Knowledge on Line: The Dictatorship of the Algorithm", *Revista International de Pensamiento Politico*, Vol.10(2015), pp. 395-410.

权力机关。由于《美国宪法第一修正案》无法直接适用于大型科技公司（私人主体），基础理论又该如何进一步更新？

智慧城市甚至打通了虚拟与现实维度的隔断，国家行为理论在此场景中更是备受冲击。内华达州州长史蒂夫·西索莱克（Steve Sisolak）曾于2021年公开表示要建立一个创新区（Innovation Zones），创造突破性技术的公司将在其所确定的创新区域内实现实质性的经济和技术发展，并获得相当大的自治权和决策权，这些权力将包括能够征税（但有法定限制，禁止对"区内不动产"征税）、雇用和解雇官员（包括县办事员、记录员、警长、审计师、地区检察官和公共行政人员）、发展和监督学区、许可经营资质，并建立"司法法院"系统。史蒂夫·西索莱克还提到，一家名为Blockchain的科技公司已经承诺在内华达州进行前所未有的投资，在内华达州北部创建一个智慧城市，使内华达州成为这一新兴行业的中心。事实上，内华达州的创新区域就是通常所说的智慧城市，而智慧城市将与内华达州的其他行政区域各自独立，甚至有媒体报道称，"内华达州将允许科技公司创建政府"[1]。随之而来的宪法问题便是，国家行为理论能否将具有行政管理能力的私人公司视为国家行为者从而接受宪法约束？如果国家行为理论依旧保持封闭态度，拒绝承认实际管控智慧城市的科技公司的国家行为者身份，那么科技公司将逃避一系列的宪法义务。所以有观点认为，国家行为理论需要成为广泛适用的学说，[2] 赋予私人公司相应的宪法义务，从而制约私人公司的技术权力。

---

[1] Nevada Bill Would Allow Tech Companies to Create Governments, *AP State News*, Feb. 4, 2021.
[2] See Bruce Peabody and Kyle Morgan, "From the Company Town to the Innovation Zone: Frontiers of Public Policy, the State Action Doctrine, and the First Amendment", *British Journal of American Legal Studies*, Vol.11(2022), p. 59.

在缺乏基本权利水平效力的理论背景中,国家行为理论需要在新型语境中被重新解读与应用。国家行为理论的适用受到技术发展、规范背景、案件事实等因素的影响,而国家行为理论的适用也将反向影响技术发展与规范背景等方面。国家行为理论可能需要最大限度地被重新考量,因为当政府执法和公司服务交织在一起时,试图清晰地划定公权力和私人公司之间的界限,可能比以往任何时间都要困难。以个人数据为例,尽管个人担忧政府可能未经个人同意便收集和使用个人数据,然而当前更为频发的情形是,大型私人科技公司未经个人同意便收集和使用个人数据。由于私人公司并不是传统意义上的公权力机关,并不受宪法正当程序的约束,而侵权法诉讼又无法提供完全的救济,个人数据的保护最后只得用"脆弱"二字评价。因此,在无法完全否决国家行为原则的前提下,最高法院只能通过个案衡量,从而确认大型科技公司是否可以被认定为国家行为者,是否需要接受宪法的约束。

然而通过前文的实例分析,绝大多数的美国公司都难以在国家行为理论的研判中被认定为国家行为者。自称为公众服务的科技公司享有部分宪法第一修正案权利,甚至可以主张出售、披露和使用其活动所产生的数据的权利。[1] 造成此种结果的因素众多,而防止法院通过个案衡量遏制私人公司的技术创新,必然是其中之一。虽然国家行为理论为技术创新提供了延展空间,但是其造成了私人公司宪法权利侵害的责任逃逸,并在人工智能技术的辅助下日渐激化。国家行为理论一直饱受争议,甚至成为基本权利保护的理论泥潭,而在该理论无法大幅革新以适应当代权利保护要求的情形下,基本权

---

[1] See Christopher S. Yoo, "The First Amendment, Common Carriers, and Public Accommodations: Net Neutrality, Digital Platforms, and Privacy", *Journal of Free Speech Law*, Vol. 1(2021), p. 508.

利保护的收缩是可以预见的负面影响。

(二)软性政府监管的微弱态势

法律与制度的再设计都是国家的直接监管方式,而非直接的监管方式能以更为柔和的途径收获相似的结果。国家税收政策是非直接的政府干预方式,[1]通常以"非监管"(non-regulatory)的形式调控技术发展。以税收政策和自动驾驶车辆的双向影响为切入点,美国对自动驾驶车辆的国家规制倾向直接的硬性监管,而缺乏间接的软性监管,以至于不得不被动接受软性监管缺失的负面结果。

无论是美国联邦还是各州设定的准入条件,都为自动驾驶车辆研发商设置了不同程度的技术障碍,为减少技术研发的阻力,政府可以通过减少制造商的纳税额度,或者提供政策补贴以激励制造商继续研发自动驾驶车辆。奥巴马政府曾在2013年承诺,在未来的10年间,向自动驾驶车辆领域投入40亿美元的资金。但是特朗普继任后,这项资金并没有真正被投入自动驾驶车辆的研发,其甚至悄无声息地解散了奥巴马在任期间设立的自动车辆委员会。[2] 尽管联邦和各州仍然部分地实施了自动驾驶的技术补贴,但其总量已然大有折损。联邦国税局宣布为购买电动车辆的个人提供2500—7500美元的税收抵免。[3] 2019年,密歇根州向谷歌下设的自动驾驶车辆研发公司Waymo提供了800万美元的税收补贴。[4] 政府税收减免固

---

[1] See Panel for the Future of Science and Technology, A Governance Framework for Algorithmic Accountability and Transparency, Mar. 2019, p. 45.
[2] See Sean O'Kane, "The Trump Administration Killed a Self-Driving Car Committee-And Did not Tell Members", *The Verge*, Aug. 9, 2019.
[3] See U.S. Department of Energy, Electric Vehicles: Tax Credits and Other Incentives, https://www.energy.gov/eere/electricvehicles/electric-vehicles-tax-credits-and-other-incentives, last visited time 2019-11-13.
[4] See Chad Selweski, Google's Self-Driving Cars Receive Questionable $8 Million State Subsidy Politically Speaking, Jan. 31, 2019.

然可能影响自动驾驶技术的发展速率,但自动驾驶技术的应用也可能反过来颠覆政府财政来源的结构。

自动驾驶车辆可能从根本上改变城市和各州的交通预算方式。随着自动驾驶车辆的广泛应用,传统的税收制度将被颠覆,政府每年可能因此损失数亿美元的收入。有学者分析了美国 25 个城市的政府税收来源。在 2016 年度,各大城市从停车罚款、交通罚单、燃油税、拖车费、车辆登记费和许可费中获得了近 50 亿美元的收入,有的城市(例如贝拉维拉)的财政来源一半以上依赖车辆罚款。[1] 然而,自动驾驶车辆的出现可能改变政府税收来源的结构。由于自动驾驶车辆的系统设定,未来车辆违规停车的罚款可能会完全消失,随之而来的是交通罚单和拖车费的减少。[2] 由于自动驾驶车辆的耗油量将显著减少(可能主要依赖电力),[3] 城市的燃油税也将大幅减少。因此,有学者提议,新增车辆行驶里程税(Vehicle Miles Traveled Tax)、拥堵税和奢侈税以为政府创造新的收入来源。[4] 假若美国政府依旧选择性地忽视财政税收等软性

---

[1] See Governing Future of the State and Localities, Special Report: How Autonomous Vehicles Could Constrain City Budgets, https://www.governing.com/gov-data/gov-how-autonomous-vehicles-could-effect-city-budgets.html#data, last visited time 2019-09-23.

[2] See Stephen Ratner, "Taxation of Autonomous Vehicle in Cities and States", *Tax Lawyer*, Vol.71(2018), pp. 1061-1067.

[3] See Wanada, One Way to Pay for Infrastructure: Tax Autonomous Vehicles, https://wanada.org/one-way-to-pay-for-infrastructure-tax-autonomous-vehicles/, last visited time 2019-09-23.

[4] 具体而言,车辆行驶里程税代替的是原来的燃油税;拥堵税是对拥堵路段或时间收取更高的税,从而提升交通的效率;奢侈税是因为未来普通家庭可能会选择共享自动驾驶车辆,而富人才会购买私人的自动驾驶车辆,所以对富人进行额外的一项征税。Stephen Ratner, "Taxation of Autonomous Vehicle in Cities and States", *Tax Lawyer*, Vol.71(2018), pp. 1067-1073.

非直接监管方式,[1]那么至少在自动驾驶技术应用的场景中,其负外部性将不只局限于政府财政结构,甚至可能蔓延至政府运行框架中。

(三)立法缺位导致的责任难题

算法规制的立法缺位使黑箱算法仍旧神秘莫测,而自动驾驶技术的立法虽然维持了技术迭代的高速率,却将责任分配问题推向制度设计。保险制度虽然可以填补受害者的损失,且保护技术进步的萌芽,但是并不能完全解决法律责任的分配问题。以自动驾驶为例,由于第五级自动驾驶系统完全不需要自然人作为驾驶员,一旦发生车祸,责任分配将成为法律的难题。目前多数自动驾驶技术仍停留在第二、第三级,对于外界风险作出最小化判断和决定的仍然是人类驾驶员,自动驾驶车辆的制造商只要在《产品责任法》的框架内承担责任便可应对大部分的状况。而真正的难题在于,当自动驾驶技术提升到第四、第五级,由算法对激烈情况作出决策时,产生的侵害责任应该如何分配。

责任分配还隐藏着一项前提性争论:伦理道德如何融入碰撞算法。假设自动驾驶车辆遇到了特殊情况,必须撞向前方的两辆摩托车之一。在车辆的左前方是一个戴着头盔的摩托车手,在车辆的右前方是一个没有戴头盔的摩托车手。自动驾驶车辆应该撞向哪位摩

---

[1] 值得注意的是,2020年美国交通部公布的《自动车辆4.0》征求意见稿已经开始关注财政部和国税局的调节作用,包括为科技公司提供最多20%的税收减免;鉴于科技公司在经营初期的投入费用可能高于收入,税法允许结转净营业亏损,以抵消未来几年产生的应纳税收入的80%。参见 National Science and Technology Council and U.S. Department of Transportation, Ensuring American Leadership in Automated Vehicle Technologies: Automated Vehicles 4.0, Jan. 8, 2020, p. 31。

托车手?[1] 毋庸置疑,不戴头盔的摩托车手的死亡概率要远高于戴头盔的车手,如果碰撞算法此时选择撞向戴头盔的摩托车手,虽然可能会降低死亡概率,但相当于鼓励更多的车手行车不戴头盔。对于这一问题的探讨可能要追溯到经典的电车问题(trolley problem):失控电车的司机发现自己只能从一条狭窄的轨道转向另一条,五个人在前方轨道上工作,一个人在备用轨道上工作。任何人在电车驶入轨道后都会被撞死,没有任何逃跑的可能,道德上允许司机转向人数较少的轨道吗?

本书无意继续深究电车问题的伦理困境,只是重述一项观点,即自动驾驶系统的程序编写必须考虑到人类的生命、社会平等等外在性因素,将保护自然人列为算法程序的基础设定。2017年由德国交通和数字基础设施部公布的《自动与互联驾驶报告》(Automated and Connected Driving Report)[2]便是一份良好的范例,来自交通、法律、信息科学、哲学、神学等领域的14位专家代表,就自动驾驶车辆的道德性问题提出了20项准则,其核心是将人类的价值和平等置于财产和动物的损坏之上。

革新法律规范是解决自动驾驶责任分配问题的终局性方案。回应型法学派认为,法律需要回应社会需要,而这种回应是负责任的、有选择的和适应的,其依靠各种方法使完整性和开放性恰恰在发生冲突时相互支撑。社会压力成为认识的来源和自我矫正的机会,[3]

---

[1] See Jeffrey K. Gurney, "Crashing into the Unknown: An Examination of Crash-Optimization Algorithms through the Two Lanes of Ethics and Law", *Albany Law Review*, Vol.79 (2015), p. 197.

[2] See Ethics Commission, German Federal Ministry of Transport and Digital Infrastructure, Automated and Connected Driving Report, Jun. 2017.

[3] 〔美〕诺内特、塞尔兹尼克:《转变中的法律与社会:迈向回应型法》,张志铭译,中国政法大学出版社1994年版,第81—117页。

比如自动驾驶技术的出现使交通法规中"驾驶员""操作员"等术语发生变化,责任分配也有待更新与辨明。然而,一旦相关法规明确了制造商的责任,就极易造成自动驾驶技术的迟缓发展。因此,为了确保自动驾驶技术及时进入市场,美国当局不得不考虑减轻自动驾驶系统和车辆制造商的责任,而立法缺失却继续放大了责任分配难题。

三、回望:人工智能的规制与权利保护参考

个人数据、黑箱算法与自动驾驶同样是我国学界与业界的关注焦点。我国当前的算法规制主要存在于数据保护的脉络中,而数据保护又依赖《民法典》《个人信息保护法》《数据安全法》《网络安全法》《信息安全技术 个人信息安全规范》,多方监管的制度设定也使数据保护与算法规制模糊不清。《智能网联汽车道路测试与示范应用管理规范(试行)》为自动驾驶设置了准入门槛,但未能给予风险监测与反馈足够的关注。提高个人的基本素养,拓宽公众参与途径,从而形成元监管下三方配合的全程权利保护,应是我国未来技术规制与权利保护的方向选择。

(一)国内学者观点简析

人工智能与法律的互动关系同样是国内学界关注的热点话题。多数学者认为法律需要革新自我,以应对人工智能的技术发问。例如,郑玉双认为,法律与科技之关系的管制模式与回应模式均存在弱点,应当转向重构模式。[1] 郑志峰认为,人工智能的技术特征使其

---

[1] 管制模式和回应模式未能完整地呈现技术价值和法律价值之间相互作用的方式,而重构模式主张法律针对技术价值的不同面向而进行自我调整,在技术价值和法律价值世界的碰撞中进行重构,解决技术所引发的归责原理和规范建构问题。参见郑玉双:《破解技术中立难题——法律与科技之关系的法理学再思》,载《华东政法大学学报》2018年第1期,第85—97页。

法律治理的价值取向具有多样性与开放性，需要兼顾政治与国家、科技与经济、社会与个人三个维度。[1] 余成峰甚至认为，人工智能造成了法律功能独特性的丧失，引发了法律"死亡"的前景。[2]

加强个人数据的保护已然成为国内学界的共识，而传统的用户知情同意原则存在着僵化与漏洞，单一的私法保护更无法解决人工智能场景中的数据问题，构建借鉴域外经验、发挥中国优势的数据保护模式迫在眉睫。告知同意原则的异化现状收获了诸多关注，万方认为，应设立隐私设置选项，以推动从择入机制到择出机制的逐渐演变，以及引入隐私风险评估机制等途径，对告知同意原则进行革新以克服自身的结构性僵化。[3] 蔡星月提出了以"情境合理和拟制同意为合法处理"的数据主体的"弱同意"规范结构，从而避免信息流通效率降低和数据利用价值减损。[4] 从行为规制角度出发，丁晓东认为，当前个人信息的私法保护路径并不足以解决全部风险问题，应当通过"消费者法化"重新激发个人信息私法保护的活力，同时采取公法框架进行风险规制。[5] 郑志峰认为，应当重视隐私保护的技术路径，探索隐私保护的市场机制，确立隐私保护的伦理原则。[6] 吴伟光认为，由于社会群体的形成、发展和竞争环境的不同，中国的隐私

---

[1] 参见郑志峰：《人工智能法律治理的价值取向》，载《人工智能》2022年第1期，第6—13页。

[2] 参见余成峰：《法理的"死亡"：人工智能时代的法律功能危机》，载《华东政法大学学报》2018年第2期，第5—20页。

[3] 参见万方：《隐私政策中的告知同意原则及其异化》，载《法律科学（西北政法大学学报）》2019年第2期，第61—68页。

[4] 参见蔡星月：《数据主体的"弱同意"及其规范结构》，载《比较法研究》2019年第4期，第71—86页。

[5] 参见丁晓东：《个人信息私法保护的困境与出路》，载《法学研究》2018年第6期，第194—206页。

[6] 参见郑志峰：《人工智能时代的隐私保护》，载《法律科学（西北政法大学学报）》2019年第2期，第51—60页。

权保护观念和制度设计应当具有特殊性,从而提高中国社会的整合程度和治理效率,降低社会内生成本以构建公平和谐的社会。[1] 在《民法典》《个人信息保护法》陆续颁布施行后,个人信息权利的实践路径收获了众多关注,如删除权在社交媒体文件归档工作中的实现方式,[2] 被遗忘权本土化的制度塑造,[3] 个人医疗信息的匿名化处理制度,[4] 以及《民法典》与《个人信息保护法》的协调适用。[5]

黑箱算法的规制困境显示出法律对于算法的疲软无力,算法规制更为依赖技术路径,而其中法律的作用可以通过系统间的结构耦合实现。郑智航、徐昭曦分析了美国法律实践中的算法歧视规制和司法审查,总结了政府规制的多重类型,并提出强调平衡"数字鸿沟",抑制算法权力,确保国家权力的运用能够促进科学技术的发展与进步。[6] 刘友华提出了算法偏见的规制路径,包括规制的指导原则(公平)、规制的技术控制(透明)、规制的行为约束(可责)和规制的利益保障(规则)。[7] 张恩典认为,我国应采用类型化规制思

---

[1] 参见吴伟光:《从隐私利益的产生和本质来理解中国隐私权制度的特殊性》,载《当代法学》2017年第4期,第50—63页。

[2] 参见李欣钰:《挑战与应对:〈个人信息保护法〉规制下删除权在社交媒体文件归档工作中的实现》,载《档案管理》2022年第4期,第46—49页。

[3] 参见王义坤、刘金祥:《被遗忘权本土化的路径选择与规范重塑——以〈个人信息保护法〉第47条为中心》,载《财经法学》2022年第3期,第96—109页。

[4] 参见李润生:《论个人医疗信息的匿名化处理制度——兼评〈个人信息保护法〉相关条款》,载《交大法学》2022年第4期,第122—136页。

[5] 如程啸:《论〈民法典〉与〈个人信息保护法〉的关系》,载《法律科学(西北政法大学学报)》2022年第3期,第19—30页;郑晓剑:《论〈个人信息保护法〉与〈民法典〉之关系定位及规范协调》,载《苏州大学学报(法学版)》2021年第4期,第55—63页;石佳友:《个人信息保护的私法维度——兼论〈民法典〉与〈个人信息保护法〉的关系》,载《比较法研究》2021年第5期,第14—32页。

[6] 参见郑智航、徐昭曦:《大数据时代算法歧视的法律规制与司法审查——以美国法律实践为例》,载《比较法研究》2019年第4期,第111—122页。

[7] 参见刘友华:《算法偏见及其规制路径研究》,载《法学杂志》2019年第6期,第55—66页。

路,建立健全的算法模型数据清洁制度、算法歧视审查制度和算法歧视影响评估制度,从事前、事中和事后全过程对算法歧视加以规制。[1] 衣俊霖建议,应当通过算法标准自我声明机制推动软法的"硬化",规范算法贴标逐渐消灭"无标生产",构建软法与硬法混合的算法规制模式。[2] 林洹民则认为,算法监管涉及政治、经济和法律三个社会子系统,应当通过数据活动顾问这一"接口岗位"实现系统间的结构耦合,我国应当设立以数据活动顾问为主、数据活动监管局为辅的二元算法监管机制。[3]

自动驾驶撼动了法律责任分配大厦的基石,众多学者围绕着理想化的分配模式展开热烈讨论。王莹认为,自动驾驶技术的融合带来了参与主体与行为主体的多元化、因果链条的延长与责任界限的模糊等问题,因而法律的责任框架重心应向驾驶系统的掌控者转移,并引入可允许的风险理论。[4] 在责任体系没有完全革新的过渡期间,保险模式的更新尤为关键。邢海宝认为,当前主流的保险模式是在车辆交通事故责任和车辆产品责任配置未做较大改变的前提下,将智能车辆系统缺陷导致的交通事故损害风险纳入车辆交通事故责任强制保险,而我国的交强险存在不足,需要加以完善。[5] 责任分配背后的碰撞算法价值选择同样值得关注,李飞认为立法应积极

---

[1] 参见张恩典:《反算法歧视:理论反思与制度建构》,载《华中科技大学学报(社会科学版)》2020年第5期,第60—71页。
[2] 参见衣俊霖:《数字孪生时代的法律与问责——通过技术标准透视算法黑箱》,载《东方法学》2021年第4期,第77—92页。
[3] 参见林洹民:《自动决策算法的法律规制:以数据活动顾问为核心的二元监管路径》,载《法律科学(西北政法大学学报)》2019年第3期,第43—53页。
[4] 参见王莹:《法律如何可能?——自动驾驶技术风险场景之法律透视》,载《法制与社会发展》2019年第6期,第99—112页。
[5] 参见邢海宝:《智能汽车对保险的影响:挑战与回应》,载《法律科学(西北政法大学学报)》2019年第6期,第30—42页。

介入碰撞算法伦理的建构和塑造,防止自生伦理取代法律公正。[1]郑玉双认为,应对自动驾驶的伦理和法律挑战需要重建算法正义观,并构建出符合算法正义观的自动驾驶道德算法。相比道义论和功利主义算法,最大化最小值算法具有理论和实践优势,能够在道德基础、功能主义和责任三个方面得到辩护。[2]

人工智能的技术风险规制需要多元、全程的制度设计。马长山认为,互联网时代引发了法律价值、法律关系和法律行为三方面的变革,法律必然需要进行转型升级,建立多元互动的风险规制体系,确立"过程—结果"的双重规制策略。[3] 陈景辉认为,预防原则应当成为政府以法律的手段因应科技风险的主要原则。[4] 尽管国家的规制能力受到技术限制,但是国家仍然毋庸置疑地扮演着技术规制与权利平衡的主导角色。张青波认为,科学系统自我规制的消极影响可以通过国家的再规制予以消除。[5] 齐延平认为,面对算法带来的公共风险和以平台为代表的社会权力对言论的威胁,国家权力在言论自由领域应变传统的"消极"角色为"积极"角色,积极履行规制职责。[6] 一言以蔽之,面对着人工智能声势浩大的技术席卷浪潮,法

---

[1] 参见李飞:《无人驾驶碰撞算法的伦理立场与法律治理》,载《法制与社会发展》2019年第5期,第167—187页。
[2] 参见郑玉双:《自动驾驶的算法正义与法律责任体系》,载《法制与社会发展》2022年第4期,第145—161页。
[3] 参见马长山:《智能互联网时代的法律变革》,载《法学研究》2018年第4期,第20—38页。马长山:《人工智能的社会风险及其法律规制》,载《法律科学(西北政法大学学报)》2018年第6期,第47—55页。
[4] 参见陈景辉:《捍卫预防原则:科技风险的法律姿态》,载《华东政法大学学报》2018年第1期,第59—71页。
[5] 参见张青波:《自我规制的规制:应对科技风险的法理与法制》,载《华东政法大学学报》2018年第1期,第98—111页。
[6] 参见齐延平、何晓斌:《算法社会言论自由保护中的国家角色》,载《华东政法大学学报》2019年第6期,第6—16页。

律需要重构制度设计,把控技术的全过程风险,而这一行为必然需要得到他方力量的支持。

(二)从国家统揽走向三方合作

元监管下的三方合作监管是回应型监管方式的演变产物。正如同回应型法是对自治型法的压力的发展与回应,回应型监管是对国家监管的压力的发展与回应。良好的监管政策必然需要接受国家监管与自我监管的共生与合作。[1] 回应型监管是绝对的国家监管与绝对的行业监管的中间道路。行业组织或公司为自己设定规则并获得政府(公众)的承认,如果公司没能满足自设的规则,则由政府强制执行。在不放弃政府纠正市场失灵责任的情况下,不断升级的回应型监管形式可以保留自由市场的众多优点。[2]

我国当前的个人数据保护主要依赖《民法典》《数据安全法》《个人信息保护法》《网络安全法》《互联网信息服务管理办法》《信息安全技术 个人信息安全规范》,[3] 算法规制则倚靠数据保护规范和《互联网信息服务算法推荐管理规定》。2017年生效的《网络安全法》从国家宏观统筹出发,将个人数据[4]的保护任务交由国务院电信主管部门、公安部门和其他有关机关执行,并明确了网络运营者的

---

[1] Ian Ayres and John Braithwaite, *Responsive Regulation: Transcending the Deregulation Debate*, New York: Oxford University Press, 1992, p. 3.

[2] Ian Ayres and John Braithwaite, *Responsive Regulation: Transcending the Deregulation Debate*, New York: Oxford University Press, 1992, pp. 4-7.

[3] 涉及个人数据保护的法律规范性文件还包括:全国人民代表大会常务委员会《关于加强网络信息保护的决定》,《刑法修正案(九)》,《消费者权益保护法》,最高人民法院、最高人民检察院《关于办理侵犯公民个人信息刑事案件适用法律若干问题的解释》等。

[4] 根据《网络安全法》第76条第5款的规定,个人信息是指以电子或者其他方式记录的能够单独或者与其他信息结合识别自然人个人身份的各种信息,包括但不限于自然人的姓名、出生日期、身份证号码、个人生物识别信息、住址、电话号码等。

数据保护义务[1]。《信息安全技术 个人信息安全规范》细化了数据控制者的数据保护义务,于2019年公开征求意见,并在2020年发布正式版,保证了《网络安全法》具体规范的流畅落地。2021年是个人数据保护法的丰收大年,《民法典》《数据安全法》《个人信息保护法》陆续生效。《民法典》第四编第六章从个人私权出发,明确了隐私权和个人信息保护,并规定了信息处理者的合规义务。《数据安全法》则以维护国家总体安全为基础,通过国家强制力量追究违规主体的法律责任。《个人信息保护法》则依次规定了个人信息处理原则、个人的信息权利、信息处理者的义务以及履行个人信息保护职责的部门。以《互联网信息服务管理办法》为前瞻,2022年《互联网信息服务算法推荐管理规定》《互联网宗教信息服务管理办法》《网络预约出租汽车监管信息交互平台运行管理办法》《互联网用户账号信息管理规定》《移动互联网应用程序信息服务管理规定》等行业义务指向的管理办法相继施行。由此,我国形成了以国家规制为政策主导、公司责任为实践展开数据保护的态势,个人在其中扮演着补充的监督执行角色。从元监管角度出发,公司的自我监管是技术规制与权利保护的首要途径,而其监管方式需要受到外部力量的引导与纠偏。我国国家力量的政策引导与规则设定一直追求与国际接轨,甚至成为外媒赞誉的遵循《通用数据保护条例》的非欧盟国家。[2]

然而公众参与的缺乏始终是我国权利保护的切肤之痛。《民法典》偏重对个人数据隐私的规范肯定;《数据安全法》倾向国家主权的数字宣誓;《个人信息保护法》依赖信息处理者的遵法守法;《网络

---

[1] 《网络安全法》第11条要求,网络相关行业组织按照章程,加强行业自律,制定网络安全行为规范,指导会员加强网络安全保护,提高网络安全保护水平,促进行业健康发展。

[2] See IAPP, GDPR Matchup: China's Cybersecurity Law, Jun. 28, 2017.

安全法》更为关注个人的守法义务,对于公众参与的路径设定仍有不足;[1]《信息安全技术 个人信息安全规范》虽然支持了个人的访问权、更正权等相关的数据权利,但忽视了个人数据(算法)素养的提升。上述法律的公开征求意见反映出规则制定的公众参与意识,但依旧遗忘了作为公众参与优先性条件的个人数据(算法)素养。算法规制与数据保护规范密切相关,在黑箱算法未能破题之时,优先提高个人的基础(算法)素养,可以帮助个人甄别算法的不利操作,从而削减算法的负面影响。自动驾驶技术的规则制定,同样需要国家引导下的行业内部规制与公众意见反馈。以技术发展为导向,自动驾驶的责任分配问题难以被行业内部的反思解决,选择性吸收多方意见将有助于在法律上回应分配难题。

(三)全程衔接的权利保护

为保障人工智能技术的持续发展,探索激励相容的权利保护政策始终是产业应用的前行目标。以自动驾驶为例,百度公司自 2013 年开始研发自动驾驶车辆,并发布了全球首款量产自动驾驶小巴"阿波龙"。2017 年 7 月,百度公司董事长兼首席执行官李彦宏在人工智能开发者大会上播放了其乘坐自动驾驶车辆的视频。此视频一经公开,反响巨大,不少人质疑李彦宏在缺乏相关资质证明的情况下上路测试无人驾驶车辆属于违法行为。此后北京市公安交管部门发表情况通报:"公安交管部门支持无人驾驶技术创新,但应当依法、安全、科学进行。对于违反《中华人民共和国道路交通安全法》等法律

---

[1] 《网络安全法》最为体现公众参与的规范在于第 14 条,任何个人和组织有权对危害网络安全的行为向网信、电信、公安等部门举报。收到举报的部门应当及时依法作出处理;不属于本部门职责的,应当及时移送有权处理的部门。有关部门应当对举报人的相关信息予以保密,保护举报人的合法权益。而该条款只关注了公众的事后监督,并没有给予事前参与足够的重视。

法规的行为,公安交管部门将依法予以查处。"此外,作为全国政协委员的李彦宏还曾多次提案,要求加快制定和完善无人驾驶车辆的相关政策法案,从而保障中国的技术领先优势。[1] 在李彦宏收到自动驾驶罚单的9个月后,我国工业和信息化部联合公安部和交通运输部于2018年4月3日发布了《智能网联汽车道路测试管理规范(试行)》,随后,北京、上海、深圳、重庆等地相继发布了自动驾驶车辆上路测试的规范性文件或指导性文件。2021年7月,工业和信息化部、公安部和交通运输部发布了《智能网联汽车道路测试与示范应用管理规范(试行)》,明确了开展智能网联汽车道路测试与示范应用的流程与原则,期冀推动自动驾驶车辆的良好发展。总体而言,我国行政文件为自动驾驶车辆设定了准入门槛,并就自动驾驶车辆上路运行前期的安全保障措施提出要求。进行公路测试的自动驾驶车辆需要申请临时上路行驶许可、配备自动和人工两种驾驶模式、安装监测驾驶行为的远程装置,以及需有人类驾驶员在车上、在限定时间和区域内进行测试并购买不少于500万元人民币的交通事故责任保险。

行政文件的出台无疑减少了技术发展的客观阻碍,但其仍然需要向测试前、测试后全程的权利保护方向改进。以美国《自动驾驶法案》为例,其第五章和第十二章分别为网络安全计划(Cybersecurity of Automated Driving Systems)和隐私计划(Privacy Plan Required for Highly Automated Vehicles)。《自动驾驶法案》第五章要求在美国境内销售的自动驾驶车辆必须设有网络安全计划,从而明确制造商检测和响应网络攻击、未经授权入侵、虚假信息或虚假车辆控制命令的方案。《自动驾驶法案》第十二章要求美国境内销售的自动驾驶车辆

---

[1] 参见孙冰:《全国两会现场报道:李彦宏为什么要提这三份提案?》,载经济网2019年3月3日,https://www.ceweekly.can//company/2019/0303/250710.html。

必须设有隐私保护计划,并告知车主或乘车人隐私保护计划。[1] 联邦贸易委员会将会定期检测自动驾驶车辆隐私保护计划的执行情况,并向众议院的能源和商业委员会,参议院的商业、科学和交通委员会提供定期报告。[2]网络安全计划与隐私计划均从事后风险防范出发,体现出权利保障实践与技术发展革新的动态相互矫正,也为我国自动驾驶车辆的权利保护提供了制度设计的反思参考。[3]

---

[1] 书面的隐私计划包括:其一,车辆所有人或乘车人数据被制造商收集、使用、分享和存储的方式;其二,制造商就收集、使用、分享及储存数据向车主或乘车人提供的选择;其三,制造商在减少数据、取消识别和保留车主或乘车人数据方面的做法;其四,制造商将其隐私计划扩展到与其共享该等信息的实体方面的做法。
[2] See SELF DRIVE Act, Section 12 (a).
[3] 最后值得说明的是,我国《信息安全技术 个人信息安全规范》明确规定了设计前的数据保护原则,以及设计后的"个人信息安全影响评估",从而在规范层面确认了全生命周期的数据保护。

结　语

　　作为近年来最为吸睛的命题之一,人工智能与法律的互动关系得到了密切关注,技术发展造成的基本权利侵犯问题更是饱受争议。本书以美国视野下人工智能领域的基本权利保护为讨论对象,试图勾勒出技术发展与权利保护的理想样态。

　　首先,个人数据保护已然成为全球流行趋势。美国式数据保护将延续消费者数据保护的身份主体路径,继续深挖信息隐私的保护内涵,《加州消费者隐私法》也将成为联邦立法的有力参考。从根据现有资料整合的结果来看,数据保护领域中的个人权利意识已经觉醒,绝大多数个人已经具备了基本素养,能够知晓并利用数据。然而,行业自我监管的弊端也逐步显现。当前数据侵害现象泛滥的重要原因在于行业自我监管的中立性不足以及强制执行力的匮乏,急需外部反思性力量顺势补充,而这尤其表现为国家规制薄弱。尽管联邦贸易委员会为公司合规提供了最佳实践参考,但是其在事前阶段难以发现权利侵害问题,这也正是国家规制等外部规制的共同弱点:只有当权利侵害发生后,国家方有可能发现并采取纠正行动。由此,如何在事前阶段充分发挥国家力量的干预,则成为数据保护研究领域的下一个"增长点"。

　　其次,以言论自由、商业秘密为盾牌,黑箱算法在短期内难以被打破,纠正算法歧视必须倚靠行业元监管下的内部反思性,从而在源头切断歧视可能。尽管《算法问责法案》至今未能得到美国国会的通过,但其设计的自动决策系统影响评估依旧展现出外部力量偏重事后规制的特性。如何在算法训练过程中识别歧视因素,并改正算法设计,是一项有待辨析的命题。即使调整了某一项歧视数据,但是由于数据集合庞大且复杂,其他类型的数据同样可能影响算法的公平性。假设将全部的影响数据进行调整,那么算法模型可能偏离原始模型,与真实数据相差甚远。这一问题可能难以由业界之外的人士回答,得到最终的答案还需要技术人员的不断探索。

再次,为抢占技术发展领先地位,自动驾驶车辆的应用在模糊而宽松的氛围中展开。多份自动驾驶提案未能通过的原因虽然复杂难解,但是防止法律阻碍技术创新定然是原因之一。自动驾驶车辆的便利优势无须多言,但是其安全性能与个人生命健康密不可分。如何在鼓励技术发展的同时,维护个人生命安全的底线,是自动驾驶技术应用必须正面回答的问题。尽管回答这一问题可能需要耗费技术成本,但是相较放任技术应用的肆意发展,牺牲一定的技术成本可以避免经济利益主导人工智能的发展,进而彰显以人为本的人工智能应用底色。在美国联邦法律未能出台之际,美国交通部与国家公路交通安全管理局设定的安全基准是对技术发展的宏观把控,各州车辆管理局的道路测试标准则成为国家干预的重要体现,行业自我监管应在国家引导之下,寻求技术与安全的相得益彰。

最后,需要说明的是,美国人工智能领域的基本权利保护以元监管下的行业自我监管为线索而展开,国家把控方向与强力纠偏为行业监管的缺位提供了补充,公众参与则为规制理性提供了道德理性参考。然而,美国式监管图景并非完美,以数据保护、算法规制和自动驾驶安全性为例,三项领域依然有待侧重不同的监管措施改良,从而回应现实压力以解决权利保护问题。

对于我国而言,2017年国务院印发《新一代人工智能发展规划》,争取通过"三步走"[1]的战略规划,在2030年达到人工智能理论、技术与应用的世界领先水平。为保障技术的强势发展,我国实施了一系列举措以鼓励人工智能的研发与应用。在此过程中,技术发展同样产生了极具本土特色的权利侵害后果。有鉴于此,为保持个人权力的核心内涵,单一的国家规制需要开始转向元监管下的三方合作,从而实现技术倾斜下的权利保护。在此过程中,公众话语权的比例应该得到提升,而提高个人素养、扩大个人参与途径等依旧需要更多关注。

---

[1] 参见《国务院关于印发新一代人工智能发展规划的通知》,载中华人民共和国中央人民政府网,https://www.gov.cn/zhengce/content/2017-07/20/content_5211996.htm。

参考文献

一、英文参考文献

(一)英文论文

1. Hilary Putman, "Robots: Machines or Artificially Created Life?", *The Journal of Philosophy*, Vol.61(1964).

2. Lawrence B. Solum, "Legal Personhood for Artificial Intelligence", *North Carolina Law Review*, Vol.70(1992).

3. Lawrence O. Gostin, "Health Information Privacy", *Cornell Law Review*, Vol.80(1994-1995).

4. Gunther Teubner, "Substantive and Reflexive Elements in Modern Law", *Law and Society Review*, Vol.17(1983).

5. David W. Roderer, "Tentative Steps Toward Financial Privacy", *North Carolina Banking Institute*, Vol.4(2000).

6. James G. Hodge, "Health Information Privacy and public Health", *The Journal of Law, Medicine and Ethics*, Vol.31(2003).

7. Andreas Matthias, "The Responsibility Gap: Ascribing Responsibility for the Actions of Learning Automata", *Ethics and Information Technology*, Vol.6(2004).

8. Roger S. Magnusson, "The Changing Legal and Conceptual

Shape of Health Care Privacy", *Journal of Law, Medicine and Ethics*, Vol.32(2004).

9. Mark A. Rothstein, "Health Privacy in the Electronic Age", *The Journal of Legal Medicine*, Vol.28(2007).

10. Wendy K. Mariner, "Mission Creep: Public Health Surveillance and Medical Privacy", *Boston University Law Review*, Vol.87(2007).

11. Patricia Sanchez Abril and Anita Cava, "Health Privacy in a Techno-Social World: A Cyber-Patient's Bill of Rights", *Northwestern Journal of Technology and Intellectual Property*, Vol.6(2008).

12. Nicholas P. Terry, "What's Wrong with Health Privacy", *Journal of Health and Biomedical Law*, Vol.5(2009).

13. Kathryn McEnery, "The Usefulness of Non-Linear Thinking: Conceptual Analysis Tools and an Opportunity to Develop Electronic Health Information Privacy Law", *The Health Lawyer*, Vol.23(2010).

14. Ryan Calo, "Open Robotics", *Maryland Law Review*, Vol.70(2011).

15. F. Patrick Hubbard, "Do Androids Dream: Personhood and Intelligent Artifacts", *Temple Law Review*, Vol.83(2011).

16. Bryant Walker Smith, "Managing Autonomous Transportation Demand", *Santa Clara Law Review*, Vol.52(2012).

17. Dorothy J. Glancy, "Privacy in Autonomous Vehicles", *Santa Clara Law Review*, Vol.52(2012).

18. Frank Douma and Sarah Aue Palodichuk, "Criminal Liability Issues Created by Autonomous Vehicles", *Santa Clara Law Review*, Vol.52(2012).

19. Jeffrey Rosen, "The Right to be Forgotten", *Stanford Law Review Online*, Vol.64(2012).

20. Paul M. Secunda, "Privatizing Workplace Privacy", *Notre Dame Law Review*, Vol.88(2012).

21. Teneille R Brown, "In-Corp-O-Real: A Psychological Critique of Corporate Personhood and Citizens United", *Florida State University Business Review*, Vol.12(2013).

22. Meghan C. O'Connor and Diane M. Welsh, "Casting a Wider Net: Health Information Privacy Is Not Just for Health Lawyers", *Wisconsin Lawyer*, Vol.86(2013).

23. Peter Swire, "Finding the Best of the Imperfect Alternatives for Privacy, Health It, and Cybersecurity", *Wisconsin Law Review*, Vol.2013(2013).

24. Frank Pasquale et al., "Protecting Health Privacy in an Era of Big Data Processing and Cloud Computing", *Stanford Technology Law Review*, Vol.17(2013-2014).

25. Frank Pasquale, "Redescribing Health Privacy: The Importance of Information Policy", *Houston Journal of Health Law and Policy*, Vol.14(2014).

26. Nicolas P. Terry, "Big Data Proxies and Health Privacy Exceptionalism", *Health Matrix*, Vol.24(2014).

27. Jennifer Robertson, "Human Rights VS. Robot Rights: Forecasts from Japan", *Critical Asian Studies*, Vol.46(2014).

28. Anne Marie Helm, Daniel Georgatos, "Privacy and mHealth: How Mobile Health Apps Fit into a Privacy Framework Not Limited to

HIPAA", *Syracuse Law Review*, Vol.64(2014).

29. Jane Bambauer, "Is Data Speech?", *Stanford Law Review*, Vol.66(2014).

30. F. Patrick Hubbard, "Sophisticated Robots: Balancing Liability, Regulation, and Innovation", *Florida Law Review*, Vol.66(2014).

31. Andrew R. Swanson, "Somebody Grab the Wheel: State Autonomous Vehicle Legislation and the Road to a National Regime", *Marquette Law Review*, Vol.97(2014).

32. James Grimmelmann, "Speech Engines", *Minnesota Law Review*, Vol.98(2014).

33. Reva B. Siegel, "How Conflict Entrenched the Right to Privacy", *Yale Law Journal Forum*, Vol.124(2014–2015).

34. Herke Kranenborg, "Google and the Right to Be Forgotten", *European Data Protection Law Review*, Vol.1(2015).

35. Jack M. Balkin, "The Path of Robotics Law", *California Law Review Circuit*, Vol.6(2015).

36. Edward Lee, "The Right to Be Forgotten v. Free Speech", *I/S: A Journal of Law and Policy for the Information Society*, Vol.12(2015).

37. AdeelLari, Frank Douma and Ify Onyiah, "Self-Driving Vehicles and Policy Implications: Current Status of Autonomous Vehicle Development and Minnesota Policy Implications", *Minnesota Journal of Law, Science and Technology*, Vol.16(2015).

38. Dorothy J.Glancy, "Autonomous and Automated and Connected Cars-Oh My: First Generation Autonomous Cars in the Legal Ecosystem", *Minnesota Journal of Law, Science and Technology*, Vol.16(2015).

39. Jack Boeglin, "The Costs of Self-Driving Cars: Reconciling Freedom and Privacy with Tort Liability in Autonomous Vehicle Regulation", *Yale Journal of Law and Technology*, Vol.17(2015).

40. Jeffrey Abramson, "Searching for Reputation: Reconciling Free Speech and the Right to Be Forgotten", *North Carolina Journal of Law and Technology*, Vol.17(2015).

41. Bonnie Kaplan, "Selling Health Data: De-Identification, Privacy and Speech", *Cambridge Quarterly of Healthcare Ethics*, Vol.24(2015).

42. Elise Young, "Educational Privacy in the Online Classroom: FERPA, MOOCs, and the Big Data Conundrum", *Harvard Journal of Law and Technology*, Vol.28(2015).

43. Nick Belay, "Robot Ethics and Self-Driving Cars: How Ethical Determinations in Software Will Require a New legal Framework", *Journal of the Legal Profession*, Vol.40(2015).

44. Ronald J. Krotoszynski, "Reconciling Privacy and Speech in the Era of Big Data: A Comparative Legal Analysis", *William and Mary Law Review*, Vol.56(2015).

45. Erin B. Bernstein, "Health Privacy in Public Spaces", *Alabama Law Review*, Vol.66(2015).

46. Dru Stevenson and Nicholas J. Wagoner, "Bargaining in the Shadow of Big Data", *Florida Law Review*, Vol.67(2015).

47. Jeffrey K. Gurney, "Crashing into the Unknown: An Examination of Crash-Optimization Algorithms through the Two Lanes of Ethics and Law", *Albany Law Review*, Vol.79(2015).

48. Raphael Lorenzo A. Pangalangan, "The Building of the Public/

Private Distinction Obsolescence of the State Action Doctrine", *Philippine Law Journal*, Vol.90(2016).

49. Ujjayini Bose, "The Black Box Solution to Autonomous Liability", *Washington University Law Review*, Vol.92(2015).

50. Anupam Chander and Uyen P. Le, "Free Speech", *Iowa Law Review*, Vol.100(2015).

51. Ryan Calo, "Robotics and the Lessons of Cyberlaw", *California Law Review*, Vol.103(2015).

52. Siona Listokin, "Industry Self-Regulation of Consumer Data Privacy and Security", *John Marshall Journal of Information Technology and Privacy Law*, Vol.3(2016).

53. Maria A. de Dios, "The Sixth Pillar of Anti-Money Laundering Compliance: Balancing Effective Enforcement with Financial Privacy", *Brooklyn Journal of Corporate, Financial and Commercial Law*, Vol.10 (2016).

54. Milton Heumann et al., "Privacy and Surveillance: Public Attitudes on Cameras on the Street, in the Home, and in the Workplace", *Rutgers Journal of Law and Public Policy*, Vol.14(2016).

55. Wendy K. Mariner, "Reconsidering Constitutional Protection for Health Information Privacy", *Journal of Constitutional Law*, Vol.18 (2016).

56. Sabine Gless et al., "If Robots Cause Harm, Who Is to Blame: Self-Driving Cars and Criminal Liability", *New Criminal Law Review*, Vol.19(2016).

57. S.M.Solaiman, "Legal Personality of Robots, Corporations, I-

dols and Chimpanzees: A Quest for Legitimacy", *Artificial Intelligence and Law*, Vol.25(2017).

58. Matthew U. Scherer, "Regulating Artificial Intelligence Systems: Risks, Challenges, Competencies, and Strategies", *Harvard Journal of Law & Technology*, Vol.29(2016).

59. Jessica S. Brodsky, "Autonomous Vehicle Regulation: How an Uncertain Legal Landscape May Hit the Brakes on Self-Driving Cars", *Berkeley Technology Law Journal*, Vol.31(2016).

60. Jennifer Mathis, "Mental Health Privacy: Do Inquiring Minds Really Need to Know", *Human Rights*, Vol.41(2016).

61. David C. Vladeck, "Consumer Protection in an Era of Big Data Analytics", *Ohio Northern University Law Review*, Vol.42(2016).

62. Andrew Bartholomew, "The Smart Grid in Massachusetts: A Proposal for a Consumer Data Privacy Policy", *Boston College Environmental Affairs Law Review*, Vol.43(2016).

63. Jeremy Kidd, "The Economics of Workplace Drug Testing", *University of California, Davis Law Review*, Vol.50(2016).

64. Sina Safvati, "Public-Private Divide in Parker State-Action Immunity", *UCLA Law Review*, Vol.63(2016).

65. Sarah PierceWest, "They['ve] Got Eyes in the Sky: How the Family Educational Rights and Privacy Act Governs Body Camera Use in Public Schools", *American University Law Review*, Vol.65(2016).

66. Allan G. King and Marko J. Mrkonich, "Big Data and the Risk of Employment Discrimination", *Oklahoma Law Review*, Vol.68(2016).

67. Bryan Casey, "A Loophole Large Enough to Drive an Autono-

mous Vehicle through: The ADA's New Van Provision and the Future of Access to Transportation", *Stanford Law Review*, Vol.69(2016).

68. Daniel Rudofsky, "Modern State Action Doctrine in the Age of Big Data", *New York University Annual Survey of American Law*, Vol. 71(2016).

69. Michael D. Simpson, "All Your Data Are Belong to Us: Consumer Data Breach Rights and Remedies in an Electronic Exchange Economy", *University of Colorado Law Review*, Vol.87(2016).

70. Jay P. Kesan, et al., "A Comprehensive Empirical Study of Data Privacy, Trust, and Consumer Autonomy", *Indiana Law Journal*, Vol.91 (2016).

71. Max N. Helveston, "Consumer Protection in the Age of Big Data", *Washington University Law Review*, Vol.93(2016).

72. Pauline T. Kim, "Market Norms and Constitutional Values in the Government Workplace", *North Carolina Law Review*, Vol.94(2016).

73. Ivan L. Sucharski and Philip Fabinger, "Privacy in the Age of Autonomous Vehicles", *Washington and Lee Law Review Online*, Vol.73 (2017).

74. Christopher C. Schwarz, "Are Student-Athletes Alleged of Sex-Crimes Granted Educational Privacy Protections: FERPA's Misinterpretation by Academic Institutions", *Ohio State Journal of Criminal Law*, Vol. 14(2017).

75. Matthew T. Bodie, "Workplace Freakonomics", *IS: A Journal of Law and Policy for the Information Society*, Vol.14(2017).

76. Arnold, Bruce Baer, and Drew Gough, "Turing's People: Per-

sonhood, Artificial Intelligence and Popular Culture", *Canberra Law Review*, Vol.15(2017).

77. Brian Mund, "Social Media Searches and the Reasonable Expectation of Privacy", *Yale Journal of Law and Technology*, Vol.19(2017).

78. Elizabeth A. Brown, "Workplace Wellness: Social Injustice", *Legislation and Public Policy*, Vol.20(2017).

79. Michael, Guihot et al., "Nudging Robots: Innovative Solutions to Regulate Artificial Intelligence", *Vanderbilt Journal of Entertainment & Technology Law*, Vol.20(2017).

80. Rustin Diehl and Matthew I. Thue, "Autonomous Vehicle Testing Legislation: A Review of Best Practices from States on the Cutting Edge", *Journal of Technology Law and Policy*, Vol.21(2017).

81. Caleb Kennedy, "New Threats to Vehicle Safety: How Cybersecurity Policy Will Shape the Future of Autonomous Vehicles", *Michigan Telecommunications and Technology Law Review*, Vol.23(2017).

82. Tanina Rostain, "Robots versus Lawyers: A User-Centered Approach", *Georgetown Journal of Legal Ethics*, Vol.30(2017).

83. Dana Remus and Frank Levy, "Can Robots Be Lawyers: Computers, Lawyers, and the Practice of Law", *Georgetown Journal of Legal Ethics*, Vol.30(2017).

84. John S. Wisiackas, "Foreign Account Tax Compliance Act: What It Could Mean for the Future of Financial Privacy and International Law", *Emory International Law Review*, Vol.31(2017).

85. Jared Mehre, "Creating a 21st Century Personal Data Protection

Regime in the United States: Consent, Oversight, and Remedial Reform: Lessons from the German Model", *Wisconsin International Law Journal*, Vol.35(2017).

86. Caroline Glennie-Smith, "Loopholes, Licensing, and Legislation: Considering the Needs of People with Disabilities in the Autonomous Vehicle Revolution", *Loyola of Los Angeles Entertainment Law Review*, Vol.38(2017).

87. John Burchill, "Tale of the Tape: Policing Surreptitious Recordings in the Workplace", *Manitoba Law Journal*, Vol.40(2017).

88. Jennifer M. Paulson, "Cyber Insecurity: Constitutional Rights in the Digital Era", *Southern Illinois University Law Journal*, Vol.41(2017).

89. Stephen Corones, Juliet Davis, "Protecting Consumer Privacy and Data Security: Regulatory Challenges and Potential Future Directions", *Federal Law Review*, Vol.45(2017).

90. Mark MacCarthy, "Standards of Fairness for Disparate Impact Assessment of Big Data Algorithms", *Cumberland Law Review*, Vol.48 (2017).

91. Zanita E. Fenton, "Disarming State Action; Discharging State Responsibility", *Harvard Civil Rights-Civil Liberties Law Review*, Vol.52(2017).

92. Emily J. Tewes, "Private sphere: Can Privacy Law Adequately Protect Employees amidst the Complexities of the Modern Employment Relationship", *Santa Clara Law Review*, Vol.57(2017).

93. Kalin Hristov, "Artificial Intelligence and the Copyright Dilemma", *IDEA: The Journal of the Franklin Pierce Center for Intellectual

Property, Vol.57(2017).

94. Nicholas Green, "Standing in the Future: The Case for a Substantial Risk Theory of Injury in Fact in Consumer Data Breach Class Actions", *Boston College Law Review*, Vol.58(2017).

95. Dean Galaro, "A Reconsideration of Financial Privacy and United States v. Miller", *South Texas Law Review*, Vol.59(2017).

96. Nathan Newman, "Reengineering Workplace Bargaining: How Big Data Drives Lower Wages and How Reframing Labor Law Can Restore Information Equality in the Workplace", *University of Cincinnati Law Review*, Vol.85(2017).

97. W. Faith McElroy, "Closing the Financial Privacy Loophole: Defining Access in the Right to Financial Privacy", *Washington University Law Review*, Vol.94(2017).

98. Paul M. Schwartz and Karl Nikolaus Peifer, "Transatlantic Data Privacy Law", *The Georgetown Law Journal*, Vol.106(2017).

99. Joshua A. Kroll et al., "Accountable Algorithms", *Unverisity of Pennsylvania Law Review*, Vol.165(2017).

100. Alexis M. Peddy, "Dangerous Classroom App-titude: Protecting Student Privacy from Third-Party Educational Service Providers", *Brigham Young University Education and Law Journal*, Vol.2017 (2017).

101. Meriem El-Khattabi, "Mining for Success: Have Student Data Privacy and Educational Data Mining Created a Legislative War Zone", *Illinois Journal of Law, Technology and Policy*, Vol.2017(2017).

102. Mathews Jud, "State Action Doctrine and the Logic of Constitutional Containment", *University of Illinois Law Review*, Vol. 2017

(2017).

103. Michael J. Kelly and Satolam David, "The Right to Be Forgotten", *University of Illinois Law Review*, Vol.2017(2017).

104. Gowri Ramachandran, "Private Institutions, Social Responsibility, and the State Action Doctrine", *Texas Law Review Online*, Vol.96 (2017-2018).

105. Isaac Saidel-Goley and Joseph William Singer, "Things Invisible to See: State Action & Private Property", *Texas A&M Law Review*, Vol.5(2018).

106. Tess Traylor-Notaro, "Workplace Privacy in the Age of Social Media", *Global Business Law Review*, Vol.7(2018), pp.133-155.

107. Ron Brown, "Robots, New Technology, and Industry 4.0 in Changing Workplaces. Impacts on Labor and Employment Laws", *American University Business Law Review*, Vol.7(2018).

108. Max Raskin, "Designer Babies, Robot Malpractice, and the Cures for Cancer: A Legal Survey of Some Medical Innovations", *New York University Journal of Law and Liberty*, Vol.12(2018).

109. Mystica M. Alexander et al., "Health Privacy and (Lack of) Legal Protections in a Technology-Driven Economy", *North Carolina Journal of Law and Technology*, Vol.19(2018).

110. Ryan Dowell, "Fundamental Protections for Non-Biological Intelligences or: How We Learn to Stop Worrying and Love Our Robot Brethren", *Minnesota Journal of Law, Science and Technology*, Vol.19 (2018).

111. Ilya Gorelik, "Resolving Self-Driving Car Patent Conflicts: Ar-

bitration in Waymo v. Uber and Future Autonomous Vehicle Patent Disputes", *Cardozo Journal of Conflict Resolution*, Vol.20(2018).

112. Raquel Toral, "Evolving Autonomous Vehicle Technology and The Erosion of Privacy", *University of Miami Business Law Review*, Vol.27(2018).

113. Thomas G. Jr. Siracusa, "The Equifax Breach: What We Learned and How We Can Protect Consumer Data", *Loyola Consumer Law Review*, Vol.30(2018).

114. Kevin J. Haskins, "Wearable Technology and Implications for the Americans with Disabilities Act, Genetic Information Nondiscrimination Act, and Health Privacy", *ABA Journal of Labor and Employment Law*, Vol.33(2018).

115. David Mangan, "Online Speech and the Workplace: Public Right, Private Regulation", *Comparative Labor Law and Policy Journal*, Vol.39(2018).

116. Mimi Zou, "Social Media and Privacy in the Chinese Workplace: Why One Should Not Friend Their Employer on WeChat", *Comparative Labor Law and Policy Journal*, Vol.39(2018).

117. Daniel Spencer, "The Road to the Future: A Regulatory Regime for the Rise of the Robot Cars", *William & Mary Environmental Law and Policy Review*, Vol.42(2018).

118. Mark A. Geistfeld, "The Regulatory Sweet Spot for Autonomous Vehicles", *Wake Forest Law Review*, Vol.53(2018).

119. Stacy-Ann Elvy, "Commodifying Consumer Data in the Era of the Internet of Things", *Boston College Law Review*, Vol.59(2018).

120. Thomas B Nachbar, "Antitrust and the Politics of State Action", *William and Mary Law Review*, Vol.60(2019).

121. Alex Bossone, "The Battle against Breaches: A Call for Modernizing Federal Consumer Data Security Regulation", *Federal Communications Law Journal*, Vol.69(2018).

122. Benjamin C. West, "No Harm, Still Foul: When an Injury-in-Fact Materialized in a Consumer Data Breach", *Hastings Law Journal*, Vol.69(2018).

123. Grant Nelson, "Federal, State, and Self-Regulation Strategies for Data Collection and Use", *Federal Communications Law Journal*, Vol.70(2018).

124. Stephen Ratner, "Taxation of Autonomous Vehicle in Cities and States", *Tax Lawyer*, Vol.71(2018).

125. Erin O'Hara O'Connor, "Protecting Consumer Data Privacy with Arbitration", *North Carolina Law Review*, Vol.96(2018).

126. Julia Wolfe, "Coerced into Health: Workplace Wellness Programs and Their Threat to Genetic Privacy", *Minnesota Law Review*, Vol.103(2018).

127. Seidman, Louis Michael, "State Action and the Constitution's Middle Band", *Michigan Law Review*, Vol.117(2018).

128. Roger Michalski, "How to Sue a Robot", *Utah Law Review*, Vol.2018(2018).

129. Axl Campos Kaminsky, "A No-Win Situation: Pregnant Mother in Medication Assisted Therapy Programs Face Discrimination for following Doctors Orders", *Hastings Women's Law Journal*, Vol.30(2019).

130. James A. Allen, "The Color of Algorithms: An Analysis and Proposed Research Agenda for Deterring Algorithmic Redlining", *Fordham Urban Law Journal*, Vol.46(2019).

131. Shlomit Yanisky-Ravid and Sean K. Hallisey, "Equality and Privacy by Design: A New Model of Artificial Intelligence Data Transparency via Auditing, Certification, and Safe Harbor Regimes", *Fordham University School of Law*, Vol.46(2019).

132. Ying Hu, "Robot Criminals", *University of Michigan Journal of Law Reform*, Vol.52(2019).

133. Milan Markovic, "Rise of the Robot Lawyers", *Arizona Law Review*, Vol.61(2019).

134. Mike Buchwald and Sean Newell, "Encouraging the Private Sector to Report Cyber Incidents to Law Enforcement", *United States Attorneys' Bulletin*, Vol.67(2019).

135. Eugene Volokh, "Chief Justice Robots", *Duke Law Journal*, Vol.68(2019).

136. Cary Coglianese and David Lehr, "Transparency and Algorithmic Governance", *Administrative Law Review*, Vol.71(2019).

137. Wright, R. George, "The Constitutional Rights of Advanced Robots (and of Human Beings)", *Arkansas Law Review*, Vol.71(2019).

138. Christoph Busch, "Implementing Personalized Law: Personalized Disclosures in Consumer Law and Data Privacy Law", *The University of Chicago Law Review*, Vol.86(2019).

139. Seth Quidachay-Swan, "Autonomous Vehicles and Current State Liability Legislation", *Michigan Bar Journal*, Vol.98(2019).

140. Jason R. Bent, "Is Algorithmic Affirmative Action Legal?", *Georgetown Law Journal*, Vol.108(2019).

141. Andrej Zwitter and Oskar J. Gstrein, "Big Data, Privacy and COVID-19-Learning from Humanitarian Expertise in Data Protection", *Journal of International Humanitarian Action*, Vol.5(2020).

142. Abby Koenig, "The Algorithms Know Me and I Know Them: Using Student Journals to Uncover Algorithmic Literacy Awareness", *Computers and Composition*, Vol.58(2020).

143. John Stewart Gordon and Ausrine Pasvenskiene, "Human Rights for Robots? A Literature Review", *AI and Ethics*, Vol.1(2021).

144. Avila Negri, "Robot as Legal Person: Electronic Personhood in Robotics and Artificial Intelligence", *Frontiers in Robotics and AI*, Vol.8 (2021).

145. Jacob Klemovitch et al., "Current Privacy Policy Attitudes and Fair Information Practice Principles: A Macro and Micro Analysis", *Issues in Information Systems*, Vol.22(2021).

146. Ava Thomas Wright, "Why Moral Rights of Free Speech for Business Corporations Cannot Be Justified", *Southwest Philosophy Review*, Vol.37(2021).

147. Pawel Nowik, "Electronic Personhood for Artificial Intelligence in the Workplace", *Computer Law and Security Review*, Vol.42 (2021).

148. Stanislaw Tosza, "Internet Service Providers as Law Enforcers and Adjudicators: A Public Role of Private Actors", *Computer Law and Security Review*, Vol.43(2021).

149. Kyle C. Bailey, "Regulating ISPs in the Age of Technology Exceptionalism", *Texas Law Review*, Vol.98(2021).

150. Leyla Dogruel et al., "Development and Validation of an Algorithm Literacy Scale for Internet Users", *Communication Methods and Measures*, Vol.16(2022).

151. Liliya Ivanova and Nikita Kalashnikov, "The Liability Limits of Self-Driving Cars", *The United Kingdom Law and Society Association*, Vol.21(2022).

152. Nima Kordzadeh and Maryam Ghasemaghaei, "Algorithmic Bias: Review, Synthesis, and Future Research Directions", *European Journal of Information Systems*, Vol.31(2022)

(二)英文专著

1. Edwin A. Burtt (ed.), *The English Philosophers From Bacon to Mill*, New York: Modern Library, 1939.

2. Gunther Teubner (ed.), *Juridification of Social Spheres: A Comparative Analysis in the Areas of Labor, Corporate, Antitrust and Social Welfare Law*, New York: de Gruyter, 1987.

3. Ian Ayres and John Braithwaite, *Responsive Regulation: Transcending the Deregulation Debate*, New York: Oxford University Press, 1992.

4. Colin J Bennett, *Regulating Privacy: Data Protection and Public Policy in Europe and the United States*, Ithaca: Cornell University Press, 1992.

5. Jurgen Habermas, *Between Facts and Norms: Contributions to a Discourse Theory of Law and Democracy*, translated by William Rehg, Cambridge: The MIT Press, 1996.

6. Jurgen Habermas, *The Inclusion of the Other*, Ciaran Cronin and Pablo De Greiff (eds.), Cambridge: The MIT Press, 1998.

7. Rodney A. Brooks, *Flesh and Machines: How Robots Will Change Us?*, New York: Vintage, 2003.

8. Massimo Motta, *Competition Policy: Theory and Practice*, Cambridge: Cambridge University Press, 2004.

9. Luhmann Niklas, *Law as a Social System*, Oxford: Oxford University Press, 2004.

10. Barbara C. Crosby and John M. Bryson, *Leadership for the Common Good: Tackling Public Problems in a Shared-Power World*, San Francisco: Jossey-Bass, 2005.

11. Jane K. Winn (ed.), *Consumer Protection in the Age of the Information Economy*, Burlington: Ashgate Publishing Company, 2006.

12. Lawrence Lessig, *Code: Version 2.0*, New York: Basic Books, 2006.

13. Barbara T. Lanigan (ed.), *Human Dignity and Bioetchics*, New York: Nova Science Publishers, 2008.

14. Ronald E. Leenes et al. (eds.), *Constitutional Rights and New Technologies: A Comparative Study*, Hague: TMC Asser Press, 2008.

15. Roger Brownsword, *Rights, Regulation, and the Technological Revolution*, New York: Oxford University Press, 2008.

16. Jack M. Balkin and Reva B. Siegel edited, *The Constitution in 2020*, New York: Oxford Press, 2009.

17. Henry Jenkins et al., Confronting the Challenges of Participatory Culture: Media Education for the 21st Century, Cambridge: The MIT

Press, 2009.

18. Christopher J. Bosso (ed.), *Governing Uncertainty: Environmental Regulation in the Age of Nanotechnology*, Washington: RFF Press, 2010.

19. Nikolaus Forgo et al., *Ethical and Legal Requirements for Transnational Genetic Research*, Portland: Hart Publishing, 2010.

20. Robert Baldwin et al. (eds.), *The Oxford Handbook of Regulation*, New York: Oxford University Press, 2010.

21. Helen Nissenbaum, *Privacy in Context: Technology, Policy and the integrity of Social Life*, Stanford: Stanford University Press, 2010.

22. Yorick Wilks (ed.), *Close Engagements with Artificial Companions: Key Social, Psychological, Ethical and Design Issue*, Amsterdam: John Benjamins Publishing Company, 2010.

23. Christopher T. Marsden, *Internet Co-Regulation: European Law, Regulatory Governance and Legitimacy in Cyberspace*, New York: Cambridge University Press, 2011.

24. Sheila Jasanoff (ed.), *Reframing Rights: Bioconstituionalism in the Genetic Age*, Cambridge: The MIT Press, 2011.

25. Jeffrey Rosen, Benjamin Wittes (eds.), *Constitution 3.0: Freedom and Technological Change*, Washington D. C.: Brooking Institution Press, 2011.

26. Peter Flach, *Machine Learning*, Cambridge: Cambridge University Press, 2012.

27. Roger Brownsword and Morag Goodwin, *Law and the Technologies of the Twenty-First Century*, New York: Cambridge, 2012.

28. Charles Lawson, *Regulating Genetic Resources: Access and Benefit Sharing in International Law*, Northampton: Edward Elgar Publishing, 2012.

29. Patrick Lin et al. (eds.), *Robot Ethics: The Etchical and Social Implications of Robotics*, Cambridge: The MIT Press, 2012.

30. Mario Viola De Azevedo Cunha et al. (eds.), *New Technologies and Human Rights: Challenges to Regulation*, Burlington: Ashgate Publishing Company, 2013.

31. Ian Brown and Christopher T. Marsden, *Regulating Code: Good Governance and Better Regulation in the Information Age*, Cambridge: The MIT Press, 2013.

32. Christina Munns and Subhajit Basu, *Privacy and Healthcare Data: "Choice of Control" to "Choice" and "Control"*, Burlington: Ashgate Publishing Company, 2015.

33. Daniel J. Solove and Paul M. Schwartz, *Privacy Law Fundamentals*, Portsmouth: IAPP publication, 2015.

34. Frank Pasquale, *The Black Box Society: The Secret Algorithms That Control Money and Information*, Cambridge: Harvard University Press, 2015.

35. W.Robert Lovan et al. (eds.), *Participatory Governance: Planning, Conflict Mediation and Public Decision-Making in Civil Society*, New York: Routledge, 2016.

36. Ben Buchanan, *The Cybersecurity Dilemma: Hacking, Trust, and Fear between Nations*, New York: Oxford University Press, 2016.

37. Marc Jonathan Blitz, *Searching Minds by Scanning Brains: Neu-*

roscience Technology and Constitutional Privacy Protection, Cham: Springer International Publishing AG, 2017.

38. Philippe Nonet and Philip Selznick, *Law and Society in Transition: Toward Responsive Law*, New York: Routledge, 2017.

39. Daniel J. Solove and Paul M. Schwartz, *Information Privacy Law (sixth edition)*, New York: Wolters Kluwer, 2018.

40. J. Polonetsky E. Selinger and O. Tene (eds.), *The Cambridge Handbook of Consumer Privacy*, Cambridge: Cambridge University Press, 2018.

41. Hannah YeeFen Lim, *Autonomous Vehicles and the Law: Technology, Algorithms and Ethics*, Northampton: Edward Elgar Publishing, 2018.

42. Katie Dillon Kenney, *HIPAA: A Guide to Health Care Privacy and Security Law*, New York: Wolters Kluwer, 2018.

43. Matthew Channon, Lucy McCormickand Kyriaki Noussia, *The Law and Autonomous Vehicles*, New York: Routledge, 2019.

44. Fotios Fitsilis, *Imposing Regulation on Advanced Algorithms*, Cham: Springer, 2020.

45. J. Morris Chang et al., *Privacy-Preserving Machine Learning*, Shelter Island : Manning Publications, 2022.

46. Matt Stamper, et al., *Data Privacy Program Guide: How to Build a Privacy Program that Inspires Trust*, San Diego: CISO DRG, 2022.

(三)英文判例

1. Trustees of Dartmouth College v. Woodward, 17 U.S. 518 (1819).

2. Boyd v. United States, 116 U.S. 616 (1886).

3. Union Pacific Railway Company v. Botsford, 141 U. S. 250 (1891).

4. Olmstead v. United States, 277 U.S. 438 (1928).

5. Smith v. Allwright, 321 U.S. 649 (1944).

6. Marsh v. Alabama, 326 U.S. 501 (1946).

7. Shelley v. Kraemer, 334 U.S. 1 (1948).

8. Rochin v. California, 342 U.S. 165 (1952).

9. Terry v. Adams, 345 U.S. 461 (1953).

10. Sweezy v. New Hampshire, 354 U.S. 234 (1957).

11. Burton v. Wilmington Parking Authority, 365 U.S. 715 (1961).

12. Griswold v. Connecticut, 381 U.S. 479 (1965).

13. Schmerber v. California, 384 U.S. 757 (1966).

14. Katz v. United States, 389 U.S. 347 (1967).

15. Keyishian v. Board of Regents of University of State of New York, 385 U.S. 589 (1967).

16. Rowan v. United States Post Office Department, 397 U.S. 728 (1970).

17. United States v. White, 401 U.S. 745 (1971).

18. Lloyd Corporation, Ltd. v. Tanner, 407 U.S. 551 (1972).

19. Byrn v. New York City Health and Hospital Corp., 286 N.E.2d 887 (1972).

20. Roe v. Wade, 410 U.S. 113 (1973).

21. California Bankers Assn. v. Shultz, 416 U.S. 21 (1974).

22. United States v. Miller, 425 U.S. 435 (1976).

23. Gregg v. Georgia, 428 U.S. 173 (1976).

24. Virginia Pharmacy Board v. Virginia Citizens Consumer Council, 425 U.S. 748 (1976).

25. Nixon v. Administrator of General Services, 433 U.S. 425 (1977).

26. Whalen v. Roe, 429 U.S. 589 (1977).

27. Smith v. Maryland, 442 U.S. 735 (1979).

28. Central Hudson Gas & Electric Corp. v. Public Service Commission of New York, 447 U.S. 557 (1980).

29. United States v. Knotts, 460 U.S. 276 (1983).

30. United States v. Karo, 468 U.S. 705 (1984).

31. Winston v. Lee, 470 U.S. 753 (1985).

32. Dow Chemical Co. v. United States, 476 U.S. 227 (1986).

33. Carter v. Broadlawns Medical Center, 667 F. Supp.1269 (S.D.Iowa 1987).

34. California v. Greenwood, 486 U.S. 35 (1988).

35. Florida v. Riley, 488 U.S. 445 (1989).

36. National Treasury Employees Union v. Von Raab, 489 U.S. 656 (1989).

37. Robertson v. Methow Valley Citizens Council, 490 U.S. 332 (1989).

38. Austin v. Michigan Chamber of Commerce, 494 U.S. 652 (1990).

39. Doe v. Borough of Barrington, 729 F. Supp. 376 (D.N.J. 1990).

40. Edmonson v. Leesville Concrete Co., Inc., 500 U.S. 614 (1991).

41. Borse v. Piece Goods Shop, 963 F. 2d 611 (3d Cir. 1992).

42. United States v. Carlton, 512 U.S. 26 (1994).

43. Cyber Promotions, Inc. v. Amencam Online, Inc., 948 F. Supp. 436 (E.D. Pa. 1996).

44. 44 Liquormart, Inc. v. Rhode Island, 517 U.S. 484 (1996).

45. United States v. Lacy, 119 F. 3d 742 (9th Cir. 1997).

46. Chandler v. Miller, 520 U.S 305 (1997).

47. United States v. Upham, 168 F.3d 532 (1st Cir. 1999).

48. United States v. Hay, 231 F.3d 630 (9th Cir. 2000).

49. Trulock v. Freeh, 275 F.3d 391 (4th Cir. 2001)

50. Ferguson v. City of Charleston, 532 U.S. 67 (2001).

51. Kyllo v. United States, 533 U.S. 27 (2001).

52. Ferguson v. City of Charleston, 532 U.S. 67 (2001).

53. Ohio v. Reiner, 532 U.S. 17 (2001).

54. Ashcroft v. American Civil Liberties Union, 535 U. S. 564 (2002).

55. Grutter v. Bollinger, 539 U.S. 306 (2003).

56. Virginia v. Black, 538 U.S. 343 (2003).

57. John Green v. AOL, 318 F. 3d 465 (3d. Cir. 2003).

58. Lawrence v. Texas, 539 U.S. 558 (2003).

59. Freedman v. America Online, Inc., 303 F. Supp. 2d 121 (D. Conn. 2004).

60. Sarver v. Experian Information Solutions, 390 F. 3d 969 (7th Cir. 2004).

61. Mainstream Marketing Services, Inc. v. FTC, 358 F. 3d 1228 (10th Cir. 2004).

62. Gonzales v. Google, 234 F.R.D. 674 (N.D. Cal. 2006).

63. United States v. Andrus, 483 F.3d 711 (10th Cir. 2007).

64. United States v. Ziegler, 474 F. 3d 1184 (9th Cir. 2007).

65. Christopher Langdon v. Google, Inc., 474 F. Supp. 2d 622 (2007).

66. United States v. Forrester, 512 F.3d 500 (9th Cir. 2008).

67. Ricci v. DeStefano, 557 U.S. 557 (2009).

68. United States v. Warshak, 631 F.3d 266 (6th Cir. 2010).

69. Amazon.com LLC v. Kenneth R. Lay, 758 F. Supp. 2d 1154 (W. D. Wash.2010).

70. Pineda v. Williams-Sonoma Stores, 246 P. 3d 162 (Cal.2011).

71. Sorrell v. IMS Health, Inc., 564 U.S. 552, 131 S. Ct. 2653 (2011).

72. Wal-Mart Stores, Inc. v. Dukes, 564 U.S. 338 (2011).

73. United States v. Alvarez, 567 U.S. 709 (2012).

74. United States v. Jones, 132 S. Ct. 945 (2012).

75. Apple v. Krescent, 292 P. 3d 883 (Cal.2013).

76. Clapper v. Amnesty International USA, 568 U.S. 398 (2013).

77. Jian Zhang v. Baidu.com, Inc., 10 F. Supp. 3d 433 (2014).

78. Riley v. California, 134 S.Ct. 2473 (2014).

79. Burwell v. Hobby Lobby Stores Inc., 134 S. Ct. 2751 (2014).

80. Remijas v. Neiman Marcus Corp., 794 F. 3d 688 (7th Cir. 2015).

81. FTC v. Wyndham Worldwide Corporation, 799 F.3d 236 (3d Cir. 2015).

82. Texas Dept. of Housing and Community Affairs v. Inclusive

Communities Project, Inc., 576 U.S. 519 (2015).

83. State v. Loomis, 881 N.W.2d 749 (Wis.2016).

84. Fisher v. University of Texas at Austin, 579 U.S. 365 (2016).

85. Spokeo, Inc. v. Robins, 136 S. Ct. 1540 (2016).

86. Beck v. McDonald, 848 F.3d 262 (4th Cir.2017).

87. Crawford v. U.S. Department of the Treasury, 868 F. 3d 438 (6th Cir. 2017).

88. Carpenter v. United States, 585 U.S. 1 (2018).

89. Prager University v. Google LLC, 2020 WL 913661 (9th Cir. Feb. 26, 2020).

二、中文参考文献

(一) 中文论文

1. 李萱:《法律主体资格的开放性》,载《政法论坛》2008年第5期。

2. 李洪雷:《论互联网的规制体制——在政府规制与自我规制之间》,载《环球法律评论》2014年第1期。

3. 朱宝丽:《合作监管的兴起与法律挑战》,载《政法论丛》2015年第4期。

4. 高秦伟:《社会自我规制与行政法的任务》,载《中国法学》2015年第5期。

5. 宋华琳:《论政府规制中的合作治理》,载《政治与法律》2016年第8期。

6. 徐明:《大数据时代的隐私危机及其侵权法应对》,载《中国法学》2017年第1期。

7. 赵宏:《从信息公开到信息保护:公法上信息权保护研究的风向流转与核心问题》,载《比较法研究》2017年第2期。

8. 吴伟光:《从隐私利益的产生和本质来理解中国隐私权制度的特殊性》,载《当代法学》2017年第4期。

9. 司晓、曹建峰:《论人工智能的民事责任:以自动驾驶汽车和智能机器人为切入点》,载《法律科学(西北政法大学学报)》2017年第5期。

10. 张玉洁:《论人工智能时代的机器人权利及其风险规制》,载《东方法学》2017年第6期。

11. 丁晓东:《算法与歧视:从美国教育平权案看算法伦理与法律解释》,载《中外法学》2017年第6期。

12. 付子堂、赵译超:《智能机器人法律地位的审视》,载《人工智能法学研究》2018年第1期。

13. 赵磊、赵宇:《论人工智能的法律主体地位》,载《人工智能法学研究》2018年第1期。

14. 张青波:《自我规制的规制:应对科技风险的法理与法制》,载《华东政法大学学报》2018年第1期。

15. 吴泓:《信赖理念下的个人信息使用与保护》,载《华东政法大学学报》2018年第1期。

16. 李磊:《论中国自动驾驶汽车监管制度的建立》,载《北京理工大学学报(社会科学版)》2018年第2期。

17. 裴炜:《个人信息大数据与刑事正当程序的冲突及其调和》,载《法学研究》2018年第2期。

18. 王勇:《人工智能时代的法律主体理论构造——以智能机器人为切入点》,载《理论学刊》2018年第2期。

19. 张建文:《阿西莫夫的意图:机器人学三法则的完整教诲——以短篇小说〈双百人〉为基础的思考》,载《人工智能法学研究》2018年第2期。

20. 冯洁语:《人工智能技术与责任法的变迁——以自动驾驶技术为考察》,载《比较法研究》2018年第2期。

21. 周汉华:《探索激励相容的个人数据治理之道——中国个人信息保护法的立法方向》,载《法学研究》2018年第2期。

22. 许多奇:《个人数据跨境流动规制的国际格局及中国应对》,载《法学论坛》2018年第3期。

23. 郭少飞:《"电子人"法律主体论》,载《东方法学》2018年第3期。

24. 石冠彬:《论智能机器人创作物的著作权保护——以智能机器人的主体资格为视角》,载《东方法学》2018年第3期。

25. 谢尧雯:《论美国互联网平台责任规制模式》,载《行政法学研究》2018年第3期。

26. 孙占利:《智能机器人法律人格问题论析》,载《东方法学》2018年第3期。

27. 刘绍宇:《论互联网分享经济的合作规制模式》,载《华东政法大学学报》2018年第3期。

28. 赵万一:《机器人的法律主体地位辨析——兼谈对机器人进行法律规制的基本要求》,载《贵州民族大学学报(哲学社会科学版)》2018年第3期。

29. 陈吉栋:《论机器人的法律人格——基于法释义学的讨论》,载《上海大学学报(社会科学版)》2018年第3期。

30. 高富平:《个人信息保护:从个人控制到社会控制》,载《法学研究》2018年第3期。

31. 储陈城：《自动汽车程序设计中解决"电车难题"的刑法正当性》，载《环球法律评论》2018年第3期。

32. 张清、张蓉：《"人工智能+法律"发展的两个面向》，载《求是学刊》2018年第4期。

33. 林鸿潮：《个人信息在社会风险治理中的利用及其限制》，载《政治与法律》2018年第4期。

34. 刘宪权：《人工智能时代机器人行为道德伦理与刑法规制》，载《比较法研究》2018年第4期。

35. 杨立新：《人工类人格：智能机器人的民法地位——兼论智能机器人致人损害的民事责任》，载《求是学刊》2018年第4期。

36. 丁晓东：《什么是数据权利？——从欧洲〈一般数据保护条例〉看数据隐私的保护》，载《华东政法大学学报》2018年第4期。

37. 马长山：《智能互联网时代的法律变革》，载《法学研究》2018年第4期。

38. 齐延平：《论人工智能时代法律场景的变迁》，载《法律科学（西北政法大学学报）》2018年第4期。

39. 刘泽刚：《欧盟个人数据保护的"后隐私权"变革》，载《华东政法大学学报》2018年第4期。

40. 左亦鲁：《算法与言论——美国的理论与实践》，载《环球法律评论》2018年第5期。

41. 侯郭垒：《自动驾驶汽车风险的立法规制研究》，载《法学论坛》2018年第5期。

42. 许中缘：《论智能机器人的工具性人格》，载《法学评论》2018年第5期。

43. 叶名怡:《论个人信息权的基本范畴》,载《清华法学》2018年第5期。

44. 龙文懋:《人工智能法律主体地位的法哲学思考》,载《法律科学(西北政法大学学报)》2018年第5期。

45. 丁晓东:《个人信息私法保护的困境与出路》,载《法学研究》2018年第6期。

46. 马长山:《人工智能的社会风险及其法律规制》,载《法律科学(西北政法大学学报)》2018年第6期。

47. 田野:《大数据时代知情同意原则的困境与出路——以生物资料库的个人信息保护为例》,载《法制与社会发展》2018年第6期。

48. 李延舜:《公共场所隐私权研究——法理、要素及类型》,载《法学论坛》2018年第6期。

49. 王秀哲:《大数据时代个人信息法律保护制度之重构》,载《法学论坛》2018年第6期。

50. 方明:《个人信息多元保护模式探究》,载《学海》2018年第6期。

51. 郑志峰:《通过设计的个人信息保护》,载《华东政法大学学报》2018年第6期。

52. 赵自轩:《美国的数字资产继承立法:争议与启示》,载《政治与法律》2018年第7期。

53. 孙南翔:《论作为消费者的数据主体及其数据保护机制》,载《政治与法律》2018年第7期。

54. 管晓峰:《人工智能与合同及人格权的关系》,载《法学杂志》2018年第9期。

55. 张力、陈鹏:《机器人"人格"理论批判与人工智能物的法律规制》,载《学术界》2018 年第 12 期。

56. 吴梓源:《人工智能时代下机器人的身份定位及权利证成》,载《人权研究》第 21 卷。

57. 陈锦波:《规制层次与管控理念:自动驾驶汽车的监管进路》,载《苏州大学学报(法学版)》2019 年第 1 期。

58. 田芳:《手机定位信息的宪法保障》,载《华东政法大学学报》2019 年第 1 期。

59. 蒋舸:《作为算法的法律》,载《清华法学》2019 年第 1 期。

60. 高富平:《个人信息使用的合法性基础——数据上利益分析视角》,载《比较法研究》2019 年第 2 期。

61. 郑志峰:《人工智能时代的隐私保护》,载《法律科学(西北政法大学学报)》2019 年第 2 期。

62. 郑观:《个人信息对价化及其基本制度构建》,载《中外法学》2019 年第 2 期。

63. 张敏:《大数据交易的双重监管》,载《法学杂志》2019 年第 2 期。

64. 高秦伟:《个人信息保护中的企业隐私政策及政府规制》,载《法商研究》2019 年第 2 期。

65. 宋亚辉:《个人信息的私法保护模式研究——〈民法总则〉第 111 条的解释论》,载《比较法研究》2019 年第 2 期。

66. 万方:《隐私政策中的告知同意原则及其异化》,载《法律科学(西北政法大学学报)》2019 年第 2 期。

67. 彭诚信、陈吉栋:《论人工智能体法律人格的考量要素》,载《当代法学》2019 年第 2 期。

68. 张凌寒:《算法规制的迭代与革新》,载《法学论坛》2019 年第

2 期。

69. 崔俊杰:《自动驾驶汽车准入制度:正当性、要求及策略》,载《行政法学研究》2019 年第 2 期。

70. 崔靖梓:《算法歧视挑战下平等权保护的危机与应对》,载《法律科学(西北政法大学学报)》2019 年第 3 期。

71. 李延舜:《公共视频监控中的公民隐私权保护研究》,载《法律科学(西北政法大学学报)》2019 年第 3 期。

72. 邓刚宏:《食品生产经营者自我规制模式的构建》,载《政治与法律》2019 年第 3 期。

73. 林洹民:《自动决策算法的法律规制:以数据活动顾问为核心的二元监管路径》,载《法律科学(西北政法大学学报)》2019 年第 3 期。

74. 徐琳:《人工智能推算技术中的平等权问题之探讨》,载《法学评论》2019 年第 3 期。

75. 李婕:《智能风险与人工智能刑事责任之构建》,载《当代法学》2019 年第 3 期。

76. 丁晓东:《论个人信息法律保护的思想渊源与基本原理——基于"公平信息实践"的分析》,载《现代法学》2019 年第 3 期。

77. 吕炳斌:《个人信息权作为民事权利之证成:以知识产权为参照》,载《中国法学》2019 年第 4 期。

78. 陈姿含:《人工智能算法中的法律主体性危机》,载《法律科学(西北政法大学学报)》2019 年第 4 期。

79. 张绍欣:《法律位格、法律主体与人工智能的法律地位》,载《现代法学》2019 年第 4 期。

80. 房绍坤、曹相见:《论个人信息人格利益的隐私本质》,载《法制与社会发展》2019 年第 4 期。

81. 王雪乔:《论欧盟 GDPR 中个人数据保护与"同意"细分》,载《政法论丛》2019 年第 4 期。

82. 郑智航、徐昭曦:《大数据时代算法歧视的法律规制与司法审查——以美国法律实践为例》,载《比较法研究》2019 年第 4 期。

83. 蔡星月:《数据主体的"弱同意"及其规范结构》,载《比较法研究》2019 年第 4 期。

84. 冯洁:《人工智能体法律主体地位的法理反思》,载《东方法学》2019 年第 4 期。

85. 程莹:《元规制模式下的数据保护与算法规制——以欧盟〈通用数据保护条例〉为研究样本》,载《法律科学(西北政法大学学报)》2019 年第 4 期。

86. 程关松:《个人信息保护的中国权利话语》,载《法学家》2019 年第 5 期。

87. 张志坚:《论人工智能的电子法人地位》,载《现代法学》2019 年第 5 期。

88. 李飞:《无人驾驶碰撞算法的伦理立场与法律治理》,载《法制与社会发展》2019 年第 5 期。

89. 丁晓东:《数据到底属于谁?——从网络爬虫看平台数据权属与数据保护》,载《华东政法大学学报》2019 年第 5 期。

90. 丁晓东:《用户画像、个性化推荐与个人信息保护》,载《环球法律评论》2019 年第 5 期。

91. 刘友华:《算法偏见及其规制路径研究》,载《法学杂志》2019 年第 6 期。

92. 周辉:《算法权力及其规制》,载《法制与社会发展》2019 年第

6 期。

93. 李怡:《个人一般信息侵权裁判规则研究——基于 68 个案例样本的类型化分析》,载《政治与法律》2019 年第 6 期。

94. 冯洋:《从隐私政策披露看网站个人信息保护——以访问量前 500 的中文网站为样本》,载《当代法学》2019 年第 6 期。

95. 邢海宝:《智能汽车对保险的影响:挑战与回应》,载《法律科学(西北政法大学学报)》2019 年第 6 期。

96. 齐延平、何晓斌:《算法社会言论自由保护中的国家角色》,载《华东政法大学学报》2019 年第 6 期。

97. 邢会强:《大数据交易背景下个人信息财产权的分配与实现机制》,载《法学评论》2019 年第 6 期。

98. 王莹:《法律如何可能?——自动驾驶技术风险场景之法律透视》,载《法制与社会发展》2019 年第 6 期。

99. 王钰:《生命权冲突的紧急状态下自动驾驶汽车的编程法律问题》,载《浙江社会科学》2019 年第 9 期。

100. 倪蕴帷:《隐私权在美国法中的理论演进与概念重构——基于情境脉络完整性理论的分析及其对中国法的启示》,载《政治与法律》2019 年第 10 期。

101. 周详:《智能机器人"权利主体论"之提倡》,载《法学》2019 年第 10 期。

102. 杨翱宇:《美国法信息盗用制度的演进及其对我国数据财产权益保护的启示》,载《政治与法律》2019 年第 11 期。

103. 刘泽刚:《大数据隐私的身份悖谬及其法律对策》,载《浙江社会科学》2019 年第 12 期。

104. 沈岿:《数据治理与软法》,载《财经法学》2020 年第 1 期。

105. 郑晓剑:《论〈个人信息保护法〉与〈民法典〉之关系定位及规范协调》,载《苏州大学学报(法学版)》2021年第4期。

106. 衣俊霖:《数字孪生时代的法律与问责——通过技术标准透视算法黑箱》,载《东方法学》2021年第4期。

107. 石佳友:《个人信息保护的私法维度——兼论〈民法典〉与〈个人信息保护法〉的关系》,载《比较法研究》2021年第5期。

108. 郑玉双:《自动驾驶的算法正义与法律责任体系》,载《法制与社会发展》2022年第4期。

109. 程啸:《论〈民法典〉与〈个人信息保护法〉的关系》,载《法律科学(西北政法大学学报)》2022年第3期。

110. 王义坤、刘金祥:《被遗忘权本土化的路径选择与规范重塑——以〈个人信息保护法〉第47条为中心》,载《财经法学》2022年第3期。

111. 王莹:《算法侵害责任框架刍议》,载《中国法学》2022年第3期。

112. 马一:《公司人权研究》,西南政法大学2008年博士学位论文。

113. 朱喜洋:《行业监管的公法之治——以转型期煤炭业为例》,中国政法大学2008年博士学位论文。

114. 张娟:《个人信息的公法保护研究——宪法行政法视角》,中国政法大学2011年博士学位论文。

115. 李高雅:《法人基本权利问题研究》,武汉大学2012年博士学位论文。

116. 杨咏婕:《个人信息的私法保护研究》,吉林大学2013年博士学位论文。

117. 王秀秀:《个人数据权:社会利益视域下的法律保护模式》,华东政法大学 2016 年博士学位论文。

118. 李媛:《大数据时代个人信息保护研究》,西南政法大学 2016 年博士学位论文。

119. 尹德贵:《风险分配的法理论纲》,苏州大学 2016 年博士学位论文。

120. 张恩典:《风险规制正当程序研究——以合作治理模式为视角》,苏州大学 2017 年博士学位论文。

121. 张哲飞:《科技风险规制过程中的行政法问题研究》,中南财经政法大学 2018 年博士学位论文。

122. 于向花:《被遗忘权研究》,吉林大学 2018 年博士学位论文。

123. 张舵:《跨境数据流动的法律规制问题研究》,对外经济贸易大学 2018 年博士学位论文。

124. 于靓:《论被遗忘权的法律保护》,吉林大学 2018 年博士学位论文。

125. 俞胜杰:《〈通用数据保护条例〉中的域外管辖问题研究》,华东政法大学 2020 年博士学位论文。

126. 孙逸啸:《算法媒体平台应用风险及其治理研究》,中南财经政法大学 2021 年博士学位论文。

(二) 中文专著

1. 齐延平:《人权与法治》,山东人民出版社 2003 年版。

2. 齐延平:《自由大宪章研究》,中国政法大学出版社 2007 年版。

3. 徐显明:《人权法原理》,中国政法大学出版社 2008 年版。

4. 李秀群:《宪法基本权利水平效力研究》,中国政法大学出版社 2009 年版。

5. 郑贤君:《基本权利原理》,法律出版社2010年版。

6. 王世杰、钱端升:《比较宪法》,商务印书馆2010年版。

7. 范进学:《美国宪法解释方法论》,法律出版社2010年版。

8. 张翔:《宪法释义学:原理·技术·实践》,法律出版社2013年版。

9. 涂子沛:《大数据:正在到来的数据革命,以及它如何改变政府、商业与我们的生活》,广西师范大学出版社2012年版。

10. 王希:《原则与妥协:美国宪法的精神与实践(增订版)》,北京大学出版社2014年版。

11. 张才琴、齐爱民、李仪:《大数据时代个人信息开发利用法律制度研究》,法律出版社2015年版。

12. 于文豪:《基本权利》,江苏人民出版社2016年版。

13. 高宣扬:《鲁曼社会系统理论与现代性(第2版)》,中国人民大学出版社2016年版。

14. 秦奥蕾:《基本权利场域:理论、规范、生活》,知识产权出版社2016年版。

15. 徐爽:《公民基本权利的宪法和法律保障》,社会科学文献出版社2016年版。

16. 高富平主编:《个人数据保护和利用国际规则:源流与趋势》,法律出版社2016年版。

17. 吴军:《智能时代:大数据与智能革命重新定义未来》,中信出版集团2016年版。

18. 胡凌:《网络法的政治经济起源》,上海财经大学出版社2016年版。

19. 周英、卓金武、卞月青:《大数据挖掘:系统方法与实例分析》,机械工业出版社 2016 年版。

20. 张翔:《基本权利的规范建构(增订版)》,法律出版社 2017 年版。

21. 李开复、王咏刚:《人工智能》,文化发展出版社 2017 年版。

22. 个人信息保护课题组:《个人信息保护国际比较研究》,中国金融出版社 2017 年版。

23. 刘金瑞:《个人信息与权利配置:个人信息自决权的反思和出路》,法律出版社 2017 年版。

24. 姚海鹏、王露瑶、刘韵洁:《大数据与人工智能导论》,人民邮电出版社 2017 年版。

25. 腾讯研究院等:《人工智能:国家人工智能战略行动抓手》,中国人民大学出版社 2017 年版。

26. 王融:《大数据时代:数据保护与流动规则》,人民邮电出版社 2017 年版。

27. 高奇琦:《人工智能:驯服赛维坦》,上海交通大学出版社 2018 年版。

28. 京东法律研究院:《欧盟数据宪章:〈一般数据保护条例〉GDPR 评述及实务指引》,法律出版社 2018 年版。

29. 王磊:《个人数据商业化利用法律问题研究》,中国社会科学出版社 2020 年版。

30. 武长海主编:《数据法学》,法律出版社 2022 年版。

(三)中文译作

1. 〔美〕伯纳德·施瓦茨:《美国法律史》,王军等译,潘华仿校,中国政法大学出版社 1989 年版。

2. 〔美〕汉密尔顿、杰伊、麦迪逊:《联邦党人文集》,程逢如等译,商务印书馆 1980 年版。

3. 〔美〕诺内特、塞尔兹尼克:《转变中的法律与社会:迈向回应型法》,张志铭译,中国政法大学出版社 1994 年版。

4. 〔美〕杰罗姆·巴伦、托马斯·迪恩斯:《美国宪法概论》,刘瑞祥等译,中国社会科学出版社 1995 年版。

5. 〔奥地利〕凯尔森:《法与国家的一般理论》,沈宗灵译,中国大百科全书出版社 1996 年版。

6. 〔德〕克内尔、纳塞希:《卢曼社会系统理论导引》,鲁贵显译,巨流图书公司 1998 年版。

7. 〔美〕亚历山大·米克尔约翰:《表达自由的法律限度》,侯健译,贵州人民出版社 2003 年版。

8. 〔德〕卡尔·拉伦茨:《法学方法论》,陈爱娥译,商务印书馆 2003 年版。

9. 〔德〕乌尔里希·贝克:《风险社会》,何博闻译,译林出版社 2004 年版。

10. 〔德〕尼克拉斯·卢曼:《信任:一个社会复杂性的简化机制》,瞿铁鹏、李强译,世纪出版集团、上海人民出版社 2005 年版。

11. 〔美〕赫伯特·J.斯托林:《反联邦党人赞成什么——宪法反对者的政治思想》,汪庆华译,北京大学出版社 2006 年版。

12. 〔美〕米歇尔:《机器学习》,曾华军译,机械工业出版社 2008 年版。

13. 〔美〕劳伦斯·莱斯格:《代码 2.0:网络空间中的法律》,李旭、沈伟伟译,清华大学出版社 2009 年版。

14. 〔英〕哈特:《法律的概念(第二版)》,许家馨、李冠宜译,法律出版社 2011 年版。

15. 〔德〕贡塔·托依布纳:《魔阵·剥削·异化——托依布纳法律社会学文集》,泮伟江、高鸿钧等译,清华大学出版社 2012 年版。

16. 〔英〕维克托·迈尔-舍恩伯格、肯尼思·库克耶:《大数据时代——生活、工作与思维的大变革》,盛杨燕、周涛译,浙江人民出版社 2013 年版。

17. 〔德〕尼克拉斯·卢曼:《法社会学》,宾凯、赵春燕译,世纪出版集团、上海人民出版社 2013 年版。

18. 〔德〕哈贝马斯:《在事实与规范之间:关于法律和民主法治国的商谈理论》,童世骏译,生活·读书·新知三联书店 2014 年版。

19. 〔德〕贡塔·托依布纳:《宪法的碎片——全球社会宪治》,陆宇峰译,纪海龙校,中央编译出版 2016 年版。

20. 〔以色列〕尤瓦尔·赫拉利:《人类简史》,林俊宏译,中信出版社 2017 年版。

21. 〔美〕卡尔·罗文斯坦:《现代宪法论》,王锴、姚凤梅译,清华大学出版社 2017 年版。

22. 〔美〕马克·图什内特:《比较宪法:高阶导论》,郑海平译,中国政法大学出版社 2017 年版。

23. 〔美〕皮埃罗·斯加鲁菲:《智能的本质:人工智能与机器人领域的 64 个大问题》,任莉、张建宇译,闫景立审校,中国工信出版集团、人民邮电出版社 2017 年版。

24. 〔英〕罗伯特·鲍德温、马丁·凯夫、马丁·洛奇编:《牛津规制手册》,宋华琳等译,上海三联书店 2017 年版。

25. 〔美〕约翰·马尔科夫:《人工智能简史》,郭雪译,浙江人民出版社 2017 年版。

26. 〔美〕伯纳德·施瓦茨:《美国法律史》,王军等译,法律出版社 2018 年版。

28.〔英〕克里斯托弗·米勒德:《云计算法律》,陈媛媛译,法律出版社 2019 年版。

28.〔荷〕玛农·奥斯特芬:《数据的边界——隐私与个人数据保护》,曹博等译,上海人民出版社 2020 年版。

29.〔德〕贡塔·托依布纳:《宪法时刻来临?——"触底反弹"的逻辑》,宾凯译,载《交大法学》2013 年第 1 期。

30.〔美〕约翰·弗兰克·韦弗:《人工智能机器人的法律责任》,郑志峰译,载《财经法学》2019 年第 1 期。

31.〔美〕杰克·M.巴尔金:《表达自由在数字时代的未来》,敖海静译,载《苏州大学学报(法学版)》2021 年第 1 期。

后　记

本书从撰写到出版,感谢有三,意义也有三。

首先是感谢。感谢导师徐老师和齐老师,没有两位老师的教诲,便不会有本书的撰写。齐老师更是认真仔细地为我批改了初稿。想来正是这样对学生负责的精神,深深鼓励着我做一个有责任、有担当的高校教师。

感谢周老师,没有周老师,便不会有本书的出版。感谢周老师提供的宝贵机会,让已经毕业两年的我仍然感受到母校的浓厚支持。

感谢出版社的各位编辑老师,写书不易,出版更是不易。层层环节、多次校核。感谢各位编辑老师的辛苦付出。

其次是意义。按照工作计划,本书是攻读博士学位后,在对博士学位论文进行大篇幅实质性修改的基础上而形成的,是博士后研究阶段的成果汇报。自博士毕业至今,对从学生到老师的身份转换仿佛刚刚有所适应,而本书恰是这段时间的亲历者。

按照出版计划,本书最终出版时间恰逢我的而立之年,本书也算是送给自己的一份生日礼物。从高三到博士毕业第二年,十二年的拼搏奋斗经历;从青岛第五十八中学,到山大兴隆山校区、法大昌平校区、山大洪家楼校区、山大青岛校区再到加州大学伯克利分校,数万公里的行程汇聚纸面,本书的确是我十二年幸运与奋斗的见证者。

本书也许能为学术世界增添些许注脚。尽管智能时代人人都可以成为"街头发言者",但我总相信文字具有永恒且无法比拟的力量。在浩瀚的人类文明历程中,书籍总是能证明作者曾经来过。如果还能有读者从此书中收获一二,便不枉此前的诸多辛劳付出。

最后,谨以此书献给我的女儿福福,愿你无灾无难,自由自在。

连雪晴

2023 年于青岛